Norse Romances

Volume I

The Tristan Legend

ARTHURIAN ARCHIVES

ISSN 1463-6670

General Editor: Norris J. Lacy

Previously published volumes in the series are listed at the back of this book

Norse Romance

Volume I

The Tristan Legend

Edited by
Marianne E. Kalinke

D. S. BREWER

First published 1999
D. S. Brewer, Cambridge

Reprinted in paperback and Transferred to digital printing 2012

ISBN 978–0–85991–552–6 hardback
ISBN 978–0–84384–305–4 paperback

D. S. Brewer is an imprint of Boydell & Brewer Ltd
PO Box 9, Woodbridge, Suffolk IP12 3DF, UK
and of Boydell & Brewer Inc.
668 Mt Hope Avenue, Rochester, NY 14620, USA
website: www.boydellandbrewer.com

A CIP catalogue record for this title is available
from the British Library

Library of Congress Catalog Card Number: 99-21646

This publication is printed on acid-free paper

CONTENTS

INTRODUCTION

The Scandinavian *matière de Bretagne* assembled in the three volumes dedicated
to Norse Romance consists of seven translations from Old French into Old Norse,
most probably undertaken in the first half of the thirteenth century; one translation
into Old Swedish, dated 1303; and three Icelandic adaptations and recreations of
the Arthurian matter from the fourteenth and fifteenth centuries. Except for the
Swedish *Hærra Ivan*, some 6500 verses in *Knittelvers*, all the translations were
rendered from Old French verse into Old Norse prose. These prose translations,
the lais *Geitarlauf* (*Chevrefueil*) and *Janual* (*Lanval*) excepted, were known as
"sagas." Thomas's *Tristan* received the title *Tristrams saga ok Ísöndar* while
Chrétien de Troyes's *Yvain*, *Perceval*, and *Erec et Enide* were transmitted as *Ívens
saga*, *Parcevals saga* (including *Valvens þáttr*), and *Erex saga* respectively. The
Lai du cort mantel was alternately referred to as *Möttuls saga* or *Skikkju saga*, that
is, "The Saga of the Mantle."

The non-specialist hardly associates the word 'saga' with medieval romances
or lais, for the term generally connotes the realistic historical prose narratives of
medieval Iceland. Not as well known is the fact that Icelanders also evinced a
predilection for foreign matter and genres, and that continental works of fiction in
translation—and mainly by way of Norway—also were called sagas. The Old
French romances, lais, and chansons de geste in translation were collectively known
as *riddarasögur*, that is, sagas of knights. The imported Arthurian matter was trans-
mitted repeatedly in Icelandic manuscripts, even as late as in the nineteenth cen-
tury, and the Arthurian sagas not only inspired several Icelandic adaptations in
verse and prose in the fourteenth and fifteenth centuries but also contributed a
wealth of motifs, chiefly from the Tristan legend, to indigenous Icelandic litera-
ture.

Two dates, 1226 and 1303, are significant for the transmission of the Arthurian
matter to Scandinavia. The year 1226 is assumed by most scholars to be the date of
the first translation of continental literature into Old Norse. According to the
manuscripts of *Tristrams saga ok Ísöndar*, King Hákon Hákonarson the Old of Nor-
way (r. 1217–63), charged a certain Brother Robert with translating Thomas's
Tristan into Old Norse. Not quite a century later, Queen Eufemia, the German wife
of Hákon's grandson Hákon Magnússon (r. 1299–1319), had the romance of *Yvain*
translated into Swedish. Most scholars assume that the other translations of Arthurian
matter were also undertaken during the reign of Hákon the Old. In any case, the
prologues or colophons of three other translations mention his royal patronage,
namely the collection of lais known as *Strengleikar* ('Stringed Instruments'), which
contains the two Arthurian lais *Geitarlauf* and *Janual*; *Ívens saga*, the translation
of Chrétien's *Yvain*; and *Möttuls saga*, the translation of the *Lai du cort mantel*.

Given the reference to Hákon's patronage in *Ívens saga*, scholars have also tended to seek the origin of the translation of Chrétien's two other romances, *Parcevals saga* and *Erex saga*, at the royal Norwegian court. This may very well have been the case. At least *Parcevals saga* is stylistically similar to the translations known to have been produced in Norway during Hákon's reign. *Erex saga*, however, diverges so drastically in style from the other translations, and in content and structure from Chrétien's *Erec et Enide* that it is highly improbable that in its present form the saga transmits a thirteenth-century translation. The work most likely represents a thorough revision of a translation by an Icelandic redactor; or, as has also been suggested, *Erec et Enide* was not translated by a Norwegian in the first place but rather by an Icelander, although he may have been at Hákon's court and sought to transmit the romance in a form more in keeping with the laconic style of the Icelandic sagas. The former is more probable than the latter, especially since Icelandic scribes were notorious for revising and adapting texts they were "copying," including indigenous sagas of all types.

The origin of most of the Arthurian translations can reasonably be placed at the court of Hákon Hákonarson during the years of his reign. With the exception of the two lais in the *Strengleikar* collection, however, not a single translation is extant in a Norwegian manuscript. While the two lais are found in the oldest manuscript containing translations of secular literature, the Norwegian manuscript De la Gardie 4-7, dated ca. 1270, all the other texts known to be or assumed to have been translated during Hákon's reign are transmitted in Icelandic—not Norwegian—manuscripts, the oldest of which, some fragments excepted, postdate the presumed period of the translations by some 150 years. The complete text of the work thought to have been the first translation, that is, *Tristrams saga ok Ísöndar*, exists only in seventeenth-century Icelandic paper copies of older manuscripts. The same is the case for *Erex saga*. Indeed, these two works represent the two extremes in terms of style and fidelity to their sources.

Although scholars refer to the Old Norse-Icelandic versions of the Arthurian narratives as "translations," they are not such in the modern sense of the term. The degree of fidelity to the content of the known French sources varies. Among the Arthurian *riddarasögur*, the two short lais *Geitarlauf* and *Janual* are closest in fidelity to their French sources. In the case of *Geitarlauf*, only two French manuscripts of the lai are extant; the Norwegian translation thus has considerable importance. Unfortunately, the first 156 verses of *Lanval* are lacking in the Norwegian translation because of a missing leaf in the manuscript. Despite a fair number of lines which were not translated—to judge by the Norwegian manuscript and the four extant French manuscripts—*Janual* transmits a quite close, at times somewhat expanded version of the lai. The case is similar for the third short narrative, *Möttuls saga*. It is a faithful rendition into Old Norse of *Le Lai du cort mantel*, to judge by the extant French manuscripts, but the translator—or possibly a later Icelandic redactor—delighted in rhetorical amplification, and this resulted in a stylistically quite sophisticated version of the French lai. Despite its notable shortcomings, *Tristrams saga ok Ísöndar* plays a significant role in the history of the

Tristan material in Europe: it is the sole complete representative of the Thomas d'Angleterre branch of the romance.

The translators of the longer romances, especially *Tristrams saga*, have been faulted for their apparent inability to convey the stylistic and psychological nuances of the French romances. They have been criticized for their failure to understand French, for their unwillingness to transmit all but the basic plot, and, overall, for having failed to comprehend the courtly world depicted in the French romances. Many scholars have interpreted the discrepancies between the translations and their sources as an expression of didactic intent and a "program" of chivalric education at Hákon's court. While this may have been the case, it is more likely—especially given the disparities among the *riddarasögur* with respect to their fidelity to the sources—that deviations are not to be attributed to the Norwegian translators but rather to later Icelandic redactors. Icelandic intervention most likely accounts for both the rhymed didactic summary couplets and quatrains—unique among the Arthurian sagas—at the conclusion of some episodes of *Parcevals saga*, and for the laconic style and interpolated adventures in *Erex saga*. While the rhetorical amplification of *Möttuls saga* may have been the work of the Norwegian translator, it could just as well have been the work of an Icelandic scribe.

Unique among the Norse translations of the *matière de Bretagne* is *Hærra Ivan*. It is one of three works collectively known as *Eufemiavisor*, so called after Queeen Eufemia, who commissioned the translation of the German *Herzog Ernst* and the French *Yvain* and *Floire et Blancheflor*. *Hærra Ivan* bears the distinction of being the only work of Arthurian literature in Swedish. Furthermore, it diverges from the other Norse translations of Arthurian narratives in that it was transmitted in verse, not prose.

Three texts assembled in these volumes are not translations of Arthurian narratives but rather Icelandic adaptations of the presumed Norwegian translations. The most popular translated text was *Tristrams saga ok Ísöndar*, to judge by the pervasive presence in indigenous Icelandic romances—and even in some Sagas of Icelanders—of names, motifs, and situations borrowed from the Tristan legend. It also inspired two recreations, a saga and a ballad. Whereas the curious fourteenth-century *Saga af Tristram ok Ísodd* is characterized by exaggerations and distortions of plot at times so severe as to appear parodistic, the haunting *Tristrams kvæði*, a late-medieval Icelandic ballad, ably transmits the spirit of the Tristan legend. The third Icelandic adaptation of Arthurian matter, *Skikkju rímur*, is a rhymed version of *Möttuls saga*, the Norwegian translation of *Le Lai du cort mantel*, the ribald story of a chastity-testing mantle at King Arthur's court.

All but one of the texts in the first volume are devoted to the Tristan legend. The exception is *Janual*, which, like the Tristanian *Geitarlauf*, is found in the oldest manuscript containing Norse translations of Arthurian matter. Volume II contains translations of three romances by Chrétien de Troyes (*Erec et Enide*, *Perceval*, *Yvain*) and the anonymous *Lai du cort mantel*; and an Icelandic metrical version of *Möttuls saga*. Finally, volume III contains the Swedish *Hærra Ivan*.

The Editions

With the exception of the two lais in the *Strengleikar* collection, *Geitarlauf* and *Janual*, which are preserved in one manuscript alone, the editions are based on the best primary manuscript; variants may be found in the Notes following each edition. The texts, the two lais excepted, are normalized according to a late medieval standard. Mistakes, for example, in grammar, have been emended and marked with an asterisk; support for emendations is provided in the Notes. Furthermore, the following symbols are used in the editions: text supplied by the editor for illegible words or phrases in the manuscript is enclosed by square brackets; text inadvertently omitted in the manuscript by a scribe and supplied by the editor is enclosed by diagonal brackets. Small zeroes indicate the extent of damage in a manuscript.

Acknowledgments

I am grateful to the Research Board at the University of Illinois, Urbana-Champaign, for having funded the preparation of camera-ready copy of the three volumes. The assistance of Mark Anthony Sims and Brenda Sanders, University of Illinois, has been indispensable in the preparation of copy and reading proof. I am deeply indebted to Davíð Erlingsson, University of Iceland, for advice on textual and orthographic matters.

The following institutions and publishers have graciously permitted the reproduction of texts first published in their series:

The Graduate Centre for Medieval Studies, University of Leeds, has granted permission to reprint "The Icelandic Saga of Tristan and Isolt (Saga af Tristram ok Ísodd)," translated by Joyce Hill in *The Tristan Legend: Texts from Northern and Eastern Europe in modern English translation* (1977). The translation has been slightly revised: chapter headings have been deleted, since they are not found in the manuscript here edited, and the Icelandic form of names is given.

The Norsk Historisk Kjeldeskrift-Institutt, Oslo, has granted permission to reprint *Geitarlauf* and *Janual*, translated and edited by Robert Cook and Mattias Tveitane, in *Strengleikar. An Old Norse Translation of Twenty-one Old French Lais* (1979). The text has been slightly revised.

Garland Publishing has granted permission to reprint my translation of *Möttuls saga*, which was first published in *The Romance of Arthur. III. Works from Russia to Spain, Norway to Italy* (1988) and subsequently republished in *The Romance of Arthur: An Anthology of Medieval Texts in Translation* (1994).

Marianne E. Kalinke

Urbana, IL
September 1998

GEITARLAUF

JANUAL

Edited and Translated

by

Robert Cook

INTRODUCTION

The two lais edited and translated here, *Geitarlauf* and *Janual*, belong to a collection of twenty-one lais translated into Norwegian from French sources during the reign of Hákon Hákonarson, king of Norway from 1217 to 1263. The collection, found in the codex De la Gardie 4-7 (Uppsala), is known under the collective title *Strengleikar*, that is, "Stringed Instruments." The manuscript De la Gardie 4-7, dated ca. 1270, is our oldest and most important source of so-called "court literature" in Old Norse translation. It once contained four early translations from Latin and Old French. One of these works (a dialogue between "Courage" and "Fear") is now found in a fragment of a few lines only, but the other three are still more or less completely preserved: *Pamphilus*, a translation of the Medieval Latin dialogue *Pamphilus de amore*; *Elis saga*, a translation of the Old French chanson de geste *Elie de Sainte-Gille*; and finally the *Strengleikar*.

The prologue to the *Strengleikar* collection informs us that at the behest of King Hákon a *lioða bok*, that is, "Book of Lais," was translated into Norse from the French language. Of these lais, only *Geitarlauf* and *Janual* have Arthurian subjects. The former is a translation of Marie de France's *Chevrefueil*; the latter of her *Lanval*. Because of a missing leaf in the manuscript, *Janual* begins with line 157 of the French lai.

Unlike the Icelandic texts of the Arthurian sagas, these texts in Old Norwegian, which are not transmitted elsewhere, are presented in the orthography of the manuscript. Capitalization and punctuation, however, have been added.

GEITARLAUF

Bretar calla gotulæf, en ver kollum Geitarlauf.

Mioc licar mér ok giarna vil ec syna yðr þann strengleic er heitir i volsku Chefrefuillenn,[1] Geitalauf[2] [i norr]œno, hvar þessi strengleicr var gor [ok kveðenn ok] með hverium hætti. Þat heui ec a boc [leset þat sem m]argir segia ok sanna um Tristram ok um drotneng ok vm hina tryggazto ast þeirra, af hverio þau fengo margan harmulegan harm, ok um siðir do þau bæðe a einum degi.

Marhæs konungr var reiðr Tristam frænnda sinvm ok firirbauð honum riki sitt sacar þess at hann unni drotningenni. Ok for hann i fóstrlannd sitt, Suðvales, þar sem hann var fœddr, ok var hann fulla tolf ma<na>ðe, sva at hann fecc ei leyui aftir at fara. Siðan lagðe hann sec i abyrgð lifs eða dauða. En þer latet yðr ei kynlect þyckia, þui at sa er ann trygglega er harms fullr mioc þa er hann fær ei vilia sinn ok *fyst.[3]

Tistram var mioc ryggr ok firir þui for hann or fostrlande sino ok stefndi i Kornbretalannd, þannog sem drottning var firir, ok fals einnsaman i skogum. En þa er kvellda tóc þa fór hann ór ok toc sér herbyrgi ok spurðe hvat tit var með konunge. Þa sagðu þeir honum er fregit hafðo, at allir lenndir menn ok hafðingiar skolu safnazc i Tintaiol, þuiat konungr vill hallda þar hatið ok veita ollu hirðliði sinu ok hofðingivm. A pikisdogum skolu allir þar vera, ok man þar ei skorta skemtan ok rikan fagnað. Ok skal þar þa drottningen vera. Sem Tistram hafðe heyrt þat, þa huggaðizc hann miok, þui at hon man ei fara sva um veginn at hann se hana ei.

Nu þann dag sem hann vissi at konungr skyldi þangat fara, þa kom Tistram i morkena þar i hia vegenum sem hann vissi at drottning skylldi vm riða. Þa hio hann niðr einn heslivonnd ok telgdi ferstrenndan með knifi sinum ok reist nafn sitt a stavenom. Ef sva kann at bera, at drotning ser stafenn, þa man hon ihuga unnasta sinn, þui at sva hafðe henni oðru sinni at borit. Nu var ristið a stavenom at Tistram hafðe þar lengi beðit hennar ok um lyz at spyria til hennar ok vita með hverivm hætti hann mætti sia hana, þui at hann ma engum kosti liva on hennar.

"Sva ferr með ocr," kvað hann, "sem viðuindil *sa[4] er binnz um *hæsliviði.[5] Meðan þessir tveir viðir bua baðer saman, þa liva ok bera lauf sitt. En sa er þessa viðe skildi hvarn frá oðrum, þa déyr haslenn ok þui nest uiðvinndillenn ok berr hvarki lauf, nema þorna, ok firir verðaz bæðe. Hin friða unnasta min, sva ok eftir þeim hætti ero vit. Ei ma ec lifa on þin, ok ei þu on min."

Drotning kom þa riðannde ok *leit[6] stafenn er stoð i veginum ok toc stafenn ok upp las þat er á var ristit. Riddara þa er fylgdo henni let hon nema stað, ok bauð

GEITARLAUF

The English call this "Gotulæf," but we call it "Geitarlauf."

It greatly pleases me, and I want very much to present to you the lai which is called "The Chefrefuill" in French and "Geitarlauf" in Norse, and where this lai was composed and told and in what way. I have read in a book those things which many tell and testify about Tristram and the queen and their very true love, from which they had much tragic grief; and in time they both died on the same day.

King Marhæs was angry at his nephew Tristram and banished him from his kingdom because he was in love with the queen. He went to his native country, South Wales, where he had been born. He stayed there a full twelve months and did not get permission to go back. Then he put his life and death in the balance. Do not let this seem strange to you, for he who loves faithfully is full of sorrow when he does not achieve his will and desire.

Tristram was very sad, and for this reason he left his native country and made for Cornwall, where the queen held court, and hid himself all alone in the forest. When evening fell, he came out and took lodgings and asked what the news was concerning the king. They told him—those who had heard—that all the barons and nobles were to assemble at Tintaiol, because the king wanted to celebrate a holiday there and entertain all his followers and nobles. They were all to be there at Pentecost, and there would be no lack of entertainment and lavish feasting. The queen was to be there too. When Tristram heard that, he was greatly comforted, because she would not travel by such a route that he would not see her.

Now on the day when he knew that the king was to travel that way, Tristram went into the forest to a place beside the road along which he knew the queen would ride. Then he cut off a hazel branch and made it four-sided with his knife and carved his name in the stick. If it can happen that the queen sees the stick, then she will think of her sweetheart, because it happened to her this way once before. Now it was carved on the stick that Tristram had long been waiting for her there and listening to learn about her and to know how he might see her, because he can by no means live without her.

"It goes with us," he said, "as with the honeysuckle that fastens itself around the hazel tree. As long as these two trees are together they live and bear foliage, but if anyone should separate these trees from each other, the hazel will die and then the honeysuckle, and neither of them will bear foliage. Instead, they will both dry up and perish. My beautiful sweetheart, such and in the same way are we. I cannot live without you, nor you without me."

Then the queen came riding and saw the stick standing in the road. She took the stick and read what was carved on it. She had the knights who were accompa-

þeim at biða sin; hon kvaz vilia stiga af hesti sinum ok huilazc þar nockura stund, ok gerðo þeir sem *hon[7] mællti. En hon gec þa mioc fiarre liði sinu ok kallaðe hon þa þionastomey sina, sem Brengveinn <het>, er henni var iafnan holl ok trygg. Oc gec hon þa af vegenom at hon fann þann er hon mioc elskaðe yuir alla livannde. Ok var i þeim funndi mikill fagnaðr hvarstveggia, ok mællti við hann i goðo tome allt þat er henni licaðe, ok hann til hennar.

Siðan sagðe hon honum með hverivm hætti hann ma fa sætt ok samræðe af herra sinum konungi, ok at konungr mioc iðraðezc at hann visti honum i brott, ok trvði vandra manna uraðom.

Þui nest skildizc hon við unnasta sinn. En þa er at kom skilnaðe þeirra, þa greto þau bæðe. Tistram dvaldizc i Vales allt til þess er konungr moðor broðer hans sendi eftir honum ok uppgaf honum reiði sina.

Nv af þeim fagnaðe er hann fec i morkinni af huggan drotningarennar ok af syn hennar ok funndi, at mvna þau orð er hon mællti, Tistram—er fullkominn var allzskonar strengleica er i horpu gerazc—fann þa nyian strengleic. Bretar[8] kalla Gotulæf, valskir menn *Chæfrefuill,[9] en ver megum kalla Geitarlauf.

En nv heui ec yðr sagt þat sem ec *veit[10] sannazt um þessa skemtan.

Geitarlauf er her.

nying her make a stop and told them to wait for her. She said that she wanted to get off her horse and rest there for a while, and they did as she said. Then she went very far away from her followers and called her serving-maiden Bengveinn, who was always loyal and faithful to her. She left the road so that she met the one whom she loved greatly, above all living things. There was great joy in that meeting on both sides, and she spoke to him in good ease about everything she pleased, and he to her.

Then she told him in what way he might gain reconciliation and recognition from her lord the king, and she said that the king sorely regretted having sent him away: he had trusted the bad counsel of evil men.

Then she parted from her sweetheart. And when it came to their parting, they both wept. Tristram stayed in Wales until the king, his mother's brother, sent for him and gave up his anger toward him.

Now from the joy which he had in the forest from the comforting of the queen, and from the sight of her and the meeting, and in order to remember the words which she spoke, Tristram—who was perfect in all sorts of lais that are composed for the harp—made a new lai. The English call it "Gotulæf," the French "Chefrefuill," and we can call it "Geitarlauf."

I have now told you what I know to be most true concerning this entertainment.

"Geitarlauf" ends here.

Notes

[1] Chefrefuillenn] *the translator gives here the French title with the suffixed Norse definite article.*

[2] Geitalauf] *later spelled, more correctly,* geitarlauf; *like the English word* gotelef *mentioned at the end of this lai (in both the French and the Norse versions),* Geitarlauf *is a literal translation of* Chievrefoil *("goat's leaf"). The Norse term for this plant, the honeysuckle or woodbine, is* viðvindill *and is used later in this text.*

[3] *fyst] fystr.

[4] *sa] si.

[5] *hæslivið] hæsta við.

[6] *leit] leitt.

[7] *hon] hann.

[8] Bretar] *the context and the French* (Engleis, *l. 115*), *demand that* Bretar *here be taken as English and not Celts.*

[9] *Chæfrefuill] cræfrefuill.

[10] *veit] veitt.

JANUAL

. . . ok lengr mynde hann hafa dvalzc ef henni licaðe.

Ok mællti hon þa til hans: "Unnaste," kvað hon, "statt vpp, þu mat ei her dveliazc lengr. Nu samir þer brott at fara, en ec man her eftir dveliazc. En einn lut vil ec segia þér: hveriu sinni er þu villt rœða við mec, þa ihuga þann stað er þu sér at manni samir at rœða ok finna unnasto sina, ropláust ok amælis fra manna augsyn, ok skalltu þegar sia mic hia þer ok gera vilia þinn."

Sem hann hafðe þetta heyrt, þa gladdizc hann mioc ok þaccaðe henni morgum þockum, kyssannde hana ok halsfaðmannde. En meyiarnar er i landtialldit leiddv hann, klæddu hann rikum gangverum. Sem hann var sva rikulega klæddr, þa syndizc hann hinn friðazti maðr, ok tóc hann þar nátvorð með vnnasto *sinni[1] er honum samde ei at hafna. Þar skorti ei allzconar sendingar. En riddarenn lét sér vel lica með kossum ok halsfaðman vnnasto sinnar. Sem þau uppstoðo fra nátverðar borðvm, þa leiddu þær hest hans til hans ok tóc <hann> leyui, ok steig á hest sinn ok reið til borgarennar mioc ihugannde þenna atburð. Ok ifaðez i hug sinum með hverium hætti þetta villdi verða.

JANUAL

[*Summary of lines 1-156 of the French poem*: Arthur was with his court at Carlisle, in order to defend Logres from the Picts and the Scots. When Pentecost came, he celebrated the holiday with his counts and barons and knights of the Round Table, giving gifts generously to all except Lanval. Lanval belonged to Arthur's retinue, but was envied by the others for his beauty and prowess and valor and generosity. He was the son of a king in a distant land, but he had spent all his wealth, and Arthur would not give him any more. One day he rode away from the town, alone and very dejected. He came to a meadow bordered by a stream of water. His horse was afraid to cross the stream, so Lanval let him graze in the meadow while he lay down and rested, using his cloak as a pillow. As he lay there, he saw two damsels coming along the stream, more beautiful than any he had ever seen. The elder was carrying a basin of gold, the younger a towel. They greeted him and said that their lady had sent them to invite him to come to her tent, which was pitched nearby. Lanval went with them to a tent so splendid that neither Semiramis nor Octavian could have paid for the right-hand flap. On a bed inside, a beautiful maiden reclined in magnificence; she offered Lanval her love, together with an endless supply of money. When he accepted gladly, she made one condition: that he never mention their love to anyone. If he does, he will never see her again. He agreed to this, and then he lay down next to her in bed. He stayed there through the afternoon and right up until evening, . . .]

. . . and he would have stayed longer if it had pleased her.

Then she spoke to him: "Sweetheart," she said, "get up. You may stay here no longer. You must go away now, and I will stay here. But I wish to tell you one thing: whenever you want to speak with me, think of a place where you see that it is fitting for a man to speak to and meet his sweetheart, free from reproach and criticism and away from the sight of men; then you shall see me at once beside you and have your will."

When he heard this, he was very happy and thanked her repeatedly, kissing and embracing her. The maidens who had brought him to the tent dressed him in splendid clothes. When he was dressed so splendidly, he seemed to be the handsomest of men. He had supper there with his sweetheart, whom it was not fitting to refuse. There was no lack of all kinds of dishes. The knight was well pleased with the kisses and embraces of his sweetheart. When they got up from the supper tables, the maidens brought him his horse. He took his leave and mounted his horse and rode to the city, reflecting deeply on this adventure. But he had doubts in his mind about how this would turn out.

Sem hann kom til *herbergis[2] sins, þa fann hann menn sina vel klædda ok hellt þa nott rict borðhalld, ok vissi engi hvaðan þau fong komu honum. Hann sennde um alla borgena, at allir riddarar er hialpar varo þurfi skylldo til hans koma, ok let hann þeim veita vel ok virðulega af gnogvm fagnaðe. Janval gaf þa margar ok ricar giaver. Hann leysti þa er hertecnir varo. Janual klædde þa er leicarar varo. En<gi> var utlenzcr ne mallaus er Janual gaf ei giavir. Janual hafðe mikinn fagnað sva netr sem daga, þui at hann mælir oft uið unnasto sina, ok er hon oll eftir hans vilia.

Nu sem mer var sagt, a þeim somum tolfmanaðom um sumarit eftir Jons voku, þrir tigir riddara af konungs liði gengu allir saman at skemta sér i grasgarðenn vnndir turninom, ok illmdi allskonar sœtvm grosum. J þeira flocki var herra Valuein ok hans hinn friði frænnde ok felage Sira Iven.

Þa mællti herra Valvein, hinn goðe riddare ok hinn kurteisi, er hvern mann gerðe sér at vin: "Herrar," kvað hann, "nu hofum ver illa gort um Janual felaga várn, er sva er milldr ok kurteiss, ok hann konungs sun, er vér hofum hann ei hingat með oss."

Ok snœroz þeir þa aftr til herbergis, en af bœnom ok beiðingum þeirra, þa gec hann með þeim at hallda með þeim felagskap sinn.

En a þeim tima þess sama dags þa sat drotning i steinlofti sinu, ok hallaðez i einn skurðar glygg, ok þriar friðar frur með henni. Ok kennde hon þegar hirðlið konungs ok Janual með þeim, ok mællti hon þa til einnar þeirrar er hia henni var, at hon skyllde stefna til hennar allar hinar friðaztu meyiar hennar, þui at hon vill ofan ganga i grasgarðenn at skemta sér i hia konungs riddarom. Ok fylgdo þa henni betr en þrir tigir meyia, þær er friðaztar varo ok kurteisaztar, ok gecc hon þa ofan um graddur. En riddararnir gengo allir imoti þeim ok fagnaðo þeim með miclum goðvilia ok hirðlegre heyveski, ok leiddi sina hverr þeirra. Ok er þau varo niðr sezc, þa *hofo[3] þau kurteisa rœðo ok gaman *kurteisra<r>[4] skemtanar. Sira Janual gecc ser einn saman ok licaðe honum ei at kannazc við drotningena ne meyiar hennar. Settiz mioc fiarri þeim ok langaðe hann þa mioc eftir vnnasto sinni, at kyssa hana ok halsfaðma ok leica við hana siðnæmilegom leic. En firir þui at hann hafðe ecki þat er honum licaðe, þa virðizc honum enskis þat er hann sa þau skemta sér.

Nv sem drotningin sa at hann sat einnsaman fiarre oðrum, þa gecc hon beint at honum ok settizc i hia honum ok kallaðe hann til sin ok synde honum allan vilia sinn.

"Sira Janual," kvað hon, "lengi mioc heui ec þér unnat, lofat þec ok frægt firir morgvm, ok oft heui ec girnzc þic með mikilli fyst. Allan mattv hafa astarþocca minn. Seg mer braðlega vilia þinn."

"Fru min," kvað hann, "mæl ecki slict. Vist ei licar mér ast þin ne unna yðr, hvarki sacar þin," kvað hann, "ne astar þocca þins vil ec vera svicare, ne suivirðing herra mins."

Þa reiddizc drotningin, ok <i> reiði sinni mismællti: "Janual," kvað hon, "þat hygg ec at visu, at þer licar litt kvenna astir ok uiðrskifti, þui at þér hugnar betr at eiga við unga sveina ok gera syndgan vilia þinn a þeim. Slica skemtan lætr þu lica þér."

When he came to his lodgings, he found his men well dressed. That night he offered a lavish table, and no one knew where the provisions had come from. He sent word throughout the city that all knights who were in need of help should come to him, and he feasted them well and worthily with abundant good cheer. Janual then gave many splendid gifts. He freed those who were captive and clothed those who were jongleurs. There was no foreigner or mute to whom Janual did not give gifts. Janual had great joy both night and day, for he often speaks with his sweetheart, and she is entirely at his will.

Now—as it was told to me—during the summer of that same year, after St. John's Eve, thirty knights from the king's entourage went together to amuse themselves in the garden under the tower which smelled of all kinds of sweet herbs. In this band were Sir Gawain and his handsome kinsman and companion, Sir Yvain.

Then Sir Gawain, the good and courteous knight who made everyone his friend spoke: "Sir knights," he said, "now we have behaved badly toward our companion Janual, who is so agreeable and courteous and a king's son, in that we have not brought him here with us."

Then they turned back to his lodgings, and as a result of their begging and bidding, he went with them to keep up his friendship with them.

At that hour, on this very day, the queen was sitting in her stone room leaning out of a window opening. There were three beautiful ladies with her. She recognized the king's men at once, and Janual with them. She then told one of those who were with her that she should summon to her all her most beautiful maidens, because she wishes to go down to the garden to amuse herself among the king's knights. More than thirty maidens, those who were most beautiful and courteous, joined her, and she then descended the stairs. All the knights went toward them and welcomed them with much good cheer and courtly politeness. Each of them escorted his lady, and when they were seated they began courteous speeches and the game of courteous amusement. Sir Janual kept to himself; he had no desire to be familiar with the queen or her maidens. He sat down far away from them and longed greatly for his sweetheart, to kiss her and embrace her and play some gallant game with her. And since he did not have what he wanted, it struck him as worthless to see them amusing themselves.

Now when the queen saw that he was sitting alone far from the others, she went straight to him and sat down next to him and called him to her and revealed all her desire to him.

"Sir Janual," she said, "I have loved you deeply for a long time and praised you and exalted you above many, and I have often longed for you with great desire. You may have all my affection. Tell me your desire quickly."

"My lady," he said, "don't speak this way. I truly want neither your love nor to love you. Neither for your sake," he said, "nor for the sake of your affection, will I be a deceiver or a disgrace to my lord."

Then the queen became angry, and in her wrath she spoke disparagingly: "Janual," she said, "I think that love and intercourse with women surely please you little, because you prefer to carry on with young boys and perform your sinful desire on them. That is the kind of amusement you like."

Sem hann heyrðe þetta, þa fec hann mikinn harm ok angr af orðum hennar, ok var hann þa ofskiotr at svara henni, at hann man oft iðrazc þess.

Þa mællti hann i angre sinum: "Fru," kvað hann, "þesskonar iðn nam ec alldre ok allre fer ec að þeirre illzku, helldr em ec vnnasti þeirrar er ein er verðug lofs ok frægðar er ec veit lifannde. Vittu ok, frú," kvað hann," þér berlega at segia at *hin fatœkazta[5] i hennar þionasto er friðare en þér, frú drotning."

Þa stoð drotningin upp ok gecc i brott i reiði sinni i svefnloft konungs, gratannde, og lagðezc i huilu sina ok lezc vera siuc ok sagðe þat opinberlega at alldre skal hon upprisa fyrr en konungr gere henni rett, af þui er Janual mismællti henni ok i orðum henni mismællti.

Konungrenn kom þui nest af veiðum ór morkinni, þar sem hann for at veiðum, ok er hann kom i svefnhus drotningar, ok drotning leit hann, þ<a> kærðe hon firir honum um Janual, er mismællti henni. Ok sagðe honum at Janual bað astar þocca hennar, en firir þui at hon syniaðezc honum, þa suivirðe hann hana i orðum sinum ok rosaðe þui at hann atti þa vnnasto er sva var dyrleg ok ric ok máttog at hann kvað villdre vera þa er fatœcazt var þionastomey unnasto hans en drottningin syndi sec vera.

Konungrenn <varð> þegar mioc reiðr ok svor mikinn eið: ef Janual getr ei vart sec máli konungs með retenndum, þa skal konungr lata á bal brenna hann eða hengia hann sem þiof a galga. Ðui nest gec konungr or svefnlofti sinu ok sendi eftir þrim vinum sinum ok sendi heim eftir Janual, er þa hafðe œrinn harm ok vanndræðe. Hann var þa heima i herbergi sinu, ok fann hann þa at sonnu at hann hafðe tynt unnasto sinni, þui at hann hafðe rofit ok uppsagt astar þocca hennar. Ok [var hann ei]nnsaman i klefa sinum, ahyggiofullr, ryggr, [ok] mioc angraðr. Hann callaðe þa mioc oft a unnasto sina, en þat teði honum allzecki. Hann kunni alldri sva œpa ne hormulega lata at hon villdi miskunna honum, huilicr man hann nu synaz.

J þui komo konungs senndimenn ok sogðu honum at hann kœmi til konungs sva sem konungr bauð honum i þeirra orðum er drotning hafðe rœgt hann. Janual hafðe drepit sialvan sec ef hann mætti þui uiðr koma i þeim micla harm <er> þa hafðe hann. Siðan sem hann kom firir konung, þa syndizc hann slicr sem hann var, hugsiucr ok harms fullr, litlaus ok ryggr.

Þa mællti konungr til hans i mikilli reiði: "Snapr," kvað hann, "mioc heuir þu svivirt mic ok við mic gort suivirðlega. Þu hoft i dag, "kvað hann, "illa ok unyta deilld, suivirðir mic ok spottaðer drotningena, rosaðer mikili heimsku. Of frið ok of dyrleg er unnasta þin, ef þionastomær hennar er villdre ok hoskare en drotning vár er."

Janual varðe sec með morgum afrogum, at alldri gerðe hann sinum herra sviuirðing. "En nu heui ec," kvað hann, "tynt unnasto minni, af þui er ec rosaðe mér af ástar þocca hennar. Firir þui em ec harms fullr."

En þær saker er konungr gaf honum, þa vill hann af þui sem konungs hirðlið getr sannazt sét.

Konungrenn var mioc reiðr, ok firir þui sendi hann þegar eftir ollu hirðliði sinu at *dœma[6] af þesso þat er rétt er, sva at ei virðizc konungi till hallmælis. Þa

When he heard this, he was much grieved and sorrowed by her words, and he was then too quick in answering her, so that he often regretted it.

He spoke in his grief: "Lady," he said, "I have never taken part in such activity, and I never have anything to do with such wickedness. Rather, I am the lover of the only woman alive whom I know to be worthy of praise and renown. Know also, lady," he said, "that—to speak openly to you—the most wretched maiden in her service is more beautiful than you, my queen."

Then the queen got up and went in a rage to the king's chamber, crying. She lay in her bed and said she was sick, and declared openly that she will never get up until the king gets justice for her for the way Janual disparaged her and spoke disparaging words to her.

Thereupon the king returned from hunting in the forest where he had gone to hunt, and when he came to the queen's chamber and the queen saw him, she complained to him about Janual, who had disparaged her. She told him that Janual had asked for her affection and, because she refused him, dishonored her in speech and boasted that he had a sweetheart who was so glorious and wealthy and mighty that, he said, the most wretched serving-maiden of his sweetheart was better than the queen showed herself to be.

The king immediately became very angry and swore a great oath: if Janual can not defend himself justly against the king's suit, the king will have him burned on a pyre or hang him like a thief on the gallows. Next the king left his chamber and sent for three of his friends and sent them for Janual, who then had enough grief and trouble. He was at home in his lodgings, and he realized that in truth he had lost his sweetheart, because he had broken and put an end to her affection. He was alone in his room, full of concern, sad, and much grieved. He called to his sweetheart very often, but it did him no good at all. He could never cry or behave sadly enough so that she would pity him, no matter how he appeared.

At this moment the king's messengers arrived and told him that he should come to the king as the king ordered, through their words, for the queen had defamed him. Janual would have killed himself if he had had a chance to do that in the great grief he felt then. When he came before the king he appeared just as he was: distressed and dejected, colorless and sad.

Then the king spoke to him in great anger: "Boor," he said, "you have greatly disgraced me and treated me disgracefully. You began today," he said, "an evil and unprofitable business. You disgraced me and mocked the queen. You boasted very foolishly. Your sweetheart is too beautiful and too glorious if her serving-maiden is better and wiser than our queen."

Janual defended himself with many excuses, denying that he had ever caused his lord disgrace. "But now," he said, "I have lost my sweetheart, because I boasted of her affection. This is why I am sorrowful."

As for the charges which the king made against him, he wants to submit to what the king's court can determine to be most true.

The king was very angry, and therefore he immediately summoned all his court to decide what was just in this matter, so that no blame would come to the

gerðo þeir þat sem <hann> hafðe boðit þeim, hvart sem licar eða mislicar. Sem allir varo þangat gengnir, þa dœmdo allir at Janual skal hafa einn dag eindagaðan ser til svara. En þess imillum skal Janual fa konungi vorðzlumenn firir sec, at hann skal biða doms at koma þa sialfr firir konung. Þa man konungs lið vera fiolmennare, þuiat fair varo nu heima nema þeir einir er nestir gengo ok hinir kærazto varo konungi. Þa sendv þeir til konungs ok birtu honum þat sem þeim hafðe af sva voxnu male synzc, ok krafðe þ[a konung]r vorzlumann. En Janual var þa enn einnsaman fiarre uinvm sinvm ok frænndum. J þui kom Sira Valuein ok allir felagar hans og gengv i vorzlu firir hann.

Þa mællti konungrenn: "Ek læt nu," kvað hann, "Janual i yðra vorzlu vpp a allt þat er þer hauit af mér þegit, eignir ok castala ok rikar borgir ok allzkonar aðrar rikar giafar er lendum monnum er<o> til sœmdar gefnar ok eignaðar."

Nu sem þeir hofðu i vorzlu gengit, þa gengo þeir til herbyrgia sinna. Riddararner fylgðo þa Janual ok avitaðo hann mioc ok refstu honum at hann skylldi ei hafa harm sva mikinn af ast sinni, ok bolvaðo sva uhofsamlegvm astum.

Nu sem sa dagr kom er þeir hafðo eindagat at dœma þær sakir er konungr gaf Janual, þa varo þar samnaðer allir lenndir menn konungs. Konungr gaf Janual þa sakir ok drottning. Þa komv konungs riddarar er i vorzlu hofðu gengit firir Janual ok leiddu hann firir konunginn. Allir er at sato domenom varo ryggir mioc ok harmaðo mioc at þeir skylldo *dœma[7] hann sva dyrlegan mann, sva milldan ok kurteisan ok vel reyndan, ok utlennzkan mann on hialpar ok hugganar allra sinna frænda. Margir varo þeir er at lica konungi ok drottning villdu spilla hans lut.[8] Konungrinn bauð at skunnda domenom sacar drotningar, er beið orskurðar þeirra.

Sem þeir skylldu skiliazc, þa sa þeir tvær meyiar komannde a tveim friðum gangarom; varo hinar friðazto. Allir þeir er þar varo staddir hugðo at þeim vannlega ok kvaðoz alldre fyrr hafa iamfriðar seett. Þa gec Herra Valvein ok þrir riddarar með honum til Januals ok sagðe honum fra mey<iu>num ok synde honum. Ok huggaðezc hann þa mioc. En þa bað hann Sira Valuein mioc með litillatlegom bœnum at hann skyllde syna honum hvarr þeirra tvegia var unnasta hans.

Hann svaraðe: "Ec veit ei," kvað hann, "hveriar þær ero, ne hvaðan þær komo, ne hvat þær villdu, ne hvert þæ<r> villdv fara."

Þær riðu þegar fram ok namo ei staðar fyrr en þær komo firir konung. Þa stigv þær af hestonom. Þær varo hinar friðazto ok mællto kurteislega:

"Herra konungr," kvaðo þær, "latet ryðia svefnbur imoti frú occarre, þui at hon vill af hesti stiga ok hava herbyrgi með yðr."

Konungr jatti þeim giarnsamlega þat er þær baðo ok kallaðe til sin tva riddara, ok fylgdo þeir meyiunum vpp i svefnhusit ok gerðo þeir þat sem þær beidduzc. En þær mælltu ecki fleira at þui sinni.

king. They did what he commanded, whether they liked it or disliked it. When they had all come there, they decided unanimously that Janual shall have a day appointed on which to defend himself. In the meantime Janual is to give men to the king as pledges that he will wait for trial, and then come in his own person before the king. Then the king's retinue will be more numerous, because few were at court now, only those who were closest and most dear to the king. They sent to the king and revealed to him what they thought of the case as it had developed, and the king then demanded a pledge. But Janual was all alone far from his friends and kinsmen. At this point Sir Gawain came, and all his companions, and they went as pledges for him.

Then the king spoke: "I now place Janual," he said, "under your warranty, to the extent of everything you have received from me, possessions and castles and prosperous towns and all other kinds of valuable gifts which are given and turned over to barons for their honor."

Now when they had made themselves pledges, they went to their lodgings. The knights then stayed with Janual and reproached him much and chastised him, saying that he should not feel so much sorrow because of love; they cursed such immoderate love.

Now when the day came which they had fixed for judging the charges which the king brought against Janual, all of the king's barons assembled there. The king and the queen presented the charges against Janual. Then came the king's knights who were acting as pledges for Janual, and they brought him before the king. All those who were sitting in judgment were very sad, and they lamented greatly that they had to judge such a glorious man, so gracious and courteous and well proven, and a foreigner without the help and comfort of any of his kinsmen. There were many who, in order to please the king and queen, were willing to decide against him. The king ordered them to speed up the trial for the sake of the queen, who was waiting for their decision.

When they were about to reach a judgment, they saw two maidens approaching on two beautiful palfreys; the maidens were very beautiful. All those who were there looked at them carefully and said that they had never seen such beautiful women before. Then Sir Gawain, accompanied by three knights, went to Janual and told him about the maidens and showed them to him. He was very comforted. Then Sir Gawain begged him with humble entreaties to point out to him which of these two was his sweetheart.

He answered: "I don't know," he said, "who they are or where they came from or what they wanted or where they wanted to go."

The maidens then rode on and did not stop until they came before the king. Then they dismounted from their horses. They were very beautiful, and they spoke courteously:

"Lord king," they said, "have a chamber cleared to receive our lady for she wishes to dismount and take lodgings with you."

The king willingly granted what they asked and called to himself two knights, and they went with the maidens up to the chamber and did as they requested. The maidens spoke no more for the time being.

Konungrinn krafðe þa af lendum monnum sinvm er i domenom sato svor
þeirra ok orskurð domsens, ok sagðe at þeir hafðo mioc angrat at þeir dvoldu hann
sva lengi at segia honum þat sem þeir hafðo dœmt.

"Herra," kvaðo þeir, "ver skildvmzc þa er ver sám meyiarnar, ok hofðum ei þa
lokit domenom. En nu skolum vér aðru sinni til settiazc domsens."

Nu sem þeir varo oðru sinni samnaðer, þa gerðo þeir þrætto micla ok deilld.
En i þeirre sundrþyckiu er þa gerðizc þeirra imillum, þa sa þeir komande tvær
meyiar rikolega bunar a hinum friðaztom hestom, ok glodduzc þa allir er <i>
domenom sato sacar Sira Januals. Ok mællto þa allir, at þessar meyiar ero komnar
Janual til hialpar, er sva er vaskr ok vapndiarfr, kurteis ok milldr ok *konunglegrar
tigundar.[9] Þa gec Sira Jveins til hans með felagum sinum, ok j þui komo meyiarnar
til konungs ok stigu af hestum sinum. Hin ellre var snioll ok curteis ok bar sniallega
fram ærendi sitt:

"Herra konungr," kvað hon, "lateð bva herbyrgi frú minni. Hon er her nu
komannde at rœða við yðr."

Ok mællti þa konungrenn, at riddarar skylldo leiða þessar meyiar til þeirra
sve<f>nlofta er hann hafðe til vist hinum fyrrum meyionvm. Ok syndizc þa allum
þessar miclu friðare en hinar fyrru, ok lovaðo allir baðar ok miclu meir hinar siðarro.
Nu sem þær varo [bro]tt gengnar, þa krafðe konungr af lendum monnum dom
þann er þeir skylldo dœma, ok kvað oflengi hafa staðit d[riuga]zt allan daginn
orskurð þeirra, ok myndo þeir þa at fullu skiliazc.

En i þui kom riðande um enndilangan b[œen] ein sva frið mær a sva goðum
hesti at i ollum heiminvm var engi henni iamfrið, ne hesti hennar annar iamgoðr.
Hann var huitr sem snior. Sua var hann hogværr gangare, skiotr ok vaskr ok
einkennilegr yuir allum dauðlegum hestum, at engi hafðe set þuilican. Mæren bar
sparháuc a hœgre hendi sinni, ok fylgdi henni einn hunndr. En fegrð ok heyveskleic
hennar þarf ei aðra leið geta en fyrr er sagt. En hon reið helldr i skiotara lage, ok
var engi sa i allre þeirre borg, vngr ne gamall, er ei liop at sia hana meðan hon reið
vm borgena.

Ðeir er i domenom sato, sem þeir sa hana, þa þotti ollum kynlect ok undarlect,
sva at engi var sa imillum þeirra er ei festi augu sin a henni, ok þeir flestir er
ornaðoz af asion hennar. En þeir er vinir varo riddarans komo til hans ok sogðv
honum. En hann, er fyr sat gnufa ryggr ok ræddizc firir dom konungs riddara
sacar, lyfti vpp hofði sinu, þui at þeir sogðu honum, ef guði licar, at þessi mær man
leysa hann ok frialsa.

Sem hann hafðe heyrt orð þeirra ok litið umm *sec[10] at sia meyna, þa kennde
hann hana at fullu ok svaraði þeim: "Þat veit trv min," kvað hann, "þessi er min
unnasta. Ef hon miskvnnar [mic] ei," kv[að] hann, "þa hirðe ec ei hverr drepr mic.
Ec [em nu hol]pen at ec se hana."

Mæren reið þegar i konungs garð. Engi maðr sa aðra iamfriða. Hon steig þa af
hesti sinum er hon kom firir konung, ok hofðv þa allir augu sin a henni at kenna
hana glœgsynilega. Hon let af ser falla skickkiu sina, at hon skylldi mega glœglega

Then the king demanded from his barons who were sitting in judgment their response and decision of judgment; he said that they had displeased him greatly by delaying so long in telling him what they had decided.

"Lord," they said, "we separated when we saw the maidens, and we had not then concluded our judgment. Now we shall sit in judgment a second time."

Now when they were assembled a second time, they entered into great wrangling and quarreling. During this discord which then arose among them, they saw two maidens approaching, splendidly dressed, on very beautiful horses. All those who sat in judgment were happy on behalf of Sir Janual, and they all said that these maidens had come to help Janual, who was so valiant and bold with weapons, courteous and agreeable and of royal blood. Then Sir Yvain went to him with his companions, and at that moment the maidens came to the king and dismounted from their horses. The elder was eloquent and courteous and announced her errand eloquently:

"Lord king," she said, "have lodgings prepared for my lady; she is coming here now to talk with you."

The king then said that knights should lead these maidens to the chambers to which he had directed the previous maidens. It seemed to everybody that these were much more beautiful than the previous ones; everybody praised both of them, but the latter two much more. Now when they had gone, the king demanded from his barons the judgment which they were to pronounce and said that their decision had taken much too long, nearly the whole day, and that they should definitely reach a judgment.

At this moment there came riding through the length of the town a maiden so beautiful, on such a good horse, that in all the world there was not her equal. Nor was there another horse as good as hers; it was as white as snow, and it was such a gentle ambler, swift and valiant and unique above all mortal horses, that no one had seen its like. The maiden was carrying a sparrowhawk on her right hand, and a dog was following her. Of her beauty and manners there is no need to say anything other than is mentioned above. She rode rather swiftly, and there was no one in all that city, young or old, who did not rush to see her as she rode through the city.

When those who were sitting in judgment saw her, it seemed strange and marvelous to them all, so that there was no one among them who did not fasten his eyes on her, and most of them grew warm from looking at her. Those who were the knight's friends came to him and told him. He, who had been sitting stooped over with sadness and frightened in the face of the judgment of the king's knights, lifted up his head, for they told him that, if it pleases God, this maiden will release and free him.

When he had heard their words and looked around to see the maiden, he recognized her fully and answered them: "On my word," he said, "this is my sweetheart. If she does not take pity on me," he said, "I don't care who kills me. I am comforted now that I see her."

The maiden rode at once into the king's courtyard. No man had ever seen another so beautiful. She dismounted from her horse when she came before the king, and they all kept their eyes on her in order to perceive her distinctly. She let

synazc. *Konungr[11] hinn kurteisazti stoð þegar vpp imoti henni, ok allir tignaðo hana ok sœmdo, ok allir kostaðo giar<na> at þiona henni. Nu sem allir hofðu gorsamlega sét hana ok mioc lovat *fegrð[12] hennar, þa mællti hon með þeim hætti sem hon vill ecki lengi þar dveiliazc.

"Herra konungr," kvað hon, "ec ann einum riddara hirðliðs þins, er Sira Janval er. Honum varo sacar gefnar her innan hirðar. En ec vil at engvm se orð min til meina, ok vil ec at allir viti at fru drotning heuir ranga soc a honum, þui at alldri bað hann hennar. En vm hœlni ok um rosan þa sem hann mællti, þa em ec komin at frialsa hann, at lendir menn yðrir dœmi hann frialsan, sva sem þeir rœddo i domi sinum."

Konungr iatti henni þegar þat sem hon beiddizc, ok dœmdo þa allir Janual frialsan, ok var þa klanda lauss ok at fullu laus af asio þeirra. Ok for þa mærin i brott. En meðan hon var i konungs hirð, þa tignaðo hana allir ok þionaðo henni giarnsamlega með goðom vilia. En konungr gat með engum kosti þar lengr dvalt hana.

Uti firir hallar dvrum var standandi einn ma[l]mara steinn. J þvi liop Janual á [steinninn], sem hon vt reið or hallar dvrum. Þa flaug hann up a hestinn at baki henni, ok reið hon með honum til eyiar þeirrar er Ualun heitir. Þat hafa sagt hinir sannfroðastu menn, at sv er hin fridasta ey i heiminum. Þagat var tekinn sa hinn ungi maðr. Siðan fra engi maðr til hans, ok firir þui kann ec ecki lengra telia yðr fra þeim.

Her lycr þessarre sogu; haui þackir þeir er heyrðu.

her mantle fall so that she could be seen clearly. The most courteous king rose immediately to receive her. Everybody revered and honored her, and everybody strove eagerly to serve her. Now when everybody had looked her over thoroughly and greatly praised her beauty, she spoke to the effect that she does not wish to stay there very long.

"Lord king," she said, "I love a knight of your retinue, namely Sir Janual. Charges have been brought against him in this court. I do not wish any harm to anyone from my words, and I want everybody to know that the queen has brought a false charge against him, because he never wooed her. As for the boasting and the praise which he uttered, I have come to free him, that your barons may judge him free, just as they discussed in their deliberations."

The king granted her what she asked, and they all then judged Janual to be free. Then he was free from molestation and entirely free of their jurisdiction. The maiden then went away. As long as she was in the king's court, everybody revered her and served her eagerly with good will. But the king could not by any means hold her there longer.

Outside the castle door stood a marble stone. Janual at once jumped on the stone. When she rode out the castle door, he sprang up on the horse behind her, and she rode with him to the island called Ualun. The most truly informed men have said that this is the most beautiful island in the world. The young man was taken there. Since then no man has ever heard of him, and therefore I can tell you no more about them.

Here ends this story. Thanks to whose who listened.

Notes

1 *sinni] sinni ok.
2 *herbergis] herbergins.
3 *hofo] hafo.
4 *kurteisra<r>] kurteisara.
5 *hin] su hin.
6 *dœma] doma.
7 *dœma] doma.
8   Here the Norse translation omits a lengthy passage (ll. 433-68) in which the Count of Cornouaille explains the legal situation and declares that Lanval is innocent of dishonoring the king (by virtue of his own statement in ll. 371-74), but that he will not be declared innocent of offending the queen until he can produce as his mistress the most beautiful woman in the world. This is told to Lanval, who declares that he is unable to bring his mistress, and his response is then reported to the judges. Paul Aebischer explains this omission as due to the translator's inability to comprehend the technical legal terminology in the passage (see Jean Rychner, ed., Le Lai de Lanval [Geneva and Paris, 1958], p. 91), but Rychner's "Explication du jugement de Lanval" on pp. 78-84 of the same edition demonstrates that the technical terms are distributed widely throughout the second half of the poem, over a space of 300 lines. The passage in question, ll. 433-68, presents no more difficulties in this respect than the second half of the poem as a whole, in which the translator is generally competent. For example, the term acheisuna ("accuse") which appears in this passage (l. 440) is translated accurately as Honum varo sacar gefnar her innan hirðar when it apears in l. 617: Acheisunez fu en ta curt. The omission of ll. 433-68 was not due to incompetence, but to the translator's judgment that the passage was dispensable.
9   *konunglegrar tigundar] konunglegr tigurlega.
10   *sec] sér.
11   *Konungr] the manuscript has the abbreviation for konung.
12   *fegrð] fegrðr.

TRISTRAMS SAGA OK ÍSÖNDAR

Edited and Translated

by

Peter Jorgensen

INTRODUCTION

The Literary Tradition

The ultimate origin of the Tristan legend is shrouded in mystery, although the consensus of scholarly opinion favors a Celtic origin unrelated to the Arthurian cycles. It is likely that a lost French work around the middle of the twelfth century—though in what form or through how many intermediate stages is unclear—provided the eventual source for both extant Anglo-Norman versions. Béroul's redaction (ca. 1170-90), often referred to as the *version commune*, places more emphasis on narration than on examination of inner character and ethics, and is probably closer to the style and tone of the original. A Middle High German translation (ca. 1170-90) by Eilhart von Oberge preserves quite well the style and spirit of this *version commune*. Thomas of Britain is responsible for the *version courtoise*, a second Anglo-Norman treatment (ca. 1150-70) emphasizing the ideals of chivalry and of courtly love. It too was translated into Middle High German (ca. 1210), this time by Gottfried von Strassburg, who imbued the text with an apotheosized treatment of love.

If the prologue to the manuscripts of *Tristrams saga ok Ísöndar* can be taken at face value, then the French redaction of Thomas was used as the source for a Norse prose translation in 1226 by a Friar Robert, which would make this saga one of the oldest of the translated foreign romances in Scandinavia. The work was apparently undertaken at the behest of King Hákon Hákonarson, about 22 years of age at the time and newly married. It is assumed that Friar Robert is the same person referred to in another context as Abbot Robert, who translated *Elis saga ok Rósamundu* into Norwegian from the French chanson de geste, *Élie de St. Gille*.

Tristrams saga ok Ísöndar exerted an influence on the later literature of Iceland, serving as the eventual source for a much shorter prose version (*Saga af Tristram ok Ísodd*), a ballad extant in four redactions (*Tristrams kvæði*), and five published folktale versions (*Tristram og Ísól bjarta*). In addition to influencing the style of later Icelandic romances, *Tristrams saga ok Ísöndar* has influenced the subject matter of well-known Sagas of Icelanders (*Íslendingasögur*), such as *Laxdæla saga* and *Grettis saga*

The Icelandic Manuscripts

Not only the main characters of the Tristan legend but also the manuscript traditions of the different versions of the legend seem to suffer from great tragedy. Béroul's text is missing both a beginning and an end; Thomas's lacks a beginning—with the remainder comprising nine disjointed fragments; and Gottfried's version wants for some 15 to 20 percent at the end. No trace remains of a version alluded to in the *Roman de Renart* (ca. 1175-1205), and if Chrétien de Troyes did, as he says, write a story about "del roi Marc et d'Ysalt la blonde," then we are faced with a tragic loss of inestimable value. There are no known Norwegian manuscripts of *Tristrams saga*, so it is most fortunate that manuscripts in Iceland preserve the story in its entirety, even though the oldest complete manuscript (AM 543, 4to) dates from only the (late) seventeenth century. Two other complete paper manuscripts (ÍB 51 fol., JS 8 fol.), one fragment of two chapters, and two résumés exist, ranging in time from the latter quarter of the seventeenth century to 1800. Fortunately, there are several fragments extant from the fifteenth century (AM 567, XXII, 4to and the Reeves Fragment), and although they comprise just five leaves, the text that they contain strongly supports the assumption that the paper manuscripts, although late, do contain a rather conservative version of the original saga, with influence, perhaps, from the *version commune.*

The vellum fragments give strong evidence that the omission from Thomas's version of lengthy monologues about the trials and tribulations of courtly life and ideals extends at least as far back as the fifteenth century in the Norse version, and given the proclivity of Norse translations to favor the story line over long, philosophical or psychological pronouncements, it is probable that the original Norse redaction likewise omitted the discursive passages and the authorial intrusions by Thomas. Otherwise, the Norse saga appears to be a workman-like translation of the Anglo-Norman text and a more reliable source than Gottfried's *Tristan* for information about the lost portions of Thomas's version.

The Edition

Because the vellum fragments support the reliability of the paper manuscripts and because none of these fragments could be directly indebted to the original Norse translation, the edition below of *Tristrams saga ok Ísöndar* has been based on the oldest complete manuscript, AM 543, 4to.

TRISTRAMS SAGA OK ÍSÖNDAR

Hér skrifaz sagan af Tristram ok Ísönd dróttningu, í hverri talat verðr um óbæriliga ást, er þau höfðu sín á milli. Var þá liðit frá hingatburði Christi 1226 ár, er þessi saga var á norrænu skrifuð eptir befalningu ok skipan virðuligs herra Hákonar kóngs. En Bróðir Robert efnaði ok upp skrifaði eptir sinni kunnáttu með þessum orðtökum, sem eptir fylgir í sögunni ok nú skal frá segja.

Kapituli 1

Á Bretlandi var eitt ungmenni, hinn fríðasti maðr á líkams fegrð, hinn vildasti ríkra gjafa, öflugr ok auðugr ríkra kastala ok borga, kænn til margrar kunnáttu, hinn röskvasti at riddaraskap, hinn öruggasti at alls konar drengskap, vitr ok varr í ráðagerðum, forsjáll ok framsýnn, fullgerr at öllum atgervum yfir alla menn, er í þann tíma váru í því ríki, ok hét þessi riddari Kanelangres at nafni. Hann var hinn harðasti hörðum ok hinn grimmasti grimmum. Hann hafði með sér svá mikinn fjölda traustra riddara ok harðra hirðmanna, at meira vildi hann fjölmenni um sik hafa en föng hans mætti uppi halda. En með því hann var hinn vildasti í gjöfum ok ástsamasti í sínum meðferðum ok hinn harðasti í bardögum, sótti hann af sinni hreysti, vaskleik ok burtreiðum svá miklar eignir ok ríkar tekjur af óvinum sínum, at á fám árum óx vald hans ok virðing með mörgum föngum. Síðan á hinum þriðja vetri, sem hann bar riddaravápn ok herklæði, þá helt hann flokk ok fjölmenni með hörðum ófriði í móti mörgum kóngi ok hertuga ok gerði þeim mikinn skaða ok fjártjón, brendi kóngsins kastala ok borgir þar í landi, ok margir kóngs riddara gáfuz herteknir ok vápnsóttir, af hverjum hann tók miklar útlausnir, gull ok silfr ok góðar gersimar, hesta ok herklæði. Hann lét ok sína menn stundum, sem opt kann at falla í bardögum. Svá gerði nú Kanelangres móti kóngi landsins, eyddi kóngsríki ok tók menn hans, þar til <er> kóngr tók tryggðir af honum síðir ok sættiz við hann með ásýn hinna hyggnustu manna, ok setti nú stefnu á milli sín til sáttargerðar.

Sem sættir váru gervar, þá skipaði Kanelangres gæzlumann yfir ríki sitt, kastala, bæi ok borgir, tigna höfðingja ok trausta riddara. Því næst bjó hann her sinn at fara af landi braut í annat ríki at kannaz við dugandi menn ok frægja sik ok fremja sína hreysti ok riddaraskap. Margt var honum sagt af Englandi, at þar var mikit ríki ok auðugt, frítt ok frægt, gott ok gnógt, með alls konar góðindum kurteisra riddara ok ríkra borga ok sterkra kastala, ok hin ríkasta veiðistaða dýra ok fugla ok hit gnægsta at málmi gulls ok silfrs ok alls kyns klæða ok góðra hesta, grárra skinna ok hvítra,

THE SAGA OF TRISTRAM AND ÍSÖND

Written down here is the story of Tristram and Queen Ísönd and of the heartrending love that they shared. This saga was translated into the Norse tongue at the behest and decree of King Hákon when 1226 years had passed since the birth of Christ. Brother Robert ably prepared the text and wrote it down in the words appearing in this saga. And now it shall be told.

Chapter 1

In Brittany there lived a young man, in appearance the handsomest of men and the most gifted in other respects—wealthy and powerful with strong castles and cities, knowledgeable about many things, the most valiant in chivalric pursuits, the most trustworthy whenever courage was necessary, wise and understanding in his judgments, prudent and foresightful, perfect in all areas compared to other men in that kingdom who were living at that time. And this knight bore the name Kanelangres. He was the fiercest to those who were fierce and most merciless to those who showed no mercy. Around him he gathered a large number of proven knights and fierce followers, and would like to have had an even greater retinue about him if he had had the means to support them. Given his generosity, his sympathy in dealing with others, and his toughness in battle, he acquired by virtue of his prowess, valor, and participation in tournaments so many possessions and rich booty from his enemies that in only a few years his power and esteem grew manyfold. In the third year in which he bore a knight's armor and weapons, he led a large body of men in fierce battles against many dukes and kings, caused them great damage and property loss, and burned down the royal castles and cities in that country. Many of the king's knights were captured or taken as wounded, and for each he received a large ransom, gold and silver and excellent jewels, horses and armor. At times he also lost men, as often happens in battle. Kanelangres attacked the king of one country, destroying his realm and capturing his men, until the king finally proposed a truce and, on the advice of the wisest men, became reconciled with him. They then set up a meeting between the two sides to ratify the treaty.

Once the terms of peace were concluded, Kanelangres put a deputy in charge of his kingdom and castles, cities and towns, noble chieftains and trusty knights. Next he made ready his army to depart for another kingdom, in order to meet courageous men, to further his fame, and to enhance his prowess and knightly skills. Much had been told to him about England, that there was a great and wealthy kingdom there, beautiful, bountiful, and renowned, with all kinds of wonderful things—courteous knights, mighty towns, strong castles, the most plentiful places

bjarnskinna ok safala. Ok fyrir því íhugaði hann, at hann vildi sjá vild ok vaskleik, mildi ok hæversku þeira manna hinna kurteisu, sem í því ríki búa, er öllum þeim dugöndum gera sæmdir ok ágætan félagskap, er til þeira koma ok með þeim vilja vera. Svá vill hann ok einnig þeira kostnað, siði ok sæmdir, vald ok vápn, hreysti ok atreiðir reyna.

Kapituli 2

Sem Kanelangres hefir með sér slíka hluti íhugat, þá býr hann þangat ferð sína sæmiliga ok ríkuliga með gnógum föngum, með fríðum mönnum, hyggnum ok hæverskum, hraustum ok reyndum riddurum, ok þó ekki fleirum mönnum en tuttugu, vel ok virðuliga búnum með góðum gangvápnum ok öruggum herklæðum ok hinum beztum hestum, ok komu til Englands ok lendu í Kornbretalandi.

Svá sem Kanelangres kom í England, var hinn göfgi Markis kóngr yfir öllum enskum mönnum ok Kornbretum einvaldsherra ok höfðingi. Sat Markis kóngr með miklu ok ágætu vildarliði sínu í höfuðborg þeiri, <er> Tintajol heitir. Í þessari borg stendr hinn sterkasti kastali í öllu kóngsríkinu.

Sem Kanelangres spyrr, at kóngr sat í Tintajol, þá stefndi hann þangat með sínum riddurum. Ok sem hann kom í kóngsgarð, þá steig hann af hesti sínum ok hans félagar, gengu síðan til kóngs hallar, sæmiliga gætandi tign ok virðing hirðligrar siðvenju, tveir ok tveir saman gangandi, haldandiz í hendr, klæddir ok búnir dýrligum klæðabúnaði.

Sem Kanelangres ok hans félagar komu fyrir kónginn, þá heilsa þeir kónginum vel ok vitrliga. Sem hann hafði heyrt ok skilit ræðu þessara ungu manna, þá svaraði hann þeim, sem kurteisum kóngi byrjaði, vel ok sæmiliga. Ok vísaði Markis kóngr þeim til sætis, Kanelangres hjá sér hit næsta, en félögum ok förunautum hans skipaði hann út í frá at hirðlögum ok hæverskum sið. Því næst spyrr kóngrinn Kanelangres tíðinda. En hinn ungi maðr, vel ok forsjáliga hagandi, segir kónginum sín tíðindi ok friðar tíðindi vera ok fullkomins fagnaðar. Ok því næst segir hann kónginum með blíðum orðum, hvaðan ok fyrir hverjar sakir hann kom í ríki hans ok til hans fundar, at hann vildi dveljaz með honum ok í hans sæmiligu hirð at skemta sér ok kanna ríka hæversku ok kurteisa meðferð. Sem hinn frægi Markis kóngr hafði skilit, at Kanelangres hafði þvílíkt erindi til hans hirðar, at hann vill með honum dveljaz ok honum þjóna, þá tók hann honum vel ok virðuliga ok öllum félögum hans, hafandi þá í allri makt um fram sína riddara, öðlaðiz með þessu *hina[1] mestu gæfu ok hina frábær<ust>u hamingju.

to hunt animals and birds, an abundance of metals, gold and silver and various kinds of cloth, and good horses, furs of gray and white, bearskins and sable. For this reason he felt that he wanted to see the excellence and valor, the grace and good manners of those courteous men who lived in that kingdom and who treat with honor and with utmost comradeship all those gallant men who come to them and who wish to be with them. And so too did he wish to experience their hospitality, customs and honor, their might and weapons, and their prowess and tournament skills.

Chapter 2

After Kanelangres had considered these things, he prepared in a magnificent and fitting manner for his trip there, with provisions enough and with well-dressed, intelligent, and well-mannered men, tried and true knights. Although numbering no more than twenty, they were splendidly equipped with fine weapons for the march, secure armor, and the best of horses. They sailed to England and landed in Cornwall.

At the time when Kanelangres arrived in England, the noble King Markis was the sole chief and ruler of all the English and the men of Cornwall. King Markis resided with his large and illustrious band of chosen warriors in the capital city, which was called Tintajol. In this city stood the strongest castle in the entire kingdom.

When Kanelangres learned that the king lived in Tintajol, he set out in that direction with his knights. Upon arriving at the palace, he and his men dismounted and went then to the king's hall—suitably mindful of the pomp and magnificence of courtly custom—walking two-by-two, arm-in-arm, dressed in costly attire.

When Kanelangres and his companions came before the king, they greeted him in the appropriate manner. After he had received and understood the greeting of these young men, he answered them as befitted a king knowledgeable in the ways of the court. Then King Markis had them seated, Kanelangres next to him and his comrades and companions arranged further away according to custom and courtesy. Next, the king asked Kanelangres for news, and the young man, comporting himself properly and prudently, told of his peaceful errand and cheerful intent. Then with fair words he told the king whence and why he had come to visit him in his kingdom and that he wished to stay with him as a member of his honored retinue, in order to enjoy himself and to learn the manners of the kingdom and courtly deportment. When the famous King Markis realized that Kanelangres wished to stay with him and serve him as a member of his retinue, he received him and his companions honorably and well. He placed them in a high position over and above his own knights and gained by doing so a wealth of good luck and marvelously good fortune.

Kapituli 3

Sem Kanelangres hafði nokkura stund verit með kónginum í þvílíkri sæmd ok ágætri virðingu, þá er frá sagt, at hinn mildi Markis kóngr lætr búa mikla veizlu ok virðuliga á móti einhverri hátíð mikilli. Ok sendir kóngrinn nú bréf sín ok innsigli alla vega út um landit frá sér ok býðr nú til öllum vildarmönnum, jörlum, hertugum ok barónum, með konum þeira ok sonum, ekki síðr dætrum. Ok sem allir höfðu heyrt boð kóngsins ok skildu hans vilja, þá geyma allir ok gæta hans vilja ok sinnar lýð skyldu ok búa nú ferð sína án allrar dvalar, Bretar[2] ok jarlar ok allir hinir vildustu menn þessa kóngsríkis ok höfðingjar allra eyja umhverfis með konum sínum, sonum ok dætrum, sem fyrr var skipat eptir siðvenju landsins.

Komu nú allir menn gersamliga til kóngs boðs ok þeir, sem kóngrinn ætlaði til, ok safnaðiz saman allr sá fjöldi í Kornbretalandi í einum skógi hjá stöðuvatni nokkuru. Þar váru fagrir vellir ok víðir, sléttir, prýddir fögrum grösum ok blómasamligum. En fyrir sakir þess, at staðr þessi var hinn lystiligasti sakir margfaldrar skemtanar, þá lét Markis kóngr á þeim völlum þar setja ok skipa stórum landtjöldum, gulum ok grænum, blám ok rauðum, ok ríkuliga búnum, gylldum ok gullsaumuðum, undir *ilmöndum[3] laufum ok nýsprungnum blómstrum. Þar gerðuz þá nýdubbaðir riddarar ok ungir menn með fögrum atreiðum ok léku riddaraliga fyrir útan öfund ok hégóma ok öðlaz með því ást ok yndi fríðra meyja ok kurteisra kvenna, er þar váru saman safnaðar í svá miklum fjölda hvárs tveggja fólks, bæði úti ok inni hjá landtjöldunum með bændum sínum ok unnustum, er þangat váru komnir til veizlunnar.

Kapituli 4

Nú er þar kominn mikill fjöldi þess fríðasta liðs, er manns augu vildu sjá. Ok sem Markis kóngr er á lítandi sitt heiðarligt herlið, þá vex honum mikil gleði ok hyggr <at> hann skyldi vera einn höfðingi yfir því landi, sem svá var ríkt ok auðugt af jafnmiklu fólki hæverskra manna ok kurteisra kvenna. Ok af þessum hlutum öllum saman hugsar hann nú með *sínum[4] gaumgæfiligum góðvilja, hversu hann mætti þessa veizlu svá fram láta flytja, at engi hafi verit þessari lík alls kyns góðinda. Því næst byrjar kóngr veizluna, sæmandi ok virðandi allt sitt fólk ok göfugmenni með alls kyns dýrustum vistum.

Sem kóngrinn var mettr ok öllum sæmiliga fengit, þá fóru allir hinir yngstu menn út á fyrr sagða völlu at skemta sér ok kröfðu með sér skjaldsveina sína ok hesta. Vildu þeir nú reyna sín öfl ok æsku. Því næst komu sveinar með hesta ok herklæði. Vápnaz nú nýgervu riddarar ok allir ungir menn ok hleypa hestum sínum fullum rásum ok hörðum atreiðum til ástarþokka við svá margar meyjar ok einkenna sín vápn, svá <at> sæi, hverr þar bæri bezt í þeira viðskiptum.

Chapter 3

After Kanelangres had been with the king for a time, held in such honor and high esteem, it is told that magnanimous King Markis had prepared a great and splendid feast on the occasion of a certain important holiday. Then the king sent letters with his seal out to all corners of his country and invited all distinguished men—earls, dukes and barons—along with their wives, sons, and, of course, their daughters. When everyone had heard the king's invitation and understood his wishes, they all took heed and were mindful of his desires and their duty. Without any delay they prepared for the journey, the counts and earls and all the most distinguished men of this kingdom as well as chieftains of all the surrounding islands along with their wives, sons, and daughters, as had been determined previously according to the custom of the land.

Absolutely all the people came to the king's banquet whom the king had invited, and the entire crowd gathered together in Cornwall in a forest and beside a lake. There were beautiful fields, spacious and flat, adorned with fine herbs in bloom. Because this place was the most delightful due to its many pleasures, King Markis had large tents set up and furnished in yellow and green, blue and red—and richly decorated, gilded and embroidered with golden thread—under fragrant foliage and bursting blossoms. There the newly dubbed knights and young men busied themselves with tilting and other tournament games without jealousy or deceit, and in this way they garnered the fondness and love of beautiful maidens and courtly ladies who were gathered together there in such a large group, both inside and outside of the tents, along with their husbands and lovers, who had come to the banquet.

Chapter 4

There had come together there a large number of the most elegant people that the human eye could wish to behold. When King Markis looked upon his worthy troops, great joy and comfort welled up in him that he alone should be the chieftain over this realm that was so rich and powerful with such a large population of well-mannered men and courtly ladies. And because of all these things he pondered carefully and with good intentions, how he might organize this feast such that there would never have been its equal in magnificence. Then the king began the feast, honoring all his people and noble followers and treating them to all kinds of the choicest foods.

When the king had finished eating and everyone had received suitable portions, all the youngest men went out to the field that was mentioned earlier, in order to enjoy themselves. They ordered their squires to accompany them with their horses, for they wanted to try out their youth and their strength. Then the squires arrived with the horses and armor. All the young men and the newly dubbed knights armed themselves and raced their horses at full speed in fierce jousts to earn the affection of so many maidens, and they marked their weapons so that it could be seen who bore them best in their duels.

En Kanelangres var yfir alla vaskastr í vápnaskiptum ok *öflugastr⁵ í atreiðum, kunnandi bezt bera sín herklæði, ok at öllum riddaraskap hraustastr. Fekk hann þar, sem vant var, hina hæstu virðing, því allr sá hinn mikli fjöldi meyja ok kvenna festu sín augu ok ástir á honum, því allar girntuz hann, þó <at> aldri *hefði⁶ hann fyrr sét, ekki vitandi, hvaðan hann var, ok ekki hans ætt né heiti. Þó sneru þær hug til hans, því þat er kvenna lunderni, at þær virða meir vilja sinn fullkominn en mundangshóf, girnaz opt þat þær kunna ekki fá, en hafna því mörgu ok fyrirlíta þat, er þær heimult eiga, svá sem fell Didoni, er svá mjök unni, at hún brendi sik inni, þá er unnasti hennar fór frá henni, er kominn var af öðru landi.

Svá hefir mörgum misfallit, er sjálfir vildu leggja sik í svá mikla sorg.

Kapituli 5

Kóngr þessi hinn frægi ok ríki, Markis, átti systur eina, er svá var fríð ok ynnilig, sjálig ok sæmilig, kurteislig ok elskulig, ríkulig ok göfuglig, svá at þvílíkt rósalíf var ekki til í veröldinni, svá at menn vissu til. Þessi hinn ágæti gimsteinn váttar sér þat sjálfr djarfliga ok síðan allir aðrir í kóngsríki, svá at engi fæddiz hennar jafningi at viti ok vísdómi, kurteisi ok hæversku, örlyndi ok skörugleik, svá at ríkir ok óríkir, ungir menn ok ellri, veslir menn ok fátækir unnu hugástum þessari ástsamligu meyju. Ok svá víða sem menn spyrja til hennar í önnur kóngsríki, þá óx henni lofsæl frægð ok mesta ástsemd af mörgum ágætum höfðingjum ok hinum fríðustum æskumönnum, sem aldri höfðu enn sjón af henni.

Kapituli 6

En þó at þessi mær, hin kurteisa ok hin hæverska, væri nú svá auðguð með ágæta siðsemi ok alls konar hamingju, þá má vera henni færi nú, sem opt er mælt, at sjaldan er þat, at einskis sé á fátt. Fáir kunna at vita eða geta, hvaðan henni kom slík áhyggja sem nú mun fram koma, þvíat skjótt eptir þenna mann sénan koma til hennar svá margfaldar hugrenningar, hugsóttir ok mikil óró ok nýkominn atburðr, at aldri má hún muna, kunna eða skilja, hverja hluti hún hefir þá á móti guði eða mönnum gerva, at svá þung forlög skyldi fyrir hana breidd eða borin, þar sem aldri stóð hennar orð eða verk nokkurum manni til vanda, heldr gladdi hún alla með gamans efni með mildum góðvilja ok kurteisligum hætti. Ok er þat harmr mikill, at hún er svá kvalin með angri ok óró, sem henni nú til handa fellr, at þessi kurteisa mær ok kyngóða gengr út ór landtjöldum sínum, ríkuliga búin, sem henni byrjaði, ok með henni fagr fjöldi ok mikill ástsamligra meyja at sjá ok líta kappsamligar atreiðir riddaranna ok annarra ungra manna.

Kanelangres, however, was the most courageous of all in fighting with weapons and the most powerful in jousting; he knew best how to bear his armor, and was in all knightly endeavors the most valiant. As was usual he garnered the greatest honor, as all of that very large crowd of maidens and women fastened their adoring eyes upon him, for they all desired him, although they had never before seen him, and did not even know where he was from, his family, or his name. Nevertheless they turned their affections to him, for that is the nature of women to set their desires more toward perfection than to moderation, often wanting what they cannot have, while rejecting and forsaking what they have at their disposal. That is what happened to Dido, who loved so deeply that she immolated herself when deserted by her lover, who had come from a distant country.

Such a mishap has befallen many, who wished to bring such great distress upon themselves.

Chapter 5

This famous and powerful king, Markis, had one sister, who was so beautiful and lovely, attractive and honorable, well mannered and beloved, magnificent and generous that as far as people knew, another such cheerful being could not be found in the world. This perfect jewel was obviously aware of this herself, and later everyone else in the kingdom too, that her equal in wit and wisdom, courtliness and manners, generosity and nobleness had not been born, so that rich and poor, young and old, the wretched and the poor loved with all their hearts this adorable maiden. As far and wide as men learned of her in other kingdoms, her fame and reputation and great affection grew among many excellent leaders and the most handsome young men who had never even laid eyes on her.

Chapter 6

Although this courtly and well-mannered maiden was so endowed with such decency and all kinds of good fortune, it could still happen to her, as is often said, that there's nothing without some flaw. Few could know or guess where the cares which would plague her might come from. Shortly after having seen this man, so many thoughts, anxieties, great restlessness, and a new circumstance happened to her that she was unable to know, remember, or understand what things she had done against God or man that such a heavy fate should befall her, since she had never hurt anyone with word or deed, but rather she delighted everyone with good cheer, with benevolence and good will, and with courteous conduct. It is a great pity that she was so tormented by the sorrow and uneasiness that befell her, as this gentle and noble maiden emerged from her tent, richly dressed as was fitting and accompanied by a large and lovely group of dear maidens, in order to look at the impetuous jousting of the knights and of other young men.

Sem hún hafði um hríð athugat þeira leik ok viðskipti, þá nam hún at sjá þegar hinn vildasta riddara Kanelangres, einkenniligan af öllum öðrum at atgervi, hreysti ok riddaraskap. Ok sem hún sá hann ok allr sá mikli fjöldi fólks ok kvenna lofuðu hans hreysti ok riddaraskap ok sem hún hafði lengi athugat reið hans ok vel kunnan riddaraskap, þá fell á hana svá mikil íhugan, at í því sneriz allr vili hennar ok fullkomin ást til hans. Ok því næst andvarpaði hún af öllu hjarta ok skarz öll innan ok brann í hug sínum, ok hljóp ván skjótara sá hinn sami hugar bruni í andlit hennar, ok hvarf henni þá öll náttúru fegrð, ok kendi hún þá eymd ok þrenging, en þó veit hún ekki, hvaðan slíkt kemr. Ok andvarpaði hún þá í öðru sinni ok þung megnaðiz nokkut, því hjarta hennar ok limir skulfu, svá at allr líkami hennar sveittiz.

Hún var nær sem hamstola væri af þeim mikla bruna, er á hana var fallinn, ok svá mælti hún þá: "Ó, herra guð, hvaðan kemr mér þessi hin undarliga sótt? Kynliga heldr mik þetta grimma angr. Engan hefi ek verk í limum mínum, en bruni þessi brennir mik, en ek veit ekki, hvaðan kemr. Ek em tekin mikilli sótt með svá óbæriligum hætti, at ek þykkjumz heil ok kenni þó óbæriligrar sóttar. Hvaðan kemr mér þessi vandi, er svá eitrliga mér grandar? Man nokkurr sá vel kunnandi læknir, at mér megi gefa umbótardrykk? Varla má þat vera, at dagr þessi hinn heiti geri mér innan svá mikit eitr. Aldri trýða ek um þessa sótt, at hún mætti gera mér svá mikit angr ok óbót, þvíat bruni gerir mik skjálfandi, en kuldi sveitandi, ok hiti er ekki sótt, nema válk ok píning þeim er of mikit hafa af öðru tveggja. Þessir tveir hlutir, hiti ok kuldi, pína mik nú í samþykkiligum hætti, at hvárgi vill við annan skiljaz, ok fyrir því verð ek nauðug bera báða, at hvárgi vill mér umbót ráða."

Svá lét hin kurteisa Blensinbil lengi velkjaz með ýmsum píningum.

Kapituli 7

Því næst leit hún ofan á völluna ok sá leik riddaranna, hversu þeir hleyptu hestum sínum fagrliga um völluna ok hversu þeir brutu hin sterkustu spjótsköpt á skjöldum sínum í hörðum atreiðum.

Nú sem hún sá á leik riddaranna, þá minnkaði bruna hennar, því ásýnd þess hins fagra staðar ok gagnsamligrar atreiðar hæverskra riddara stöðvaði ástareld hennar ok gerði henni kælu of mikils hita. Ok sem hún sá leikinn, huggaðiz hún nokkut ok gleymdi mjök fyrra skapi sínu, því þat er ástar siðvenja, þó at einhverr sé hugstolinn í ástar æði ok ef hann <er> á gamansgangi ok nokkut starfandi, þá er þá ást miklu hægra at bera. Svá var þessari ungu mey: þá er hún gáði leiks riddaranna, þá linaði sorg hennar.

After she had watched their games and their contests, all of a sudden she saw the best knight of all, Kanelangres, standing out among everyone else by virtue of his accomplishment, valor, and chivalric demeanor. When she looked at him, and that great crowd of men and women praised his valor and chivalry, and when she had observed his riding and considerable knightly ability at length, there fell then upon her a deep reverie in which all her desire and her love shifted to him. And then she sighed from the bottom of her heart as if her body had been pierced and her mind were aflame. Faster than imaginable that same burning desire rose to her face, and all her inner beauty left her. She knew only misery and distress, but did not understand where it came from. Then she sighed a second time and even felt troubled, because her heart and limbs quivered, and her entire body broke out in a sweat.

She was almost frantic due to the burning fever that had come over her. Then she said: "Oh, Lord God, where is this strange sickness coming from? This terrible distress has an extraordinary hold on me; I feel no pain in my limbs, but this fever is consuming me, and I don't know where it came from. I have been taken ill with such an unbearable sickness. Where is this difficulty coming from that is so maliciously destroying me? Will there ever be found a doctor so famous that he might give me a potion to make me well? It can scarcely be that this hot day might produce such a great poison within me. Never did I believe of this illness that it might cause me such great distress and irreparable damage, for the fever is making me tremble and the cold is causing me to sweat. But heat and cold are not a sickness but rather discomfort and pain for someone who has too much of either. These two things, heat and cold, are torturing me in such a concerted manner, that neither will leave the other and neither will help me to recover, and so I am compelled to bear both."

And so the stately Blensinbil was racked with a variety of torments.

Chapter 7

Blensinbil looked down onto the field and watched the games of the knights, how they broke the strongest spear shafts on their shields in hard jousting, and how beautifully their horses leapt across the field.

As she was looking upon the knights jousting, her fever diminished because the sight of that beautiful place and the beneficial effects of chivalrous knights jousting quenched the fire of her love and granted her coolness from great passion. As she watched the games she calmed down somewhat and forgot her previous state of mind, for that is the way with love, that when someone is distraught because of love's fury, it is much easier to bear that love if one works a bit or is pleasurably distracted. And so it was with this young maiden; when she concentrated on the games of the knights, then her cares diminished.

Þess var ekki langt á milli, at svá sem hún sá Kanelangres reyndiz einn yfir annan vaskari ok fríðari, þá endrnýjaz hennar harmar með margfaldri hugsótt ærinnar óróar, sem fyrr hafði hún í hug sínum.

"At vísu," segir hún, "er þessi maðr gerninga fullr ok illra krapta, með því ek pínumz svá hörmuliga af sýn hans ok skammvinnu áliti. Ó, guð, vertu skjöldr ok hlíf minnar ógurligrar elsku, þvíat stórlig vandræði standa af þessum riddara, ok allir kenna slíkra hluta á sér sem ek, þeir sem hann líta, þá hefir hann at öruggu illa kunnáttu með sér ok eitrligar kvalir, mönnum til spillingar, þvíat af sýn hans skelf ek öll ok brenn innan. Ófyrirsynju kom hann hingat, at ek kveljumz fyrir hans sakir. Ó hó, herra guð, með hverju má þessi kvöl ok vandræði, sorg ok harmr af mér takaz, í því at honum sómdi betr at biðja en mér at bjóða þessa hluti fyrir honum ok skemma svá ok svívirða sjálfa mik ok alla mína ætt, þvíat hann mundi jafnskjótt finna heimsku mína ok skammsýni ok jafnskjótt hyggja, at ek væri vön þvílíkra hluta, nýbreytinna ásta, ok mundi hann skjótt svívirðiliga hafna mér. En hvat mun mér tjá slíka hluti at kæra, þvíat mér hlýðir með engu móti annat en birta þetta, ok verðr þat á mér, sem á mörgum sannaz, at nauðugr er einn kosinn kostr."

Kapituli 8

Sem riddararnir höfðu riðit þá stund, sem þeim líkaði, þá riðu þeir ofan af völlunum ok hinn kurteisi Kanelangres. Kom hann fram ríðandi, þar sem hin ynniliga Blensinbil var fyrir verandi með sínum sæmiligum meyja flokki. Ok sem hann sá, hvar hún stóð, þá heilsaði hann henni með fögrum orðum ok tók þá til orðs: "Guð signi yðr, hin sæmiliga."

En hún þegar með blíðu andliti svarandi: "Ef þú, góði riddari, bætir þat, er þú hefir misgert til vár, þá sértu af guði sæmdr ok signaðr."

Sem Kanelangres heyrði orð meyjarinnar, þá var sem hann fengi áhyggju um þessi orð, ok mælti hann því næst til hennar þessum orðum: "Hin kurteisa mær," segir hann, "hverir eru þeir hlutir, er þér segið mik hafa misgert við yðr?"

Blensinbil segir: "Ek hygg, at þú einn af várum mönnum sér sá, er veizt þik nokkura hluti hafa misgert, ok em ek svá nokkut hrygg ok reið." En hún kallaði hann þó um sinn, þvíat hún kendi af hans ást sinn hug ákafliga stefndan.

Kanelangres fekk ekki skilit, hvat er hún mælti, því hann vissi ekki þá hluti, sem *hún[7] íhugaði, ok svarar hann henni með sæmiligum orðum: "Þú hin ástsamliga mær," sagði hann, "ef guð vill, þá skal ek gera við yðr sæmiliga ok virðuliga, sem sjálfr yðvarr er dómr til."

Blensinbil: "Engum kosti segi ek þik frjálsan undan mínu *klandi,[8] fyrr en ek sé, hversu þú vilt þessu bæta."

It did not take long before she noticed Kanelangres, who proved himself to be braver and more handsome than the others, and her distress returned with the manifold cares of a furious restlessness, just as she had felt in her heart before.

"Surely," she said, "this man is full of witchcraft and evil powers with which I am so grievously tormented by the sight of him, even a brief glance. Oh, Lord, be a shield and protector from my tormenting love because great troubles will be caused by this knight, and if everyone who looks upon him experiences such things as I, then he certainly possesses evil magic and venomous torments for the corruption of mankind, for at the sight of him I trembled all over and was burning inside. He came here for no other reason than that I would be tormented for his sake. Oh, dear God, how might this misery and difficulty, sorrow and grief be lifted from me—since it would be more honorable for him to ask than for me to offer such things to him, and thus shame and disgrace myself and my family. He would immediately discover my foolishness and short-sightedness and think at once that I was accustomed to things like promiscuity, and he would soon scornfully forsake me. But what good will it do me to complain, I can't do anything else but reveal this to him. It will prove to be true with me as with many others, that one is compelled to follow one's path once chosen."

Chapter 8

After the knights had competed as long as they liked, the handsome Kanelangres and the rest of them rode from the field. He rode forward to where the lovely Blensinbil was standing in front of her group of noble maidens. And when he saw her standing there he greeted her pleasantly. "May God bless you, noble lady," he said.

With a friendly smile she immediately responded: "If you, good knight, will atone for your transgressions against us, then may God grant you blessing and honor."

When Kanelangres heard the maiden's words, he seemed concerned by what she said, and he spoke to her in this way: "Gentle lady," he said, "what are the misdeeds that you say I have done against you?"

Blensinbil answered: "I think that you are the only one of our men who knows that you have transgressed, and for that reason I am somewhat unhappy and angry." But nevertheless she called him back to her again, for she knew her feelings to be impetuously determined by her love for him.

Kanelangres could not understand what she said, because he was not aware of those things she was thinking, so he answered her politely: "Lovely maiden," he said, "if God so wishes, then I will behave toward you honorably and respectfully, as you yourself determine."

Blensinbil responded: "In no way will I release you from my reproach, before I see how you intend to make amends."

Sem þau höfðu þessa hluti við ræz, þá tók Kanelangres leyfi til braut at ríða ok gaf henni góðan dag. En mærin andvarpaði af öllu hjarta ok mælti til hans: "Guð himneskr verndi yðr ok varðveiti."

Nú ríðr Kanelangres fullr af nýrri íhugan, hvat þetta mun vera, er Blensinbil kóngs systir kvað hann hafa misgert við sik, en hún vill, at hann bæti. Hann íhugar ok merkir andvarp hennar, en þess meir er hann íhugar, þess síðr finnr hann, hvat mærin hefði mælt. Hann válkaðiz nú í mikilli íhugan allan þenna dag. Ok svá um náttina, sem hann <er> í rekkju sinni liggjandi, þá var hann þetta svá hugsandi, at hann engan svefn né hvíld <er> hafandi.

Kapituli 9

Nú eru þau bæði einn harm berandi ok hafandi eina hugsótt ok áhyggju, ærna sorg ok fullkomit angr hins mesta vandkvæðis. Hún unni honum með mesta góðvilja, en hann henni með hinum mesta stöðugleik, en þó hvárki þeira með öðru vitandi. En af því hann var vitr ok vel siðaðr, þá athugar hann stund ok tíma, hversu eða hvenær hann mætti hefja sína ræðu við hana, sem helzt mætti hugr hennar snúaz. Ferr hann nú í þessu ok öllu vel ok virðuliga, því harðla mikit vandræði liggr við öðru<m> megin. Ef Markis kóngr yrði þess hlutar varr, at sá hinn ungi riddari ok nýliga komandi til hirðar Markis kóngs hefði slíka ætlan ok vilja til svá ágætrar ok náskyldrar hans frændkonu, með svá leyniligum hætti, þá mundi hann með engu móti fram koma sínum vilja.

Kapituli 10

Hvat þurfum vér fleiri hluti hér um at tala, þvíat allir þeir, sem nokkura skynsemd hafa, þá mun *kunnigt[9] vera, at sá er siðr elskandi manna, at hvárt mun fremja sinn ástsamliga vilja sem fyrst, þó með leynd saman komandi. Svá *gerðu[10] þessi tvau hin kurteisu sinn allan vilja sem samþykkiligast mátti, ok höfðu þau nú sinn fagra félagskap án alls hróps ok ámælis af nokkurum mönnum, því engi mátti né *fekk[11] fundit nokkurs konar grun á þeira samdvölum. Svá unni hvárt þeira öðru með hinni mestu ástsemd, fagri list ok leyniligri, at aldri varð kóngrinn þess varr né víss ok engi sá annarr, er í kóngs hirð var, ok engi maðr kunni sjá né finna, fyrir hverjar sakir at Kanelangres vill nú svá lengi dveljaz í kóngs hirð.

En kóngr undraði mjök, er honum líkaði svá vel með honum ok lengi, þar sem hann átti þar engar eignir, heldr fjarlægt sér miklar eignir ok ágæta frændr í öðru landi. En kóngi er sagt endr ok sinnum, at hann hafi mikinn hug á hans systur ok at hann mundi vilja biðja hennar ok fá þat með sæmd, ráði ok vilja kóngs. En fyrir því hann reyndiz umfram aðra at öllum atgervum, þeim sem ágætan mann *megu[12] sæma, þá mundi hann gert hafa samkomu þeira með fjölmenniligum fagnaði ok virðiligri vild, ef hann vildi þessa máls við kónginn leita. Ok mjök svá fyrir sakir

After they had discussed these matters, Kanelangres took his leave to ride off and wished her a good day. But the maiden sighed from the bottom of her heart and said to him: "May God in heaven protect you and keep you safe."

Then Kanelangres rode off, filled with a new worry about what misdeed he had committed that she wanted him to atone for. He considered this and thought about her sigh, but the more he thought, the less he could figure out what the maiden had meant. All that day he racked his brain about it, and at night, lying in his bed and thinking about it, he could get neither sleep nor rest.

Chapter 9

Now both of them had to bear the same sorrow, enduring the same anxiety and concern: deep anguish and total perplexity about this greatest of difficulties. She loved him with great friendship and he loved her most steadfastly, but neither of them knew what the other was thinking. Because he was wise and well brought up, he thought about the right time and about how and when he might continue his conversation with her, in order to effectively turn her innermost thoughts to him. He proceeded in this matter both cleverly and honorably, because there was a very difficult problem in another direction. If King Markis should become aware that such a young knight, newly arrived at his court, harbored such intentions and desires for such a noble, close relative—and to have gone about it so secretively— then he would never realize his desires.

Chapter 10

Why do we need to talk of this matter further, since everyone who has any insight at all knows that it is the custom of people in love to further as quickly as possible their amorous intentions, even through secret meetings. And so did these two courtly souls fulfill their common desires, and they were able to conduct their beautiful relationship without any reproach or blame from anyone, for no one could find any reason for suspicion in their dealings with each other. They loved each other deeply, secretly and with clever deception, so that the king was never aware of it, nor was any other member of the king's followers. No one had the vaguest idea why Kanelangres wanted to remain so long in the king's retinue.

The king, however, wondered a great deal why Kanelangres liked staying so much or so long in his company, since he owned nothing there, while far away in other countries he had great possessions and powerful relatives. But from time to time it was said to the king that Kanelangres had strong feelings for his sister and that he would want to propose to her if that could be done with honor and the will and consent of the king. Because Kanelangres had demonstrated that he was more accomplished than others in those endeavors befitting a nobleman, the king would

þessara hluta var sem hann gæfi þar leyfi til, at þau töluðuz stundum við, er þau vildu ok líkaði.

Kapituli 11

Nokkurri stundu liðinni frá því þá býr kóngr ferð sína með ágætu herliði til atreiðar við aðra riddara. Ok sem þeir komu til þess staðar, sem þeir höfðu til sett, þá skipuðu þeir atreiðum sínum ok halda þenna leik með alls konar kappi ok hinu harðasta viðrskipti. Nú geriz hér hinn harðasti leikr með miklum ofsa, svá at engi hlutr liggr nú eptir með hverjum einum, þat sem hverr má ok kann. Gerðiz nú mannspjöll með hvárum tveggjum fyrir sakir ágætustu sóknar, þvíat þar váru saman komnir hinir frægustu ok beztu riddarar.

En hinn hugdjarfasti ok vaskasti Kanelangres fór nú sem <it> óarga dýr ólmliga í miðjum hernum, meiðir ok drepr hrausta riddara umhverfis sik ok gerir mikit mannspell. Ok nú sem hann hugsar ekki annat en áfram á þá, er móti váru, þá var hann í því særðr miklu sári ok hættiligu, svá <at> hann var lagðr nær gegnum með sverði, ok fellr hann nú því næst af hestinum, mjök svá hálfdauðr. Þessi leikr endaðiz með því, at margr hraustr maðr er bæði sár ok drepinn ok mikill fjöldi hertekin.

Því næst tóku félagar Kanelangres hann ok báru hann hálfdauðan heim. Hefz þar nú kvein ok sorg alls herliðsins. Allir hörmuðu hans misfelli, þeir sem vissu hans frægð, drengskap ok góðlyndi.

Nú sem kóngs systir fréttir þenna þunga síns vinar, þá varð hennar sorg þeim mun meiri sem hann var meir byrgðr í hennar brjósti ok hún mátti hann miðr birta fyrir sakir mikils aga ok ótta, er annan veg lá við, er bæði var Markis kóngr, bróðir hennar, ok fjöldi annarra ríkra manna. En þó grét hún sinn skaða með hörmuligum hætti þann tíma, sem hún var *ein saman.[13] Stóð þeim mun meira angrit sem þat var leyniligra.

Kapituli 12

Þessi hin kurteisa frú ok <hennar> hraustasti vinr Kanelangres er<u> stödd í stórri íhugan ok miklu vandkvæði. Ok hugleiðir hún nú við sik *eina saman,[14] ef hann deyr með því móti, at hún má ekki hans fundi ná, þá fær hún aldri síns harms huggun, ok gengr nú þangat, sem fóstrmóðir hennar er, ok tínir fyrir henni ok upp telr sína sorg ok mein, ok biðr hana nú fylgja sér. Ok fór hún þá sem beinligast með hógværri list. Svá var hún þar komandi, at engi maðr var þat vitandi nema sá, er hún vildi, ok fóstrmóðir hennar, henni samþykkiliga fylgjandi um allt þat, er henni líkaði.

Sem hún var þar komin, er hann var, þá fann hún þann tíma, at húsit var rutt ok hreinsat ok allir út gengnir. En er hún leit unnasta sinn særðan, þá hvarf henni hugr,

have celebrated their wedding with general rejoicing and approval if Kanelangres had wanted to broach this matter with him. Primarily for these reasons it appeared that the king had given them permission to speak with one another whenever they wished.

Chapter 11

After some time had passed the king made preparations for a journey with an excellent armed force for a tournament against other knights. When they reached the appointed place they set up their tournament and carried out their contest with great zeal and with the keenest competition. There then developed a heated struggle with terrific violence, so that no able-bodied man held back. Because of the superb combat there was loss of life on both sides, since the best and most famous knights had come together.

Then the valorous and valiant Kanelangres jumped like a raging lion savagely into the midst of the army, wounding and killing noble knights about him and causing great loss of life. And when he was thinking of nothing else other than advancing against the enemy, he was seriously wounded, pierced almost entirely through his body by a sword. He then fell, half dead, from his horse. The battle ended with many brave men dead or wounded, and a large group taken captive.

Then the companions of the gravely wounded Kanelangres picked him up and carried him home. Throughout the whole army there arose great sorrow and lamentation. Everyone regretted his misfortune, knowing his renown, courage, and good nature.

When the king's sister learned of her friend's difficulty, her sorrow grew all the more as she tried to conceal it in her breast. She dared to reveal only a portion of her sorrow because of her fear of her brother, King Markis, and a host of other powerful men. But she cried secretly over her misfortune in a pitiful fashion whenever she was alone. Her grief was the greater the more it was kept in secret.

Chapter 12

This noble lady and her brave friend Kanelangres found themselves in a very difficult situation. She kept thinking to herself that if he were to die without her getting to visit him, then she would never find comfort from her distress. So she went to her foster-mother, telling her of her pain and her sorrow, and asked her to accompany her. She went there quickly and quietly so that no one knew of her arrival except that man whom she wished to and her foster-mother, who willingly complied with everything that she wished.

She chose the time to arrive there where he was as the house was being cleared out and cleaned, and everyone had left. As she saw her beloved lying there wounded,

ok fell hún í óvit í rekkjuna hjá honum, ok endurnýjaz nú at nýju hennar harmr, sorg ok sút, grátr ok ógleði. Stundu síðan liðinni, sem hún vitkaz við, faðmaði hún hann ok kyssti opt, svá mælandi: "Hinn sætasti unnasti!" með tárum sínum vætandi andlit sitt. En hann þegar í því angri ok meinlæti sinna sorga faðmaði hana með ástar þokka, svá at í sorg sinnar ástar fekk sú hin fríða frú getnað.

Í svá miklum harms meinlætum, hún í sorg, en hann í sárum, váru þau þar þat barn getandi, er síðar var *lifanda[15] ok allir hans vinir harmandi, en þessa sögu hefjandi.

Kapituli 13

Nú sem þau luku sínum ok ræðu, gekk hún í herbergi sitt. En hann lét græða sár sitt hinn vildasta lækni enn sem fyrr. En er hann var græddr, þá kom sendimaðr ór ríki hans ok talði honum tíðindi frá frændum ok hirðliði, at Bretar herjaði í hans landi, *dræpi[16] lið ok brendi borgir hans. Sem hann heyrði þetta, þá fann hann, at honum sómdi ekki þar lengr at dveljaz, heldr skundar hann sem hann má fljótast ok lét búa hesta sína, skip ok herklæði ok annan farargreiða. Sem unnasta hans fréttir þetta, þá óx henni harmr ok óyndi.

Sem hann kom til hennar at taka leyfi til heimferðar, þá mælti hún til hans: "Ek em at vísu unnasta sú, er ósynju vildi þik elska, þvíat ek *mun[17] at vísu fyrir þínar sakir deyja, nema guð vili mér miskunna, þvíat eptir þína brautferð mun ek aldri fá gleði né hjálpar huggun. Hörmuliga kæri ek ást yðra ok snýz nú til lengri harma. Þessara tveggja harma veit ek ekki hvárn ek skal mér kjósa, þvíat harmsfull em ek af brautför þinni, en ek em hrædd þér dvelið hér, þó þér munið opt hugga mik. En ef ekki væri þessi getning, þá væri mér hægra eptir at vera ok minn harm mjúkara at bera. Nú ef þér farið í braut, þá er mér sorg, at ek sá yðr. Heldr kýs ek þó at deyja en okkr falli báðum illa, því óverðugir eruð þér slíks dauða. En ek em verðug sakir yðar at deyja, heldr en þú, unnasti minn, værir saklauss drepinn. Fyrir því er mér mikil huggan at *brautför[18] yðvarri, at ekki falli yðr dauði af hérvist yðvarri, þvíat væri barn okkar<t> föðurlaust, þvíat af yðr mun þat fá sæmd ok virðing. Harmr er mér, at ek sé yðra list ok kurteisi ok riddaraligar atgerðir. Ek hefi svikit sjálfa mik, at ek em svá týnd ok töpuð." Því næst fell hún í óvit í faðm hans.

Stundu síðar, er hún vitkaðiz með gráti ok kveining, þá huggaði hann hana ok setti hjá sér ok þerði augu hennar ok andlit ok mælti: "Unnasta," kvað hann, "ek skal at þessu gera sem bezt kann ek ok báðum okkr sómir sæmiligast. Ek vissa ekki þenna atburð, er þú hefir nú sagt. En nú með því ek veit, þá skal af þessu gera, sem virðuligast er, svá at annathvárt skal ek hér dveljaz með þér, þó at háski sé í,

she was overcome and sank down, unconscious, on the bed next to him—once again overpowered by her sorrow, her grief, her tears and her sadness. After a time, when she had regained consciousness, she embraced him and kissed him often, saying: "My sweet beloved," as her tears fell upon his face. And he, despite the pain and sorrow of his wounds, embraced her with love's desire, so that in a love bittersweet, this beautiful woman conceived a child.

She, troubled by her grief, and he by his wounds, together they conceived that child who grew up to be a source of sorrow to all his friends and who is the reason for this story.

Chapter 13

After they had finished their conversation and their love-making, Blensinbil retired to her room. Kanelangres, as before, had his wounds tended to by the very best doctor. And when he was healed, a messenger came from his kingdom and reported the news about his relatives and members of the court and that the Bretons had invaded his country, killing the populace and burning his towns. When he learned of this, he realized that it would not be honorable to stay there any longer. He acted as swiftly as he could to have prepared his ships, horses, weapons and other provisions for the journey. When his beloved heard this news, sorrow and unhappiness welled up within her.

When he came to her to take his leave for the journey home, she said to him: "I am your beloved and loved you unwisely, for I will certainly die because of you—unless God should wish to show me mercy—because after you leave I will never know joy or the helping hand of comfort. In great distress I lament my love for you, and now it will result in sadness for an even longer time. Of the two sorrows I don't know which I should choose for myself, for I am filled with sadness at your leaving, but I am afraid of your remaining here, even though you could then comfort me often. If I were not pregnant it would be easier to be left behind and to quietly bear my sorrow. If you should leave now, then I would regret that I ever saw you. I would rather choose to die than to have death befall us both, because you do not deserve such a fate. But I deserve to die for your sake, my beloved, rather than that you be killed without cause. For this reason your departure is a great consolation for me, so that your death would not be due to your remaining here. Our child would then be fatherless, and it is from you that he or she would gain honor and respect. It distresses me to see your cleverness, courtliness and knightly accomplishments. I have deceived myself and am now lost, finished." Then she fell into his arms, unconscious.

Sometime later she regained consciousness, but continued to cry and lament. Kanelangres comforted her, sat her next to him, dried her eyes and her face, and said: "Beloved, in this matter I will do the best that I can to bring honor to us both in the most fitting way. I did not know of this event of which you have just spoken. But now that I know, I will behave in this matter as honorably as possible, such

eða skaltu fylgja mér í fóstrland mitt, ok skal ek gera þér þar alla þá sæmd, er okkarri ást hæfir. Nú kjós um við þik ok hugleið, unnasta mín, hvat þér líkar."

Kapituli 14

Sem hún skildi hans góðvilja ok hann vildi hana með sér færa í sitt fóstrland, ef henni líkaði betr þar at dveljaz, þá vill hann þat er hún vill, ok er hann ekki verðr ámælis, er svá virðuliga vill gera hennar vilja. Þá segir hún honum með ástsemd: "Yndi mitt ok unnasti, hér er engi dvöl okkr með frelsi at vera. Vitið at vísu, at ef vit dveljum hér, sitjum vit í harmi ok háska."

Ok af því tóku þau ráð þat, at hún skyldi fylgja honum í hans fóstrland. Því næst tók Kanelangres leyfi af kóngi til heimferðar, ok skundaði hann til skipa ok fann þar menn sína saman safnaða ok albúna. Síðan reistu þeir sitt tré, drógu segl upp, ok fengu þeir góðan byr, at þeir komu heilir ok haldnir, ok lendu því næst í Bretlandi.

Sem hann kom í ríki sitt, þá fann hann menn sína nauðuliga stadda undir óvinum sínum. Stefndi hann þá til sín sínum landsmönnum ok þeim ráðsmanni, er hann vissi sér trúan ok hollan, talði honum allan atburð, sem ok unnustu sinnar, ok fekk hennar þá með lögligum hjúskap ok réttri vígslu, með miklum ok tignarligum fagnaði. Síðan sendi hann hana leyniliga í einn ríkan kastala ok sterkan. Þar lét hann tigna hana ok sæmiliga varðveita um tíma.

Kapituli 15

Einhvern dag, sem Kanelangres herklæddiz ok reið í bardaga at vinna borgir ok kastala síns ríkis með miklu kappi, skorti þar ekki stór högg, margr <skjöldr> barðr ok brotinn, sumir sárir, en sumir drepnir af hvárratveggju liði, lendir menn ok riddarar haldnir ok herteknir.

Í þessum mikla bardaga var Kanelangres hinn kurteisi lagðr í gegnum ok skotinn af hestinum dauðr til jarðar. Hryggðuz nú menn hans allir ok höfðu með sér lík hans heim til kastala. Þá hófz þar eptir kveining ok grátr með alls kyns hörmulig læti, ok fengu ekki huggan aðra en jarða hann tignarliga.

En hans hin fríða frú fekk þann harm, at hana gat engi maðr huggat. Hún óvitaðiz optliga niðr fallandi, lá sem dauð ok kostaði með áköfum harmi at fyrirfara sér, hafnandi allri huggan. Dauð er hennar gleði ok allt hennar gaman. Heldr kaus hún at deyja en lifa, svá segjandi: "Aum em ek yfir alla kvennmenn. Hvernig skal ek lifa eptir svá dýrligan dreng? Ek var hans líf ok huggun, en hann var unnasti minn ok líf mitt. Ek var hans yndi, en hann mín gleði. Hversu skal ek lifa eptir

that I will either remain here with you, even though it would be dangerous, or you will accompany me to my homeland. There I will hold you in that honor commensurate with our love. Now, choose for yourself, my love, and consider what you want most."

Chapter 14

When Blensinbil understood his good intentions and his wish to take her with him to his homeland, or, if she preferred to remain there, then he would do as she wished, then she felt him to be above reproach, since he so honorably would do as she desired. Thereupon she spoke tenderly to him: "My joy and my love, we cannot have peace and freedom by remaining here. I can assure you that if we stay here, we will be living in sorrow and danger."

For this reason they decided that she should accompany him to his homeland. Then Kanelangres took leave of the king for the journey home, hurried to the ships and found there his men all assembled and ready. They raised the mast, hoisted sail, and caught a favorable wind so that they soon landed, safe and sound, in Brittany.

When Kanelangres arrived in his country, he found his people hard pressed because of their enemies. Then he called together his countrymen, including that counselor whom he knew to be loyal and true, and told him about his beloved and all that had happened. He then married her in a legal, Church-sanctioned ceremony that was followed by a great and glorious reception. After that he sent her secretly to a large, strong castle. There he made sure that she was held in high esteem and appropriately looked after.

Chapter 15

One day when Kanelangres armed himself and rode into battle to win back with great zeal the towns and castles of his kingdom, there was no shortage of mighty blows, and many a shield was battered and broken. On both sides some men were wounded and some were slain; knights and vassals were overpowered and taken captive.

In this great battle the noble Kanelangres was run through by a weapon and thrown from his horse, dead. All his men grieved and bore his body home with them to the castle. Thereupon there arose lamenting and crying, with all sorts of pitiful wailing, and no other solace except to bury him with honor.

But his beautiful wife was so distraught that no one could console her. She often fell down in a faint, lying there as if dead. In her deep despair she rejected everyone's consolation and tried to kill herself. Dead were her joy and all her pleasure. She preferred to die rather than to live, saying: "There is not a woman alive who is more wretched than I. How could I survive such a glorious, gallant man? I was his life and his comfort, and he was my beloved and my life. I was his

hann dauðan? Hversu skal ek huggaz, er gaman mitt er grafit? Báðum okkr sómir saman at deyja. Fyrir því hann má ekki til mín koma, þá verð ek gegnum dauðann at ganga, því hans dauði drepr á mitt hjarta. Hversu skal ek hér mega lengr lifa? Mitt líf skal hans lífi fylgja. Ef ek væra laus frá þessu barni, skylda ek um dauðann ganga."

Sem hún þenna harm þannig kærði, at hún enga huggun hafa vildi, þá fell hún í óvit í rekkju sína, ok tók kviðr hennar hana at pína. Nú hefir hún bæði harm ok píning, ok var hún í þessu meinlæti til hins þriðja dags. Ok um náttina eptir þriðja daginn þá fæddi hún einn fríðan svein veð mikilli mæðu ok meinlæti ok andaðiz, síðan <er> barnit var fætt, af þeim mikla harmi ok píning, er helt henni með svá ákafri ást, er hún til bónda síns hafði.

Nú vex harmr hirðmönnum öllum af fráfalli síns dýrliga herra. Meiri var nú sorg en svefn með meyjum ok konum, því allar grétu ok hörmuðu dauða sinnar *frú[19] ok svá þat at sveinninn var svá ungr, föðurlauss ok móður eptir þau bæði fram liðin.

Kapituli 16

En sem ræðismaðr fann þenna atburð um sína fríðu frú, þá mælti hann, at skíra skyldi barnit, svá <at> þat dæi ekki óskírt, ok kom þá kennimaðr með *krisma ok gaf barninu[20] ok segir, hvat heita skyldi, ok mælti: "Þat þykkir mér ráð sökum harms ok hugsóttar, hryggleika ok óróa margra sorga ok af hörmuligum atburði, er oss fell í hans burðartíð, þá sé sveinninn nefndr Tristram." En í þessu máli er *trist hryggr, en *hum* er maðr, ok var því snúit nafni hans, at fegra atkvæði er Tristram en Tristhum.[21] "Ok skal sveinninn heita Tristram," segir ræðismaðr, "at hann var oss fæddr í hryggleik. Hann hefir tapat gamni ok gleði, föður sínum, várum herra, ok móður sinni, várri frú, ok sómir oss af þessu at hryggjaz, at hann var í harmi ok sorgum fæddr."

Ok var hann þá Tristram kallaðr ok skírðr með því nafni. Ok af þessum sökum fekk hann þetta nafn, at hann var í sorgum getinn ok sóttum borinn, ok harmsfull var hans ævi.

Því næst lét ræðismaðr bera braut barnit með launungu ór kastalanum til hýbýla sinna ok lét varðveita hann virðuliga fyrir óvinum ok þó leyniliga. Vill hann engum manni sveininn upp segja, at hann sé son hans herra.

Ok bauð hann þá systur sinni at leggjaz í hvílu. Ok er nokkur stund var liðin, þá lét hann hana í kirkju ganga ok lét hvervitna boða, at hún hefði þetta barn fætt á þeim tíma, því hann vill ekki, at kóngr yrði víss, at þessi er son hans herra, því ef kóngr mætti sannfróðr verða um þetta, þá mundi hann skjótt láta honum fyrirfara, at hann fái ok engan ófrið af honum né ríkisháska. Ok fyrir því lét hann sveininn í leynd upp fóstraz ok fyrir sinn son virða ok halda.

delight, and he was my joy. How shall I live on after his death? It is fitting for us both to die together. Since he cannot come to me, I must walk through death's door, for his death hammers at my heart. How shall I be able to live here any longer? My life should follow his life. If I could be free of this child, I would choose to die."

As she lamented her sorrow in this manner, refusing any consolation, she sank unconscious on her bed and then went into labor. Then she had to endure both sorrow and pain, and she lay in this torment until the third day. On the night of the third day she gave birth, with great pain and suffering, to a beautiful boy. After the birth of the child she died of the sorrow, the pain, and the fervent love that she bore for her husband.

There arose among the people at court great sorrow for the fall of their glorious leader. Among the women and girls, there was more grieving than sleeping, for they all cried and mourned the death of their lady and the fact that the boy was so young and without either a father or a mother.

Chapter 16

When the steward learned of the death of that beautiful lady, he said that the child should be baptized, so that it would not die unchristened. Then a priest came, anointed the child, and asked what he should be named. The steward replied: "Because of the grief, the anxiety, the sorrow, and the unrest of many cares and of the distressing event that we experienced at his birth, it seems advisable to me that the boy be named Tristram." In this case, *trist* means 'sorrow' and *hum* means 'man,' but his name was altered because Tristram sounded better than Tristhum. "This is the name by which he shall be known, because he was born to us in sorrow. He has lost his happiness and joy, his father and our lord, as well as his mother, our lady. It is fitting that we should be distressed, for he was born in grief and in sorrow."

From then on he was called Tristram and christened with that name. And the reason he got that name is because he was conceived in grief and born in pain and his life was full of sorrow.

Next the steward had the child stealthily carried from the castle to his own home and kept him well protected from his enemies, but still in secret. He didn't want anyone to say of the boy that he was the son of his lord.

Then he asked his sister to take to her bed. When some time had passed, he had her go to the church and let everyone know that it was she who had given birth to this child at that time, because he did not want the king to learn that this was the son of his lord. If the king should find out about this, he would quickly have the child put to death, so that he could not cause rebellion and destruction, loss of men and danger to his kingdom. For that reason the steward had the boy raised quietly and honorably as his own son.

Kapituli 17

Hér meguð þér heyra drengskapar athæfi manndóms ok kurteissar hæversku, þvíat þessi hinn tryggvi ok trúnaðarfulli var vitr ok góðviljaðr, gerði sinn herra sinn son at verja hann við vandræði ok hirða hann fyrir óvinunum ok tigna hann með virðingu. Síðan lét hann kenna honum bókfræði. Ok var hann hinn næmasti, ok fræðiz hann í þessu næmi sjau höfuðlistum, ok snilldaz hann alls konar tungum. Því næst nam hann sjau strengleika, svá at engi fannz honum frægri né betr kunnandi. En at góðlyndi ok mildleik ok hirðligri hæversku, at viti, ráðum ok hreysti fannz engi honum gnógari. At siðum ok sæmdum var engi hans maki. Svá styrktiz hann batnandi.

Ok er hans fóstrfaðir fann hans siðu, þá tignaði hann hann með hinum ríkasta búnaði, góðum hestum ok alls konar skemtan ok allt þat gott, er hann gat sýnt honum með tignarligri vild ok virðingu, svá at synir hans urðu reiðir ok undruðu, hví þeira faðir var honum svá margunnandi ok tignandi hann yfir sína sonu með ástsemd ok alls konar sæmdum, þjónustu ok góðu yfirlæti. Ok því reidduz þeir við föður sinn, at þeir hugðu Tristram vera bróður sinn.

Kapituli 18

Því næst bar svá við einn dag, at mikit hafskip kom siglanda at landi ok þeir köstuðu akkeri í höfn undir kastalanum. Þessir váru reknir þangat í löngum norðanveðrum, norrænir kaupmenn með mörgum varningi. Þar var á mikil grávara ok hvítskinn ok bjórskinn ok svartr safali, tannvara ok bjarnfeldir, gáshaukar ok grávalir ok margir hvítvalir, vax ok húðir, bukkaskinn, skreið, tjara, lýsi ok brennisteinn ok alls konar norræn vara.

Ok koma þá þessi tíðindi til kastalans, ok mæltuz þeir við synir ræðismanns ok kölluðu til sín Tristram. Þessir mæltu til hans: "Hvat skulum vér at gera? Vér höfum enga fugla oss til skemtanar, en nú eru hér komnir á skipinu margir ok hinir fríðustu. En ef þú vill duga oss, þá kemr þú öllu á leið við föður várn, því aldri synjar hann né moðir vár þess, er þú biðr. Fyrr kaupa þau sjau hina vildustu, en þau sjá þik angraz."[22] Báðu þeir hann þá svá mjök, at hann hét þeim til staðarins.

Fóru þeir þá til skips allir. Þeir létu sýna Tristram fuglana. En kaupmenn váru norrænir ok skildu hvárki brezku né völsku né aðrar tungur at færa saman kaup sín. En Tristram var þá *fræddr[23] nokkurum tungum, ok gerði hann kaup við þá um sjau fugla, en fóstrfaðir hans greiddi verð fyrir, ok fekk þá bræðrum sínum. Síðan sá hann þar skáktaflsborð ok spurði, ef nokkurr kaupmaðr vildi tefla, ok fór einn til at tefla við hann ok lagði við mikit fé.

Sem fóstri hans sá, at hann sat at skáktaflsborði, þá mælti hann til hans: "Son minn," segir hann, "ek geng heim, en meistari þinn bíði þín ok fylgi þér heim, þá þú ert búinn."

Chapter 17

Now you shall hear of high-minded, manly behavior and of noble conduct, for this loyal and devoted steward was wise and well intentioned, making his lord's son his own, shielding him from danger, protecting him from his enemies, and holding him in high esteem. In time he had the boy taught the knowledge of books, and he was quick to learn. He acquired the seven liberal arts and learned well a great many languages. Next he mastered seven different stringed instruments so well that no one was better known or able to play better. Nor was there anyone his equal in terms of good nature, generosity, or courtly conduct, intelligence, common sense and valor. No one could match him in good and honorable behavior. And as he grew older, he grew better and better.

When his foster-father realized Tristram's qualities, he did him great honor with the most costly clothing, fine horses, and all kinds of luxury goods, giving him everything that was choice and highly prized. At this his sons became angry and wondered why their father loved him so much, honoring him over them with affection and all sorts of honorable treatment, good deeds, and favors. For this reason they became very angry at their father, since they thought that Tristram was their brother.

Chapter 18

One day a large, sea-going vessel happened to come sailing in and cast anchor in the harbor beneath the castle. It carried a large cargo and Norwegian traders who had been driven there by long-lasting, northerly storms. There were lots of gray and white pelts, beaver skins and black sable, walrus tusks and bear skins, goshawks, grey falcons and lots of white falcons, wax, skins of cattle and goats, dried fish, tar, whale oil, sulphur, and all kinds of Norwegian goods.

When this news reached the castle, the sons of the steward talked it over, called Tristram and said to him: "What should we do? We don't have any birds to amuse us, but now a great many of the most beautiful birds have come here on the ship. You could get our father to agree to anything, if you want to help us, because neither he nor our mother would deny you whatever you ask for. They would rather buy seven of the most beautiful birds than see you unhappy." They kept asking him so much that he finally agreed.

They all went down to the ship and had the birds shown to Tristram. But the merchants were Norwegian and didn't understand Breton or French or any other languages to close the deal. Tristram, however, was well versed in several languages and arranged with them to buy seven birds. His foster-father paid for them, and Tristram gave them to his brothers. Then he noticed a chess board and asked whether any of the merchants wanted to play. One of them said he would and there was a large sum of money riding on the outcome.

When Tristram's foster-father saw that he was playing chess, he said to him: "Son, I am going home, but your teacher should wait for you and go home with you when you are finished."

Ok dvalðiz þá með honum einn kurteiss ok hæverskr riddari. En kaupmenn
*undruðu[24] þenna unga mann ok lofuðu kunnáttu hans ok list, fegrð ok atgerð,
vizku ok meðferð, er hann upp lék þá alla. Ok íhuguðu þeir, at ef þeir kæmi honum
í braut með sér, at þeim mundi mikit gagn af standa hans kunnáttu ok margfræði—
svá ok, ef þeir vilja selja hann, þá fá þeir mikit fé fyrir hann.

Sem hann sat, geymandi leiksins, þá drógu þeir upp sem leyniligast strengina
ok akkerin ok létu út bera *skipit[25] ór váginum. Skipit var tjaldat, ok rak fyrir
vindinum ok straumunum, svá at Tristram varð ekki varr við fyrr en þeir váru fjarri
landi.
    Mælti hann þá til kaupmanna: "Herrar," segir hann, "hví vilið þér gera svá?"
Þeir segja: "Fyrir því, at vér viljum, <at> þú fylgir oss."
    Þá tók hann þegar at gráta ok illa láta mjök harmandi ok svá riddarinn sökum
ástsemdar. Ok þá tóku norðmenn meistara hans ok létu á bát ok fengu honum eina
ár. Nú er uppi seglit ok skipit fullskriða. En Tristram sitr nú í þeira valdi í harmi ok
hugsótt. En meistari hans komz með kostgæfni til lands ok stóru starfi ok vandaði
sér ekki mjök höfn né lending.

En Tristram sitr nú í harmi ok hugsótt ok bað guð sér miskunnar, at hann
verndi hann ok varðveiti fyrir háska ok vandræðum, at ekki tapi honum vápn né
vindr, svik né svívirðing, ótrú né villa heiðingja eða hann sé seldr í vald þeira.
Hann andvarpaði mjök ok hryggðiz hörmuligum látum.

Nú er meistari hans heim kominn í kastalann ok segir þau tíðindi, at engum
þeira varð fögnuðr at. Allr sá hinn mikli fjöldi, þúshundrað manna, fengu harm ok
hugsótt af þessum tíðindum brautferðar hans. En sem þessi tíðindi komu, þá varð
öll hirðin ófegin, ok hljóp þá allr sá lýðr ofan til strandar. Hans fóstrfaðir vinnr
harm allra annarra. Hann kunni þeira verst, grét ok kærði þenna skaða ok kallaði
allt þetta sína ógæfu, at þetta óhapp skyldi hann henda ok þessi harmr honum til
handa falla með ógæfusamligum atburði.

Ok leit hann þá út á hafit ok æpti hárri röddu: "Tristram," segir hann, "huggun
mín ok herra, hugarró mín, ást mín ok yndi, guði *gef[26] ek þik, ok undir hans
vernd fel ek þik. Nú, er ek hefi misst þik, er mér engi huggun at lifa, er vit erum
skildir."
    Svá hörmuliga opt ok iðuliga kærði hann sinn harm ok syrgði sinn Tristram.
Ok allir, ungir ok gamlir, er þar váru, grétu hann ok fyrir honum báðu. Allir þeir, er
honum fögnuðu ok af honum glaðir váru, eru nú hryggvir ok harmsfullir, svá ríkir
sem fátækir. Allir, er honum váru kunnugir, um allt hans ríki, váru nú sorgfullir.

Kapituli 19

Nú lét ræðismaðr búa til eitt skip sem skjótast með öllum reiða ok gnógum vistum,
því hann vill fylgja kaupmönnum ok aldri lifandi aptr koma, fyrr en yrði sann

A fine and noble knight stayed with him, but the merchants wondered about the young man, praising Tristram's knowledge and refinement, his good looks and accomplishment, and his wisdom and behavior—as he outplayed all of them at chess. They thought that if they could manage to abduct him, then they would stand to gain from his knowledge and learning, and furthermore, if they wanted to sell him, then they would get a lot of money for him.

As Tristram sat there, concentrating on the game, they secretly hoisted the anchor and let the ship drift out of the bay. The ship had a tent on deck and drifted with the wind and the current, so Tristram didn't see what was happening before they were far from land.

Then he said to the merchants: "Sirs, why have you done this?"

And they replied: "Because we want to take you with us."

Then he began to cry and to bemoan his misfortune, and the knight as well out of his love for the boy. The Norwegians took the teacher, put him in a boat, and gave him one oar. By then the sail had been hoisted and the ship was at full speed. Tristram sat there, anxious and sad, in their power, but the teacher managed to reach land after a great deal of difficulty and hardship, and he wasn't particular where he came ashore.

Meanwhile, Tristram sat on board, sad and anxious, and asking God for mercy, that He keep him safe and protect him from difficulties and danger, so that neither weather nor weapon, betrayal nor disgrace, or the disloyalty and falseness of heathens should destroy him, or that he be delivered into their power. He often heaved a heavy sigh and grieved most pitiably.

When Tristram's teacher arrived home at the castle, he related the news that made no one happy. The entire population, a thousand people, were grief-stricken at the announcement of his abduction. When the news came, all the people of the court were filled with sorrow and ran down together to the shore. The grief of Tristram's foster-father was equal to that of everyone else combined. He experienced it worst of all, crying and bewailing this loss, calling all of this his misfortune that such a calamity should happen to him and this sorrow come to pass through such an unfortunate event.

He looked out over the ocean and called out in a loud voice: "Tristram," he said, "my lord and comfort, my peace of mind, my joy and my love, I leave you in God's hands and entrust you to his protection. Now that I have lost you, there is no more comfort in living since we are apart."

So piteously, again and again, did he lament his sad state and mourn his Tristram, that everyone who was there, young and old, cried for him and prayed for him. All those who had rejoiced with him and who had been happy for him, the rich as well as the poor, were now filled with grief and sorrow. Throughout the entire country all those who knew him were filled with sadness.

Chapter 19

As quickly as possible the steward had a ship completely outfitted and stocked with sufficient provisions, for he wanted to follow the merchants and not come

prófat, hvar Tristram fóstrsonr hans væri fram kominn. Nú skundar hann slíkt, er hann má. Er skip var búit með öllum reiða, víni ok vistum, þá gengr hann á skip ok lét upp draga alla strengi ok akkeri, ok undu því næst upp segl sín ok sigldu í haf út, ok stefndu þeir nú til Noregs ok þoldu vás ok válk, hungr ok óhægindi, hræzlu ok hryggleik í ókunnum löndum. Þeir komu þá í Danmörk ok Gautland ok á Ísland ok í Orkneyjar ok á Hjaltland at leita síns herra Tristrams. Ok fannz hann þar ekki, þvíat þeir, sem hann braut fluttu, þá <er> þeir komu heim til síns lands, kom hvass vindr framan í segl þeira með áköfum stormi ok straumi, at þeir váru sem týndir, hefði þeir ekki látit síga niðr seglit sem fljótast. En hafit allt var með stórum föllum, *hegldi[27] ok rigndi þrumum ok eldingum. Tréit var hátt, en hafit djúpt, ok halladiz skipit fyrir óveðrinu, svá <at> engi gat á fótum staðit. Ok lögðu þeir þá *skipit í[28] rétt. Hryggðuz allir ok hrædduz, grétu ok illa létu, svá at hinir, er harðastir váru í þeira liði, gerðuz hugsjúkir, ok hugðu allir, at þeir mundu týnaz, þvíat rekstr þeira var hinn harðasti, ok alla viku rak þá sá stormr ok leiddi, svá at þeir sá hvergi lönd, ok fengu þeir byr jafnhræddir ok hryggvir ok vissu hvergi til landa né hafna.

Mæltu þá allir við stýrimann: "Allr þessi stormr," segja þeir, "vás ok háski, er vér þolum, fellr oss á tilverkan sjálfra várra, þvíat vér *syndguðumz[29] á Tristram, þá <e>r vér ræntum honum frá frændum ok vinum sínum ok ríki, ok *mun[30] þessi stormr aldri falla né vér til lands komaz, meðan vér höfum hann innanborðs. Nú ef guð vill miskunna oss ok gefa byr, svá <at> vér mættim til lands komaz, þá heitum því fyrir oss, at hann skal í frelsi vera fyrir oss." Ok játuðu því þá allir með sterkum handsölum.

Því næst hvarf myrkr, ok tók sólin at skína, en veðrit at minnka. En þegar þeir, fúsir ok fegnir, undu sitt segl upp, ok er þeir höfðu siglt um stund, þá sá þeir land ok sigldu þeir alls segls byr at landinu ok köstuðu akkeri við land sjálft ok létu Tristram á land upp ok fengu honum lítit af vistum ok báðu guð at gefa honum góðan dag. Vitu þeir nú ekki, á hvert land þeir hafa hann upp settan. Því næst drógu þeir upp segl sín ok fóru svá leið sína.

Kapituli 20

Nú er Tristram í ókunnu landi, hryggr ok ráðlauss. Sez hann þá niðr ok sér eptir skipinu, hversu þat gekk með fullu segli. Ok vill hann ekki þaðan ganga, meðan hann sá skipit. Síðan <er> þat leið ór augsýn hans, þá leit hann umhverfis sik, svá mælandi með hryggum hug: "Almáttugr guð, er í þínu valdi skapaðir manninn eptir þinni mynd, svá sem þú ert einn guð í þrennum skilningi ok þrír skilningar í einum guðdómi, nú hugga þú mik ok legg ráð fyrir mik ok ver mik fyrir óráðum ok vandræðum, fyrir háska ok óvinum, því þú veizt, hvers ek em þurfandi, þvíat ek veit ekki, hvar ek em kominn eða í hverju landi ek em staddr. Aldri var ek svá fyrr

back before he had found out for certain where Tristram, his foster-son, had been taken. He hurried things along as quickly as he could, and when the ship was outfitted with the necessary equipment, food, and wine, the steward boarded the ship, had the mooring lines loosened, the anchor drawn up, the sail hoisted, and they sailed out to sea. They steered a course for Norway and endured bad weather and hardship, hunger and sickness, terror and affliction in unknown territory. Looking for their lord, Tristram, they traveled to Denmark, Sweden, Iceland, the Orkneys, and the Shetland Islands. They were unable to find him there because just before his abductors arrived in their homeland, they encountered heavy headwinds with violent storms and waves, so that they would have been lost had they not quickly taken down their sail. The entire ocean was nothing but huge waves; there was hail, and rain with thunder and lightning. The mast was tall and the sea deep, and the ship tossed about in the storm so that no one could keep his footing. They let the ship drift with the wind. Everyone was anxious and afraid; they cried and lamented, and even the most hardened of the crew became distressed. They all thought that they would certainly die, for they were being driven so incredibly hard. For an entire week the storm pushed and drove them so that they never saw land, and when they finally got a fair wind they were just as fearful and distressed, since they had no idea in which direction land or harbors lay.

Then the entire crew said to the captain: "All this wind and weather and danger that we are enduring," they said, "is our own doing, since we sinned when we stole Tristram from his family, friends, and country. This bad weather will never let up, nor will we reach land as long as we have him on board. If God will have mercy on us and give us a favorable wind so that we might reach land, then, for our part, we promise that we will grant him his freedom." And everyone was in agreement and sealed it with a solemn handshake.

Right away the darkness disappeared, the sun began to shine, and the bad weather let up. Eager and overjoyed they immediately hoisted their sail, and when they had sailed for a while they caught sight of land. They headed for the land with billowing sail, casting their anchor on the shore itself. Setting Tristram on land, they gave him some provisions and prayed to God to grant him good fortune. They did not know the name of the country where they put him ashore, and they immediately hoisted their sail and went on their way.

Chapter 20

Now Tristram was in an unknown country, in distress, and not knowing what to do. He sat down and gazed at the departing ship, sailing off under full sail. He did not want to leave as long as he could see the ship, but after it had disappeared from view, he looked around, his heart sank, and he said: "Almighty God, who created man in his own image, as surely as Thou art one God in three persons and three persons in one God, give me guidance and comfort now and protect me from difficulties and dumb decisions, from danger and enemies—for Thou knowest what I need, and I do not know where I am or even in what country I find myself. Never

staddr ráðalauss ok hjálparlauss. Meðan ek var staddr á skipi með kaupmönnum, þá hafða ek huggun af þeira félagskap, meðan vér várum *saman.³¹ Nú em ek hér á ströndinni niðr kominn í ókunnu landi. Héðan má ek ekki sjá nema fjöll ok skóga, slétt björg ok hamra. Héðan kann ek hvárki veg né stíg, ok ekki sé ek héðan nokkurn mann. Ekki veit ek, hvárt skal héðan stefna eða hvárt þetta land er kristit eða byggt. Hér er mér allt ókunnugt nema hjálpleysi. Ek finn hér engan mann, sá er mér geri hjálp né huggun. Hvárki finn ek hér götur né annan góðan leiðarvísi. Þát má ok vera, at ek kunna hér ekki manna mál, þó <at> hér sé nokkurir menn. Því em ek hræddr, at mik rífi león eða birnir bíti eða eitthvert annat kvikendi þat, sem ekki hræðiz manna mál. Ó, minn faðir, *tapandi³² mér! Ó, mín móðir, mik grátandi! Mínir vinir, mik harmandi! Mínir frændr, mik missandi! Vei verði þeim fuglum, er ek girntumz svá mjök at kaupa, ok því skáktafli, er ek sigruðumz á. Því em ek hryggr mínum vinum. Ef þeir *vissi³³ mik lifanda, þá væri líf mitt þeira huggun. Nú veit ek mér tjár ekki at kæra þetta. Hvat tjár mér hér at sitja? Betra er mér braut at ganga, meðan dagr vinnz ok ek má sjá fótum mínum forræði, ef mér vildi svá vel falla, at ek mætta hús nokkur finna ok mér ráðalausum herbergi fá."

Ok því næst gengr hann á berg nokkut, ok finnr hann þar alls konar mannavegu, ok fylgði hann honum fram feginn af skóginum, ok var hann þá móðr mjök, ok gekk hann þá sem harðast mátti, klæddr dýrligum klæðum, vel vaxinn ok drengiliga skapaðr. Ylr var mikill, ok gekk hann möttulslauss ok bar hann á öxl sinni, opt minnugr sinna frænda ok vina, biðjandi guð sér miskunnar. Hann var áhyggjufullr í sínum huga.

Því næst sá hann tvá pílagríma þann sama veg stefnandi. Þeir váru fæddir í Veneasor-borg ok komnir af fjalli hins mikla Michaels. Þangat váru þeir ok farnir at biðjaz fyrir. Sem þeir fundu sveininn, þá fagnar hann þeim vel ok þeir honum.

"Vinr," segja þeir, "hverra manna ertú, eða hvat gerir þú, eða hvaðan komtú?"

Tristram skildi, at þeir váru ekki af því landi, ok svaraði þeim listuliga, at þeir fyndi ekki opinberliga, með hverjum hætti hann kom þar eða hann var þar gangandi: "Vinir," kvað hann, "ek em af þessu landi ok félaga minna leitandi, ok em ek engan þeira finnandi. Vér várum hér í dag at veiðum, ok hafa þeir fylgt dýrunum, en ek em einn eptir, ok munu þeir brátt hér koma á þenna veg, sem vér heiman fórum. Nú segið mér, hvert þér stefnið ok hvar þér vilið nú niðr koma, ok munum vér svá fylgjaz at mínum vilja."

Þeir svöruðu: "Í Tintajolborg vildum vér herbergjaz."
Þá mælti Tristram: "Ek hefi ok þangat skylt erindi ok þar fyrir öruggan vina styrk, er vér komum þar um kveldi. Vér skulum með guðs vilja finna ríka vini ok góð hýbýli, er oss mun gera gnógan góðvilja."

before have I been so alone and helpless. During my time on the ship with the merchants I had the comfort of their company while we were together. Now I have landed here on the shore of a strange land. All I can see from here are mountains and forests, steep cliffs and precipices. I know neither path nor trail out of here, and I can't see any human being from here. I have no idea in which direction I should go or whether this country is Christian or even inhabited. Everything here is unknown to me, with the exception of my own helplessness. I can find no one here who might offer me help or comfort. I see here neither pathways nor guideposts. It could also be that I won't know the language, even if there are people here. I am afraid that lions might tear me apart or bears bite me or some other creature that doesn't fear the human voice. Oh, my father, who has lost me! Oh, my mother, crying for me! My friends, grieving for me! My relatives, missing me! Curses on those birds that I desired so much to buy, and that chessboard on which I won victory. That is the reason that I bring sorrow to my friends. If they knew me to be alive, then my living would be their consolation. I know that it does me no good to complain, and what good does it do me to sit here? It is better for me to start walking while there is still daylight, and I can see where to put my feet. If I should get lucky I might find a house and some shelter for this poor soul."

Thereupon he climbed to the top of a cliff and discovered several man-made pathways. Overjoyed, he followed one of them out of the forest, but by then he was very tired. Nevertheless he walked as fast as he could. He was dressed in splendid clothing and was tall and muscular. It was very hot, so he walked without his coat, which he carried over his shoulder, thinking often of his friends and relatives and praying for God's mercy. He was quite downcast in spirit.

And then he saw two pilgrims heading in the same direction as he. They had been born in Venice and were returning from Mont-Saint-Michel, where they had gone to pray. When they met the boy they greeted him courteously and he them.

"Friend," they said, "who are your people, what are you doing here, and where do you come from?"

Tristram noticed that they were not natives of that country and answered them in a guarded manner so that they couldn't figure out exactly the circumstances by which he had come there or why he was there on foot. "Friends," he replied, "this is my native land, and I am searching for my companions, but I haven't been able to find them. We were hunting here today, and they chased some deer, but I stayed behind. Since we took this path from home, they have to return this way soon. Now tell me, where are you headed and where you intend to stay. If it fits my plans perhaps we could travel together."

They answered: "We would like to find lodging in the city of Tintajol."

Then Tristram said: "I have business there too and also the support of trusted friends, when we get there this evening. God willing we should find good lodging and powerful friends, who will show us ample good will."

Kapituli 21

Nú eru þeir allir saman í göngu, Tristram ok þeir, sem honum fylgðu. Tristram spurði þá at tíðindum annarra landa ok hvat títt var með höfðingjum, kóngum eða jörlum. Ok er þeir váru honum teljandi hvat títt var, þá hljóp þar fram hjá einn hjörtr, ok fylgðu honum mikill hunda flokkr, sporrakka ok mjóhunda, sumir gólu, en sumir göptu, ok allir hann mjök eltandi. Hann fann, at honum mundi ekki tjá undan at hlaupa lengr. Veik hann þá á veg fyrir pílagrímana, ok því næst hljóp hann út á ána, ok fylgði hann árstraumunum, ok leitar hann á leið, en hundarnir at honum, en hann þegar út á ána í annan tíma. En er hann kom at landi, náðu þeir honum ok feldu hann. Því næst komu þar veiðimenn ok fundu hjörtinn, þar sem hann lá, ok reistu hann á fætr ok vildu höggva höfuðit af honum.

Þá segir Tristram: "Hvat vilið þér nú gera? Aldri fyrr sá ek hjört sundraðan með þessum hætti, sem nú vilið þér gera. Ok segið mér yðra kunnáttu ok siðvana, hvernig þér eruð vanir at búa til veiðidýr yðr."

Meistari veiðimanna var kurteiss ok lítillátr ok vel orðinn at kurteisum meðferðum í öllum siðum. Hann sá Tristram hinn fríðasta mann ok *tiguliga[34] búinn ok í öllum yfirlitum karlmannligan, ok mælti til hans: "Vinr," kvað hann, "gjarna vil ek segja þér siðvenju várra. Þá <er> vér höfum flegit veiðidýr vár, þá tökum vér þau sundr at hryggnum ok skerum í fjórðunga alla limu. En aðra siðvenju höfum vér ekki numit eða sét né heyrt eða af öðrum þegit. Nú ef þú er<t> þat kunnandi, er vér erum ekki sjáandi, þá játum vér þér um at bæta."

Tristram svarar: "Guð þakki yðr. En ekki er þessi siðr í váru landi, því sem ek var fóstrandi ok fæddumz í. Nú af því <at> ek finn góðvilja yðvarn til mín ok ef þér gerið mik yfirmann, þá vil ek sýna yðr þá siðu, er veiðimenn gera í váru landi."

Þá bjóz hann til at sundra hjörtinn. Sem hann hafði flegit dýrit, þá sundraði hann þat ok skar fyrst sköpin ok lærin frá hryggnum. Því næst tók hann innyflin ór honum, þá bógana báða frá ok þann hluta hryggjarins, er feitastr var, milli herðanna, ok þann hlut, sem eptir var holdugastr, í millum lendanna. Síðan sneri hann um hirtinum ok tók síðurnar báðar af honum ok feitina alla, er var í honum, ok skildi svá limuna við hrygginn. Þá skar hann hálsinn í sundr ok höfuðit frá hálsinum ok síðan halann allan samfastan allri feitinni lendanna.

Þá bjó hann einn mikinn tein ok dró af hjartat ok nýrun, lifr ok lungu ok lundir ok mælti þá til veiðimanna: "Nú er," kvað hann, "sundraðr hjörtrinn at siðvenju várra veiðimanna. Búit," kvað <hann>, "nú þetta hundunum."

En þeir vissu ekki, hvat þat væri. Þá tók hann innyflin öll, þau sem hann hafði ór tekit hirtinum, ok lagði á húðina ok leiddi hundana til ok lagði þat fyrir þá til at eta. Ok mælti hann þá til þeira: "Takið nú," kvað hann, "ok búið stangarsending yðra ok látið höfuð hjartarins þar á ok færið kónginum kurteisliga."

Þá segja veiðimenn: "Þat veit trú mín," sögðu þeir, "aldri heyrðu menn fyrr í þessu landi getit húðargnótt né stangarsending. Nú með því at þú ert sá fyrsti veiðimaðr, er þessum sið hefir hingat komit, þá fullger þessa höfuðkunnáttu ok kurteisi svá at kenna oss, því vér kunnum ekki eptir þessum sið at breyta."

Chapter 21

After Tristram and the two who were with him had begun to walk, he asked them for news from other countries and what was happening among princes, kings, and earls. And as they were telling him the news, a stag jumped right in front of them, followed by a pack of bloodhounds and greyhounds, some barking, others snapping, and all of them eagerly in pursuit. The stag realized that it wouldn't do any good to keep running, so it turned on the path in front of the pilgrims, and then ran out into the river. It followed the course of the stream and looked for a land route, but when the dogs came at it, the stag went back into the river a second time. When it again came out on land, the dogs caught it and brought it down. Immediately thereafter the hunters arrived and found the stag lying there, raised it on its hind legs, and prepared to cut its head off.

Then Tristram spoke up: "What are you going to do? I never saw a stag cut up in the way that you are planning to. Tell me about your manner and custom of dressing your game."

The chief huntsman was courteous and modest and well versed in courtly behavior in all situations. He looked at Tristram, the most handsome of men, nobly attired, manly in all respects, and said to him: "Friend, I will gladly tell you our customs. After we have skinned our animals, we separate out the backbone and divide the remainder in four parts, including the limbs. Other customs we have neither learned, seen, heard about, nor inherited from others. Now, if you are knowledgeable about something that we haven't seen, then you have our permission to show us how to do it better."

Tristram answered: "May God reward you. This is not the custom in the country where I was born and raised. Because you have shown me good will and if you put me in charge, then I will show you the custom that hunters use in my country."

Then he prepared to cut up the stag. After he had skinned the animal, he dressed it, first cutting off the genitals and then the thigh from the backbone. Next he took out the entrails, cut off both shoulders and that part of the back between the shoulders that had the most fat, as well as the best cut of meat between the loins. After that he turned the stag, cut off the flanks and all the fat that was on it, and separated the limbs from the back. Then he slit the throat and separated the head from the neck and then the tail together with all the fat from the loins.

He prepared a long stick and put on it the heart, kidneys, liver, lungs, and meat from along the back. "So," he said, "the stag has been dressed according to the custom of our huntsmen. Now prepare this for the dogs."

But they didn't know what he meant, so he took the entrails that he had taken from the stag, laid them on the skin, led the dogs over, and put them in front of them to eat. Then he said to the hunters: "Go and make your 'pole present' and put the head of the stag on it and bring it ceremoniously to the king."

Then the hunters exclaimed: "By God," they said, "people in this country have never heard of 'hide-feeding' or 'pole present.' Since you are the first hunter to bring this custom here, finish this excellent and courtly craft and teach us, because we do not know how to conduct ourselves according to this custom."

Þá tók Tristram ok skar nokkut af holdi allra limanna ok svá af því, sem hann tók vildast af öllum innyflum, ok kastaði í öðru sinna á húðina, ok átu hundarnir þat gersamliga. "Þetta heitir húðargnótt. Þetta eigu hundarnir at eta á húðinni."

Ok þótti þetta veiðimönnum kynligt. Síðan gekk Tristram í skóginn ok hjó stöng þá, er lengsta fekk hann ok þó mátti bera annarri hendi, ok batt hann við stöngina tein þann, er hann hafði á fært hinar vildustu krásir, er hann hafði af hirtinum tekit, ok festi höfuðit ofan á endann ok mælti til veiðimanna: "Herrar," kvað hann, "takið nú við þessu, ok heitir þetta stangarsending, ok færit kónginum kurteisliga höfuðit, ok gangi veiðisveinar yðrir fyrir, ok blásið veiðihornum yðrum. Þetta heitir komandi veiðifórn. Ok svá gera veiðimenn, þar sem ek em barnfæddr."

Þeir segja: "Vér kunnum ekki með þessu at fara. En þó höfum vér meir yðvarn sið <um> þetta en várn. Þú skalt," segja þeir, "fylgja oss fyrir kóng ok færa honum tilkomandi fórn. En vér skulum gera allt þat, er þú fyrir skipar."

Þá settu þeir Tristram á hest, ok fylgðu honum pílagrímar hans, ok bar hann á stöng höfuðit af hirtinum, ok komu því næst til kóngsgarðs.

Kapituli 22

Þá tók Tristram eitt veiðihorn ok blés horninu löngum ok fögrum þyt. Ok blésu þá allir veiðisveinar sínum hornum, svá sem hann hafði fyrir sagt. En þeir váru mikill fjöldi saman ok mörg horn, ok var mikill þytr hornanna. Ok hljóp þá út ór höllinni mikill fjöldi kóngs þjónustumanna, undrandi ok spyrjandi, hvat sá hinn mikli hornaþytr merkti. En Tristram ok veiðisveina hópr léttu ekki fyrr at blása en þeir komu fyrir kónginn sjálfan. Ok tölðu þá veiðimenn kónginum, *hversu[35] Tristram sundraði hjörtinn ok hversu hann gaf hundunum, ok stangarsending, ok hversu þeir skyldu færa blásandi veiði sínum herra ok kóngi, því aldri var fyrr í því landi hjörtr svá sundr tekinn né veiðimanna fang svá tignarliga heim flutt né kóngrinn af neinum svá sæmiliga tignaðr.

Sem Tristram dvalðiz nú í kóngs hirð, þá fór hann opt á veiðar ok sundraði hjörtuna jafnan með sama hætti ok dýr þau, er hann veiddi, ok færði kónginum eptir einum sið, því engi siðr var vildari né tignarligri en Tristram hafði unnit í sínu landi, en kóngs veiðimenn kalla sinn sið betra.

En er kóngr var mettr um kveldit, settiz hirðin í höllina at skemta sér, sumir við skáktafl, aðrir við kotru, einir hlýddu söngum, aðrir sögum, en kóngrinn hlýddi hörpuslætti. Ok kendi þegar Tristram hljóðit ok sláttinn ok mælti til hans: "Þú harpari," segir hann, "leik vel þann áslátt. Þetta ljóð gerðu Bretar í Bretlandi um unnustu hins góða Geirnis."

Tristram then went and cut some of the meat from all the limbs and also some of the best pieces from the entrails and threw it down a second time on the hide, and the dogs ate it all up. "That is called 'hide-feeding.' The dogs have to eat off the hide."

This seemed quite strange to the hunters. After that Tristram went into the woods and cut the longest pole that he could find which could still be carried in one hand and tied to the pole the stick on which he had fastened the best morsels that he had taken from the stag. On the end of the pole he tied the head and said to the hunters: "Sirs, this is called a 'pole present'; take it and give the head ceremoniously to the king. The hunting attendants should walk in front, and you should sound your hunting horns. This is called 'the gift of the chase.' And that's what huntsmen do where I was born."

They said: "We don't know how to behave in this matter, although we prefer your custom to ours. You should accompany us to the king and give him the gift we are bringing. We will do everything that you say."

Then they placed Tristram on a horse, and the pilgrims followed him. He carried the head of the stag on the pole and soon arrived at the palace of the king.

Chapter 22

Tristram took a hunting horn and blew long, melodious notes on it. Then all the hunting attendants sounded their horns as he had told them. Together they comprised a very large group with many horns, and there was a very great din. A large number of the king's servants came running out of the hall, wondering and asking what that great trumpeting signified. But Tristram and the group of hunting attendants did not stop trumpeting until they came before the king himself. And then the hunters told the king how Tristram had dressed the stag, how he had fed the dogs, about the 'pole present,' and how they were supposed to bring the game to their lord and king while blowing their horns, because never before in that country had a stag been dressed in that way nor the catch of the hunters brought home so gloriously, nor a king so fittingly honored by anyone.

While Tristram stayed in the king's band of followers, he often went hunting and always dressed the stags in the same fashion, as well as the other animals that he hunted, and presented them to the king in the same way, because no custom was more beautiful or more glorious than the one Tristram had learned in his country—and even the king's hunters called his custom better than theirs.

One evening after the king had eaten his fill, his followers sat in the hall amusing themselves. Some played chess, others backgammon; some listened to songs, others to stories, and the king listened to the playing of the harp. Tristram immediately knew the melody and how to play it and said to the harpist: "Play that melody well. This song was composed by the Bretons in Brittany about the beloved of the good Geirnis."

Þá mælti harparinn: "Hvat veiztú til?" kvað hann. "Hefir þú nokkut haft
hörpumeistara, eða í hverju landi hefir þú strengleik numit, þvíat mér finnz, at þú
kunnir þenna slátt?"

"Góði meistari," segir Tristram, "ek nam í fyrra, þar sem ek var staddr, nokkut
af hörpuslætti mér til skemtanar."

"Tak þá hörpuna ok lát oss heyra, hvernig þú hefir numit."

Þá tók Tristram hörpuna ok stilti hana öllum strengjum ok gaf kónginum ok
öllum hans mönnum svá fagran slátt, at kónginum fannz mikit um ok öllum, er
heyrðu. Ok lofuðu allir, hversu vel hann hafði numit ok <var> kurteisliga mannaðr,
prýddr margfaldri mildri huggæði ok kann margs konar skemtanir. Hann skein
virðuligri vizku. Aldri heyrðu þeir um sína daga svá fagrliga slegna hörpu.

Sem hann lauk þeim hinum fagra slætti, þá bað kóngr hann ok margir aðrir, at
hann mundi annan hörpuslátt veita þeim. Ok fann hann, at þeim þekktiz, ok bjó
þeim annan með öðrum hætti. Stillti hann þá strengina öðru sinni ok gerði þeim
annan slátt, syngjandi fyrir hörpunni eptir röddinni. Á lítilli stundu gerði hann þeim
þriðja hörpuslátt, svá þekkiliga, at öllum líkaði lofsamliga.

Þá mælti kóngr til hans: "Virðuligi vinr," segir hann, "vel sé þeim, er þik
fræddi ok svá vitrliga þik siðaði. Þú skalt í nátt í mínu herbergi vera ok hugga mik
svá með þinni kunnáttu ok strengleik, þá <er> ek ligg vakandi."

Tristram var því næst öllum þar vel kominn, þekkr ok ástsamligr, glaðr ok
góðviljaðr, öllum friðsamr. Hann var öllum kærr, en kónginum kærastr, ok gætti
*sporrakka[36] hans, boga ok örvamælis, ok gaf þá kóngr honum reiðhest. Hann fór
með kóngi um daga at skemtan, en um nætr þjónaði hann honum með hörpuslætti.
Nú er hann þess ríkuliga njótandi, er hann var ungr nemandi. Nú ef Tristram væri
ekki braut tekinn, væri hann ekki þeim kóngi kunnugr ok svá vel látinn ok vinsæll
í því landi, sem nú er hann öllum kærr ok kunnugr í þeiri borg ok <um> allt þat
ríki.

Kapituli 23

Nú skulum vér um Tristram þegja ok frá fóstrföður hans nokkut segja, hinum
kurteisa ræðismanni, er víða fór at leita síns fóstrsonar ok mörg lönd rannsakaði ok
var nú í vásum ok válkum, í straumum ok stormum hafs ok sjóvar ok meinlæti
harðrar útlegðar, ok fekk hann þá engi tíðindi til Tristrams.

Sem hann kom í Danmörk, er þrír vetr váru liðnir frá því hann fór heiman, þá
frá hann af einum göngumanni, er sagði honum, at Tristram væri í hirð Markis
kóngs, ríkum ok frægum höfðingja, ok væri þar vel látinn ok lofsæll, öllum þekkr
ok vinsæll, ok hann skal með kóngi dveljaz, þvíat kónginum þekkiz hann vel. Sem
þessi maðr hafði sagt honum slík tíðindi, þá trúði hann honum þegar, þvíat hann
kendi af búnaði hans, at hann sagði satt í frá. Þessi var annarr þeira pílagríma, er

"What do you know about it," the harpist responded, "did you ever have a harp teacher? In which country did you learn to play, because it seems to me that you are familiar with this melody."

"Where I used to live, good sir," replied Tristram, "I learned a bit about playing the harp for my own amusement."

"Then take the harp and let us hear how much you have learned."

Tristram took the harp, tuned each of the strings, and played for the king and his men such a beautiful song that the king and all who heard it were very impressed. Everyone praised him for how well he had learned and for his being so well mannered; he was all around good hearted and multi-talented. He displayed a brilliant, impressive virtuosity. In all their lives they had never heard a harp played so beautifully.

When he had finished that delightful song, the king and many others asked him to play another for them. He saw that they were pleased and offered to play a second song with a different melody. After tuning the strings a second time he played another song, singing with the harp adjusted to the pitch of his voice. After a short time he played for them a third melody on the harp with such grace that everyone praised it.

Then the king spoke to him: "Honored friend," he said, "congratulations to the person who taught you and so wisely instructed you. This evening you will remain in my quarters and comfort me with your knowledge and music as long as I lie awake."

After that Tristram, pleasant and affectionate, cheerful and benevolent, and amicable to all, was welcome among everyone there. He was beloved by everybody, but especially by the king, taking care of his hunting hounds, bow and quiver, for which the king gave him a horse. When the king amused himself during the day, he went with him, and in the evening he served him by playing the harp. Now he was richly reaping the benefits of what he had learned in his youth. If Tristram had never been kidnapped, he would never have become acquainted with the king, nor so highly esteemed or so blessed with friends in that country, where he was beloved by all and known in that city and throughout the entire kingdom.

Chapter 23

Now let us be silent about Tristram and say something about his foster-father, the chivalrous steward who traveled far and wide in search of his foster-son, scouring numerous lands, enduring wind and wave, ocean currents and storms at sea, and the tribulations of a harsh exile—but he heard no news about Tristram.

He arrived in Denmark after three years had passed since his departure from home. Then he talked with a traveler, who told him that Tristram was one of the followers of King Markis, a powerful and famous ruler. Tristram was well known and held in high esteem, well liked and blessed with friends, and he should remain with the king, because the king was very pleased with him. When this man had told him that news, Róaldr believed him at once, because from his description of

Tristram fylgði ok með veiðimönnum fóru til kóngs hirðar. Ok til sanninda vissi hann allt um Tristram, hans meðferð ok hversu hann staðfestiz í kóngs ástsemd kærliga.

Nú vill Róaldr ræðismaðr halda fram ferð sinni ok fór þá til skips ok beið byrjar. Sem byrinn kom, þá bjóz hann til ferðar, ok sigldu um hafit, ok kom fram í Englandi. Síðan fór hann til Kornbretalands, er samfast er vestrætt Englands. Þar var kóngr fyrir sitjandi ok hans hirð. Þá spurði Róaldr leyniliga, ef nokkurr kynni honum skilvísliga frá at segja. En þeir sögðu honum þau tíðindi, er hann var fagnandi, at Tristram var þann dag með atburð þjónandi kóngi ok fyrir hans borði. En Róaldr girntiz til fýsiliga at finna hann einn saman leyniliga, er hann var skömmu fyrir í ríkum ræðum. Nú stendr Róaldr í herfiligum klæðum, öll er hans fátæk meðferð af vásum ok langri ferð. Hann veit nú ekki, hversu hann má komaz, at Tristram mætti finna hann, því hann er klæddr herfiliga ok hefir fé lítit at klæða sik með hirðliga, svá <at> hann megi sér fram koma í fullkominn hirðar sóma. Nú er hann hryggr, því engi fátækr maðr er vel kominn í hirð kóngs, því þeir einir eru þar vel komnir, sem nóg eru ríkir. En þó at maðr sé vel ættaðr ok siðum vel mannaðr ok þó fátækr til hirðar, þá finnr hann þar fá, sem honum duga skyldi.

Nú er Róaldr til hirðar kominn ok þó engum vel kominn, þvíat engi vissi, hverr hann var né hvers erindis hann er kominn. En um síðir var honum í hug, at honum dugir ekki ókunnum, slíkum kóngi fyrir sitjanda, at leynaz lengr, ok gekk hann þá öðrum megin dyranna ok kallaði á dyravörðinn til sín. Hann gaf honum kaup til, at hann kæmiz inn frjálsliga. Sem dyravörðurinn sá gjöfina, lauk hann upp hurðunni ok tók í hönd honum ok leiddi hann fram at höllinni. Hann gekk inn, en hinn beið úti.

Síðan kom Tristram út, sem dyravörðrinn kallaði hann. Sem Róaldr var Tristram sjáandi ok skilvísliga hann kennandi, fell hann þegar í óvit, svá fagnaði hann honum komanda. En þeir allir undruðu, er Tristram þangat fylgðu, hví þessi maðr, feginn fallandi, var fagnað sinn svá harmandi. Tóku þeir nú til hans ok reistu hann upp. En grátr ok fögnuðr samþykkiliga hryggði ok huggaði Róald, svá mikilligan fögnuð gefandi, at aldri fyrr var hann slíka gleði hafandi sem hann kunni bera nú, er hann sá Tristram þar vera. Þegar Tristram kendi hann, var hann honum svá fagnandi ok með kossum svá faðmandi, at engum kann þat vera teljanda, hversu þeira var öðrum unnandi hvárr.

Þá tók Tristram í hönd honum ok leiddi hann til kóngs ok mælti opinberliga, allri hirðinni áheyrandi: "Herra kóngr," segir hann, "þessi er minn frændi, faðir ok fóstri, er á mörgu landi var mín leitandi. Nú er hann feginn, mik finnandi, en hann hefir lengi úti válkaz ok sýniz nú fátækismaðr. Feginn em ek hans komu, ef þér vilið vel fagna honum."

Kóngr var hæverskr ok kurteiss ok kallaði til sín leyniliga einn svein ok mælti til hans: "Fylg þessum manni í svefnhús várt ok þjóna honum vel ok gef honum eina ríka gangverju, þá sem þú sér, at honum berr vel, því hann hefir jafnan ríkr

Tristram's clothing, he knew that he had told the truth. This person turned out to be one of those pilgrims who had accompanied Tristram and who had traveled with the hunters to the king's court. As further proof, he knew everything about Tristram, his behavior, and how he had come to be dearly loved by the king.

Then Róaldr the steward wished to continue his journey and boarded a ship to wait for a favorable wind. When the wind came up, he readied the ship, sailed out to sea, and landed in England. He then continued to Cornwall, which borders on the western part of England. The king and his court were in residence there. Róaldr quietly asked around if someone could give him reliable information. He was overjoyed when people told him that by chance on that day Tristram would serve the king at his table. But Róaldr desperately wanted to meet with him in secret, for while he had been in wealthy circumstances a short time before, now he was clothed in rags, his impoverished condition due to the long, harsh journey. He didn't know how he could arrange for Tristram to meet him, because he was dressed so poorly and had little money to clothe himself in courtly fashion, in order to make an appearance fully befitting a member of the court. He was distressed that no poor man was welcome among the king's retinue, since only those were received who were sufficiently wealthy. One might be from a good family and possess good manners, but if one was nevertheless poor, one would find few at court willing to help him.

When Róaldr arrived at court he was not welcomed by anyone, because no one knew who he was or on what business he had come. After a while he realized that it was of no use for a stranger to conceal himself any longer from a king such as this, so he went outside the door and called the guard. He gave him a gift so that he might gain admittance, and when the guard saw the present, he opened up the door, took him by the hand, and led him to the king's hall. The guard went in, while he waited outside.

After the guard called Tristram, he came out, and when Róaldr saw Tristram and recognized him, he was so overcome with joy at his arrival that he immediately fainted, so happy was he at his arrival. Everyone accompanying Tristram wondered why this man, who had fainted for joy, so lamented his own happiness. They raised him to his feet, but joy and tears simultaneously comforted and distressed Róaldr, giving him such happiness at seeing Tristram there, that he had never before felt as much pleasure as he was now experiencing. When Tristram recognized him, he was so overjoyed, embracing him with kisses, that no one could put into words how each of them loved the other.

Then Tristram took him by the hand and led him to the king, speaking openly for all the king's retinue to hear: "My lord," he said, "this is my kinsman, father, and foster-father, who has been searching for me in many lands. Now he is happy to have found me, but he has been tossed about on the high seas for a long time and now gives the appearance of a poor man. I will rejoice at his being here, if you will receive him well and with good cheer."

The King was courteous and well mannered and secretly called a servant over and said to him: "Accompany this man to our sleeping quarters and serve him well. Give him a fine outfit and make sure that it is suitable, for he has always been

maðr verit, hygginn ok hæverskr ok vel mannaðr. Því skal hann vera með oss tignaðr, því hann var Tristram mikill félagi ok fagnaðr."

Sem Róaldr var hirðliga klæddr dýrligum búnaði, þá sýndiz hann tignarligr maðr ok öllum limum vel sköpuðum. Hann sýndiz áðr sem einn akrkarl, en nú er hann sem einn höldr eða jarl. Nú er honum skipat at kóngs borði, ok sitr nú ríkr hjá ríkum. Nú mataz þeir með fögnuði, en Tristram honum hirðliga þjónandi.

Kapituli 24

Sem þeir váru mettir ok vel settir hirðligum mat ok dýrum drykk, þá segja þeir tíðindi af öðrum löndum eptir hirðmanna siðum, hvat títt var með höfðingjum, er bjuggu á öðrum löndum næstum, ok hvat gerz hafði á næstum vetrum, er þeim sómdi at vita ok honum at segja.

Því næst berr Róaldr fram með snjöllu erindi ok vel skipuðum orðum ok glöggsýnu minni fyrir kóngi öllum *áheyröndum,[37] með hverjum hætti Kanelangres, hans herra ok höfðingi, hafði þaðan á launungu Blensinbil kóngs *systur,[38] er hann unni, ok hversu hann púsaði hana, ok fráfall hans, ok hversu hún fæddi son sinn, ok um hennar andlát, ok hví hann lét kalla Tristram—ok sýndi honum þá fingrgull eitt með dýrligum steinum, en faðir Markis kóngs hafði <átt> ok kóngr hafði gefit systur sinni í kærleik með sæmiligri ástsemd—ok hversu Blensinbil bað hann fyrir andlát sitt, at hann skyldi gefa kónginum, bróður hennar, þetta fingrgull til sannra jartegna um andlát hennar.

Sem Róaldr hafði fingrgullit upp gefit ok kóngrinn við tekit, þá kendi kóngrinn af fingrgullinu sveininn. Þar næst í öllum þeim fjölda hertuga ok jarla ok lendra manna, riddara, skutilsveina ok skjaldsveina, kvenna ok þjónustumeyja var engi sá, er ekki feldi tár af svá hörmuligum atburð ok sem hann sagði, *hversu[39] hörmuliga Tristram var stolinn í braut frá honum ok hann leitaði hans í mörgum löndum með vási ok vandræðum.

Sem kóngrinn hafði þessi tíðindi skilvísliga heyrt, þá kallaði hann Tristram til sín með ástsemdar orðum ok mintiz við hann með kærum kossi, sem sinn æskuligan frænda ok eiginn systurson.

Síðan gekk hann upp til síns frænda, kóngsins, ok fell á kné fyrir honum ok mælti til hans: "Herra," kvað hann, "nú vil ek, at þér gefið mér herklæði, ok vil ek fara at vitja fóstrlands míns ok erfðar ok hefna föðurdauða míns, þvíat ek em nú á þeim aldri, at ek em fær at sækja mína eign rétta."

Þá mæltu allir höfðingjar, er á báðar hendr kóngi sátu, at þat sómdi honum vel at gera. Ok játaði þá kóngr honum því ok mælti, at honum skyldi búa herklæði.

Þessi herklæði, er kóngr gaf honum, váru mjök góð. Af brendu silfri ok gulli váru þau víða *ger[40] ok sett með dýrum steinum. Tristram var búinn með vöskum, fríðum, kurteisum, völdum ok hæverskum riddurum. Þeir festu spora á fætr honum, *gerva[41] af brendu gulli. Gerðu þat tveir lendir menn. Markis kóngr gyrði hann

a wealthy man, wise, courteous, and well mannered. He will be honored among us, for he was a great companion and delight to Tristram."

After Róaldr was dressed appropriately for the court in costly clothing, he looked like a man of noble birth and made a fine figure. Previously he had seemed like a field laborer, but now he seemed like a mighty landowner or a nobleman. A place was made for him at the king's table, and he sat there as a powerful man among powerful men. As they enjoyed their meal, Tristram served them according to the dictates of courtly custom.

Chapter 24

After they had eaten their fill and enjoyed the choice food and costly drink, they related the news from other lands, as was the custom at court, what the chieftains who lived in other, nearby countries were doing, and what had happened in recent years that was fitting for them to know and for Róaldr to tell.

Next, Róaldr reported with eloquent speech, well-crafted words, and a keen memory, for the king and for everyone close enough to hear, the way in which his lord and chieftain Kanelangres had eloped with the king's sister, Blensinbil, whom he loved, and how he married her, how he died, and how she bore his son, how she died, and why he had the son named Tristram. Then he showed Tristram a ring set with costly gems, that King Markis's father had possessed and which the king had given to his sister as a token of his love and affection. Róaldr told how Blensinbil had asked him before her death to give her brother, the king, that ring as an unmistakable sign of her death.

After Róaldr had turned over the ring and the king had accepted it, the king recognized the young man because of it. In the whole group of dukes and earls, vassals and knights, attendants and pages, ladies and maidservants there was no one who did not shed a tear at this distressing tale of how sorrowfully Tristram had been abducted from him and how with trials and tribulations he had searched for him in many lands.

When the king had closely listened to these events, he called Tristram to him with words of affection and embraced him and kissed him as a desirable relative and as his own nephew.

Approaching his kinsman, the king, Tristram fell on his knee before him and spoke to him: "My lord," he said, "I now wish you to furnish me with armor, for I want to visit my native country and my patrimony and to avenge the death of my father, for I am of an age to be capable of seeking to claim my rightful property."

Then all the noblemen who sat on both sides of the king said that it would bring Tristram honor to do so. Then the king consented and said that armor should be prepared for him.

The armor that the king presented to Tristram was excellent, fashioned extensively with pure silver and gold, and set with precious stones. Brave, handsome, courteous, powerful, well-mannered knights were placed at Tristram's disposal. To his feet were fastened spurs made of pure gold. That was done by two vassals,

sverði sjálfr ok laust á háls honum mikit högg ok mælti til hans: "Minn kæri frændi, tak aldri högg af öðrum mönnum, nema þú hefnir þess þegar. Engan rétt né aðra umbót tak þú, nema högg fyrir högg, meðan þú mátt þín hefna. Svá skaltu riddaraskap þinn frægja."

Kóngr gerði hann nú ríkuligan riddara, ok leiddu þeir honum fram einn fríðan ok sterkan vápnhest, klæddan rauðu klæði, gullofnu, með leóna líkneskjum. Þá gaf kóngrinn honum hesta ok herklæði handa öðrum tuttugu ungum mönnum á þeim degi fyrir hans sakir ok hundrað annarra reyndra riddara, er allir skulu Tristram fylgja í syðra Bretland at sækja ok verja réttindi hans.

En um morguninn tók Tristram leyfi af kóngi til heimferðar með fóstra sínum ok félögum. Ok koma þeir til skipa sinna ok gengu á skip með hestum sínum ok vápnum, en sumir drógu upp akkeri ok undu segl sín með alls konar litum, gulum ok bláum, rauðum ok grænum, ok sigldu í haf ok lendu þar, sem þeim líkaði sjálfum best, á syðra Bretlandi.

Ok sem þeir eru til hafna komnir, lendu þeir fyrir borg þeiri, <er> Ermenía hét, ok sá þeir þar hinn sterkasta kastala, mikinn ok fríðan, alla vega ósækiligan. Þenna kastala átti faðir Tristrams, ok enn sátu hans menn í honum, handgengnir ok eiðbundnir. Ok fór þá Róaldr ræðismaðr fyrstr af skipi ok reið til borgarinnar ok lét upp lúka öllum borgarhliðum ok inngöngum. Ok því næst kom Tristram með liði sínu, ok fekk þá ræðismaðr Tristram alla lykla kastalans. Ok ritaði hann þá til allra lendra manna ríkisins, at þeir kæmi þangat ok mintiz við sinn herra, er hann hefir lengi farit at leita ok nú fundit með guðs hjálp ok forsjá. Sem hertugar ok höfðingjar, lendir menn ok ríkir riddarar komu, þá tók Tristram við handgöngu þeira ok trúnað<i> ok eiðum þeira. Ok er nú allt fólk hans ríkis í nýjum fögnuði af heimkomu hans. Nú er öll alþýða frjáls ok fegin, er áðr var reið ok hrygg, er hann var braut tekinn.

En um morguninn bjóz hann með tuttugu riddurum at fara á fund Morgans hertuga at krefja af honum rétta sinna ok ríkja, er hann tók af föður hans. Sem hann kom í höll hertugans, allri hirðinni upp sitjandi ok áheyrandi, þá kvaddi Tristram hertugann með þessum hætti: "Signi guð yðr, hertugi, sem þú hefir til gert við oss, því þú heldr ríki mitt með röngu ok drapt föður minn í bardaga. Ek em son Kanelangres, kominn hingat at krefja yðr erfðalands míns, er þú heldr ok faðir minn átti, at þú gefir mér þat upp með sæmd ok frelsi. En ek em búinn at veita þér þjónustu, sem frjáls maðr á at gera sér til sæmdar."

Þá svarar hertuginn: "Sannfregit hefi ek þat, at þú þjónaðir Markis kóngi, ok hann gaf þér góða hesta, herklæði, pell ok silki. Ok sé ek, at þú ert fríðr riddari. En þú læz vilja halda ríki af mér ok segir, at ek halda með röngu eignum þínum ok at ek drap föður þinn. Nú veit ek ekki, hversu bæn þín ferr við mik, nema svá finnz mér, at þú leitir saka við mik, ok muntu gefa þær sakir, sem þú munt aldri til lykta koma. Ef þú vill ríki þitt sækja, þá verðr þú með afli at sækja, þvíat ek hefi at vísu þat, sem þú kallar þitt ríki, hvárt sem þat er með réttu eða röngu. En þat er þú gefr

but King Markis himself girded him with a sword and unleashed a mighty blow to his neck, saying to him: "My dear nephew, never take a blow from anyone else without avenging it at once. Accept neither reparation nor other redress except a blow for a blow as long as you are able to avenge yourself. In that way you will bring honor to your knighthood."

Then the king made him an exalted knight, and they led forth for him a beautiful, powerful charger bedecked with red cloth containing the figures of lions and woven with gold. On that day the king presented him with horses and armor for another twenty young men as his bodyguard and a hundred additional, proven knights, all of whom were to accompany Tristram to southern Brittany, in order to seek and secure justice for him.

The following morning Tristram took leave of the king for the voyage home with his foster-father and his followers. When they got to their ships they went on board with their horses and weapons. Some of the men weighed anchor and hoisted the multicolored sails—yellow and blue, red and green—and sailed out to sea. They made land in southern Brittany, just where they had intended.

On entering the harbor, they cast anchor near the city of Ermenia and saw there the mightiest of castles, large and beautiful, and impregnable on all sides. Tristram's father had once owned this castle, and his men still held it, his followers, bound to him by oath. First to leave the ship was Róaldr the steward, who rode to the city and had all the gates and entrances opened wide. Next came Tristram with his company, and the steward presented Tristram with all the keys to the castle. Then he wrote to all the land-owners that they should come to meet their lord, for whom he had searched for such a long time and whom he had now found with God's help and guidance. When the dukes and princes, land-owners and mighty knights arrived, Tristram accepted their fealty and administered their oaths of allegiance. With his return, all the people of his kingdom once again rejoiced. The entire populace, which had been angry and distressed after his abduction, was now happy and secure.

On the following morning Tristram and twenty knights prepared to go to meet with Duke Morgan, in order to demand from him both recompense and the realm that he had taken from his father. When Tristram entered the hall, with all the duke's men sitting there listening, he spoke to the duke in this way: "May God requite what you have done to us, for you have wrongly taken possession of my kingdom and killed my father in battle. I am the son of Kanelangres and have come here to demand that you surrender to me honorably and freely my hereditary land, which my father owned but which you now control. I am prepared to offer you in return any service that is fitting for a free man to perform."

Then the duke answered: "I have learned that you served King Markis, and that he gave you good horses, armor, velvet, and silk. I see too that you are a handsome knight, but you maintain that you wish to take a province from me, saying that I wrongfully possess your property and that I killed your father. Well, I don't know how your request of me will turn out, but it seems to me that you are looking for charges against me and that you are starting a case that you will never be able to finish. If you wish to regain your kingdom, then you will have to use

mér sakir um dauða föður þíns, þá muntu þurfa alls, er þú mátt, til þeira saka, því aldri synjum vér né leynum dauða hans fyrir þér."

Þá segir Tristram: "Sá, er mann drepr ok við gengr dauða hans, þá sómir honum at bæta þat við vini hans. Þú gengr nú við hvárutveggju, at þú haldir ríki mínu með röngu ok at þú drapt föður minn. Nú bið ek, at þú bætir hvárttveggja, þvíat þú mátt hvárkis synja."

Þá mælti hertuginn: "Þegi þú, gaurr," kvað hann, "þú ert fullr metnaðar. Þú ert son einnar pútu, ok veizt þú ekki hverr þik gat, ok lýgr þú föður þinn."

Þá reiddiz Tristram ok mælti: "Hertugi, nú laugt þú, því ek em getinn at réttri púsan. Þat skal ek sanna móti þér, ef þú þorir sjálfr eptir at leita."

Sem hertuginn heyrði orð Tristrams, segjanda hann ljúga, þá hljóp hann upp, fullr reiði ok illgirndar, ok framan at Tristram ok laust hann framan á tennr af öllu afli með hnefa sínum. En Tristram brá þegar sverði ok hjó ofan í höfuðit ok klauf niðr um augun ok skaut honum dauðum hjá sér fram á gólfit, allri hirð hans ásjáandi. Félagar ok fylgðarmenn Tristrams váru hinir vöskustu, brugðu þegar sverðum sínum ok ruddu þröngina, er á var gólfinu, hjuggu á báðar hendr ok drápu hvern, er þeir náðu. En Tristram, þegar sem hann kom ór höllunni, hljóp hann á hest sinn ok allir hans félagar hverr á sinn hest, tóku skjöldu sína ok spjót ok ríða svá með fylktu liði sínu ór borginni. Ok er sá heimskr, er nú vill angra þá. Ok nú efndu þeir af þeim leik þann bardaga, er fleiri en hundrað manna fellu, fyrr en þeir skildu, því nú herklæðiz allt liðit hertugans at hefna dauða síns herra, ok fóru þá fimm hundruð manna, allir herklæddir, ok hleyptu sem skjótast eptir Tristram, svá at þeir, sem skjótasta höfðu hesta, nálguðuz hans félaga.

Kapituli 25

Nú hefir Tristram drepit margan riddara ok hertuga Morgan ok stefnir nú heim skyndiliga. En Bretar riðu eptir honum, mikill fjöldi, ok heitaz við hann, at þeir skulu síns herra hefna. Sem þeir komu eptir þeim, sem fyrst fóru, þá sneriz Tristram við aptr ok hans menn í móti þeim ok tóku svá vaskliga við þeim, at þeir drápu þá alla, en tóku hesta þeira. Svá hermdu þeir harma sinna, at aldri munu hinir frægðir vinna.

En á þeim sama degi lét Róaldr ræðismaðr sextigi riddara herklæðaz með traustum vápnum ok góðum hestum ok sendi þá hinn sama veg, er Tristram hafði fram riðit, at þeir skyldi verða honum at liði, er hann væri þurfandi eða hann vildi til annarra borga sinna vitja, at hann mætti öruggr ok óhræddr fyrir sínum óvinum fara.

Sem þeir ráku nú Tristram ok hans menn, þá vissu þeir ekki, hvert hann skyldi sér til hælis leita, ok sneriz hann þá við sem skjótast ok tíðast ok drap þá, er næstir

force, because I am in possession of that which, rightly or wrongly, you call your realm. But as for your accusation against me in the death of your father, you will have to use all of your energy in that case, for we will never deny nor conceal his death from you."

"He who kills a man," replied Tristram, "and admits his guilt, is obligated to make redress to his friends. You now admit to both crimes, that you have usurped my kingdom and that you have slain my father. I now ask you to atone for both deeds, for you can deny neither."

Then the duke responded: "Be quiet, you peasant," he said, "you are full of arrogance. You are the son of a whore and have no idea who sired you, and you are lying about your father!"

Tristram then became very angry and said: "Now you are lying, Duke. I was born in a lawful marriage and I will prove it at your expense if you dare to repeat it."

When the duke heard Tristram's words saying that he lied, he jumped up, full of anger and malice, rushing right at Tristram and hitting him with his fist in the mouth with all his might. Tristram immediately drew his sword and dealt him a blow on the head, cleaving it down to the eyes and hurling him down dead to the floor in front of him with all of the duke's men looking on. Tristram's companions and followers were the most valiant of men, immediately drawing their swords and clearing a path through the crowd that had gathered. They slashed on both sides and killed everyone whom they could reach. As soon as Tristram got out of the hall he and his men jumped on their horses, taking their shields and spears, and rode out of the city in a disciplined formation. One would have been a fool to tangle with them, but before they departed they transformed that skirmish into a battle where more than a hundred men fell. Now all the duke's men donned their armor to avenge the death of their lord. Five hundred men dressed in armor raced after Tristram, and those with the fastest horses caught up with his men.

Chapter 25

By now Tristram had killed many a knight as well as Duke Morgan, and he quickly headed homeward. But the Bretons followed him in great numbers, promising that they would avenge their lord. As those in front caught up to Tristram, he and his men turned about and attacked so valiantly that they killed all of these men and took their horses. When they reported their defeat, they would never again be able to hold their heads high.

On that very same day Róaldr the steward outfitted sixty knights with reliable weapons and fine horses and sent them off along the same road that Tristram had ridden out upon. They were supposed to assist him, if he were in trouble or if he wanted to visit other cities in safety and without fear of his enemies.

The force chasing Tristram and his men did not know where he could seek refuge, but he often turned about quickly and killed those who were following

honum váru. Svá lengi ráku þeir hann. Þá um síðir komu sextigir menn hans hleypandi móti þeim, ok létu þeir síga spjót sín til lags ok hjuggu þegar sverðum sínum svá fræk<n>iliga ok vaskliga, at þegar hrundu þeir hinni fyrstu fylking ok drápu alla, er biðu þeira, en þeir, sem eptir váru, flýðu undan. En Tristram fylgði þeim ok hans félagar ok drápu þá svá flýjandi sem sauðaflokkr hlypi, ok unnu þeir þá marga hesta ok alls konar herklæði ok sneru þá heim til kastala síns með miklum sigri ok frægð. Tristram var hinn vaskasti maðr ok gerðiz frægr ok lofsæll, öllum örr ok vinsæll, virðuligr ok tignarligr, göfugr ok gæfumaðr.

Nú hefir hann hefnt föður síns með miklum sigri ok frægð. Tristram var hinn vaskasti ok sendi hann þá eptir öllum höfðingjum í ríki sínu.

Ok er þeir komu, þá mælti hann til þeira: "Vinir," kvað hann, "ek em lögligr herra yðvar, systurson Markis kóngs. Ok á hann nú engan son né dóttur né lögligan arfa. Því em ek lögligr erfingi hans. Ek vil nú fara til hans ok þjóna honum sem ek má sæmiligast. Nú gef ek Róaldi, fóstrföður mínum, þessa borg með öllum hennar tillögum. Síðan taki hans son eptir hann fyrir þat mikla starf ok vás, er hann þoldi fyrir mínar sakir, svá ok fyrir rækiliga gæzlu ok virðuligt yfirlæti, er hann gerði við mik í bernsku minni. Verit nú allir honum heyrugir ok fylgnir. Hér gef ek honum minn rétt ok mínar tignir. Nú vil ek ferðaz í vináttu ok leyfi yðru."

Ok kyssti hann þá alla *grátöndum[42] augum.

Síðan steig hann á hest sinn ok hans menn ok riðu þaðan til skips, drógu upp akkeri ok undu segl sín ok sigldu í haf út. En menn hans sitja eptir harmfullir, kærandi hans brautferð, ok kunnu því illa, er hann vildi ekki lengr dveljaz með þeim, ok langaði þá til mjök, at hann skyldi heim koma. Nú er þeira harmr á ný af hans þessari brautferð frá þeim.

Kapituli 26

Nú segir oss hér Tristrams saga, at Írar tóku um þann tíma skatt af Englandi, ok marga vetr gerðu þeir svá, þvíat Írir váru mjök unnandi Englandi, því Engliskóngr, er þá var, kunni ekki at verja sik verjandi, ok fyrir því var England langa tíma skattgilt Írlandi. En hinn fyrri skattr var gerr *Róma[43] kóngi með þrjú hundruð pund penninga. En Írar tóku hinn fyrsta, sem var messing ok koparr, en annan vetr skírt silfr, hin þriðja vetr brent gull, ok skyldi þat hirðaz til almenniligra þurfta. En á hinum fjórða vetri skyldi Englands kóngr ok höfðingjar safnaz saman á Írlandi at heyra lög ok svara réttindum ok halda uppi allra manna refsingum. En á hinum fimmta vetri skyldi skattrinn vera sextigir fríðustu sveinbörn, er finnaz mætti, ok þá fram greiðaz, er Írlands kóngr krefði sér til þjónustusveina. Ok váru þó kastaðir hlutir í millum lendra manna ok annarra höfðingja, hverir upp skyldi gefa sín börn. En þá, er hlutrinn fell á, þá skyldi fram greiða—þó ekki væri nema þat eitt hans barna—þegar eptir væri sent skattinum.

most closely. They kept chasing Tristram in this way, until his sixty men came racing toward them from the other direction, lowering their spears for the charge and then wielding their swords so bravely and valiantly that they pushed back the vanguard, killing all of those who stood and fought, while the others fled. Tristram and his men followed, slaying those who were fleeing like a flock of sheep on the run. They captured many horses and all kinds of armor and returned home to the castle with fame from their victory. Tristram was the bravest of men and acquired fame and glory, being generous to all and well liked, noble and honored, a revered and fortunate man.

Now he had avenged his father, bringing himself fame with a great victory. Tristram was the bravest of men, and he sent for all the noblemen in his kingdom.

When they arrived he spoke to them, saying: "Friends, I am the nephew of King Markis and legally your lord, since he had neither son nor daughter nor lawful heir. Being his legal heir, I now wish to go to him and serve him as honorably as I can. Upon Róaldr, my foster-father, I now bestow this city with all its revenues. Because of all the work that he performed and the difficulties that he endured for my sake, as well as for the devoted care and honorable treatment that he accorded me in my youth, he will be succeeded after his death by his son. All of you should now follow him obediently. I herewith transfer to him my rank and my rights. Now I will take leave of you and depart in friendship."

Then everyone's eyes were filled with tears, and he kissed them all.

Then he mounted, as did his men, and they rode to the ship; they weighed anchor and set sail, and put out to sea. But his subjects remained behind, full of grief and lamenting his departure. They were displeased that he did not want to remain with them, and they longed greatly for his return. Their grief now arose anew because of this second departure from them.

Chapter 26

Now Tristram's saga tells us here that the Irish exacted tribute in those days from England. They had done so for many years and were especially satisfied with England, because the English king there was unable to defend himself, so England was a tributary to Ireland for a long time. In former times, a tribute of three hundred pounds of coins had been made to the Roman emperor, but the Irish took brass and copper the first year, pure silver the second, and refined gold in the third year, all of which would be kept for general needs. In the fourth year, however, the King of England and his noblemen were to gather in Ireland, in order to hear the laws, stand responsible for claims, and support the punishments to be meted out. But in the fifth year the tribute was to consist of the sixty handsomest boys who could be found and handed over, for the Irish king desired to have them as his servants. In order to determine who was to surrender his children, lots were drawn among the landowners and other noblemen. Those to whom the lot fell had to hand the boy over when the tribute was due, even though that might be his only child.

Nú hefir Tristram lent á Englandi í þeiri höfn, er hann vildi, á því ári, er Írlands kóngr hafði barnaskattinn, ok hafði þá lent á ríkum drómundi ok sá, sem heimta átti. Á Írlandi var einn ríkr kappi, mikill ok illgjarn, sterkr ok grimmr maðr, er á hverju sumri var þar komandi þann skatt at heimta. En ef skattsins er honum synjat, þá vill hann vera einn maðr til at sækja með afli af verjanda, þvíat annathvárt skal skattinn gjalda eða bardaga við hann halda.

Nú gekk Tristram af skipi sínu ok steig á hest ok reið síðan upp í kastalann, þar sem kóngr er fyrir, hertugar ok jarlar, lendir menn ok mikill fjöldi riddara, því þeim var stefnt þangat. Þar váru ok komnar allar þær ríkustu konur með sínum sonum, ok skyldi um hluta þá, er fara skulu at skattgjaldaz til Írlands. Allar kærðu sína sorg ok harma. Hverr sem einn er hræddr um sinn son, at hans hlutr komi upp, þvíat ekki tjáir síðan á at halda eða eptir at sjá. Ok var þat eptir verðugum hætti, at þeir hryggðuz af slíku ófrelsi, at gefa börn sín í útlegð ok háska ok vesöld. Mikill harmr ok hörmuligt hugskot er, at börn svá tignarligrar ættar gæfiz í slíkan þrældóm ok ánauð. Dróttinn guð, þolinmóðr ert þú, at þú líðr slíkt. Miskunna þessum harmi hinum hörmuliga. Ríkir menn grétu. Konurnar kveinuðu ok illa létu. Börnin æptu. Mæðrnar bölvuðu feðrum barnanna, er ekki þora sín börn fyrir vesöld at verja móti þeim, er börnin taka—kalla *feðrna[44] hrædda, svívirða, sigraða ok yfirkomna, er þeir þori ekki at berjaz við Morhold, er skattinn krafði, því þeir vissu, at hann var hinn harðasti, grimmr ok drjúgr at afli ok í vápnaskipti, djarfr í atreiðum, mikill at vexti, ok fyrir því fannz engi þar, sá er ekki kaus heldr at gefa barn sitt í þrældóm ok ánauð en leggjaz sjálfr í dauða. Því þorir engi við hann at berjaz, því engi væntir, at hann muni sigraz.

Sem Tristram kom inn í höllina, þá sá hann þar allan fjölda alls þess ríkis hinna vildustu manna. Allir kærðu sína harma, er þeir skyldu slíkan skatt gjalda. Tristram sá hryggleik þeira ok hugsótt ok marga grátandi, en hann spyr, hvat því valdi, at þeir væri svá látandi.

"Þat er," segir þeir, "sakir skattgjalds, er Morhold, sendimaðr Írakóngs, er vanr at taka ok er nú kominn at sækja ok krefja af höfðingjum þessa ríkis, er hér eru nú allir saman safnaðir, at hluta hverra börn at fara skuli."

Sem hann gekk at höllinni ok í kastalann ok sem hann var áðr hryggr, þá var hann enn nú hryggvari, því þar fann hann hina hæstu höfðingja, er í því kóngsríki váru, ok sátu allir á knjám fyrir þeim, er hlutina skyldi upp taka, ok bað hverr guð sér miskunnar, at hann skyldi verja þá fyrir hlutfalli. Þar váru ok mæðr barnanna grátandi, en börnin kveinuðu ok æptu.

Í því kom Tristram, hinn góðviljaði, ok mælti hárri röddu: "Hæverskir herrar, guð signi yðr alla ok frelsi yðr ór ánauð ok þrældómi, skömm ok svívirðing yðvar. En undarligt þykki mér, at í svá miklum fjölda riddara, sem ek sé hér vera, finnz engi sá, sem þori at verja frelsi yðvart né yðr at frelsa af þrældómi ok ánauð ok eigi einn móti einum á þessum degi yðr undan taka þeim vesöldum, er yðr þvingar, at

Tristram now arrived in the English port that he had selected, and in the year in which the Irish king imposed the tribute of children. The man who was to take them away had also landed there, in a powerful ship of war. He was a powerful knight from Ireland, huge and mean spirited, a strong and savage man who came each summer to collect the tribute. But if anyone refused to pay tribute, then he alone would take it by force from him, for one either had to pay the tribute or meet the knight in combat.

Tristram left his ship, mounted a horse, and rode up to the castle, where there were gathered the king, princes and earls, vassals and a large number of knights, for they had been summoned there. All of the noblest ladies were also there along with their sons, for whom lots were to be drawn to determine who should be sent as a tribute to Ireland. All the women grieved, lamenting their distress. Each and every one feared for her son, that his lot would be drawn, for then there was no use in resisting or regretting. And there was very good reason for fearing such oppression, to surrender their children to banishment and danger and suffering. It is a distressing thought and a great sorrow that children of such noble lineage should be abandoned to such slavery and bondage. Lord God, Thou art patient to endure such things; have mercy on these distressed subjects in their sorrow. Strong men cried. Women wailed and lamented. Children screamed. Mothers cursed the children's fathers, who dared not protect their children from suffering at the hands of those who carry off children. They called the fathers cowards, dishonored, defeated, and vanquished, because they dared not fight against Morhold, who demanded the tribute. Everyone knew him to be a harsh man, fierce in using his power and adroit in battle, bold in fighting on horseback, and huge in size. This is why no one could be found there who chose to face certain death rather than surrender his child to slavery and bondage. No one dared to fight with him because no one could expect to be victorious.

As Tristram entered the hall, he saw there the great assemblage of the entire kingdom's most distinguished men. All of them were expressing their grief at having to pay such a tribute. Tristram saw their sadness and sorrow, with so many crying, and asked the reason for their behaving in this manner.

"It's because of the tribute," they replied, "that the Irish king's emissary, Morhold, customarily takes. Now he has come to claim and to acquire it from the noblemen of this kingdom, who are now assembled here all together to determine by lot which children must leave."

As Tristram went into the castle to the hall, and as sad as he had been before, he became even sadder now, for he found there the highest ranking noblemen in the kingdom, kneeling before those who were to draw the lots, each one imploring God to show mercy by protecting them in the casting of lots. The mothers of the children were also there, in tears, while the children were wailing and shrieking.

Into the midst of this came the kind-hearted Tristram, proclaiming: "Noble lords, may God bless you all and deliver you from oppression and servitude, and from your shame and dishonor. It seems strange to me that in such a large group of knights as is assembled here, there is not one who dares on this day to defend in single combat your freedom, nor to save you from servitude and oppression, nor to

ekki þurfi optar hluti upp at taka né börn yðar í þrældóm at gefa. At sönnu er nú landit byggt þrælum, nema þér frelsiz nú ór þrældómi. Því eruð þér allir þrælar, en ekki riddarar, ef hann skattinn svá í braut flytr, en allt landit rænt ok ruplat. Svá mikit sýniz mér hugleysi, at þér hirðið ekki, hvar börn yðr niðr koma í vesaldir ok ósóma, er þér gefið börn yðr ór yðru valdi. Nú ef þér vilið mitt ráð hafa, þá munuð þér hvárki börn yðr braut senda ok ekki skattinn gjalda sendimanni. Kjósið nú einn af yðr öllum, þann er vaskastr er ok harðastr í vápnaviðskiptum ok reyndr at öllum riddaraskap, öflugr ok vápndjarfr. Sá skal vera með einvígi móti þeim, er nú vill skattinn hafa, ok gefiz hann yðr upp sigraðr ok yfirkominn af einvígis velli. En ef engi finnz vildari til en ek, þá skal ek sakir frænda míns kóngsins einn móti einum gjarna berjaz með slíku afli sem guð hefir mér lét. En ef þessi er sterkr, þá er guð máttugr at hjálpa mér ok frelsa börn yðr ok sækja frelsi yðvart en hann fari heldr svá búit braut með börnin ok yðra fjárhluti, óreyndr ok ófreistaðr, ok hafi með sér auð yðvarn ok arfa. Nú standið upp sem skjótast ok látið þetta niðr falla. Aldri skal hann því hrósa, at hann finni oss alla huglausa."

Kapituli 27

Nú mælti Markis kóngr: "Miklar þakkir sé þér, minn sæti frændi. Gakk hingat ok minz við mik. Ef þú aptr vinnr frelsi várt, þá skalt þú vera arfi alls míns ríkis. Engi er þér verðugri at hafa þat. Þú ert minn systurson."

Þá gekk Tristram ok kyssti kónginn, frænda sinn, ok alla lenda menn ok riddara, er þar váru. Ok fekk þá Tristram kóngi glófa sinn at staðfesta einvígi móti Morholdi. Ok þökkuðu allir honum þá, ungir menn ok ellri, ok segja, at <hann> mundi sigraz á óvin síns herra ok aptr sækja frelsi þeira ok þá skyldu honum allir unna ok jafnan tigna sem sinn herra ok honum þjóna, með því hann vill vera þeira herra ok haldsmaðr.

Síðan sendu þeir eptir Morhold<i>. En hann hugði, <at> þá hefði þeir hlutum kastat ok hann skyldi þá við sveinunum taka.

Sem Tristram sá Morhold inn koma ok niðr setjaz, þá mælti Tristram hárri röddu: "Heyrið, herrar ok höfðingjar, lendir menn ok riddarar, yngri menn ok ellri, er hér eru saman komnir! Morhold er hér kominn ok segir, a<t> þér eigið skatt at gjalda, af því hann er vanr hvert ár at taka. En hann var settr yðr með ráni, afli ok ofríki, ok genguð þér undir þá með ánauð ok rangindum. En Írir herjuðu á yðr ok heldu ófrið á Englandi, en þessa lands menn gátu ekki variz né friðaz fyrir þeim með öðrum hætti en skattgildaz undir þá fyrir ofríki, ok hefir jafnan svá verit síðan. En ofríki er óréttindi ok opinberlig skömm ok rangindi. Fyrir því á skattrinn ekki at gjaldaz með réttu, því hann er jafnan tekinn með röngu, en þat er: upp gefz með ofríki ok illvirki at réttum dómi. En ef Morhold vill börn braut taka, þá skal þat aldri verða at várum vilja."

deliver you from that misery afflicting you, so that you will no longer have to draw lots nor surrender your children into servitude. In truth, this country is already inhabited by slaves, unless you save yourselves now from bondage. If Morhold takes the tribute abroad, you are all slaves, not knights, and the whole country will be ransacked and plundered. So great does your lack of courage seem to me, that you aren't concerned about your children winding up somewhere in misery and shame after you have surrendered them from your charge. If you will follow my advice, then you will neither have to send your children away nor pay this tribute to the emissary. Choose now one from your midst who is the bravest and the toughest in battles, tested in all knightly endeavors, powerful and bold in wielding weapons. He shall be the one to engage in hand-to-hand combat with the one now demanding the tribute, but he will surrender, vanquished and defeated on the field of battle. And if no one better than I be found, then because of my uncle the king I will gladly fight in single combat with such strength as God has lent me. Even if this Morhold is powerful, God has the power to help me to save your children and win your freedom, rather than that under these conditions he should leave with your children and your money, untried and untested, taking with him your wealth and your heirs. Now rise up at once and stop this drawing of lots. Never will he boast about finding all of us lacking in courage."

Chapter 27

Then King Markis spoke: "Many thanks be unto you, my dear nephew. Come here and embrace me. Should you win back our freedom, then you will be the heir to my entire kingdom. No one is worthier of having it than you, the son of my sister."

Tristram then went up to the king, his uncle, and kissed him, and all of the vassals and knights assembled there. He gave the king his glove, legally binding himself to single combat with Morhold. Everyone then thanked him, young and old, saying that if he would vanquish the enemy of their lord and restore their freedom, they would all love him and always honor him as their lord and serve him, since he was willing to be their lord and protector.

After that they sent for Morhold, who thought that they had already drawn lots and that he would take possession of the boys.

When Tristram saw Morhold enter and sit down, he spoke in a loud voice: "Listen, lords and noblemen, vassals and knights, young men and old, who have now assembled here! Morhold has arrived and says that you ought to pay tribute because he is accustomed to receiving it each year. But this was imposed upon you by unlawful seizure, by force, and by tyranny, and you subject yourselves to oppression and injustice. The Irish attacked you and waged war in England, and the men of this country were unable to protect themselves nor to forge peace under overwhelming force by any other means than by paying tribute, and it has been this way ever since. But tyranny is unrighteousness, a manifest outrage, and injustice, and for this reason the tribute ought rightly not be paid, for, when viewed correctly, it was always taken unjustly, namely, surrendered under duress and ma-

En Morhold segiz eiga þau at hafa.

Tristram segir: "Af sjálfs þíns orðum þá áttu héðan engan skatt at hafa, því vér skulum með afli verja ok ekki fyrr en með afli af láta. Þat, e<r> þú vill með afli taka, skulum vér með afli verja ok ekki fyrr en með afli af láta. Þá hafi sá, er betr er sækjandi. Þá skulum vér sýna honum þá skynsemd, sem þeir dæmdu öll rangindi fyrir sannindi."

Nú sem Tristram hafði þetta talat, þá stóð Morhold upp ok sýndiz rauðr í andliti, mikill at vexti ok digr í limum, allr hinn sterkasti, ok talaði þá hárri röddu ór digrum barka: "Skilit hefi ek," segir hann, "hvat þér hafið talat af heimsku yðvarri, ef þér vilið ekki gjalda mér skattinn ok upp gefa með ástsemd, nema heldr verja fyrir mér með afli. En ek em nú ekki búinn við bardaga, því ek hefi hér lítinn her. Þá er ek lenda á Bretlandi, hugða ek ekki slíku þurfandi né at þér skyldið mér skatta synja ok eiðrofar vera ok hafna mér. En með því ek em nú fámennr ok ekki færr til bardaga, þá fari einn yðvar á móti mér einum þat at sanna, at þér eigið mér ekki skatt at gjalda. En ef ek bila í þessari ræðu, þá eruð þér frjálsir at réttri sæmd. Nú ef nokkur þorir at verja af yðvarri hendi, þá taki hann við glófa mínum."

Tristram var þá nær staddr, vaskr ok virðuligr ok djarfr í orðum—stóð þegar upp ok gekk at honum ok mælti: "Þessi er hann, er verja skal fyrir þér, at vér eigum þér engan skatt at gjalda, ok aldri erum vér eiðrofar á móti þér, ok þetta skal ek fyrir þér verja ok á sjálfum þér sanna. Gakk nú skjótt til vápna þinna, þvíat nú geng ek skjótt <til> minna vápna þetta at sanna."

Kapituli 28

Nú eru fest handsöl þeira á milli til einvígis. Ok gengr nú Morhold til strandar ok herklæðiz. Síðan sté hann á bak einum miklum hesti, klæddum örruggri hestsbrynju, ok hengdi á öxl sér tveggja fjórðunga skjöld, harðan ok mikinn ok þykkvan, ok gyrðr stóru ok hvössu sverði ok reið síðan til vígvallar ok hleypti hesti sínum, öllum *ásjáöndum,[45] hversu hann kunni at ríða.

En Tristram herklæddiz nú í kóngsgarði góðum járnhosum, ok gullspora bundu á fætr honum tveir lendir menn. Síðan fór hann í örugga brynju, þykkva ok mikla. En kóngrinn, frændi hans, gyrði hann góðu sverði, er reynt var í mörgum orrustum. Þetta sverð gaf kóngrinn, faðir hans, honum ok fingrgull þat <er> vér gátum fyrr í sögunni; váru þeir tveir beztir gripir í kóngsríki. Síðan settu þeir á höfuð honum skíran hjálm ok bjartan, þann er beztan mátti finna. Síðan hengdu þeir á öxl honum öruggan sköldinn, járnbundinn ok gullmerktan, ok leiða fram einn rauðan hest, allan vel brynjaðan. Ok steig Tristram á bak honum ok tók þá leyfi af kóngi ok öllum vinum sínum. Allir váru hræddir um Tristram, ok báðu honum allir miskunnar við guð ok signa hann[46] guði allsvaldanda, at hann frelsi hann ór þeim vanda. Því

levolence. If Morhold wishes to take children away, it will never come to pass with our consent."

Morhold, however, maintained that he had a right to take them.

"With your own words," answered Tristram, "you show that you are not entitled to have any tribute here, for we will resist with force until compelled by force to desist. That which you want to take by force we will defend by force and not give in until forced to do so. May victory be to him with the better cause! Then we will make him realize that it is the truth which all the Irish had judged to be wrong."

After Tristram had said this, Morhold got up, his face red; he was large in stature and strong limbed, the strongest of men, and he responded in a loud voice from his thick throat: "I understand," he said, "what you have said in your foolishness, that you do not want to pay me the tribute and surrender it graciously, but rather withhold it from me with force. However, I am not prepared for a full-scale battle, for I took only a small band of men with me. When I landed in Cornwall I didn't think that I would be needing it, nor that you would decline to pay me the tribute, violate your oath, and refuse me. Since I have so few men with me and am not prepared for a full-scale battle, one of you should face me alone, in order to prove that you do not have to pay me the tribute. Should I fail in this, then you will be justly and honorably free. Now, if someone has the courage to fight on your behalf, then let him accept my glove."

Close by was Tristram, courageous and honorable and bold in speech. He sprang up, approached Morhold, and said: "I am the one who will fight you for our right not to pay tribute. We have never violated an oath to you. This I will defend and prove to you personally. Get your weapons quickly now, for I am getting my weapons right now to prove this true."

Chapter 28

Then they affirmed their pledge to meet in single combat. Morhold went to the shore, armed himself for battle, and clad in a sturdy coat of mail mounted a large horse. Morhold hung from his shoulder a twenty-pound shield, huge and hard and thick. He girded himself with a large, sharp sword and then headed to the field of battle, galloping on his horse so that all could see how well he was able to ride.

Tristram armed himself in the king's castle, putting on leg armor while two vassals bound golden spurs to his feet. After that he donned a sturdy coat of mail, large and thick. His uncle, the king, girded him with a fine sword that had been tested in many a battle. This sword had been given the king by his father, along with that ring which we heard mentioned earlier in this story. These were the two finest treasures in the kingdom. Then they placed upon his head a bright, shining helmet, the best that could be found. After that they hung upon his shoulder a sturdy shield, bound with iron and decorated in gold. They led out a chestnut-colored horse all covered with chain mail, and Tristram mounted up, taking leave of the king and of all his friends. Everyone feared for Tristram, asking for God's

næst skundaði hann á fund óvinar síns at verja frelsi alls Englands fyrir sendimanni Írlandskóngs.

Morhold var mikill vexti, sem sagt er. Hann hræddiz engan mann né riddara í heiminum. Hann var bróðir Írlands dróttningar, er skattgjald krefr henni til eignar. Kóngr sendi hann því til Englands. Hann vissi hans afli enskis manns afl mega standaz. En nú er at því komit, er þat verðr reynt.

Því næst helt hann skildinum fyrir sik til hlífðar ok lét síga merki sitt til lags ok laust hestinn með sporum ok stefndi at Tristram. En þegar sneri Tristram skildinum fyrir sik ok helt spjóti sínu til lags. Ok er þeir mættuz, lagði hvárr til annars í skjölduna með mikilli ok harðri atreið, svá <at> sundr brustu spjótsköpt beggja þeira. En skildirnir váru svá harðir, at ekki biluðu. Því næst brugðu þeir sverðum ok hjugguz stórum höggum, svá at eldar flugu ór hjálmum þeira, sverðum ok brynjum. Tristram var vápndjarfr í bardögum, en Morhold var þungr ok mikill ok reyndr í miklum ok hörðum orrustum. Sem hlífarnar biluðu, sótti hvárr þeira at öðrum at gera skaða. Hjálmarnir bognuðu fyrir sverðunum, brynjurnar biluðu, skildirnir klofnuðu, völlrinn klæddiz af járni ok stáli ok gylldum búnaði skjalda ok hjálma. Hvárki Írir né borgarmenn þóttuz sjá, hvárr betr berðiz eða hvárr sigrvænn væri. Tristram reiddiz þá mjök ok reiðir sverðit ok hjó ofan í höfuðit, í milli skjaldarins ok hjálmsins, ok í sundr fetilinn ok hjálmbarðit ok fjórðung af skildinum, með glóanda gulli ok gimsteinum, ok brynjuna af armlegg hans ok svá mikit af holdinu sem sverðit tók ok í sundr söðulbogann ok betr en spönn ofan í bak hestsins. Ok þetta högg hefði betr náð honum, hefði sverðit verit lengra. En Morhold hjó til Tristrams, þar sem hann sá hann beran—því hann helt skildinum fjarri sér—ok kom sverðit á bringuna vinstra megin, ok falsiðiz brynjan fyrir högginu, ok varð hann mjök sárr þar, sem sverðit tók, ok lá þá nærri, at hann mundi hafa drepit hann.

Ok þá mælti Morhold til hans: "Nú sýniz þat," kvað hann, "at þú fylgir röngu. Betra væri, at skattrinn gyldiz," kvað hann, "en þú værir svá skemmdr ok svívirðr, því öll eru banasár, er sverð mitt gerir, þvíat þat er eitrat báðum eggjum. Aldri mun sá læknir koma sem græðir þetta sár, nema systir mín. Hún ein kann allra grasa náttúru ok þeira krapt ok alls konar lækningar, er sár megu græða. Gef þik upp vápnsóttan ok sigraðan ok yfirkominn, ok skal ek sakir ástsemdar þinnar fylgja þér til dróttningar ok láta hana græða sár þín. Síðan skulum vit vera jafnan félagar ok allt mitt fé í þínu valdi, þvíat aldri fann ek þann riddara er ek má svá lofa sem þik."

Þá svarar Tristram: "Sakir engrar þeirar þjónustu, er þú býðr mér, skal ek láta dáð mína ok drengskap. Miklu heldr vil ek deyja í einvígi en með svívirðing tapa sæmd minni. Aldri skal ek gera svá illa sakir einskis sárs, er ek þykkjumz enn kenna. Guð er almáttugr mér at hjálpa ok frelsi várt fyrir þér at verja með sinni

mercy on his behalf and for the blessing of God Almighty to deliver him from this peril. Then he rode off quickly to meet his enemy and defend the freedom of all England against the envoy of the Irish king.

As has been told, Morhold was of huge stature and feared no man and no knight in the world. He was the brother of the Queen of Ireland and demanded tribute on her behalf. For that reason the king sent him to England, knowing that no man there could withstand his might. But now the time had come when that would be tested.

Morhold held his shield in front of him for protection, lowered his lance for the attack, struck his horse with his spurs, and charged at Tristram. Immediately Tristram brought his shield in front of him and readied his lance for the charge. As they approached one another each thrust at the other's shield in a great, furious charge, so that both lances shattered. The shields, however, were so strong, that they remained undamaged. Then they drew their swords and delivered great blows, causing sparks to fly from their helmets, swords, and coats of mail. Tristram was courageous in battle, but Morhold was huge and powerful and seasoned in many, hard battles. As their armor became damaged, each attempted to injure the other. The helmets were dented by the swords, coats of mail were damaged, shields were split; the field became covered with iron and steel and gilded decorations of shields and helmets. Neither the Irish nor the inhabitants of the city thought they could discern which of the two fought better or who would be victorious. Then Tristram became very angry, raised his sword and swung down on Morhold's head, right between the shield and the helmet, cutting off the shield strap, the rim of the helmet, and a quarter of the shield gleaming with gold and gemstones. The blow cut the chain-mail from his arm and as much flesh as the blade reached, cutting away the pommel and a hand span down into the back of the horse. And this blow would have done even more damage if the sword had been longer. When he saw an opening, Morhold swung at Tristram, who was holding his shield too far from himself, and the sword struck him on the left side of his chest. The coat of mail couldn't withstand the blow, and the sword injured him badly. Just a little bit more and Morhold would have killed him.

Then Morhold spoke to him: "Now it is clear," he said, "that you are pursuing an unjust cause. It would have been better to pay the tribute," he added, "than to be shamed and disgraced, for all the wounds that my sword delivered are fatal, since both edges have been poisoned. Never will that doctor be found who is able to heal such a wound except my sister. She alone knows the properties and powers of all the herbs and all kinds of treatments capable of healing wounds. Surrender now, attacked, defeated and vanquished, and out of affection for you I will accompany you to the queen and have her heal your wounds. After that, we two will always be companions and all my property will be at your disposal, for I have never found a knight whom I can praise as highly as you."

Then Tristram answered: "I will surrender neither my valor nor my courage because of any service that you offer me. I would much rather die in single combat than to lose my honor in disgrace. Never will I do such a thing because of any wound, as I think I can still demonstrate. God is all-powerful to help me and to

miskunn. Ek vænti, at ek skuli vera mín enn hefnandi. Högg fyrir högg skal ek þér gjalda, svá at England skal jafnan í friði vera fyrir þér. Þú ert nú fagnandi, en at kveldi ert þú ekki *lifandi."[47]

Allir váru hryggvir ok í illu skapi, karlar ok konur, er þeir sá hans hest alblóðgan, ok báðu guð, at hann skyldi frelsa hann frá píslum ok háska. Tristram heyrði orð þeira ok fann hann þá, at Morhold sótti at honum, ok reiddi hann þá sverðit af miklu afli ok hjó ofan í hjálminn. Járnit falsaðiz, en stálit bilaði, en brynjuhattrinn varð at engu gagni, en rakaði hárit ok skeggit af honum, en festi sverðit í hausnum ok heilanum, ok kipti hann at sér sverðinu—þvíat hann vildi hafa þat búit, ef hann þyrfti—ok dró at sér sverðit með öllu afli. Þá stóð eptir af sverðinu svá mikit í hausnum sem tekit hafði. En Morhold steyptiz dauðr af hestinum.

Ok mælti þá Tristram til hans: "Ef Ísodd dróttning kann eitrlækningar ok megi mér ekki aðrir duga, þá skal hún aldri mega þér duga eða græða, hvat sem verðr af mínu sári, því ljótara er þitt sár ok leiðinligra."

Síðan bauð hann sendimönnum at flytja lík hans til Írlands ok segja, at aldri skulu þeir taka annan skatt af Englandi, hvárki gull né silfr, nema þessa fórn. Þá tóku Írir lík hans ok báru með miklum harmi ofan til strandar í landtjald hans ok tóku af honum herklæði ok báru hann síðan á skip út ok drógu upp strengi sína ok akkeri ok sigldu í haf út ok heim til Írlands ok segja þar þau tíðindi, er alla Íra váru síðan hryggjandi.

Kapituli 29

Nú ríðr Tristram heim í kóngsgarð. Ok tóku þeir af honum öll herklæði ok sendu eptir öllum læknum, er beztir váru í því kóngsríki, því sárit var eitrat. Ok drakk hann þá af tréhakli ok alls konar grasadrykk, ok létu leggja við plástr at draga eitrit út.

Nú er Tristram í miklu angri, en kóngrinn ok hirðin í miklum hryggleik ok landsfólkit, því allir óttuðuz, at hann mundi deyja. Sár hans sortnuðu ok tóku enga græðslu, hvárki grasa né drykkjar. Þá bjuggu þeir honum fagran klefa ok létu dýrum pellum tjalda, at hann mætti þar hógliga liggja.

Nú hafa Írir látit í vildustu höfn Dyflinnarborgar ok tóku lík Morholds ok lögðu á skjöld hans ok báru um stræti. Ok var þar mikill grátr allrar alþýðu af falli Morholds, bróður þeirar fríðu dróttningar Ísoddar.

Ok mæltu þá allir borgarmenn: "Ósynju var sá skattr heimtr."

Þá tóku sendimenn líkit ok báru upp til kastalans. Ok hlupu þá lendir menn í móti at sjá þann hinn dauða riddara.

Þá töluðu sendimenn til kóngs hárri röddu ok djarfligum orðum: "Markis kóngr yfir Englandi sendi yðr þau orð, at hann á at réttu engan skatt yðr at gjalda, annan en þenna hinn dauða riddara. En ef þú vill optar krefja ok sendimann þangat gera,

defend our freedom against you with his mercy. I expect that I will be able to take my revenge, paying you back blow for blow, so that England will always be safe from you. You are rejoicing now, but by evening you will no longer be gloating."

Everyone, men and women, was sad and heavy-hearted when they saw Tristram's horse covered with blood, and they implored God to save him from pain and peril. Tristram heard their words and then saw that Morhold was attacking. He swung his sword with all his might and struck down on Morhold's helmet. The iron split, the steel buckled, and the chain-mail under the helmet was of no avail. The sword shaved off his hair and beard and lodged itself in his skull and in his brain. Tristram pulled the sword toward him, for he wanted to have it ready if needed, jerking it with all his strength. As much of the sword as had penetrated the skull remained behind, and Morhold tumbled down dead from his horse.

Then Tristram said to him: "Even if Queen Ísodd understands how to treat poisoned wounds and no one else can cure me, then she will never be able to help or heal you, whatever becomes of my wound, for your injury is uglier and more hideous."

After that he asked Morhold's companions to take his corpse back to Ireland and say that they should never take any other kind of tribute from England, neither gold nor silver, except this offering. Then the Irish lifted his body and carried it with great sorrow down to his tent on the shore. They removed his armor and bore him out to the ship, drew up the lines and the anchor and sailed out to sea and home to Ireland. There they related what had happened, after which all the Irish were deeply saddened.

Chapter 29

Tristram then rode home to the king's castle. They removed all his armor and sent for all of the best doctors in the kingdom, since the wound had been poisoned. He drank theriac and all sorts of herbal drinks, and they applied plasters to draw out the poison.

Tristram was greatly distressed, as were the king, his court, and people of the kingdom, for everyone feared that he would perish. His wounds turned black, and no medicines were effective, neither herbs nor potions. They prepared for him a beautiful room draped with precious velvet so that he could lie there in comfort.

Meanwhile the Irish landed in the renowned harbor of Dublin, taking Morhold's body, laying it on his shield, and carrying it through the street. There was great wailing among the people due to the death of Morhold, the brother of their beautiful Queen Ísodd.

All the townspeople said: "To no avail was that tribute demanded."

Then the emissaries took the corpse and carried it up to the castle, where the vassals ran toward them, in order to look upon the dead knight.

The emissaries then spoke to the king in a clear voice and with bold words: "King Markis of England sends you this message, that he is not legally bound to pay any other tribute to you except this dead knight. If you wish to make another

þá skal hann dauðan þér senda. Einn ungr maðr í því landi, systurson kóngs, djarfr ok vaskr, steig yfir vaskleik Morholds ok upp gaf oss hann dauðan með hryggleik. Hann er nýkominn til kóngs hirðar. Engi *mun⁴⁸ finnaz um vaskari."

Sem kóngrinn leit Morhold dauðan, þá andvarpaði hann af öllu hjarta mjök illa. Ok hófz þá hryggleikr með allri hirðinni.

Því næst fréttir þessi tíðindi hin fríða Ísodd. Ok gekk hún ór herbergi sínu í höllina. Ok er hún leit frænda sinn dauðan, þá fell hún í óvit á líkit ok grét mjök dauða hans, bölvandi Englandi ok Englands skatti ok Morholds ógæfu. Því næst bölvaði hún þeim, er drap hann, ok öllu því landi, er skattinn skyldi greiða. Þá sá þeir þann hluta sverðsins, er brotnat hafði ok eptir stóð í hausnum. Síðan tóku þeir eina töng ok drógu út með ok fengu svá Ísodd. Lét hún þegar þvá af heilann ok blóðit ok lagði í kistil sinn, at þat skyldi vera til áminningar harms öllum, þvíat með því var hann drepinn. Því næst huldu þeir lík hans sem sæmiligast.

Kapituli 30

Nú er at ræða um Tristram. Hann lætr nú sár sitt bindaz ok græða. Ok finnr hann engan þann lækni, er hann kunni at græða, í því landi. Þá var honum svá mikit angr at því sári, at hann vildi heldr vera dauðr en lifa með svá miklu meinlæti. Aldri fær hann ró né svefn, þvíat eitr var fest í beini hans ok holdi. Ok leiðiz þá svá mjök öllum frændum ok vinum yfir honum at sitja fyrir sakir dauns þess, sem af honum var.

Þá mælti Tristram til kóngs: "Herra," kvað hann, "ek bið yðr sakir ástsemda, huggið nokkut hit harmfulla líf ok gerið nokkut ráð fyrir mér ok minni vesöld. Engi vill nú minna frænda né vina til mín koma né mik sjá eða mik hugga. Ok því vil ek héðan braut fara, hvar sem guð lætr mik niðr koma með sinni háleitri miskunn eptir minni þurft."

Sem Tristam hafði lokit ræðu sinni ok kært fyrir kóngi sín vandkvæði, þá segir kóngr: "Þat er mikil heimska, minn kæri frændi, er þú vill drepa þik sjálfr. Sá atburðr má verða á einum degi, er ekki kann geraz á tólf mánuðum, svá at þér geriz hjálp á einni lítilli stundu. En með því at þú vill í braut fara, þá skal ek búa þér skip með öllu því, sem þú þarft með þér hafa."

Tristram þakkaði kóngi. En kóngrinn ok allir aðrir kunnu illa hans brautferð.

Nú var því næst skip Tristrams búit með gnógum vistum ok því, sem hann þurfti at hafa. Ok fylgðu honum þá allir til skips ok hörmuðu brautferð hans. Ok sigldu nú braut í haf út. Báðu nú allir fyrir honum, sem eptir váru, at guð skyldi gæta hans ok miskunna honum.

Nú rak þá svá lengi í hafi fyrir vindi ok straumi, at þeir vissu ekki, hvar þeir fóru. En um síðir komu þeir at Írlandi. Ok var þeim þegar sagt, hvar þeir væri niðr

demand and send an emissary there, then he will send him back to you dead. A young man in that country, bold and valiant, the king's nephew, surpassed Morhold in bravery and, to our dismay, returned him to us dead. He has recently joined the king's court, and there is no one to be found who is braver."

As the king beheld the dead Morhold he sighed deeply from the bottom of his heart, and grief swept through the entire court.

Soon the beautiful Ísodd learned of this news, and she left her chamber and went to the hall. When she beheld her dead brother, she fell unconscious onto the corpse. She bewailed his death, cursed England, the English tribute, and Morhold's misfortune. Then she cursed the one who had killed him, as well as the entire country that was supposed to pay the tribute. They saw too the part of the sword that had broken off and remained embedded in his skull. They removed it with pincers and gave it to Ísodd. She immediately had it cleaned of brains and blood and placed it in a chest, so that it might serve as a reminder to all of their sorrow, for that is what had caused his death. After that they wrapped his body in shrouds, as was most appropriate.

Chapter 30

Now there is this to tell of Tristram. His wound was bound and treated, but he could not find any doctor in that country who knew how to heal him. The wound caused him such great distress that he would have preferred death to living in so much pain. Never could he rest or sleep, for the poison had established itself in his flesh and his bones. Because of the stench emanating from him, his relatives and friends were reluctant to be near him.

Then Tristram spoke to the king: "Lord," he said, "for friendship's sake I beg you to consider the sad life that I lead and counsel me in my misery. Neither my friends nor my relatives want to visit me or see me or comfort me. I want to go away from here to wherever God leads me in His sublime mercy according to my need."

After Tristram had spoken and lamented his troubles, the king replied: "My dear nephew, it is a terrible foolishness to want to kill yourself. An event may take place in one day that hadn't happened in twelve months, and so you might be helped in a very short time. But since you wish to leave, I will prepare for you a ship with everything that you need to take with you."

Tristram thanked the king, who along with everyone else was most distressed at his departure.

Immediately the ship for Tristram was supplied with sufficient provisions and other things that he needed to have. Everyone lamented his departure and accompanied him to the ship. He sailed out to sea and all those who stayed behind prayed that God might protect him and show him mercy.

Storms and currents at sea drove them about for such a long time that they no longer knew where they were headed, but finally they did arrive in Ireland. When

komnir. Ok var nú Tristram óttafullr um hans þarkomu, at kóngr ok hans óvinir yrði varir, hverr hann var, ok kallaði sik því at nafni Trantris.

Nú hefir hann í frammi strengleika sína, kurteisi ok hæversku, sem hann er til færr. Fara nú af honum snöggt tíðindi um fríðleik hans ok mikla kunnáttu. Sem Ísönd kóngsdóttir, hin fríða ok kurteisa, spyrr þessi tíðindi af honum, þá girniz hún mjök at sjá hann ok nokkut af hans margfræði ok biðr nú föður sinn ok móður, at Trantris skyldi þangat fara, Nú hefir jungfrú Ísönd svá mikla lyst at biðja föður sinn ok Ísodd dróttningu móður sína, at þau skuli koma sér undir kynningar hans, þvíat hún vill fyrst nema hörpuslátt ok at rita bréf ok dikta.

Nú kom hann í herbergi dróttningar. Ok mátti ekki inni þola sakir dauns, er stóð af sári hans. Ok þótti þat dróttningu hörmuligt ok mælti til hans: "Ek skal gjarna hjálpa þér sakir Ísöndar dóttur minnar, at þú kennir henni svá vel sem þú kant bezt með gæzku ok góðlyndi, hvat er þú kant ok henni líkar at nema, ef hún skal hjálpa honum."

Síðan mælti hún við eina mey: "Bú mér skjótt eitrlækningar."

Hún lét leggja við plástr allan þann dag, ok kom hann skjótt ór sárinu dauninum. Ok um náttina eptir þá tók dróttning til höndum sínum ok þó sárit ór lækningargrösum ok batt þá við undarliga plástra, svá at á lítilli stundu kom hún ór sullum ok eitrinu. Í öllum heiminum var engi sá læknir, er svá kunni alls konar kunnáttu til lækningar, þvíat hún kunni at hjálpa hvers kyns sóttum ok sárum, er menn kunna fá. Henni var kunnugt um allra þeira grasa krapt, er til nokkurs góðs eru nýt. Hún kunni allar vélar ok öll hjálpræði, er til horfðu lækningar kunnáttu. Hún kunni ok at hjálpa við eitruðum drykk ok græðing gefa eitruðum sárum ok háskaflögri ok alls konar sullum ok verk ór öllum limum at draga, svá at hvergi fannz henni hagari né at lækningum betri meistari.

Sem hún hafði opnat sárit ok af komit öllu dauðu holdi ok út dregit gersamliga eitrit, þá sýndiz allt hit kvika holdit betra. Þá batt hún við sinsingarplástr ok græðingarsmyrsl svá iðuliga ok kröptuliga, at innan fjórutigi daga var hann svá vel græddr sem hann hefði aldri sár fengit. Svá öflugr ok allr full gerr er hann orðinn, sem hann var áðr.

Þá kostaði Trantris með öllum hug at kenna Ísönd nætr ok daga hörpuslátt at slá ok alls konar strengleika, rita ok bréf at gera ok allra véla fróðleik. Ok er nú Ísönd af honum vel kunnandi. Ok um allt þat kóngsríki vex henni lofsæl frægð af margs konar fróðleik, er hún hafði numit af honum með gaumgæfi. Ok fagnaði nú móðir hennar, at hún hafði fengit af Trantris svá góða kunnáttu ok víðfræga vizku. Svá var ok föður hennar mikill fögnuðr, er hún hafði numit svá mikit á lítilli stundu, ok sendi hann eptir henni at slá sér hörpu til skemtanar ok öðrum höfðingjum. Þá sýndi hún ok vizku sína í margs konar spurningum ok órskurðum, er hún gerði fyrir hinum vitrustum mönnum. Var kónginum hinn mesti fögnuðr at henni nætr ok daga, þvíat hann átti ekki barn nema hana eina, ok var hún hans hin mesta huggun.

told where they had landed, Tristram feared that his arrival would alert the king and his other enemies to his identity, so he called himself by the name of Trantris.

Then he began to demonstrate his ability with the harp as well as the courtly behavior of which he was capable. Quickly, word of his good looks and great knowledge spread. When the beautiful and graceful Princess Ísönd learned about Trantris, she was very eager to see him and something of his varied talents, so she asked her father and mother to have him summoned. The maiden Ísönd was so clever that she asked her father and Ísodd her mother to put her under his tutelage, because she wanted to learn to play the harp first and then to write letters and compose poetry.

After he entered the chambers of the queen, no one could endure being inside because of the stench coming from his wound. The queen was distressed at this and said to him: "I will gladly help you for the sake of my daughter, so that you might teach her to the best of your ability, kindly and gently, what you know and what she wishes to learn—if indeed I can help you."

She then spoke to one of her attendants: "Prepare quickly for me remedies for poison."

All that day she had a compress applied, and it quickly drew the stench from the wound. That night the queen set about washing out the wound with medicinal herbs and binding it with a marvellous compress, so that after a short time she had removed the inflammation and the poison. There wasn't a doctor in the whole world who knew so many cures for sicknesses, for she could heal all kinds of wounds and diseases that could afflict people. She knew the power of all the herbs that were in any way beneficial. She knew all the methods and helpful information belonging to the practice of medicine. She knew how to aid those who had drunk poison and to cure inflamed wounds, dangerous fevers, and all kinds of boils, and to draw out aches and pains from all the limbs—so that no one could be found who was more skillful nor a more masterful healer.

After she had opened the wound, removed all the dead flesh, and completely drawn out the poison, then all the remaining flesh looked better. Then she applied compresses of sinsing and healing ointments continuously and so vigorously, that within forty days he was healed as if he had never been wounded. He recovered completely and became as strong as ever.

Then, night and day, Trantris undertook with all his energy to teach Ísönd to play the harp and other stringed instruments, to write and compose letters, and to acquire all kinds of information. Ísönd learned a great deal from him, and throughout the kingdom her fame and renown grew because of the wide ranging knowledge that she had learned by paying attention to him. Her mother was delighted that she had received from Trantris such useful knowledge and widely acclaimed wisdom. Joyful too was her father over her having learned so much in a short time, and he would send for her to play the harp for him and the other noblemen. She also displayed her wisdom in the many questions and answers that she exchanged with the wisest of men. Night and day she was the greatest delight to the king, for he had no other children but her, and she was the greatest comfort to him.

Kapituli 31

Sem Tristram kendi sik græddan ok fullkominn at heilsu ok fengit hold ok allt sitt afl ok fríðleik, þá íhugaði hann marga vega, hversu hann mætti ór Írlandi komaz, þvíat hann þorði nú ekki þar lengr at vera. Hann hræddiz, at hann mundi þar verða kendr, hvaðan hann væri, ok því gekk hann æ sem hræddr, at nokkurr mætti honum, sá er hann þekkti með einhverjum atburð.

Ok festi hann þá ráð sitt ok íhugandi. Ok kom hann þá á öðrum degi til dróttningar ok settiz á kné fyrir henni ok mælti fögrum ok ástsamligum orðum til hennar: "Þakkir geri ek yðr, mín virðuga frú, guðs ok allra heilagra, fyrir þitt lítilláta starf ok góðvilja virðuligrar þjónustu ok tignarligrar hæversku, er þú græddir sár mitt ok huggaðir hugsóttarharm minn ok helduð mik virðuliga. Ek em yðr hollr ok heimull í þjónustu, ok alls konar em ek skyldugr yðr virðing at veita með fullkominni vináttu ok óbrigðulli ástsemd. Nú vil ek heim fara með yðru leyfi ok vitja vina minna ok frænda. En ek em yðr, meðan ek má lifa, reiðubúinn. Frændr mínir ok vinir vitu ekki, hvar ek em niðr kominn eða hvárt ek em lífs eða dauðr, því þá er ek fór á braut, þá hugða ek, at ek skylda niðr koma á Spaníalandi, þvíat ek vilda nema stjörnulist ok fróðleik ókunnugra hluta. En nú vil ek vitja vina minna ok hugga harma þeira. Látið búa skip mitt, ok vil ek nú braut fara með yðru leyfi. Guð þakki yðr ok ömbuni alla yðra góða gerninga, er þér hafið mér gert mildiliga ok miskunnsamliga, svá mjök sem ek var þurfandi."

Þá segir dróttning: "Vinr minn," segir hún, "skip þitt er þegar búit, er þú vill. En svá ferr oss um útlenzkan mann at fóstra. Nú fyrirlætr þú oss, er oss líkar bezt at hafa þik, sakir vina þinna ok virðir enskis starf várt, en vér höfum mikit til þín lagt. En með því þú vill oss ekki lengr þjóna, þá viljum vér ekki halda þér nauðgum. Þú skalt hafa albúit skip þitt, þegar þú vill fara, í guðs lofi ok váru, þangat sem þér líkar. Nú gef ek þér í viðskilnað várn til skotpennings mörk af brendu gulli."

Tristram tók við gullinu ok þakkaði henni margfaldliga miskunn, mildleik, ríkar gjafir ok gnógan góðleik. En ef dróttning mætti ráða honum, þá vildi hún heldr, at hann væri, en svá skjótt færi.

Nú tekr Tristram hörpu sína ok gekk til skips skemtandi sér, ok var þá albúit skip hans með öllum þeim hlutum, er hann þurfti at hafa. Því næst gekk Tristram á skip, fekk byr ok sigldi í haf.

Kapituli 32

Svá gekk Tristram vel af Írlandi, at hann lendi þar, sem hann vildi, á Bretlandi í höfn undir kastala kóngsins. En þeir, er váru fyrir, kendu þegar skip Tristrams ok hlupu þegar á bát ok spyrja, hvar Tristram var, ok fundu hann heilan ok kátan ok heilsuðu honum ok blíðliga fögnuðu—ok gekk hann af skipi—ok leiddu til hans einn mikinn ok stóran hest. Steig hann á hest þann ok reið svá heim til kastalans,

Chapter 31

When Tristram felt himself to be healed and fully recovered, having regained his weight and all his strength and fine appearance, he considered different ways of leaving Ireland, since he didn't dare to remain there any longer. Fearing that people might find out where he was from, he was constantly afraid that he might meet someone who recognized him by chance.

So he carefully devised a plan and went the next day to the queen and knelt before her, speaking eloquently and affectionately to her: "In the name of God and all the saints I give thanks to you, my gracious lady, for deigning to help and show the kindness of gracious service and noble courtesy, when you healed my wound, comforted my anxiety, and treated me venerably. I will be loyal to you and my service is at your disposal. I am most deeply indebted to give you total friendship and steadfast affection. Now, with your permission, I wish to travel home to visit my friends and kinsmen, but as long as I live I will be at your service. My friends and relatives do not know where I have landed or whether I am alive or dead, for when I sailed away I had intended to land in Spain, where I wanted to study astronomy and learn about things unknown to me. But now I wish to visit my friends and relieve their sorrow. Have my ship outfitted so that I will depart with your blessing. May God thank you and reward all of the good deeds, as many as I had need of, that you performed with goodness and grace."

The queen responded: "My friend," she said, "your ship will be made ready whenever you wish. This is what comes of aiding a foreigner; now you will leave us for the sake of your friends just when we wish to have you most, underestimating the efforts that we have expended on your behalf. But since you no longer wish to serve us, we will not keep you here against your will. Your ship will be fully outfitted, whenever you wish to depart, with God's leave and ours, to the destination of your choice. And now, at our parting, I give you for sustenance a mark of pure gold."

Tristram accepted the gold and thanked her for her manifold kindness, compassion, valuable gifts, and abundant goodness. But if the queen had had anything to say about the matter, she would have preferred that he not be so quick to depart.

Then Tristram took his harp and entertained himself as he went to the ship, which was completely outfitted with everything that he needed to have. Tristram immediately boarded the ship, caught a fair wind, and sailed out to sea.

Chapter 32

Tristram's voyage from Ireland went well and he landed where he had intended, in Cornwall in the harbor below the king's castle. Those who were outside immediately recognized Tristram's ship, ran aboard and asked where Tristram was. They found him safe and sound, greeted him, and gave him a warm welcome. He disembarked, and they brought him a big, strong horse. He mounted the horse and rode

ok hlupu þá móti þeim þjónustumenn kóngs, ok fögnuðu honum yngri menn ok ellri ok glödduz af miklum fögnuði, sem hann væri af dauða aptr kominn.

Sem kóngr fekk tíðindi, þá stóð hann þegar upp ok gekk í móti honum ok heilsaði blíðliga ok mintiz við hann. Ok er kóngr hafði sett hann niðr hjá sér, sagði Tristram kóngi um ferðir sínar, hvar hann hefði verit ok hverr hann hefði græddan. Tristram segir honum, at á Írlandi hefði honum verit hjálpat, ok segir hann, at hann fann list ok lygi sér til hjálpar ok at sjálf dróttningin græddi hann með tignarligum hætti ok kröptugum lækningum. Öll kóngs hirð, er þetta heyrði, undraði þessi tíðindi, þvíat þat hugðu allir, er hann var svá vanfærr ok illa staddr, er hann braut fór, at hann mundi síðan aldri aptr koma né þeira vitja. Sumir segja, at hann mundi kunna undarliga kunnáttu ok vélar, er hann komz í braut frá slíkum óvinum. En þat segja sumir, at hann kynni um snúa manna lunderni. Segja þeir hann mundu hefna sín á öllum þeim, er í sótt hans höfnuðu honum.

Jarlar ok riddarar, lendir menn ok hinir ríkustu menn, er í váru Bretlandi, hrædduz þá Tristram fyrir vizku hans ok listir ok at hann mundi verða kóngr eptir móðurbróður sinn, ok mun þá vilja hefna sín ok gera þá mikla mótstöðu þeim, er svívirðiliga höfnuðu honum ok sjúkleik hans ok vesöld. Gerðu þeir þá í leynd ráðagerð sína á móti Tristram, þvíat þeir óttuðuz ok öfunduðu góðleik hans, vit ok gæfu. Því næst létu þeir í ljósi þat, er þeir höfðu ráðit, at kónginum hæfði þá at kvángaz ok efna sér til arfa, hvárt sem guð vildi karlmann eða kvendi, er réði ríki hans ok mætti taka eptir hans dag. Ok söfnuðuz þeir þá allir saman fyrir kónginn ok birtu honum ráðagerð sína, sýndu honum þá ok sönnuðu, er hann kvángaðiz <ekki> í fyrra laga þeiri *konu,⁴⁹ er hann megi arfa við eiga ok hans ríki megi eptir hans dauða stjórna, "þá er hræðiligt, at ófriðr geriz ok sá einhverr til höfðingja hefiz, er með röngu kalliz til þessa ríkis." Ok fyrir því létu þeir þat fylgja, at þeir vilja engum kosti lengr þjóna kóngi, nema honum líki þetta ráð þeira.

Þá segir kóngr: "Þakkir geri ek yðrum góðvilja, er þér vilið sæmd mína ok forsjón hafa til minnar tignar, at ek fá mér konu ok ek eiga arfa þann, er ríki mitt hafi eptir mína daga. Veit ek, at þér meguð óhræddir vera við ófriði—gott er um öruggt at búa. Nú með því at þetta er mér til sæmdar, þá vil ek gjarna yðrum ráðum hlýða. Ok finnið mér þá, sem minn jafningi sé at ætt, hyggni ok hæversku, *fríðleik⁵⁰ ok kurteisi, kvensku ok tignum meðferðum, at ek *kvángumz⁵¹ ekki ór ætt minni. Þá geri ek þat gjarna, er þér biðið. Þér eruð mínir menn handgengnir, ok sómir ekki, <at> neitt ráð móti mér gangi."

"Gef oss þá, herra," segja þeir, "at íhuga ok eindaga oss stefnudag þessa máls, ok skulum vér leita yðr þessa ráðs, er vildaz er, svá at vér skulum ekki fá þar af ófrægð, heldr þökk af yðr ok fullkominn góðvilja. Svá ok með því þú leggr þessa ráðagerð undir oss ok vára forsjá, þá skulum vér gera svá ráð fyrir yðr sem þér vilið sjálfr óska."

Þá mælti kóngr: "Þat vil ek gjarna, at svá sé. Ek set yðr fjórutigi daga frest. Sýnið mér þá ráðagerð yðra. Ok ef mér þekkiz, þá skal ek gjarna fylgja, ef at góðu ráði verðr."

to the castle. Many of the king's servants came running up, and young men and old welcomed him with joy so great as if he had returned from the dead.

As soon as the king heard the news he sprang to his feet and went to him, greeting him warmly and embracing him. When the king had seated him next to himself, Tristram told the king about his travels, where he had been and who had healed him. He related that he had been aided in Ireland, that he had used craftiness and cunning to his advantage, and that the queen herself had healed him under honorable conditions with potent medicines. When the king's men heard this, they were amazed at the news, because everyone had thought he was so weak and disabled when he had sailed away that he would never return or even see them again. Some said that he must possess extraordinary knowledge and cunning, in order to escape from enemies like that. Some even maintained that he had the ability to change men's minds.

Knights and earls, vassals and the most powerful men in Cornwall came to fear Tristram because of his wisdom and cunning and because he might succeed his uncle as king. They thought that he might stongly oppose them and take revenge on those who had shamelessly deserted him in his sickness and misery. In secret they plotted against Tristram, for they feared and resented his goodness, intelligence, and good fortune. Afterward they made their decision known that it was incumbent upon the king to marry and produce a male or female heir, as God willed, who could succeed him and rule his kingdom. They all gathered before the king and made known to him their counsel, making it clear to him beyond a shadow of a doubt that if he didn't marry in the near future a woman with whom he could produce an heir and who might rule the kingdom after his death, "then it is to be feared that war could break out and someone become a leader who unjustly laid claim to this kingdom." And for that reason, they added, they would no longer serve the king unless he accepted their advice.

Then the king spoke: "I thank you for your good will and concern for my honor now and in the future by advising me to take a wife and produce an heir who could take over the kingdom after I am gone. I realize that you don't have to be apprehensive about a conflict—it is a good thing to ensure security. And since this is honorable for me, I will gladly follow your counsel. Find for me someone who is my equal—in lineage, intelligence and good manners—with refinement and good looks, chastity and dignified conduct, so that I do not marry beneath my station. In that case I would gladly do what you ask. You are my sworn vassals, and it is not fitting that any counsel should go against my wishes."

"Allow us then, sire," they said, "to deliberate and to set a definite date for this matter, and we will find for you the most suitable match, so that we will have no shame but rather your thanks and total good will. Because you are leaving this decision to us and to our discretion we will make a choice for you that you yourself would wish for."

Then the king replied: "That is the way that I would like for it to be. I will allow you forty days. Then reveal your advice to me, and if I approve, I will gladly follow it, provided that it will result in a good marriage"

Kapituli 33

Nú sem stefnudagr kom, þá komu þeir allir til kóngs, þvíat þeir vilja falsa Tristram, þvíat sjaldan lætr maðr þann frið hafa, er honum er alhugat um at hata. Þeir vilja nú, at kóngr kvángiz þeiri konu, er hann megi arfa við geta. En kóngr vill at engum kosti nokkurrar konu fá nema þeirar, at jöfn sé at ætt við hann ok hyggin sé ok hæversk at öllum siðum sínum ok kunnáttu, fræg ok lofsæl. Ok með þessum hætti vill hann við sjá ráðum þeira einum, at hann vill ekki aðra eiga en fyrr var sagt.

"Herra kóngr," kvað einn þeira, "á þessum degi gerðuð þér oss stefnu at nefna yðr þá konu til eignar, er yðr sómir með skynsemd ok sæmd at hafa til kóngligrar dróttningar ok yðr sé ekki minni ættum ok sem þér hafið oss beðit at kjósa yðr. En þér hafið opt heyrt, at Írakóngr á dóttur fríða—ok svá náttúrlig gæfa gefin, at hana skortir ekki góðleik ok skörugleik, sem kvennmanna hæversku sómir at hafa. Þessi er hin frægasta ok hin fríðasta, hin hyggnasta ok hin kurteisasta allra kvenna at öllum atgerðum, er nú vitu menn í öllum kristnum löndum. Ok er yðr ekki ókunnug ætt hennar, at hún er dóttir kóngs ok dróttningar. Nú ef þér vilið ekki þessarar meyjar fá, þá finnz oss sem þér vilið enga konu hafa ok enga arfa eiga til yðvars ríkis. En Tristram systursyni yðrum er þetta kunnugt ok þar váttr til, at vér höfum kosit yðr þá, er vér vitum vildasta, þvíat meira eru góðleikar hennar frásögu kunnáttu várrar."

Þá þagði kóngr um stund, ok hugleiddi hann andsvör ok mælti: "Ef svá væri," kvað hann, "at ek vilda þessa hafa, með hverjum hætti skylda ek at henni komaz, þar sem faðir hennar ok allt hans lið hatar mik ok allt mitt fólk, svá at hvern lifanda, sem í þessu landi er, vilja þeir drepa? Ek hræðumz, ef ek sendi menn mína, at hann láti svívirða þá ok drepa ok neiti mér dóttur sína, en þat verðr mér háð ok spott ok háðulig hafnan. Ok segja þat óvinir mínir, at ógn hans kúgar oss at biðja dóttur hans."

"Herra," kvað einn lendr maðr hans, "þat kann optliga falla, at kóngar ófriðaz í ýmsum kóngdómum í löngu angri ok margs konar skaða í manndrápum, síðan bæta reiði sína ok hatr ok snúa fjandskap í frið ok angrsemi í ástsemd sakir dætra sinna ok systra, ok virðuligustu vináttu af getningum ættanna. Nú ef vér mættim gera þetta samband ok hjúskap með friði ok fögnuði, þá má svá vel at beraz, at þér megið öllu Írlandi ráða, því jungfrú Ísönd er einberni Írakóngs."

Þá segir kóngr: "Ef þetta mætti með sæmdum verða, fremjaz ok fullgeraz, þá vil ek enga aðra eiga en hana, þvíat Tristram hefir mjök lofat hæversku hennar ok vizku ok allar atgerðir, sem kvennmanni sómir. Nú hugsið um, hversu vér skulum at henni komaz, því aldri skal ek aðra fá, ef ek mætta <ekki> henni ná."

Þá segir jarl einn: "Herra," segir hann, "engi í veröldu getr sótt hana útan Tristram frændi yðvarr. Hann kennir kónginn ok meyna, ok hann er vingaðr vel við dróttninginna. Hann kann ok írsku, ok honum er kunnugt allt Írland. Ef hann vill

Chapter 33

When the appointed day arrived, they all went before the king, in order to bring down Tristram, for people seldom leave a man in peace whom they are intent upon hating. The vassals wanted the king to marry a woman with whom he could produce an heir. But by no means did the king want just any woman, but rather one who was of equally high lineage, intelligent, courtly in her conduct, learned, and widely known and esteemed. For this reason he wanted to know their choice, for he didn't want anyone not matching this description.

"Lord King," one of them said, "you appointed this day for us to name for you that woman to marry who would logically and honorably befit you by becoming the royal consort, of no less noble lineage than you and with the qualities that you have asked us to look for. You have often heard that the King of Ireland has a beautiful daughter, so endowed with natural good fortune that she lacks neither the goodness nor the generosity that is fitting for well-mannered women to possess. In all respects she is the most famous, most beautiful, most intelligent, and most refined of all women known to men in all of the Christian lands. Her lineage is not unknown to you, for she is the daughter of a king and a queen. Now if you do not wish to marry this maiden, then it would seem to us as if you did not wish to have a wife or produce an heir for your kingdom. But Tristram, your nephew, is aware of it and is witness to the fact that we have chosen the most fitting woman, for more is said about her good qualities than we are able to describe."

The king remained silent for a while and considered his response before he spoke: "Even if I wanted this to come to pass," he said, "in what way could I approach her, since her father and all his followers hate me and all my people so much that they want to kill every living soul in this country. If I should send my men there, I fear that he would have them put to shame and killed and would deny me his daughter. That would be a disgraceful rejection, bringing me derision and ridicule. Then my enemies would say that overwhelming fear of him forced us to ask for the hand of his daughter."

"Lord," said one of his vassals, "it often happens that kings in various countries have been at war, bringing grief and manifold sorrows and loss of life. Afterward their wrath and hatred subside, and their conflict turns into peace, and hatred into love for the sake of their daughters and sisters, and into the most honorable friendship for the sake of the offspring of their families. If we might effect this union and marriage with peace and joy, then it could well come to pass that you might rule over all of Ireland, since the maiden Ísönd is the only child of the Irish king."

Then the king replied: "If this could be furthered and effected honorably, then I would not want to marry anyone but her, since Tristram has greatly praised her refinement and wisdom and all the qualities befitting a woman. Now consider how we could win her, for I will never wed another if I cannot have her."

An earl spoke up: "Lord," he said, "no one in the world could bring her back except your kinsman, Tristram. He knows both the king and the maiden, and he is a close friend of the queen. He also speaks Irish and is familiar with all of Ireland.

alhuga á leggja, þá getr hann at vísu sótt hana með vél, stuldi eða ráni—eða kóngrinn
sé hana giptandi."

Kapituli 34

Nú hefir Tristram skilit ræðu þeira, at þeir hafa fengit talit fyrir kóngi með áeggjan
sinni, at hann verðr nú at vísu kvángaz ok hann vill engrar annarrar fá en Ísöndar.
Fannz honum ok svá, at frændi hans á engan arfa, er ríki hans megi ráða eptir hans
dag. Ok hugsar hann nú með sér, ef hann synjar ferðarinnar, geri hann þeim
grunsemi, ok hyggja, <at> hann vili ekki annan arfa en sik.

Ok fann hann nú öll brögð þeira, vélar ok undirhyggju. Ok svarar hann þá
skynsamliga með hógværi: "Herra kóngr," kvað hann, "verið vel skiljandi um þessa
ferð, er þér hafið mik til nefndan. Kunnigt er mér Írland ok írska manna siðir.
Kunnugr er mér kóngr ok allir hans hinir vildustu menn, dróttning ok jungfrú Ísönd.
En ek drap bróður hennar, ok ef ek ferr þangat at biðja meyjarinnar ok <kóngr>
verða víss, hverr ek em, þá lætr hann mik aldri lífs aptr koma. En at ek fá ekki
óvináttu af yðr eða öðrum ok at ek vilda, at frændi minn fengi lögligan arfa, þá skal
ek gjarnsamliga fara at frama frænda míns frægð ok gera slíkt sem guð vill lofa
mér eptir fremsta mætti ok allri kunnáttu. Ek skal at vísu fara til Írlands þessa
sendiför at fullgera. Ef ek má ekki Ísönd ná, þá kem ek <ekki> aptr."

Því næst bjó hann ferð sína ok kaus með af kóngs liði tuttugu þá, sem hann
vissi fræknasta ok fríðasta ok vaskasta af öllu kóngs hirðliði, með hinu<m> beztum
vápnum ok góðum hestum, ok fara svá til skips albúnir með gnógum vistum ok
góðum drykk ok miklum fjárhlutum ok hlóðu af góðu hveiti, flúr ok hunangi, víni
ok öllum hinum vildustum drykkjum, er menn megu hafa sér til þarfa.

Nú er skip þeira skipat, ok sigla nú til óvina sinna í sendiferð. Ok veit hann
ekki, hvárt hann skal biðja meyjarinnar eða með nokkurri list koma henni á skip ok
sigla braut með hana. En ef hann biðr hennar, þá má þat vera, at honum sé þegar
synjat. En at ræna hana frá svá ríkum föður ok frændum, getr hann ekki sét, hversu
þat má verða, ok talaði þetta fyrir félögum sínum, ok kunni engi þeira honum svör
at veita eða órskurð gera. Kærðu þeir sína sendiferð ok váru hryggir ok bölvuðu
kóngs ráðgjöfum, er slíkt váru þeim ætlandi.

Nú siglir Tristram um Írlandshaf ok var nú angráðr ok áhyggjufullr. Íhugar
hann nú, at þat muni þeim heldr hlýða, ef hann mætti koma Ísönd með sér á skip ok
hlaupa á braut með hana, þvíat hann hefir nú ráðit, at þeir skyldi kallaz kaupmenn
ok lengi dveljaz at fá góð órræði at íhuga, hversu hann megi helzt með góðri list at
henni komaz ok leyniligast.

Nú hafa þeir siglt svá nætr ok daga, þar til þeir köstuðu akkeri fyrir Dyflinisborg,
ok skutu báti sínum ok sendu tvá riddara sína at fá leyfi af kóngi, frið ok frelsi til

If he wishes to set his mind to it, then he will certainly bring her back with cunning, stealth, or theft—if the king doesn't willingly give her in marriage!"

Chapter 34

Now Tristram understood their intention when they had spoken with the king, urging him to marry soon and convincing him that he didn't want anyone else but Ísönd. In addition, he knew that his uncle was without a direct heir to succeed to the throne. He realized too that if he should refuse to undertake the trip, then they would become suspicious and think that he didn't want there to be any other heir except himself.

Now he understood all their tricks, cunning and deceit, and he responded sensibly and calmly: "Lord king," he said, "be well aware about the journey for which you have appointed me. I am familiar with Ireland and with the customs of the Irish. I know the king and all of his best men, the queen and Princess Ísönd, but I slew the queen's brother. If I go there to ask for the hand of the maiden and the king should find out who I am, he will never allow me to return alive. However, in order not to incur the displeasure of you or of others, and because I wish my uncle to have a rightful heir, I will gladly journey to spread my uncle's fame and do all that God will allow to the best of my strength and the utmost of my ability. I will most certainly travel to Ireland to carry out this mission. If I am unable to win Ísönd, then I will never return."

Soon afterward he prepared for his trip and chose from among the king's men twenty whom he knew to be the most courageous, brave, and impressive of all the king's guard, along with good horses and the best weapons. Supplied with sufficient food, good drink, and money enough, they loaded the ship with good wheat, flour, and honey, with wine and all sorts of the finest drink that men could possibly have need of.

With the ship manned they sailed on the mission to their enemies. Tristram wasn't sure whether he should ask for the hand of the maiden or lure her onto the ship and sail away with her. On the one hand, if he should ask for her hand, it could be that the offer would immediately be refused. On the other hand, he couldn't see how he could abduct her from such a powerful father and family. He discussed this with his companions, and none of them could give him an answer or another solution. They complained about their mission. They were fearful and cursed the king's advisors for putting them in that situation.

As Tristram sailed over the Irish Sea, he was anxious and very much concerned. He came to the conclusion that they would have a better chance of success, if he could lure Ísönd onto his ship and sail off with her. He decided that they should call themselves merchants and spend a good deal of time gathering information to plan how he might best escape with her skillfully and secretly.

They had sailed night and day until they cast anchor in Dublin's harbor. They lowered their boat and sent two knights to obtain permission from the king to sell

sölu síns varnings. Sem riddarar komu til kóngs, þá kvöddu þeir hann fögrum orðum, þvíat þeir váru vanir öllum hæverskum siðum.

Kapituli 35

Sem þeir höfðu nú heilsat kónginum, þá mæltu þeir: "Vit erum kaupmenn ok förum landa á meðal með varning várn at afla oss fjár, en ekki kunnum vér at starfa með öðru móti. Ok hlóðum vér skip várt á Bretlandi ok ætluðum oss til *Flandrs.[52] Ok er vér komum í haf, þá kom stormr í móti, ok rak oss svá lengi með miklu válki, at vér komum hér til hafnar. Ok spurðum vér nú, at hörð <eru> vistakaup á Írlandi, ok því fórum vér hingat með þunga várn. Nú ef vér fáum leyfi af yðr, ef vér seljum í friði vín várt ok vistir, þá viljum vér inn leggja skipi váru í höfn ok verja varningi várum. En ef þér vilið ekki þat, þá viljum vér sigla til annarra landa."

Þá svarar kóngr: "Leyfi gef ek yðr, *frið[53] ok frelsi at kaupa hér þat, er yðr líkar. Ekki skal yðr sakir gefa né rangt gera. Þér skuluð hafa hinn bezta fagnað ok frelsi braut at fara, þá er þér vilið."

Sem þeir höfðu leyfi þegit af kóngi, þá þökkuðu þeir honum, fóru til skips ok lögðu til hafnar, festu ok *tjölduðu,[54] mötuðuz ok drukku ok léku alls konar töflum, meðan sá dagr endiz, ok var engum kaupum keypt, nema skemtu sér með mikilli kæti ok hæverskum riddurum við ræðu hirðligra siða.

En um morguninn þegar þeir vöknuðu, heyrðu þeir upp hefjaz á strætunum óp ok ill læti karla ok kvenna. Ok sjá þeir því næst, at fólkit undan flýði ofan at sjónum at hjálpaz af hryggleik ok hræðslu eins ógnarligs dreka, er þar var í því kóngsríki ok hvern dag vandiz at koma í borgina ok gerði mikinn mannskaða, at hann drap alla þá, er hann mátti ná, með eldi þeim, er hann skaut ór sér. Engi var sá í öllu því kóngsríki svá hraustr ok djarfr, at þyrði at bíða hans. Allir riddarar ok borgarmenn flýðu, er heyrðu ferð hans, ofan á ströndina at hjálpa sér. Kóngrinn hafði látit blása um all ríki sitt, at ef nokkurr væri svá traustr riddari, at dræpi drekann, sá skyldi eignaz dóttur hans ok hálft ríki hans með allri sæmd, sér ok sínum örfum. Ok þat hafði kóngr enn svá ritat ok með staðfesti tekit, öllum sínum ríkismönnum *áheyröndum.[55] Ok höfðu þá margir við leitat, er drekinn hafði drepit, svá at engi fannz svá djarfr né traustr, at hans þyrði at bíða né eptir á veg hans verða. Þeir, er hraustastir váru, hljópu þegar at gæta sín.

Sem Tristram sá nú þá svá hlaupandi, þá spurði hann Íra, hvat þeim væri eða hví þeir hlaupa svá. Ok þá segja þeir honum, hvat títt var, bæði um drekann ok hvat kóngr hefir skilt þeim, er dræpi drekann. Ok varð hann þá allvíss, hvar drekinn bjó um nætr ok um hvern tíma hann vandiz at vitja borgarinnar. Ok beið hann þá til kvelds, svá at hann segir engum manni sína ætlan. Ok mælti hann þá við stýrimann, at hann láti taka hest hans, söðul ok öll herklæði sín. Ok er daga tók, herklæðiz hann öllum herklæðum sínum.

their goods openly and in peace. When the knights came to the king they spoke to him in courtly fashion, for they were well accustomed to polite manners.

Chapter 35

After greeting the king the visitors said to him: "We are merchants and travel with our goods from country to country, in order to earn money, for this is the only kind of work we know how to do. We loaded our ship in Brittany and intended to sail to Flanders, but when we got out to sea a storm came up and drove us for such a long time with great tossing about until we came to this harbor. We just heard that provisions are difficult to come by in Ireland, and for that reason we travel here laden with goods. If we could receive your permission to sell in peace our wine and provisions, then we will bring up our ship in the harbor and offer our goods for sale. But if you do not wish it to be, then we will sail to other countries.

Thereupon the king answered: "I grant you permission to sell here openly and in peace what you wish. No one will make charges against you or do you wrong. You will be well received and have permission to leave whenever you wish."

After receiving permission from the king, they thanked him and returned to their ship, sailed up in the harbor, moored the ship, and erected their tents. As long as there was daylight they ate and drank and played various games, but they transacted no business, rather amusing themselves most cheerfully with courtly conversation among well-mannered knights.

When they awoke in the morning, they heard a great cry and the screaming of men and women arise from the streets. Next they saw that people were fleeing down to the sea to save themselves from the fear and oppression of a terrible dragon there in the kingdom. Each day it came into the city and caused great loss of life, killing everyone it could reach with the fire that it breathed out. In the whole of that kingdom there was no one valiant and bold enough to dare confront it. When they heard it coming, all the knights and citizens fled down to the shore to save themselves. The king had trumpeted the proclamation throughout his entire kingdom that if there were a knight strong enough to kill the dragon, he should have his daughter and half his kingdom with the highest honor for him and his heirs. And the king had even put it in writing and confirmed it with an oath in front of all the noblemen. Many men had tried, but the dragon had killed them all, so that there was no one left who was bold and strong enough to dare confront it or stand in its way. Even the most valiant immediately ran away to hide.

When Tristram saw the people running, he asked the Irishmen what was wrong and why they were fleeing. They told him both about the dragon and what the king had stipulated for the one who slew the dragon. Tristram found out for certain, where the dragon lived at night and at what time it usually attacked the city. He told the captain to take aside his horse, his saddle, and all his armor, and in the gray of morning he girded himself in full armor.

Kapituli 36

Drekinn helt siðvenju sinni at vitja borgarinnar í dögun. Sem Tristram varði minnst, þá heyrði hann ópit ok hljóp þegar á hest sinn, svá at engi hans félaga varð varr við hann nema skjaldsveinn hans. Laust Tristram þá hest sinn með sporum ok skundaði sem mest upp á bergit, þar sem drekinn var um nætr. Sem hann reið svá, þá mætti honum mikill fjöldi riddara, er flýðu undan drekanum, á skjótum hestum ok allir herklæddir, ok æptu þegar á hann ok báðu hann snúa aptr sem skjótast, at ekki dræpi drekinn hann, er fullr var af eitri ok eldi. Ok vildi hann engum kosti aptr hverfa sakir þeira orða, því hann vill þá reyna vaskleik sinn. Leit hann þá fram fyrir sik ok sá drekann, sem kom skríðandi, ok bar hátt hans höfuð, ok skaut út augunum ok tungunni ok blés alla vega frá sér eitri ok eldi, svá at hvatvetna kvikt, sem fyrir honum varð, drap hann ok sleit af eldi.

Þegar drekinn sá Tristram, þá öskraði hann ok ýfðiz allr. En hann þegar dirfðiz öllum hug at reyna hreysti sína ok laust hestinn sporum ok helt fyrir sik skildinum ok lagði spjótinu framan í munn honum með svá ógnarligu afli ok heipt, at allar tennr drekans, þær er fyrir urðu kesjunni, flugu fjarri ór haus honum, ok stóð járnit þegar í gegnum hjarta hans ok út um kviðinn, svá at Tristram fal hlut skaptsins í búk hans ok hálsi. En eldrinn, er drekinn fleygði ór sér, drap ok deyddi hestinn. En Tristram hljóp þá af baki fimliga ok brá sverðinu ok sótti at drekanum ok hjó hann í sundr í miðju.

Sem drekinn lá dauðr, þá gekk hann at höfði honum ok skar tungu ór hausnum ok stakk í hosu sína ok gekk aptr á leið, því hann vildi ekki at menn sæi hann. Þá sá hann eitt vatn, er þar stóð í dalnum hjá skógi nokkurum, ok gekk þegar þangat. Sem hann var náliga at kominn vatninu, þá hitnaði tungan í hosunni, ok laust reyknum af tungunni í anda hans, ok eitraði þá allan hans líkama, ok tók þegar málit frá honum, ok fekk þegar óvit ok sortnaði allr, bleikr ok þrútinn, ok lá hann svá búinn hörmuliga ok magnlauss af eitrinu, svá at hann mátti ekki á fætr komaz ok ekki hjálpaz, nema hann njóti annarra manna miskunnar.

Kapituli 37

Kóngrinn átti einn ræðismann. Sá var hinn mesti metnaðarmaðr, írskr at ætt, illgjarn ok, undirhyggjusamr, prettvíss ok lygimaðr ok falsari. Þessi léz unna Ísönd kóngsdóttur ok herklæddiz hvern dag á móti drekanum sakir ástarþokka hennar. En þeim sinnum, er hann sá drekann, þá hleypti hann hestinum sem skjótast undan, svá huglauss ok hræddr, þó honum væri í þann tíma allt Írlands gull boðit, þorði hann ekki at sjá á bak sér aptr á móti augum drekans.

Sem Tristram reið í móti drekanum, þá var þessi ræðismaðr ásjáandi, allr herklæddr, með brugðit sverð í hendi, en þorði þó hvergi nærri at koma—svá at honum væri nokkurra meina ván—fyrr en hann sá at drekinn mundi dauðr. En sem hann sá hvergi Tristram, en þar lá sverð hans ok skjöldr, en hestrinn dauðr, þá

Chapter 36

The dragon kept to its habit of attacking the city at daybreak. When Tristram least expected it, he heard a scream and ran immediately to his horse so that none of his companions noticed him except his page. Tristram spurred on his horse and raced up the mountain where the dragon spent the night. On the way he encountered a large band of knights in full armor who were fleeing from the dragon on swift horses. They called out to him and implored him to turn back immediately before the dragon, full of poison and fire, killed him. But there was no way that he would turn back because of their words, for he wanted to prove his bravery. Straight ahead of him he saw the dragon crawling with its head erect, eyes bulging and tongue sticking out, spewing poison and fire in all directions, so that every living thing in its path was consumed by the fire and killed.

When the dragon saw Tristram, it roared and puffed itself up, but Tristram had committed himself to proving his prowess. He dug his spurs into his horse, held the shield in front of him, and thrust his lance into the dragon's mouth with such a terrible force and fury that all the dragon's teeth hit by the lance flew far from its head. The iron immediately pierced its heart and came out its belly, so that part of the shaft remained hidden in the neck and body, but the fire that streamed out of the dragon killed the horse. Tristram, however, had nimbly dismounted; he then drew his sword and attacked the dragon, cutting it apart in the middle.

When the dragon lay dead, he went to its head, cut off the tongue, stuck it in his leg covering and started back, because he didn't want people to catch sight of him. Then he saw a lake in the valley next to a forest, and he immediately headed over there. As he neared the lake, the tongue in his leg covering became very hot, and he breathed in the smoke from the tongue. It poisoned his whole body and robbed him of his speech. Immediately he lost consciousness and his body turned black and blue and swollen. He lay in this pitiful condition, powerless because of the poison, unable to stand or help himself except with the aid of other men's mercy.

Chapter 37

The king had a steward. He was an arrogant man, born in Ireland, who was wily, wicked and cunning, a deceiver and a liar. This man had announced that he loved Princess Ísönd and every day had armed himself to go up against the dragon because of his love for her. But every time he saw the dragon, he rode away as fast as possible, so faint-hearted and afraid that even if all the gold in Ireland had been offered to him at that moment, he wouldn't have dared to look back into the eyes of the dragon.

This steward had been watching as Tristram, his sword drawn, rode against the dragon, but he didn't dare to go any closer—where something unpleasant could happen to him—before he saw that the dragon was dead. And when he didn't see Tristram, but saw his sword and his shield and his horse dead, then he thought that

ætlaði hann, at drekinn hefði bæði drepit hestinn ok svelgt Tristram. Ok tók hann
þá sverðit, er þar lá blóðugt, ok hjó höfuðit af drekanum með sínu sverði, at þat
skyldi verða honum til sæmdar, at hann hefði at sönnu drepit drekann.

Ok kom hann þá hleypandi hesti sínum ok æpti hárri röddu um borgina ok
mælti: "Ek drap drekann! Ek drap drekann! Nú hefi ek, kóngr, *frjálsat[56] ríki þitt
ok hefnt manna þinna ok skaða þíns. Gjald mér þegar ömbun mína, sem er Ísönd
dóttur þína. Þat er at sönnu formáli minn, nema mik blekki einörð þín."

Kóngr svaraði, *er[57] hann heyrði, hvat hann léz hafa gert ok hvat hann vildi:
"Ek skal í kveld safna ráðgjöfum mínum ok segja þér á morgun árla ok halda þat
allt, er ek hefi fyrir skilit."

Sem þessi tíðindi spyrjaz, at kóngs dóttir var upp gefin, ok komu menn því
næst í herbergi hennar, sem hún hefir sannfregnat þetta, þá hræðiz hún ok hryggiz,
því hún hatar engan helvítis fjánda meir en þenna ræðismann, er léz unna henni.

Því mátti hún ekki unna honum, þó hún þægi allt heims ríki í tilgjöf, ok mælir
hún þá til móður sinnar: "Aldri játa ek því," kvað hún, "er faðir minn ætlar at gipta
mik þeim vánda manni. Aldri ætlar guð mér svá illt, <at> ek eiga hann. Fyrr skal
ek með knífi mér fyrirfara en ek koma í vald þess svikara ok dáðlausa manns.
Hvaðan skyldi honum koma dáð ok dugr, hreysti ok riddaraskapr, er jafnan hefir
verit hræddr ok huglauss á meðal dugandis drengja? Hví mundi hann drepa þenna
ógnarliga orm, þar sem hverr maðr veit þat þessa lands, at hann er hrópaðr af
ragskap ok aldri vel reyndr? Aldri má ek því trúa, <at> hann hafi drepit orminn, ok
ekki, at hann mætti sjá á bak sér at honum kvikum, heldr *lýstr[58] hann upp lygi
þessari, at hann vill svá komaz at mér. Móðir," kvað hún, "göngum nú út ok sjáum
drekann ok skyggnumz um, hverr hann mun drepit hafa ok hvenær hann hafi dáit,
því einhverr af þessu fólki mun kunna at segja hér nokkut af."

Þá sagði dróttningin: "Gjarna, dóttir, sem þér líkar."

Bjugguz þær þá at ganga ór kastalanum um leynidyr nokkurar, þær er horfðu
til eplagarðsins, gengu síðan um þann mjóva stíg, er lá frá garðinum ok út á völluna,
ok fundu þá drekann liggja þar dauðan ok hestinn fyrir honum á sandinum, en
hesturinn allr sviðinn ok þrútinn, svá <at> þat váru hin mestu undr.

"Þat veit várr herra," kvað hún, "aldri átti ræðismaðr þenna hest. Sá riddari, er
þenna hest átti, hefir orminn drepit, hvar sem hann er nú niðr kominn."

Því næst sjá þær skjöldinn, gylldan hinu skærasta gulli ok á dregin *leóns[59]
líkneskja.

Kapituli 38

"Þat veit mín trú, móðir," kvað Ísönd, "aldri bar ræðismaðr þenna skjöld, því þessi
er nýliga gerr ok gylldr svá innan sem útan. Eigi er hann eptir siðvenju þessa lands.
Sá hefir hefnt harma várra á orminum. En várr illi ræðismaðr heimtir ömbun djarfliga
annars tilverka. Mun hann myrt hafa þann trausta riddara."

the dragon had killed the horse and devoured Tristram. So he took the sword, which was lying there all bloody, and hacked off the head of the dragon with his own sword, so that he could claim the honor of having dispatched the dragon.

Then he rode back at a gallop and proclaimed in a loud voice throughout the city: "I killed the dragon! I killed the dragon! Now I have saved your realm, O, king, avenging your subjects and the damage done. Now give to me my reward, which is your daughter Ísönd. That is, in fact, my stipulated reward, or do I impose on your fairness?"

After hearing what the steward claimed he had done and what he wanted, the king replied: "This evening I will call together my counselors and give you a response early tomorrow. Everything that I have promised I will keep."

As the news spread that the princess had been promised in marriage, people immediately came to call on her. When she learned what had transpired, she became troubled and afraid, for she hated no fiend from hell more than this steward who pretended to love her. For that reason she couldn't love him, even for all the wealth of the world as a bridal gift.

Then she spoke to her mother: "I will never consent to my father's intention to marry me off to that evil man," she said. "God would never intend such pain for me as to marry him. I would rather take a knife and kill myself than to fall into the clutches of this traitor and good-for-nothing man. Where do you suppose this valor and courage, prowess and knightly behavior came from—for someone who has always been afraid and faint of heart? How could he kill this terrible dragon, when everyone in the kingdom knows that he is infamous for his cowardice and totally unproven in battle? I could never believe that he has killed the dragon or even that he could turn around to look at it while it was still alive. He is spreading this lie, because he wanted to have me. Mother," she said, "let us go now to see the dragon and find out when it died and who might have killed it, for someone out there must be able to say something about this."

"Certainly, my daughter, as you wish," replied the queen.

They got ready and left the castle by a certain secret door that led to the orchard. After that they went along a narrow path from the orchard to the fields and found the dragon lying there dead and the horse lying in front of it in the sand. The horse was all burned and swollen, such that it was an astonishing sight.

"Our Lord knows," Ísönd said, "that the steward never owned this horse. The knight who owned this horse, wherever he went, killed the dragon."

Soon after that they saw the shield, gilded with the purest gold, and with the figure of a lion depicted on it.

Chapter 38

"By my faith, mother," said Ísönd, "this shield was never borne by the steward, because this one has been made recently, and it is gilded both inside and out, which is not the custom in this country. The owner of this shield has avenged our grief upon the dragon, while our evil steward brashly claims the reward for the deeds of another. He may well have murdered this brave knight!"

Síðan gengu þær lengra fram þar umhverfis, þar til <er> þær sá Tristram, þar sem hann lá. Ok er þær fundu hann, þá sá þær hann sortnaðan ok sollinn. Vissu þær þá, <at> hann var eitraðr, ok þótti þeim þat hörmuligt, ok grét dróttning hans háska ok tók hendi sinni á honum ok kendi, at hann var kvikr ok varmr. Ok tók hún þá ór pungi sínum þat er vér köllum eitrlyf, ok lét í munn honum millum tanna hans ok þar með tréhakl, ok hreinsaðiz jafnskjótt af öllum krapti eitrsins, ok seig þá ómáttr frá hjarta hans, ok lauk hann þá upp augum sínum ok munni ok mælti skilvísliga:

"Ó, dróttinn, guð minn," kvað hann, "aldri fyrr kenda ek mér jafn þungt. Hverjar eruð þér," kvað hann, "ok hvar em ek kominn?"

"Óttaz ekki. Ekki skal þik þessi sótt saka at guðs vilja. Þú skalt skjótt heill verða af þessum sjúkleika."

Fylgðarmenn dróttningar báru hann heim þaðan svá leyniliga, at engi varð þess víss né varr nema þeir. Sem þeir komu nú með hann í dróttningar herbergi, þá tóku þeir af honum herklæði hans ok fundu þá i höfn hans tungu drekans. Því næst bjó dróttning til lækningaplástr at draga eitrit ór honum, ok lagði hún til útan um líkama hans svá kröptugan plástr at draga eitrit ór honum, en innan líkam hans með máttugum heilsudrykkjum, svá <at> hann kendi allan sinn líkama huggaz. Engan hafði hann lækni annan en dróttninguna ok engan skjaldsvein útan Ísönd frú, er þjónaði honum lítillátliga. En hann optliga þakkaði þeim þeira margfalt starf ok góðleika, er honum gáfu hvíld ok líf frá því eitri, sem var í hans líkama.

Um morguninn árla kom ræðismaðr í kóngsgarð ok hafði í hendi sér höfuð drekans ok gekk fyrir kóng ok mælir hárri röddu: "Kóngr," kvað hann, "hlýðið orðum mínum. Þér létuð út blása ok lýsa fyrir allri alþýðu, at sá er dræpi orminn, skyldi fá dóttur yðra. Nú bið ek yðr, at þér haldið orð yðr við mik ok kónglig heit. Látið nú koma gjöf yðra ok giptið mér dóttur yðra. Hér meguð þér sjá höfuð drekans, er ek af hjó með mínu sverði."

Þá svarar kóngr: "At sönnu skulu haldaz orð mín." Því næst kallaði hann til sín tvá riddara ok mælti til þeira: "Gangið í herbergi dróttningar ok segið, <at> hún komi til mín ok mín hin fríða dóttir, jungfrú Ísönd."

Sem riddararnir komu þar, þá báru þeir fram kóngs erindi, eptir því sem þeim var boðit. Jungfrú Ísönd segir, at hún má engum kosti þar koma, því svá mjök verki sitt höfuð ok alla limu, at hún fái hvergi hvíld né svefn. Ok biðr hún kónginn sakir tignar sinnar, at hún sé kyrr þann dag ok hafi hvíld, því nú má hún með engum kosti þangat koma. Dróttning stóð þá upp ok gekk til kóngs með riddurunum, ok skutu þau þá með ráðgjöfum sínum, kóngr ok dróttning, þessu ráði á frest, ok skyldi eindaga ræðismanni stefnu.

Then they walked farther around the area until they saw Tristram lying there, and when they found him, they saw that he was black and swollen. They knew then that he had been poisoned and thought it distressing. The queen wept because of his dangerous situation, laid her hand on him and realized that he was alive and warm. Then she took out of her pouch what we call "poison herb" and put it in his mouth between his teeth along with theriac, which immediately cleansed him of all the power of the poison. The unconsciousness fell from about his heart, and he opened his eyes and his mouth and spoke clearly:

"O, Lord, my God," he said, never before have I felt such lethargy. Where am I," he asked, "and who are you?"

"Don't be afraid. God willing, this sickness will not permanently injure you. You will soon recover from this illness."

The queen's attendants carried him back from there so secretly that no one else was aware or cognizant of it. After they had brought him to the queen's quarters, they removed his armor and found in his leg covering the tongue of the dragon. Immediately the queen prepared a medicinal ointment to draw out the poison from him, and she bound his body in a powerful poultice to remove the poison. She treated him internally with potent, medicinal drinks, so that he felt his whole body soothed. Except for the queen he had no other physician, and no other page except Ísönd, who attended to him graciously. He thanked them often for their manifold labor and kindness, for they gave him rest and saved him from the poison that was in his body.

Early in the morning the steward arrived at the king's palace carrying in his hand the head of the dragon. He went before the king, speaking in a loud voice: "O, King," he said, "hear my words. With great fanfare you announced in front of the entire population that he who killed the dragon should have your daughter. Now I ask you to keep your word with me and your royal promise. Have your reward brought forth and marry me to your daughter. Here you may see the head of the dragon, which I chopped off with my sword."

Then the king responded: "I will certainly keep my word." Thereupon he called two knights to him and spoke to them: "Go to the chambers of the queen and tell her that she and my beautiful daughter, Princess Ísönd, should come to me."

When the knights arrived, they announced the king's message, as they had been told. Princess Ísönd responded that she couldn't possibly come because her head and all her limbs ached so much that she could get neither rest nor sleep. She asked the king for the sake of her honor that she might have rest and repose that day, since there was no way that she could come. The queen then stood up and went with the knights to the king, and the king and queen, together with their advisors, postponed making the decision and set a date for the meeting with the steward.

Kapituli 39

Þessu næst sem ræðismaðr var eindagaðr, þá fóru lendir menn til sinna heimkynna. Nú leita félagar Tristrams hans hvervetna á völlum ok skógum, vegum ok mörkum ok kærðu hryggiliga harm sinn, at hann var horfinn þeim. Vitu þeir nú ekki, hvat þeir skuli at hafaz eða hverja ráðagerð þeim hæfir helzt at hafa, aptr hverfa eða þar vera, með því þeir vitu ekki, hvat af honum er orðit.

En hann er vel haldinn í dróttningar garði, ok dróttning *Ísodd[60] græðir hann, ok hefir hann nú fengit afl sitt ok heilsu.

Ok mælir þá dróttning til hans: "Vinr," kvað hún, "hverr ertu, eða hvaðan ertu, eða hversu draptu drekkan? Þú ert mjök líkr Trantris, er hér var fyrr frægstr. Þú munt vera hans skyldr frændi. Eða hverrar tignar ertu?"

Tristram segir dróttningu þat <er> honum lízt um ætterni beggja þeira: "Frú," kvað hann, "ek em ór *Flandr,[61] ok fór ek hingat kaupferð, ok lendum vér hér skipi váru at kóngs leyfi ok undir góðum fögnuði hans ok friði. Ok einn dag herklæddumz ek sem aðrir riddarar, ok reið ek at forvitnaz um þenna mikla orm, er ek hafða *fregit[62] at skaða gerði öllu landsfólki. Vilda ek þá reyna hreysti mína ok riddaraskap á þeim ógnarliga dreka. Bar þá svá at, sem guð vildi, at ek drap hann, ok tók ek tungu ór höfði honum, ok stakk ek henni í mína hosu, ok sveið ek þá af eitrinu ok þrútnaða allr, at ek hugðumz deyja mundu, ok gekk ek þá ofan til vatnsins. Í því fell ek svá í óvit, at ek vissa ekki, hverr til mín kom. Guð gefi, at ek þakka þeim, er þá hjálp veittu mér, ok vil ek jafnan vera þeim heimill með góðri þjónustu, þeiri er ek em kunnandi."

Þá mælti dróttning: "Vinr," kvað hún, "ek kom þá at þér, ok lét ek bera þik hingat leyniliga, ok dró ek ór þér eitrit, ok nú muntu verða heill. Ok ef þú launar oss vel várt starf, þá gerir þú sem einn hygginn ok hæverskr riddari ok kurteiss drengr. Ok viljum vér nú segja þér, vinr, hvat vér viljum í ömbun hafa. Ok ef þú ert drengr góðr, sem vér *ætlum[63] þik, þá muntu oss vel duga. Ræðismaðr várr segir kóngi, at hann hafi drepit drekann, ok vill hann hafa dóttur mína Ísönd í ömbun sína ok þar með hálfan kóngdóm várn ok ríki. Ok vill kóngrinn gipta honum hana. En hún vill aldri, því hann er heimskr ok þrútinn af metnaði, grimmr ok illgjarn, hverflyndr sem hórkona, er engum er trygg, svikull ok öfundsjúkr, hataðr ok huglauss mörgum öðrum löstum lýttr, sem engum dugandismanni sómir at hafa. Ok fyrir því vill jungfrú Ísönd aldri samþykkjaz honum, ok fyrr drepr hún sjálfa sik, því ekki berr því saman at vera, hæversku hennar ok margfaldligri illsku hans, þó at hann gæfi henni hvatvetna þat, sem eiganligt er í heimi öllum. En nú höfum vér sett honum stefnudag at fá hennar, nema vér getum þat sannat á hendr honum, at hann drap ekki drekann, ok veizt þú þat gerla, at hann var ekki bani ormsins. Nú ef þú vill taka fyrir þik at verja meyna ok ríkit allt fyrir honum, þá gerir þú oss mikla sæmd ok þjónustu ok verðugliga ástsemd, ok muntu frægjaz um allt várt ríki af vild ok vaskleik þínum, ok máttu svá þar at auki komaz at meyjunni ok miklu ríki, því kóngrinn verðr at gipta þér meyna með allri þeiri sæmd, er fyrr er skild."

Chapter 39

As soon as the meeting had been scheduled for the steward, the vassals returned to their homes. Meanwhile, Tristram's companions searched for him everywhere, in fields and forests, roads and woods. Full of sadness, they vented their grief at his disappearance. They had no idea what they should start to do or what plan would be best for them, whether to return home or remain there, since they didn't know what had become of him.

But Tristram was well taken care of in the queen's chambers, and Queen Ísodd healed him, so that his strength and health returned.

Then the queen said to him: "Friend," she asked, "who are you, where did you come from, and how did you slay the dragon? You look a lot like Trantris, who was very famous here. You must be closely related to him. And what rank do you hold?"

Tristram told the queen what seemed best to him about the lineage of each of them. "Dear lady," he continued, "I come from Flanders, and I sailed here as a merchant, and we landed our ship here with the permission of the king, peaceably and with a good welcome. One day I donned my armor, as did other knights, and rode out in search of the great dragon that I had heard about, which was causing great harm to all the people. I wished to prove my prowess and my knighthood against that terrible dragon. It came to pass as God wished, that I killed it and took the tongue from its head, putting it in my leg covering. But I was burned by the poison, and my body swelled up so that I thought that I was going to die. I walked down toward the water and then lost consciousness, so I don't know who found me. May God grant that I can thank those who aided me. I will always be at their service to the very best of my ability."

Then the queen spoke: "Friend," she said, "it was I who found you and had you carried here in secret. I drew the poison from your body, and now you will become well. And if you wish to reward us well for our work, then do it as an understanding and noble knight and as a courteous gentleman. Now we wish to tell you, friend, what we want in return, and if you are the good man we think you are, then you will serve us well. Our steward has told the king that he killed the dragon, and he wants to have as his reward my daughter Ísönd and half of our kingdom, our country. The king wishes to marry her to him, but she will never consent because he is a fool, bloated with pride, savage and wicked, as fickle as a whore and true to no one, deceitful and envious, despised and cowardly, and flawed by many other faults unbefitting a valiant man. For that reason Princess Ísönd will never agree to marry him. She would rather kill herself, because her courtliness and his manifold wickedness are incompatible, even if he gave her whatever valuable thing she wanted in the whole world. We have now established a date for him to marry her, unless we can prove that he did not kill the dragon. And you know for certain that he was not the slayer of the serpent. If you will take it upon yourself to defend the maiden and the entire kingdom against him, then you will do us a great honor and service and show us an admirable degree of affection. You will become famous throughout our entire kingdom because of your good will and your bravery,

Þá mælti Tristram: "Þat veit guð," segir hann, "sakir ástsemdar yðvarrar skal
ek gera hann ósannan at því, ok aldri drap hann drekann, ok aldri váru hans hendr
nærri, þegar ek drap hann. En ef hann vill berjaz þar um, þá vil ek verja jungfrú
Ísönd fyrir honum. Ok aldri skal hann hennar fá sakir þess <at> hann krefr hennar
með falsi, lygum ok hégóma. Ósynju gáfuð þér mér líf, *ef[64] ek synjaða ykkr at
*þjóna[65] ok stoða í svá opinberum þrautum ok sönnum nauðsynjum. Nú, mín frú,
ef yðr líkaði ok væri ekki á móti, þá vilda ek, at skjaldsveinn minn kæmi til mín,
þvíat ek vilda vita, hvat títt væri um félagskap várrar kaupferðar ok félaga mína.
Ek veit, at þeir eru hugsjúkir, er þeir vitu ekki, hvat af mér er orðit eða hvárt ek em
kvikr eða dauðr. Ek veit, <at> þeir hafa leitat mín ok rannsakat ok eru ekki vísir,
hvárt ek em lífs eða dauðr."

Þá svarar dróttning: "Gjarna vil ek þat, er þér sýniz."

Ok sendi hún þá einn svein sinn hinn kærasta at koma skósveini Tristrams til
hans, þvíat hann vill tala við hann um þurft sína ok félaga sinna ok hvernig honum
gangi.

Kapituli 40

Nú talar Tristram við skjaldsvein sinn ok segir honum, <at> hann skuli gera kunnugt
félögum hans allt, hvat títt var um hag sinn, síðan <er> hann fór frá þeim, ok
hversu hann er í miklu yndi ok sæmd dróttningar ok jungfrú Ísöndar. Þá gekk
skjaldsveinn ofan til strandar ok segir fyrst tíðindi stýrimanni þeira. Ok stýrimaðr
talaði fyrir riddurum, at Tristram drap drekann ok um formála þann, er gerr var um
meyna, kóngs dóttur, ok hálft ríki Írakóngs. Hugguðuz þeir nú allir ok dirfðuz
mikillar kæti, ok þótti þeim þá fullræði, er þeir vissu, <at> hann var lífs ok heill, ok
seldu þeir þá vín sitt ok þökkuðu mikilli vináttu öllum borgarmönnum—svá var
þeim þá mikill fögnuðr þeira tíðinda, er þeir fengu um Tristram—ok gerðu hin
beztu kaup víns ok vistar, hunangs, flúrs ok hveitis, ok fengu hvers manns vingan
ok þokka alls fjölmennis ok þægiligan fagnað.

Nú leggr Ísönd hug á at þjóna Tristram þægiliga, sem hún má bezt halda hann,
með alls kyns næringum, er líkaminn beiðiz til afls ok styrks, allt til þess at Írakóngr
stefndi til sín hirð sinni, höfðingjum ok lendum mönnum um allt ríki sitt, því hann
vill gipta dóttur sína ok halda orð sín við ræðismann.

Tristram sendi orð félögum sínum at koma til hirðar með lendum mönnum
kóngs. Ok þegar klædduz þeir guðvefjum, ok gervöll með einum lit, ok neðri klæði
með alls konar litum, ok undir hvít skinn með safal ok bezta blíat, með miklum
hagleik ger, svá þó at hverr þeira væri hinn tignarligasti kóngr mikils ríkis, þá
máttu þeir ekki vera betr búnir. Ok stigu þeir þá á hesta sína með sínum búnaði ok
gylldum söðlum ok riðu síðan, tveir ok tveir saman, í kóngsgarð ok stigu af hestum
sínum fyrir gráðum kóngs hallar. En hestar þeira váru feitir ok vel vandir í hörðum

and in addition you will have the maiden and a great kingdom, for the king will give the maiden to you with the utmost honor, as was previously stipulated."

Then Tristram replied: "God knows," he said, "that out of love for you I will prove him a liar, for he never slew the dragon and his hands were never even nearby when I killed it. But if he wants to fight about this, then I will protect Princess Ísönd from him. He will never have her, because he claims her with fraud, lies, and falsehood. You will have given me my life to no avail, if I refused to serve and support you in such obvious difficulty and genuine time of need. And now, dear lady, if you please and if you have no objections, I would like my page to come to me, for I wish to know about our trading expedition and about my comrades. I know that they are concerned about not knowing what has become of me and whether I am alive or dead. I am sure that they have searched for me and looked all over and aren't sure whether I am dead or alive."

Then the queen replied: "Of course I want that which you think best."

And so she sent her favorite page to bring back Tristram's page, for he wished to speak with him about his own needs and those of his comrades and about how he was faring.

Chapter 40

Then Tristram spoke with his page and told him to let his companions know everything about his current situation, from the time he rode off from them to how he was admired and honored by the queen and Princess Ísönd. The page went down to the shore and told the news to the captain right away, and the captain told the knights about Tristram killing the dragon and about the stipulation made concerning the king's daughter and half the realm of the Irish king. They were all relieved at this, taking heart and rejoicing; their situation seemed promising, for they knew that Tristram was alive and well. They sold their wine and thanked the townspeople in a most friendly fashion—so happy were they at the news that they had heard about Tristram—and offered the best prices on wine and foods, honey, flour and wheat, earning everyone's friendship, the good will of the populace, and a pleasant reception.

Meanwhile Ísönd was taking it upon herself to care for Tristram's well-being, preserving his health with all kinds of food that the body needs for strength and energy, until the king of the Irish convened his retinue, the nobles and vassals from his entire kingdom, for he wished to give his daughter in marriage and keep his word to his advisors.

Tristram sent word to his companions to come to the court with the vassals of the king. They immediately put on cloaks of velvet, all in one color, and underneath, clothing skillfully made of the finest material in all different colors and trimmed with sable and ermine. Each of them wouldn't have been better dressed if he were the most exalted king of a great empire. Attired in this fashion they climbed onto the golden saddles on their horses and rode off, two by two, to the royal palace and dismounted at the steps to the king's hall. Their horses were well fed

atreiðum, börðu fótum ok gneggjuðu, svá at heyraz mátti um allan kóngsgarð. Félagar Tristrams váru hinir fríðustu menn ok hinir vöskustu til vápns. Gengu þeir inn í höllina ok skipuðuz kurteisliga næst hinum helztum lendum mönnum á hinn hæsta pall, fríðir ok fagnandi. Þeira flokkr var ríkr, ok tignarligr var þeira búnaðr. Þá mæltu Írar sín í millum, at fagr væri flokkr þeira Flandrismanna ok mikillar tignar mundi vera flokkr þeira Flandrisriddara, ef slíkir væru kaupmenn landsins— "því ekki eru várir menn svá vaskligir sem þeir."

Kapituli 41

Því næst, sem allir sátu, var dróttning inn leidd sæmiliga í höllina ok svá tignarliga sem henni sómdi ok settiz niðr hjá kóngi, en Tristram, sem henni fylgði, næst hjá jungfrú Ísönd, fríðr ok vel eygðr ok tignarliga klæddr. Allir undruðu, er sá hann, hverr hann væri—því þeir vissu, at hann var ekki írskr—ok spurði hverr annan, ok kunni engi at segja, hverr hann væri.

En í þeim hinum mikla fjölda, er þar var af höfðingjum ok lendum mönnum, þá stóð upp ræðismaðr skyndiliga, ýfðiz ok rembdiz við ok mælti hárri röddu: "Kóngr," kvað hann, "hlýðið erindi váru í dag, er þér stefnduð mér hingat, ok sómir yðr at halda mér formála mínum, at sá, er drekann dræpi, skyldi eiga dóttur yðra ok hálft ríki yðvart. En ek em mikillar hreysti ok riddaraskapar. Fyrir miklum fjölda riddara þinna drap ek drekann, ok hjó ek af honum höfuðit í einu höggi með mínu sverði, ok meguð þér sjá nú, at ek hefi hingat fært höfuð hans. Nú því at ek drap hann, þá bið ek yðr, herra kóngr ok dróttning, at þér gefið mér meyna. En ef þér vilið ekki þeim formála halda, þá em ek búinn mitt mál at verja ok rétt minn at sækja, ef nokkur er sá, er fyrir vill halda eða verja, ok svá sem hirðin vill dæma ok vitrir menn kunna fyrir skilja."

"Þat veit trú mín," kvað jungfrú Ísönd, "gaurr ok gassi sá, er kaup ok leigu vill hafa fyrir starf sitt, honum sómir með öðru móti at at komaz, ella er hann aldri verðr at hafa ömbun. En sá riddari veit ekki, hvat hann gerir, er sér kennir annars atgerð ok hreysti annars dregr á sik. All-oflitla mótstöðu fekkz þú af drekanum til þess at komaz at mér ok miklu ríki fyrir alls ekki. En mik varir, at þú þurfir meira til mín at vinna ok svá mikils ríkis en sýna höfuð af drekanum, því þat er lítit starf at bera þat hingat í kóngsgarð. Margir mundu löngu fyrri hafa hingat borit höfuð ormsins, ef þeir mætti svá léttliga ok með litlu starfi at mér komaz sem þér fell, þá <er> þú hjóz höfuð af drekanum. En ef guð vill, þá skaltu mik ekki fá með svá lítilli tilgjöf."

Þá svarar ræðismaðr: "Jungfrú Ísönd," kvað hann, "hvat viltu mér svá gagnstæðligt, sem þú mælir stríðliga við mik? Lát nú kónginn svara fyrst, er betri svör mun gefa oss ok skynsamligra mun svara. Hann mun at vísu gera minn vilja, bæði um þik ok ríki sitt, svá sem sæmiligast berr. En þú gerir ekki eptir því sem þér

and well seasoned in tournaments; they stamped the ground with their hooves and neighed, so that they could be heard throughout the royal residence. Tristram's companions were the most handsome of men and the bravest in battle. They entered the hall and in courtly fashion took their places with gracious greetings beside the foremost vassals on the highest bench. They were a mighty company of men and outfitted splendidly. The Irish said among themselves that this group of men from Flanders was a handsome sight, and a group of knights from Flanders must be glorious indeed, if these were the merchants of that country, "because our men are not as gallant as these."

Chapter 41

After everyone was seated, the queen was ceremoniously led in as befitted her and seated beside the king. She was followed by Tristram, handsome, with fine eyes, and splendidly attired, who sat next to Princess Ísönd. All who saw him wondered who he might be, for they knew he was not Irish, and no one was able to say who he was.

Among the large assemblage of nobles and vassals the steward hurriedly sprang up, irritated and strutting around, and speaking in a loud voice. "King," he said, "remember our business today for which you summoned me here. It beseems you to honor the stipulation that you made to me, that he who has slain the dragon should marry your daughter and acquire half of your kingdom. I am a knight of great valor. Before a multitude of your knights, I slew the dragon, cutting off its head with one blow of my sword. Behold now that I have brought its head here. And now, because I killed it, I ask you, Lord King and Queen, to marry the princess to me. But if you do not want to keep your promise, then I am prepared to defend my claim and seek justice against anyone who tries to withhold it from me or deny it, and in such a manner as the court deems fitting and wise men decide."

"By my faith," spoke Princess Ísönd, "a sad sack and a lout is he who wants payment and reward for this work. It would behoove him to earn it in some fashion, otherwise he will never be worthy of having a reward. A knight does not know what he is doing, when he thinks the achievement of others is his own and when he appropriates the valor of others. You encountered far too little resistance from the dragon to have me and a great kingdom for nothing at all. It seems to me that you ought to do more to have men and such a large kingdom than to show off the head of a dragon, for it didn't take much work to carry it here to the royal palace. Long ago would many a man already have carried the head of the serpent here, if he could have gotten me as easily as you thought you did, when you chopped off the head of the dragon. God willing, you will not have me for such an insignificant bridal gift."

To this the steward replied: "Princess Ísönd," he said, "what do you hope to accomplish by being so contrary and speaking so belligerently to me? Let first the king reply, who is able to give us a better and more rational answer. He will certainly do as I wish, in regard to both you and his kingdom, as is most fitting. But

sómir, því þú vill aldri unna þeim, er þér unna. Sá er siðr flestra kvenna at gera jafnan útbrjót ok ámæli sér unnöndum ok vera óvinum sínum vinr. Kona hatar jafnan sik elskanda, ok girniz hún þat, er hún má ekki fá, ok við leitar þat, er hún má ekki áleiðis koma, ok hafnar þeim, sem henni sómir at unna. Nú með því at ek hefi svá mjök ok lengi unnt ok elskat þik, þá horfir allr vili þinn frá mér, ok hér á ofan lastar þú með öllu afli sæmd mína, er ek sótta með mínum drengskap ok hinum vaskasta riddaraskap, at neita ok ræna mik. En at sönnu, þá er ek drap drekann, þá vildir þú ekki hafa þar komit fyrir allt þetta kóngsríki. Svá mundir þú hrædd verða, at þú mundir hamstola verða at sjá þat hit harða viðskipti ok ógurlig víg, er ek vann á drekanum ok ek sigruðumz á honum."

Þá svarar jungfrú Ísönd: "Þú segir satt," kvað hún, "víst ekki munda ek þora at sjá fyrir allt gull ok gersimar þessa ríkis, at þú drapt drekann. Ok of mjök væra ek þá aumlig, ef ek vilda allt þat, er ek má, ok elskaða ek alla þá, sem mér vildi unna. En þú kant ekki mína náttúru, þá er þú segir, at ek hafna því, er ek vil hafa. Ek vil ok ek et ekki mat minn, þvíat ek vil suman, en ekki allan. Þann mat minn et ek, sem mér sómir, en ekki þann, <er> mik svíkr ok svívirðir. Þú vilt hafa mik, en ek aldri þik ok <ekki fyrir> kóngs gjöf neina. Ok aldri skaltu mik hafa sakir engrar þjónustu þinnar, er enn hefir þú gert. En sakir þinnar mikillar speki ok atgerða, er þú kvez gert hafa, þá skal þér gefaz sú gjöf, er þér hæfir. Þat er mælt hér í kóngsgarði, at annarr drap drekann, en þú eigi. Ok þat hugðir þú at taka ömbun annars tilverka. En þú skalt aldri þann dag lifa né því fagna."

Þá segir ræðismaðr: "Seg mér nú, hvar þeir eru, er slíkt mæla, því engi er sá í kóngsríki, er sannara mun segja en ek drap drekann. En ef sá finnz, sem annat vill mæla, þá skal ek honum á hönd snúaz með vápnum ok bardaga, at hann hefir fals fram at bera."

Kapituli 42

Tristram hlýðir nú á ræðu Ísöndar ok fann, at hún vildi ekki lengr ræðismanni svara, ok hóf hann þá upp ræðu sína djarfliga ok mælti með skilvísum orðum fyrir öllum höfðingjum ok hirðmönnum: "Hlýð nú, ræðismaðr, þú kvaz hafa drepit drekann, er þú tókz höfuð af honum. En at sönnu skal þat reynaz, at annarr var þá fyrr en þú komt þar. Ek em albúinn þat at sanna. Ef þú þorir móti at mæla, þá skaltu sjálfum þér til verja, ef þú ert hraustr, ok mun þá sannaz, hversu þú ert sannsögull. Ok skal sýnaz, at ek drap orminn, en þú krefr kaups af kóngi með röngu. Þat em ek albúinn með mínum vápnum at verja fyrir þínum falsligum sökum, eptir því sem kóngr vill skipa ok hirðin vill fyrir skilja ok hinir vitrustu menn dæma."

Þá mælti kóngr: "Festið bardaga ykkar í milli með handsölum ok fáið oss gísla ok vörzlumenn, at þat haldiz, er nú er skilt."

you are not acting in a way that befits you, for you never want to love him who loves you. It is customary for most women to constantly become infuriated and to reproach those who love them but to befriend their enemies. A woman always hates the one who loves her and desires the one she can't have, searching for that which is unattainable and forsaking the one most suitable for her to love. Since I have adored you so much and for so long and have loved you, all your good-will turns away from me, and on top of that you vigorously impugn my honor, which I acquired through my courage and valiant knighthood, denying me and depriving me of what is mine. To tell the truth, when I killed the dragon, you wouldn't have been present for all of this kingdom. You would have been so afraid that you would have been petrified to see that ferocious fight and terrifying battle when I defeated the dragon and emerged victorious."

Then Princess Ísönd answered: "You are right," she said, "I certainly wouldn't dare to watch you kill a dragon for all the gold and jewels in this kingdom. And I would be a sorry soul indeed, if I wanted to possess everything that is possible to have, or if I loved all of those who would declare their love for me. But you do not know my nature when you say that I reject what I really want to have. I want food and don't eat it, because I want some of it but not all. I eat the food that is fitting and not what is not good for me or which makes me ill. You want to possess me, but I wouldn't have you even for a king's treasure. And you will never have me for any service that you may have performed. However, for all of your great wisdom and the accomplishments you say you have performed, you will be given that gift which you deserve. Here in the royal palace it is said that someone else slew the dragon, not you, and that you thought to claim the reward for the accomplishments of another. But you will never live to see that day or ever enjoy it."

Then the steward replied: "Tell me now who the people are who say this, for there is no one in the kingdom who can say anything more truthful than that I slew the dragon. If there is anyone who wants to say otherwise, I will show him with weapons and with combat that he is lying."

Chapter 42

Tristram had been listening to the words of Ísönd and felt that she no longer wished to respond to the steward, so he began to speak boldly and clearly in front of all the nobles and the king's men: "Now listen, steward, you assert that you killed the dragon when you decapitated it, but in fact it will be proved that someone else was there before you arrived. I am fully prepared to prove that, and if you dare to deny it, then you will have to defend yourself, if you are brave enough, and then it will be found out, whether you are telling the truth. It will be shown that I slew the serpent and that you are wrongly demanding a reward from the king. I am fully prepared to defend against your false assertions, according to how the king will decide, how his court will determine, and how the wisest men will judge."

Then the king spoke: "Confirm the duel between you with a handshake and give us hostages and sureties that what is now decided will be adhered to."

Þá fekk Tristram kóngi glófa sinn til festarveðs, ok mælti þá kóngr: "Ek kæri fyrir hann, ok munu flæmskir kaupmenn, félagar hans, skjótt frelsa hann."

Því næst hljópu upp tuttugu félagar Tristrams, er hverr þeira var hinn hraustasti riddari, fríðir ok vel vápnaðir, ok mæltu: "Herra kóngr," segja þeir, "vér erum gíslar fyrir hann, félaga várn, ok allt várt fé ok kaupeyrir."

Þá mælti kóngr: "Frú dróttning, ek fel þér í vald ok varðveizlu þenna mann. Ef hann bregz ok þorir ekki at halda handsölin, þá skal ek taka höfuð af yðr, því hann skal at vísu þetta mál verja."

Þá svarar dróttning: "Ek skal varðveita hann svá virðuliga sem mér sómir í váru herbergi með guðs gæzlu ok sæmiligum fögnuði ok öruggum friði, svá at eigi skal nokkurr dirfaz honum at misbjóða."

Nú gáfu þeir báðir veð sitt ok settu gísla ok eindöguðu bardaga. En Tristram er nú í herbergi dróttningar, ok eru gervar honum laugar ok lækningar, ok er hann varðveittr rækiliga ok sæmdr tignarliga, ok er allt veitt, hvat hann biðr.

Kapituli 43

Einn dag er hann sat í laugu, er honum var með virktum ger, með alls konar græðingargrösum, ok koma verkjum ór öllum líkama hans. Þá kom jungfrú Ísönd til hans at ræða við hann, ok leit hún þá á hit fríða andlit hans með ástsamligum augum ok íhugaði þá ok mælti: "Ef þessi maðr hefir hugdirfð eptir vexti sínum, þá er vánligt, <at> hann geti varit sik fyrir einum manni. Ok eptir því, sem líkligt er, hefir hann afl til at gera harðan bardaga, því hann er vaxinn riddaraliga."

Því næst gekk hún at vápni hans ok leit á. Ok sem hún sá brynhosur hans ok brynju, <mælti hún>: "Þessi er hin bezta brynjuver<ja>, ok hjálmr þessi mun ekki bila."

Ok gekk hún þá til sverðsins ok tók hjöltin ok mælti: "Þetta er langt sverð, ok ef drengr heldr á, þá mun hann með þessu gera slag ok dauða þeim, er fyrir verðr. Þessi eru öll góð herklæði þeim, er með friði kaupa ok selja, ok er sverðit hit þekkiligasta, útan stálit bili eða spilz hafi í eitri drekans."

Ok af því hana forvitnaði at sjá sverðit, þá brá hún því, ok sá hún þegar skarðit, er gerðiz, þegar Tristram drap Morhold, ok kom henni þá margt í hug með þeim atburð, <at> skarðit mundi hafa gerz í sverðinu, ok sýndiz henni, sem þat mundi ekki hafa gerz í drápi drekans, heldr at þat hafði lengi þar verit. Ok gekk hún þá til mjöðdrekku sinnar ok tók sverðbrotit, þat er hún hafði hirt, ok lagði í skarðit, ok fell samfeldliga í sverðit, sem þat hafði ór stokkit. Sem hún sá, at brotit fell svá hæverskliga við sverðit, þá hryggðiz hún af öllu hjarta ok tók þegar öll at skjálfa af æði ok reiði, ok svá sveittiz hún öll af illgirnd ok öfund þeira, er hana sturlaði ok angraði, ok mælti hún þá: "Þessi gaurr," kvað hún, "hann hefir drepit móðurbróður

Tristram then offered the king his glove as a surety, and the king spoke: "I will vouch for him, and his companions, the Flemish merchants, will quickly ransom him."

Immediately twenty of Tristram's companions leapt to their feet. Each of them was a valiant knight, fair to behold and well armed. "Your majesty," they said, "we will be hostages for him along with our companions, with all of our wealth and our wares as his warrant."

Then the king said: "My queen, I commend this man to your keeping and care. Should he fail or not dare to keep the terms of his pledge, then your head will be forfeit, though he will surely uphold this cause."

The queen responded: "I will keep watch over him in our chambers in as worthy a fashion as befits me, under God's protection, with appropriate hospitality, and safe and sound, so that no one will dare to do him harm."

Now both men gave their pledge, appointed hostages, and set the date for the duel. Tristram stayed in the quarters of the queen, where he was given baths and medical attention, carefully protected and highly esteemed. Everything that he wanted was granted to him.

Chapter 43

One day as he sat in the bath, which had been carefully prepared for him with all kinds of medicinal herbs, in order to draw the pain from his whole body, Princess Ísönd came to speak with him. She gazed upon his handsome countenance with loving eyes and thought to herself: "If this man is as courageous as his size, then it is to be expected that he should be able to protect himself against one man. It also seems likely that he possesses the strength to engage in a deadly duel, for he has the stature of a knight."

After that she went and looked at his weapons. And when she saw his coat of mail and armored leggings she said: "This is the very best armor, and this helmet will not split."

Then she went to the sword and grasped it by the hilt saying: "This is a long sword, and if a warrior wields it, he will deliver a blow that will be the death of anyone in the way. All of this is good armor for people who peacefully buy and sell, and this sword is extremely fine, if the steel doesn't fail or if it hasn't been damaged in the dragon's poison."

Because she was curious to see the sword, she drew it from the scabbard and immediately noticed the notch made when Tristram killed Morhold. She thought a lot about the different ways that the notch could have been made in the sword, and it seemed to her that it couldn't have happened when the dragon was killed, but rather had been there a long time. She went to her chest and took the sliver of the sword that she had saved and laid it in the notch. It fit into the sword exactly, as if it had fallen out of there. When she perceived how perfectly the fragment fit she grieved from the bottom of her heart. She began to tremble with anger and fury and broke into a sweat born of spite and ill will that enraged her and drove her

minn. En ef ek drep hann ekki með þessu sverði, þá em ek ill ok engu nýt—<ok> ef ek fyrirferr ekki lífi hans ok geri mér gaman at dauða hans."

Ok gekk hún þegar með brugðnu sverði þangat, sem hann sat í lauginni, ok reiddi þegar sverðit yfir höfuð sér ok mælti til hans: "Þú hinn vándi gaurr," kvað hún, "þú skalt deyja sakir móðurbróður míns, er þú þorðir drepa. Eigi skal þér trúa, þó at þú hafir lengi leynz. Nú beint í stað skaltu deyja, ok með sverði þessu skal ek drepa þik. Ekki neitt má þér nú hjálpa." Ok reiddi hún þá enn sverðit.

En hann þegar hljóp í móti jungfrúnni ok mælti: "Miskunn, miskunn! Lát mik mæla þrjú orð, áðr en þú drepr mik. Ger síðan sem þér líkar. Þú hefir tvisvar gefit mér líf ok komit mér ór tvöföldum dauða. Þú mátt mik syndlaust drepa. Fyrst þú græddir mik dauðvána—þat sár, er ek fekk af eitruðu sverði—þá er ek kenda þér hörpusláttinn. Nú hefir þú í öðru sinni lífgat mik. Nú er í þínu valdi at drepa mik í laugarkeri þessu, en ek gísling þín ok eindagaðr til bardaga at verja sæmd þína, ok er þat hvárki kvenska né kurteisi, frægð né fagnaðr, at drepa mik. Þú hin kurteisa mær ok hin góðlynda, til hvers vildir þú græða mik, en þú vill mér nú græddum ok heilum fyrirfara? Allt þat, <er> þú hefir mik starfat, er þegar týnt, er þú sér mik deyja, ok verða þá ekki fleiri vinir þínir en nú eru. Hin fríða Ísönd," kvað hann, "íhuga þú, at ek em eindagaðr föður þínum, en gíslaðr þér ok móður þinni. Ef þú drepr mik, þá skal móðir þín upp gjalda mik kónginum, svá sem hinn skildi sjálfr fyrir."

Sem Ísönd heyrði, at hann nefndi stefnudag bardagans, er hann eindagaði ræðismanni, þá íhugar hún, at hún hatar ræðismann yfir hvern lifanda mann, er eiga vill hana nauðga, ok leit hún til Tristrams, er hana skyldi verja, ok dró hún þá at sér sverðit ok vildi ekki höggva hann, ok grét hún þá mjök ok andvarpaði af öllu hjarta, mjök reið ok í illu skapi. En kvenska hennar aptr helt sverðinu at þyrma honum. Í hvert sinn, er hún reiddiz, þá reiddi hún sverðit. En þá er hún hugsaði um ræðismann, þá hvarf reiði hennar.

Kapituli 44

Því næst kom Ísodd dróttning. Ok er hún leit dóttur sína ok sverðit í hendi hennar, þá mælti hún: "Ertu ór viti þínu? Hverjar sakir gefr þú kaupmanninum?" Ok greip hún þegar um armlegg hennar ok tók af henni sverðit.

Þá segir jungfrú Ísönd: "Hó, hó, móðir, þessi maðr drap bróður yðvarn Morhold."

Sem móðir hennar skildi þat, sem mærin mælti, þá hljóp hún þegar at Tristram ok vildi höggva hann. En jungfrú Ísönd hljóp þegar til ok helt henni.

crazy. "That dog," she said, "he has killed my uncle. If I don't kill him with this sword, then I am wretched—and worthless if I don't take his life and rejoice at his death."

Immediately she went with sword drawn to where he sat in the bath, quickly raised the sword above her head, and said to him: "You miserable dog," she said, "you will die for the sake of my uncle, whom you dared to kill. Now no one will believe you, even though you disguised yourself for so long. Now you will die on the spot, and with this sword I will kill you. Now nothing can save you." Then she again raised the sword.

He immediately moved closer to the princess and said: "Mercy, have mercy! Allow me to speak three words before you kill me; after that do as you like. On two occasions you have given me life and saved me twice from death, so you may kill me without committing a sin. The first time you saved me from death's door was when I had that wound from the poisoned sword, when I taught you to play the harp. Recently you saved me a second time. Now it is in your power to dispatch me in this bath, but I am your hostage and designated to duel in defense of your honor, so it is neither womanly nor well mannered, neither joyous nor generous to kill me. O, gentle and kind-hearted maiden, to what end did you heal me, now hale and hearty, in order to destroy me? All that you have accomplished on my behalf will be immediately lost when you see me dead, but the number of your friends won't be increased. Fair Ísönd," he said, "remember that I have been summoned by your father and given as a hostage to you and your mother. Should you kill me, then your mother must make recompense to the king, as he himself has stipulated."

When Ísönd heard him speak of the day appointed for the duel, when the king had set the date for the steward, it occurred to her that she hated the steward, who wanted to force her to marry him, more than any other man alive. She looked at Tristram, who was supposed to protect her, and lowered the sword, not wanting to slay him. She wept bitterly and sobbed from deep down inside her, although very angry and ill tempered. Her womanliness held back the sword and protected him, but every time she became angry she raised the blade. Then she thought about the steward, and her wrath subsided.

Chapter 44

Just then Queen Ísodd entered, and she saw her daughter with the sword in her hand. "Have you lost your senses?" she said. "What have you got against the merchant?" She grabbed her by the arm and took the sword away from her.

Then Princess Ísönd replied: "O, mother, this man killed your brother Morhold."

Upon hearing what the maiden said, her mother rushed at Tristram and wanted to slay him, but Princess Ísönd immediately stepped between them and restrained her.

Þá mælti dróttning: "Flý undan. Ek hefni bróður míns."

Þá mælti jungfrú Ísönd: "Ljá mér sverðit. Ek vil hefna Morholds, því ek má betr án ámælis drepa hann. Þessi er gísling yðr ok í yðra gæzlu fenginn til friðar. Þér hétuð at fá hann kónginum heilan ok haldinn. Því sómir yðr ekki at drepa hann."

Þá tálmaði hvár annarri, svá at dróttning gat ekki hefnt bróður síns. Hvárgi þeira vildi af láta sverðinu, ok fyrir því hamlaðiz ok dvalðiz hefndin.

Tristram óttaðiz ok bað sér miskunnar ok líkna lífi sínu: "Dróttning," kvað hann, "miskunna mér!" Svá mælti hann margt með mjúklyndi ok fagrmæli ok tíðum miskunnar biðjandi, at hvárgi vildi þá um síðir drepa hann.

Síðan sendu þær eptir kóngi. Ok er hann var kominn, þá fellu þær til fóta honum: "Herra," sögðu þær, "játið oss eina bæn, er vér viljum biðja yðr."

"Gjarna," kvað kóngr, "er mér sómir at veita."

"Hér er nú kominn," kvað dróttning, "Tristram, er drap bróður minn. En nú síðan drap hann drekann. Ok bið ek, at þér fyrirgefið dauða Morholds með þeim formála, at hann frelsi ríki várt ok dóttur okkra ór klandri ok rangindum ræðismanns, svá sem hann hefir heitit oss."

Þá segir kóngr: "Með því at ek játaða yðvarri bón—ok þú hefir meira látit en ek, með því at þit vilið báðar fyrirgefa honum dauða Morholds—engi hefir í þessu meira látit en þit—ok vil ek af þessu gera sem ykkr líkar best."

Þá fell Tristram til fóta kóngi ok þakkaði honum. En jungfrú Ísönd ok dróttning reistu hann upp. Þá mælti hann til kóngs: "Hlýðið, herra kóngr! Hinn mildi ok ríki Markis kóngr yfir Englandi sendir yðr sína orðsending, at þér gefið honum Ísöndu dóttur yðra. Ok ef þér vilið satt vita ok með þeim hætti sáttir gera, þá skal hún eignaz í tilgjöf sína allt Bretland ok vera frú yfir öllu Englandi. Ekki er betra land í öllum heimi né hæverskari menn. Jarlar ok lendir menn skulu geraz henni handgengnir. Er hún þá dróttning yfir Englandi. Ok fyrir því sómir vel sæmdum ykkrum þessi sáttargerð hvárutveggju ríki, Englands ok Írlands, til friðar ok fagnaðar."

Sem kóngr heyrir þessar orðsendingar, þá mælti hann til Tristrams: "Fest mér þat nú, at þessi formáli skal haldaz. Svá vil ek ok, <at> þínir félagar geri, svá at engi svik skulu undir búa. Ok skal ek kónginum móðurbróður þínum með þér jungfrú Ísönd, dóttur mína, senda."

Þá lét kóngrinn bera inn helgidóma. Ok vann þá Tristram eið, at þessi formáli skal haldaz af Englands kóngs hálfu.

Kapituli 45

Nú kom sá stefnudagr, er eindagaðr var jörlum ok lendum mönnum kóngs hirðar at sjá bardaga, er þeir höfðu fest, Tristram ok ræðismaðr. Ok leiddi kóngrinn þá

"Leave here at once," said the queen. "I will avenge my brother."

"Lend me the sword," said Princess Ísönd. "I will avenge Morhold, for I am better able to dispatch him without blame. He is your hostage and placed for his protection in your custody. By killing him, you will bring dishonor to yourself."

In this fashion each delayed the other, so that the queen was unable to avenge her brother. Neither of them wished to surrender the sword, and in this way vengeance was hindered and delayed.

Tristram was very much afraid and asked for mercy in sparing his life: "O, Queen," he said, "deal mercifully with me." In this fashion he spoke meekly and eloquently, asking so often for mercy, that after a while neither of them desired his death.

After this, they sent for the king, and when he arrived they fell at his feet saying: "Lord, grant us one wish which we ask of you."

"Gladly," answered the king, "if it is fitting for me to grant it."

"Tristram has come among us," spoke the queen, "he who has slain my brother. Since that time, however, he has also killed the dragon. I ask you to forgive the death of Morhold on the condition that he save our kingdom and our daughter, as he has promised us, from the unrighteousness and calumny of the steward."

Then the king spoke: "Because I have already acceded to your petition, and you have lost more than have I, and because both of you wish to forgive him for the death of Morhold—in this no one has lost more than you two—I will therefore do as you think best."

Tristram fell to the feet of the king and thanked him, but Princess Ísönd and the Queen raised him up. Then he addressed the king: "Hear me, lord and king, the munificent and mighty Markis, king of England, sends you this message requesting you to give him the hand of your daughter Ísönd. If you desire to know the truth and become reconciled in this manner, then she will receive as her bridal gift all of Cornwall and wield authority in all of England. There is no better country in the whole world nor men more noble. Earls and vassals will be duty-bound to do her service, and she will be the Queen of England. For these reasons this reconciliation of two kingdoms, England and Ireland, redounds to your honor, to peace and joy."

After hearing this message the king said to Tristram: "Swear to me now that this agreement will be adhered to. I also want your companions to do likewise, so that there is no treachery behind this. And I will send to your uncle, the king, my daughter, Princess Ísönd."

Thereupon the king had holy relics brought in, and Tristram swore an oath that this agreement would be adhered to on the part of the king of England.

Chapter 45

Now the day of summons arrived, the day set aside for the earls and vassals of the king's court to see the duel that Tristram and the steward had agreed to. The king

Tristram inn í höllina ok mælti þá öllum áheyröndum: "Nú eruð þér allir váttar, at ek hefi dyggiliga gætt gísla míns, ok nú látið hann koma, sem skilit var ok eindagat."

Þá mælti Tristram fyrir öllum höfðingjum ok lendum mönnum kóngs til ræðismanns: "Heyrðu, gaurr," kvað hann, "tungu þessa, er ek hefi hér, skar ek ór höfði því, er þar liggr, þá er ek drap drekann. Ok enn mun sýnaz í höfninu, hvar ek tók tunguna, ok þat sannaz opinberliga, at ek ber ekki lygi né hégóma fyrir góða ok marga höfðingja. Nú ef þér trúið mér ekki, þá hafið höfuð<it> í höndum ok sjáið, hvat títt er í munninum. En ef hann vill enn ekki við ganga því, at hann lýgr, þá gangi hann til herklæða sinna ok búiz til at verja, því <at> vísu skal ek gjalda honum lygi þá, at aldri drap hann drekann."

Kóngr lét bera fyrir sik drekahöfuðit, ok fundu þá allir, at tungan var þar skorin. Síðan hæddi ok hataði hann hverr maðr, ok var hann jafnan síðan rekinn, hrjáðr ok svívirðr, at hann þorði at bera svá mikla lygi fram fyrir höfðingja ok vitra menn í landinu. En á meðan höfðingjarnir váru nú svá saman komnir í kóngsgarði, þá segir kóngr öllum Írum ráðagerð sína, þá er hann hafði hugat fyrir dóttur sinni, at hann hafði gipt hana Englands kóngi. Ok sýndiz þat öllum hit tignarligasta ráð, at hatr ok ófriðr mætti niðr leggjaz, en friðr ok frelsi haldaz ok staðfestaz milli Írlands ok Bretlands.

Kapituli 46

Því næst var ríkuliga búin ferð meyjarinnar ok Tristrams. En dróttning gerði einn leyniligan drykk inniliga af margs konar blómstrum, grösum ok listugum vélum, ok gerði svá ástfenginn, at engi lifandi maðr, sá er af drakk, má við haldaz at unna þeiri konu, sem af drakk með honum, á meðan hann lifði.

Síðan lét dróttning þenna drykk í einn lítinn legil ok mælti við mey þá, er þjónustumær jungfrú Ísöndar skyldi vera, er Bringvet hét: "Bringvet, gættu vel þessa legils. Þú skalt fylgja dóttur minni. Ok hina fyrstu nátt, er þau, kóngrinn ok hún, liggja saman ok krefr víns, þá gef þú báðum saman þenna drykk."

Þá svarar Bringvet: "Gjarna, frú mín, sem þér leggið ráð á."

Ok fóru þau því næst albúin til skips. En kóngr ok dróttning fylgðu dóttur sinni til skips. Ok gekk þá flóðit í ána. Grétu þá margir, karlar ok konur, er barnfæddir váru nærri henni, um brautferð hennar, því hún var hin vinsælasta ok kær hverjum manni sakir hæversku hennar ok lítillætis.

Sem jungfrú Ísönd var komin á skip, þá undu þeir <segl> ok sigldu í haf hinn beinasta byr. En mærin grét ok kærði, at hún hefði misst frændr ok vini ok fóstrland sitt ok hina mestu ástsemd föður ok móður sakir ókunnugra manna, ok líkaði nú illa slík skipti ok andvarpaði af öllu hjarta ok mælti: "Miklu heldr vilda ek vera dauð en hingat hafa farit."

led Tristram into the hall and spoke to all those present: "Now you are all witnesses to my having faithfully taken care of my hostage, and let him now come forward as was decided and determined."

Then Tristram spoke to the steward in front of all the nobles and vassals: "Hear me, you dog," he said, "when I slew the dragon I cut the tongue that I have right here from the head that is lying over there. It can still be seen where I cut out the tongue, which clearly proves that I spoke neither lies nor nonsense in the presence of these many, good noblemen. If anyone doesn't believe me, then pick up the head and examine the mouth. If he refuses to admit that he is lying, then let him get his armor and prepare to defend himself, for I will most certainly reward him for that lie, for he never killed the dragon."

The king had the dragon's head borne before him, and everyone could see that the tongue had been cut out. After that every man scoffed and scorned the steward, and forever after he was shoved and harassed and shamed for daring to perpetrate such an egregious lie before the nobles and the wise men of the kingdom. And since the noblemen were then gathered together in the royal palace, the king then told all the Irish the decision that he had in mind for his daughter, namely to marry her to the king of England. Everyone thought that to be a most honorable plan, so that hatred and hostility might be forsaken, and peace and freedom established and secured between Ireland and Cornwall.

Chapter 46

Soon elaborate preparations were made for the journey of Tristram and the maiden. The queen meticulously prepared a secret potion out of many kinds of flowers, herbs, and magical things that made people fall so madly in love that no man alive who drank of it could resist loving his whole life long the woman who drank of it with him.

Then she poured the drink into a small cask and said to the girl, named Bringvet, who was to be Princess Ísönd's attendant: "Bringvet, protect this cask well. You are to accompany my daughter. On the first night that she and the king are lying together and he demands wine, then give both of them at the same time this drink."

Bringvet replied: "Certainly, my lady, as you think best."

Soon they were all ready and went to the ship. The king and queen accompanied their daughter to the ship, and the tide came into the river. When she sailed away, many people wept, men and women who had been born in the same region, because she was blessed with many friends and beloved by all for her well-mannered behavior and her gentility.

After Princess Ísönd had boarded the ship, they had hoisted their sail and put out to sea with a favorable breeze. But the princess cried and carried on about losing her family and friends, her homeland, and the love and affection of her father and mother for the sake of unknown men. She didn't like this exchange at all and sighed from the bottom of her heart and said: "I would much rather be dead than to have come along."

En Tristram huggaði hana með miklu blíðlæti.

Nú siglir Tristram, ok var fagrt veðr. Ok af því at ylrinn var heitr, þyrsti hann mjök, ok krafði hann þá víns at drekka, ok hljóp þegar upp einn þjónustusveinn Tristrams ok fyllti kerit af legli þeim, er dróttning<in> fekk Bringvet at varðveita. Ok er Tristram hafði við tekit kerinu, þá drakk hann til hálfs, ok þá lét hann meyna drekka þat, sem eptir var í kerinu. Ok eru þau nú bæði svikin af þeim drykk, er þau drukku, af því <er> sveinninn mistók til ok kom þeim þá báðum í harmfullt líf ok meinlæti ok langa hugsótt með líkams girnd ok tilfýsiligum hætti. Var þegar hugr Tristrams til Ísöndar ok hennar hugr allr á honum með svá ákafri ást, at enga bót máttu þau þar í móti gera.

Nú sigla þau alls segls byr ok hafa rétta stefnu til Englands. Ok því næst segjaz riddarar sjá land skjóta upp ór hafinu. Ok váru allir því fegnir nema Tristram, ástarfullr, þvíat ef svá væri sem hann vildi, þá mundu þeir aldri land sjá, heldr vildi hann í hafit farit hafa við ást ok yndi ok skemtan sín. Ok ekki at síðr sigldu þeir at landi ok lendu í höfn góðri. Ok kendu menn skip Tristrams, ok hljóp einn ungr maðr á skjótan hest ok reið til kóngs sem hann mátti skjótast ok fann í skógi á veiðum ok mælti til hans: "Herra," kvað hann, "vér sám skip Tristrams lenda í höfninni."

Sem kóngr heyrði þessi tíðindi, þá varð hann feginn ok mjök glaðr ok gerir þegar þann unga mann riddara ok gaf honum góð herklæði sakir fagnaðartíðinda. Reið þá kóngr ofan til strandar ok sendi þegar boð um allt sitt ríki ok helt sitt brúðkaup til Ísöndar með mikilli tign ok kóngligri vegsemd, ok skemta sér þann dag með miklum fagnaði ok öllum þeim, er þar váru.

En frú Ísönd var hin hyggnasta konu. Ok er á leið kveldit, þá tók hún í hönd Tristram, ok gengu þau bæði saman í svefnhús kóngs ok kölluðu til sín Bringvet fylgismey sína á einmæli, ok tók þá Ísönd mjök at gráta ok bað hana fögrum orðum, at hún skyldi hjálpa sér við þá nátt ok vera í dróttningar stað í kóngsgarði ok í hans rekkju, sem hún væri sjálf dróttning, en dróttning var með Bringvetar búnaði, þvíat hún vissi, at hún var óspillt mær, en sik sjálfa vissi hún ekki slíka. Svá lengi báðu þau meyna með blíðlæti ok fögrum orðum, at hún samþykktiz þá bæn þeira, ok bjóz hún þá öllum dróttningar búnaði, sem hún væri sjálf dróttning, ok fór hún fyrir frú sína í kóngs rekkju. En dróttning var með Bringvetar búnaði.

Kóngrinn var glaðr ok kátr ok nokkut drukkinn, er hann gekk í rekkju sína, en Tristram slökkti þegar ljósin af öllum stafkertum. Kóngr tók þá Bringvet í fang sér ok skemti sér með henni. En Ísönd var hrygg ok óttaðiz, at hún mundi svíkja sik ok uppi hafa fyrir kónginum þat, sem títt var. Ok fyrir því bjóz hún um sem næst þeim um náttina *at[66] verða víss, hvat þau töluðu.

Sem kóngr var sofnaðr, þá gekk Bringvet braut, en dróttning lagðiz niðr hjá kóngi. Ok sem hann vaknaði, krafði hann sér vín at drekka, ok gaf Bringvet honum með list af því víni, er dróttning á Írlandi blandaði, en dróttning drakk ekki af í þat sinni. Stundu síðar sneriz kóngr at henni ok svaf með henni, svá <at> hann varð

Tristram, however, consoled her very tenderly.

And Tristram now sailed on under fair skies. Because the heat was oppressive, he became very thirsty and asked for some wine to drink. One of Tristram's servants sprang up and filled a goblet from the cask that the queen had given Bringvet to safeguard. When Tristram took the goblet, he drank half of it and then he let the princess drink what remained in the cup. Now both were deceived by the drink they had drunk, because the servant had made a mistake, condemning them both to a life of sorrow and trouble and anxiety caused by carnal desire and constant longing. Immediately Tristram's heart was drawn to Ísönd and hers to him with such an ardent love that there was nothing they could do about it.

And so they sped on under billowing sail directly toward England, and soon the knights said that they saw land rising from the sea. Everyone rejoiced but Tristram, filled with love, for if he had had his way they would never have seen land. He would rather have sailed out to sea with his beloved, his delight, his joy. Nevertheless they sailed toward land and anchored in a good harbor. People recognized Tristram's ship, and a young man on a speedy stallion rode to the king as fast as he could. He found the king hunting in a forest and said to him: "O, Lord," he said, "we saw Tristram's ship landing in the harbor."

When the king heard this news, he was overjoyed. He immediately knighted the young man, giving him fine armor, because he had brought the joyful news. Then the king rode down to the shore and immediately sent an invitation around his whole kingdom and celebrated his marriage to Ísönd with great honor and regal splendor. He enjoyed himself on that day with great merriment and with all of those present.

But Lady Ísönd was a most clever woman, and as the evening wore on she took Tristram by the hand, and they went together to the king's bedchamber and summoned Bringvet, her attendant, for a private talk. Ísönd began to sob and asked her most movingly, if she might help her that night by taking her place in the king's palace and in his bed, as if she were the queen, while Ísönd donned Bringvet's clothing. The queen knew that Bringvet was an unspoiled maiden, but she could not say the same thing of herself. They entreated the maiden so long and with kindness and convincing words, that she assented to their wishes and dressed herself all in the queen's clothing, as if she were the queen herself, and lay in the king's bed instead of her mistress. The queen, meanwhile, had put on Bringvet's clothing.

The king was in good spirits, lighthearted and rather drunk, when he went to his bed, and Tristram immediately extinguished all of the candles. The king took Bringvet in his arms and enjoyed himself with her. Ísönd meanwhile was anxious, fearing that Bringvet might betray her and reveal to the king what was happening. For that reason she spent the night nearby, in order to know for sure what they spoke about.

When the king fell asleep, Bringvet left and the queen lay down beside the king. When he awoke, he asked for some wine to drink, and Bringvet secretly gave him the wine which the Queen of Ireland had concocted, but the queen did not drink it this time. Shortly thereafter the king turned to her and slept with her, but he

ekki varr við, at ekki væri hin sama. Ok fyrir því at hann fann hana at öllu eptirlæti ok vel líkandi, þá sýndi hann henni mikla ást ok svá mikinn fagnað ok blíðlæti, at Ísönd gladdiz mikit. Ræddu þau þá alls konar gaman, sem æsku þeira sómdi, með kóngligri skemtan ok drottningligri dýrð. Er þeim sú nátt með ynniligum fagnaði.

Ísönd gerðiz þá glöð ok blíð ok kóngi ástsöm ok öllum þekk ok lofsæl, ríkum ok fátækum. Ok váru þau Tristram saman í leynd í hvert sinn, er þau máttu við komaz. Ok fyrir því <at> hún var jafnan í hans gæzlu, kom engum þat í hug at hafa grunsemd á þeim.

Kapituli 47

Á einum degi, sem dróttning sat í sínum skrúða, kom henni í hug, at engi lifandi maðr vissi viðskipti sín ok Tristrams nema Bringvet ein, fylgismey hennar. Ok íhugaði hún þá ok grundaði, at hún mundi ekki vilja vera sér trú í þessu leyndarmáli ok at hún mundi vilja rjúfa þat ok segja kónginum ok illvili mundi koma henni til þetta up at segja. Ok ef svá berr til, at hún sýnir með nokkurum atburð ást þeira, þá veit hún sik hrópaða, en Tristram hataðan ok hr[óp]aðan. Íhugaði hún þá, ef Bringvet væri deydd, at þá þyrfti hún engan mann at hræðaz, at upp kæmi.

Ok kallaði hún þá til sín tvá kóngs þræla ok mælti til þeira: "Takið mey þessa ok hafið hana langt út á mörkina ok höggvið höfuðit af henni svá leyniliga, at engi viti útan ek. At sönnu festi ek yðr trú mína, at ek skal á morgun frelsa ykkr ok svá mikit fé gefa ykkr, at jafnan skuluð þit mega sæmiliga lifa."

Ok mæltu þá þrælarnir: "Gjarna, frú," segja þeir, ok seldu þeir henni trú sína.

Síðan lét hún kalla til sín fylgismey sína Bringvet ok mælti til hennar: "Hin fríðasta vinkona mín," segir hún, "í höfuð mitt virkir svá mjök líkams þungi hjarta míns, ok mjök sjúk hefi ek verit," kvað hún, "ok gakk nú í mörkina með þessum sveinum. Þeim er kunnugt, hvar alls konar grös eru. Ok fær mér þau, sem þú veizt at ek em vön at hafa til plástra, er ek dreg með eitr ór beinum manna ok minnka verk ok hjartaþunga. Þessir tveir sveinar skulu fylgja þér í mörkina."

Bringvet segir: "Gjarna, frú mín, vil ek ganga, sem þér segið, þvíat mesti harmr er mér sjúkleiki yðvar. En ef guð vill, þá skal þessi sótt ekki yðr saka."

Nú gekk hún með þrælunum til þess, er þeir komu í skóginn, er mjök var þykkvaxinn. Þrælinn gekk annarr fyrir en annarr eptir henni. Því næst brá sá sverði sínu, er gekk undan henni. Þá tók Bringvet til at skjálfa ok hræðaz ok æpti sem mest mátti hún ok helt saman höndum ok bað fyrir guðs sakir þrælinn segja sér, fyrir hver misverk eða hvat valdi, at hún skuli drepin vera.

Þá svarar þrællinn: "Þat skal þér ekki leynaz. En þá <er> þú hefir þat heyrt, jafnskjótt skal ek höggva þik með þessu sverði. Hvat hefir þú misgert við Ísönd dróttningu, er hún vildi þér þenna dauða? Hún lætr drepa þik."

was never aware that it wasn't the same woman. Because he found her to be so indulgent and so pleasing, he showered her with love and so much good cheer and affection that Ísönd was very happy. They talked about all kinds of interesting things appropriate to their youth, the king with amusement and the queen with joy. And so they spent the night in loving joy.

Ísönd became cheerful and gentle, affectionate to the king, well liked and esteemed by everyone, rich and poor. But every time they got the chance, she and Tristram spent time together in secret, and because she was always under his protection, it didn't occur to anyone to become suspicious of them.

Chapter 47

One day, as the queen sat in her finery, it occurred to her that no living soul knew of her relationship with Tristram except her attendant, Bringvet. She thought about it and suspected that Bringvet might not want to remain true to her in this secret affair, and she might decide to violate that trust and tell the king, for ill will might cause her to reveal it. If it should happen that Bringvet exposed their love on some occasion, then she knew that she would be disgraced and Tristram hated and dishonored. Then she thought that if Bringvet were dead, she wouldn't have to be afraid of anyone revealing it.

So she summoned two of the king's slaves and said to them: "Take this girl deep into the forest and chop off her head, but so secretly that no one else knows about it except me. In truth, I promise you that I will free you tomorrow and give you so much money that you will forever be able to live handsomely."

Thereupon the slaves answered: "Gladly, your ladyship," they replied, and gave her their word.

After that she summoned her attendant Bringvet and said to her: "My most beautiful friend," she said, "my heavy heart has made my head ache, and I have been very ill," she said. "Go into the forest with these servants. They know where all kinds of herbs grow. Collect for me those that you know I customarily use for poultices with which I draw poison from people's bones and lessen pain and a heavy heart. These two servants will follow you into the forest."

Bringvet answered: "I will gladly go, my lady, as you bid, for your sickness causes me great distress. God willing, this illness will cause you no harm."

Then she went with the slaves, until they came to a place in the forest with very dense vegetation. One slave walked in front of her and the other behind her. Suddenly the one in front of her drew his sword. Bringvet began to tremble and be afraid, and cried out as loud as she could, folding her hands and asking the slaves to tell her for God's sake the misdeed or other reason that she should be slain.

Then said the slave: "That will not be kept from you, but as soon as you have heard it, then I will slay you with this sword. What transgression have you committed against Queen Ísönd that she would want you put to death in this way? It is she who is having you killed."

Sem Bringvet heyrði þetta, mælti hún: "Miskunn fyrir guðs sakir! Látið mik mæla nokkut við ykkr, áðr *at[67] þit drepið mik, um þat, <er> ek vil orð senda frú Ísönd dróttningu. En síðan, er þit drepið mik, þá bið ek ykkr fyrir guðs sakir áðr, at þit segið henni berliga, at aldri misgerða ek við hana. En þá er vit fórum af Írlandi, þá höfðum vit tvá náttserki, hvíta sem snjó, af silki. Ok færði móðir hennar hana í sinn serk, áðr þær skildu. En með því at ek var fátæk mær ok leigð ókunnugum mönnum, þá hirða ek sem bezt ek kunna minn náttserk, meðan ek var á skipi. En er Ísönd, frú mín, kom á skip, þá gerðiz hinn mesti hiti af sólinni, svá at hún þoldi ekki at bera skinnkyrtil sinn fyrir ylnum, ok neytti hún þá mjök sinn hinn góða náttserk nætr ok daga, at hann sortnaði af svita hennar. Síðan er við komum hér ok hún gekk í kóngs rekkju sem dróttning ok hennar náttserkr var ekki svá hvítr sem hún vildi í svá mikilli þurft hennar, ok bað mik mjök minn náttserk at ljá sér, ok ek léða henni hann. Ok veit ek þat fyrir guði, at aldri hefi ek misgert við hana, nema henni hafi þetta mislíkat, svá at hún vili dauða minn af þessum sökum. Aldri veit ek annan illvilja, angr né reiði, sakir eða syndir okkar í milli. Nú segið henni guðs kveðju ok mína ok segið, at ek þakkaða henni sæmdir margar, er hún hefir gert mér, ok góðvilja í svá langan tíma frá barnæsku minni ok til þessa dags, en þenna dauða minn fyrirgef ek henni nú ok fyrir guði. Högg nú svá skjótt sem þú vill."

Kapituli 48

Sem þrællinn heyrði orð hennar ok hana svá hörmuliga gráta ok at hún hafi ekki meira misgert við dróttningu, þá várkynntu þeir henni mjök ok fundu henni enga sök. Ok bundu þeir hana þá við eitt mikit tré. Síðan tóku þeir einn mikinn héra ok drápu ok skáru ór honum tunguna ok stefndu þá heim ok komu fyrir dróttningu. Ok spurði hún þá á einmæli, hvat þeir höfðu sýslat.

Þá tók annarr þeira fram tunguna, sýndu henni ok mæltu: "Frú mín," kváðu þeir, "vit drápum hana, ok færum vit þér tunguna heim."

Ísönd dróttning spurði, hvat hún mælti, áðr hún dó. Ok sögðu þá þrælarnir dróttningu kveðju hennar ok allt annat þat, <er> hún mælti.

"Hættið," kvað hún, "ekki skuluð þit ræða," ok æpti þá dróttning hárri röddu: "Vándir þrælar," kvað hún, "hví drápuð þit fylgismey mína? Ek skal láta hefna dauða hennar á ykkrum líkama ok láta hesta slíta ykkr í sundr eða á báli brenna, ef þit gefa mér hana ekki heila aptr ok ómeidda, er ek fekk ykkr í skóginn at fylgja. En ek sel ykkr trú mína, ef þér færið mér hana aptr, skal ek frelsa ykkr báða."

Þá segir þrællinn annarr: "Miskunn, frú mín! Hverflynt er lunderni yðvart. Allt var annat, er þér rædduð í gær, þá er þér buðuð at drepa hana ok at vit skyldum svá frelsaz. En nú viltu fyrirfara okkr sakir hennar. En ef vit hefðum neitat því, er þér báðuð, þá væri okkr þegar dauðinn búinn."

Þá sagði dróttning: "Pútubörn," kvað hún, "færið mér skjótt hingat meyna. Þenna dag skal ek frelsa ykkr."

When Bringvet heard this, she said: "Mercy for the love of God! Let me speak with you before you kill me, for I want to send a message to Queen Ísönd. And after you have killed me, I ask you for the love of God that you tell her clearly that I never transgressed against her. When we sailed from Ireland we had two nightgowns of silk and white as snow, and her mother dressed her in her nightgown before they parted. But I am a poor girl placed in the service of strangers, so I preserved my nightgown as best I could while we were at sea. But the sun was blazing hot, and as soon as Ísönd, my mistress, came on board, she couldn't bear to wear her sheepskin tunic because of the heat. So she wore her nightgown both day and night, and it got soiled by her perspiration. After we arrived here, and she went to the king's bed as the queen, her nightgown was not as white as she wished it to be when she really needed it. So she asked me to lend her mine, which I did. As God is my witness I never transgressed against her, except that she took offense at that and wishes to have me put to death for this reason. Otherwise I know of no other ill-will, wrath or anger, offense or misdeed that transpired between us. Take now God's greeting and mine to her, and tell her that I thanked her for the great honor she has brought me and for the benevolence she has shown me for such a long time, from my childhood to this day. For my death I forgive her now and before God. Strike now as quickly as you wish!"

Chapter 48

When the slaves heard her words and saw her weep so pathetically and because she had transgressed so little against the queen, they greatly pitied her and found her to be without guilt. Then they bound her to a large tree and caught a large hare, killed it and cut out its tongue. They headed for home and appeared before the queen in a private audience. She asked them what they had accomplished, and one of them took out the tongue.

They showed it to her and spoke: "My lady," they said, "we killed her and brought back her tongue."

Queen Ísönd asked what she said before she died, and the slaves told the queen of her greeting and everything else that she had said.

"Stop," she cried, "don't talk that way!" Then she shouted: "You miserable slaves," she said, "why did you kill my attendant? I will have her death avenged on your bodies and have horses tear you apart or have you burned to death on a pyre, if you don't give her back to me as safe and sound as when I gave her to you to accompany into the forest. By my faith I promise you that if you return her to me, I will give both of you your freedom."

Then one of the slaves replied: "Mercy, my lady! Fickle is your temper. Everything was different when you spoke yesterday and ordered us to kill her in return for our freedom. Now you wish to put an end to us for her sake, but if we had refused to do what you commanded, our death would have been immediate."

Then the queen said: "You sons of whores," she said, "bring the girl to me at once, and I will set you free this very day."

Þá svarar annarr þrællinn: "Guð þakki yðr, frú mín," kvað hann, "enn lifir Bringvet fylgismey yðr. Ek skal færa yðr hana heila ok haldna."

Ok lofaði hún þá öðrum þræli at ganga eptir henni, en annan lét hún varðveita. En hinn, er braut gekk, leysti þegar meyna í skóginum ok fylgði henni þegar heim í herbergi dróttningar. Sem Ísönd dróttning sá hana, þá sneriz þegar harmr hennar í huggan. Gekk dróttning þegar í móti ok kyssti hana meir en tuttugu sinnum.

Kapituli 49

Nú hefir Ísönd dróttning reynt Bringvet þjónustumey sína ok fundit hana hyggna ok hæverska, ok geriz nú at nýju vild ok vinátta þeira í millum. Dróttning hefir nú allt þat, er líknams vilja hennar líkaði, hversdagliga huggan af Tristram unnasta sínum. Kónginum er vel til hennar opinberliga, en Tristram leyniliga, er hvárttveggja má gera innan hirðar þat, er hann vill, því hann er höfuðráðgjafi dróttningar. Ok fór öll ráðagerð þeira með list ok leynd samþykkiliga, svá at engi var þess vitandi útan Bringvet, hvárki af orðum þeira né verkum, gleði né hamni né blíðlæti. Heyrðu þau engan mann geta ástar sinnar né grunsemd á hafa, þvíat Tristram þjónaði henni svá tignarliga sem kóngs systurson, ok þótti þat öllum vel sóma af kóngs frændsemi. En þá er þau fengu þat ekki, er þau vildu, þá hryggðuz þau. Gættu þau svá ástar sinnar, at aldri minnkaðiz við hvárki þeira, leyniliga né opinberliga.

Tristram var hraustr, kurteiss ok hygginn ok reyndr at riddaraskap. Einn dag var hann farinn á veiðar. Ok í því lendi eitt skip mikit ok frítt. Ok á þessu skipi var einn lendr maðr af Írlandi, er skipit átti ok forstjóri var allra þeira, er á váru Írlandi. Þessi lendi maðr var hinn mesti drambsmaðr ok metnaðargjarn. Hann kom til hirðar Markis kóngs á fríðum hesti ok vel klæddum ok hafði hörpu undir skauti sínu, alla búna með gulli. Hann heilsaði kóngi ok Ísönd dróttningu. Kendi hún hann þegar, því hann hafði lengi unnat henni, ok sakir hennar kom hann til kóngs hirðar. Sem dróttning hafði kent hann, þá segir hún þegar kóngi, hverr hann var ok hvaðan hann væri, ok bað hún kóng, at hann skyldi sæma hann ok virða. Kóngr gerði svá ok lét hann eta með sér af sjálfs síns diski. Léz þessi vera leikari, ok því lét hann hanga hörpu sína hjá sér sem næst, því hann vildi með engum kosti leggja hana niðr sakir nokkurs manns vináttu né sæmda.

Sem kóngr var mettr ok borð upp tekin, þá gerðiz hirðin glöð ok kát. Spurði þá kóngr, allri hirðinni áheyrandi, ef sá hinn írski lendi maðr kynni nokkut af hörpuslætti, ok ef hann vildi veita kónginum einn hörpuslátt sakir ástsemdar. Þá segir hinn írski, at hann vill engum kóngi skemta í öðrum ríkjum, nema hann viti, hverja ömbun hann skal fyrir hafa.

Kóngr mælti: "Skemt oss nú með einn írskan slátt, ok skaltu hafa þat, er þú vill."

One of the slaves replied: "Thank God, my lady," he said, "your attendant Bringvet is still alive. I will return her to you safe and sound."

She allowed one of the slaves to go fetch Bringvet, but the other she placed in custody. But the one who went off, released the girl in the forest and brought her back home immediately to the chambers of the queen. As soon as Queen Ísönd saw her, her care turned to joy. The queen went to her immediately and kissed her more than twenty times.

Chapter 49

Now Queen Ísönd had tested her attendant Bringvet and found her clever and discreet, and once again their favor and friendship was renewed. The queen now had everything that could satisfy her corporeal pleasures, the daily comfort of her lover Tristram. The king treated her well publicly and Tristram in secret, since both could do at the court whatever they wished, and Tristram was the chief counselor of the queen. All of the plans that they made together were carried out with stealth and secrecy, so that no one was made aware of them except Bringvet, nor about their words or deeds, nor of their joy or frolicking or caressing. They never heard anyone speak about their love nor harbor suspicion, for Tristram served her so worthily as the king's nephew, that everyone thought it quite proper due to his kinship with the king. But when the lovers didn't manage to get what they wanted, then they became distressed. They tended their love so well that it never diminished for either one, neither manifestly nor privately.

Tristram was valorous, courtly, clever, and tested in knightly pursuits. One day he had gone off hunting, when a large and magnificent ship put into port. On board was an Irish vassal, who owned the ship and who was the leader of all those aboard. This vassal was arrogant and ambitious. He arrived at the court of King Markis on a fine looking, well caparisoned steed, carrying a harp all adorned with gold under the flap of his cloak. He greeted the king and Queen Ísönd, and she recognized him immediately, for he had loved her for a long time—and that was the reason for his visit to the court of the king. When the queen recognized him, she told the king right away who he was and where he had come from. She asked the king to treat him with honor and esteem. This the king did and let him eat with him, sharing even from his own dish. The newcomer declared himself to be a minstrel, and for that reason he always carried his harp as close to him as possible, for he didn't want to lay it aside under any circumstance for the sake of another man's friendship or honor.

After the king had eaten and the table had been removed, his retinue grew cheerful and merry. In front of everyone the king asked if the Irish nobleman knew anything about playing the harp and if he didn't want to play him a song for the sake of friendship. To this the Irishman answered that he wouldn't entertain any king in a foreign country without knowing how he would be compensated.

The king replied: "Regale us now with an Irish tune, and you can have whatever you want."

Játaði hann þá því ok dró fram hörpuna ok sló einn írskan slátt, ok var vel áheyriligr öllum. Þá mælti kóngr, at hann skyldi gera þeim einn annan slátt jafngóðan eða vildara. Ok gerði hann þá annan hálfu vildara, svá at lysti at hlýða á. Ok mælti hann þá til kóngsins, allri hirðinni áheyrandi, at kóngrinn skyldi halda honum þann formála, sem mælt var ok hann skildi sjálfr fyrir.

"Þat skal vera," segir kóngr, "seg mér, hvat þú vill."

Þá svarar hinn írski: "Ísönd skaltu gefa mér," kvað hann, "því þú átt ekki fé né aðra hluti, þá er ek vil heldr hafa."

Kóngr svarar: "Þat veit trú mín, hana skaltu aldri fá. Bið heldr þess, er þú kant fá."

Hann svarar kóngi: "Lýgr þú nú ok rýfr heit þín, er þú seldir mér allri hirðinni áheyrandi. Ok eru lög ok réttindi, at þú ráðir aldri optar ríki, því sá höfðingi, sem opinberliga lýgr ok gengr á eiða sína ok orð, á aldri at hafa vald né ríki yfir dugandismönnum. En ef þú neitar þessu, er ek hefi mælt, þá legg ek undir dóm einarðra manna. En ef þú finnr þann nokkurn, er ekki vili mér þessu játa ok móti þorir at mæla, þá skal ek mitt mál verja fyrir honum á þessum degi, allri þinni hirð ásjáandi, at þú játaðir mér minn vilja, hvat sem þat væri, er ek vilda yðr biðja. Nú ef þú synjar mér þat, er þú hézt mér, þá átt þú engan rétt í þessu kóngsríki, ok þat skal ek með mínum vápnum sanna í móti þér, ef þessi hirð þín vill rétt dæma ok þessir dugandismenn vilja einörð sinni halda."

Kapituli 50

Markis kóngr hefir nú hlýtt á orð hans ok sá yfir alla palla herlið sitt, ok fann hann engan þann í hirð sinni, at móti þyrði at mæla né sitt mál at vinna eða dróttninguna at frelsa, þvíat þat vissu allir, at hann var grimmr maðr ok hinn harðasti í vápnaskiptum ok til alls konar atgerðar.

Ok er kóngr sá, at engi vildi <við> hann eiga, þá fekk hann frúna í hans vald, svá sem ráðgjafar hans ok riddarar dæmdu. En hann tók þegar við henni með góðvilja ok reiddi hana ofan til strandar. Hörmuligr var nú hennar harmr, er hún kærði sín vandræði, grét ok var hugsóttarfull ok andvarpaði angrsamliga. Hún bölvaði þeim degi, er unnasti hennar fór á veiðar, því ef hann hefði þar verit, þá er hún var upp gefin, mundi hann kaupa hana með hörðum bardaga, ok þess væri ván, <at> hann léti fyrr líf sitt en hann fengi hana eigi. Írski maðr bar hana nú grátandi í landtjald sitt. Ok er hún var lögð í rekkju, þá mælti hann, at búa skyldi skipit sem skjótast, at þeir mætti braut fara sem fyrst. En skipit lá allt á þurrum sandi, ok tók þat hit fyrsta sjórinn at falla at, ok þó fjarri drómundinum.

Í þessum svifum kom Tristram af skógi, ok var honum kunngerð þau tíðindi, at Ísönd dróttning væri í braut tekin ok upp gefin. En hann kallaði til sín skósvein sinn ok tók gígju sína ok hljóp á vápnhest sinn ok hleypti sem skjótast ofan til tjalda. Sem hann kom at brekku nokkurri skammt frá landtjaldinu, þá steig hann af

He assented to that and pulled forth his harp to play an Irish melody that sounded good to everyone. Then the king asked him to play for them another tune as good or better, and he played another twice as beautiful, so that it was a delight to listen to. And then he said to the king in front of the entire royal retinue that the king should keep the promise made to him and which the king himself had decided.

"So be it," said the king. "Tell me what you want."

The Irishman answered: "You shall give me Ísönd," he said, "for you own no treasure nor anything else that I would rather possess."

"By my faith," the king responded, "you will never get her. Ask rather for something that you will be able to receive."

"Now you are lying and breaking the promise that you made to me in front of your entire retinue," he said to the king. "It is the law and it is just, that you no longer rule in your realm, for that nobleman who openly lies or who breaks his oath or his word, shall not hold power or dominion over valiant men. Should you deny what I demand, then I will commend the case to the judgment of honest men. Should you find someone who will not agree with me in this matter and who objects, then against him I will defend my case on this very day in front of all your retinue, so that you will accede to my demand, whatever it is that I ask of you. If you deny me what you have promised me, then you have no right to this kingdom, and I will prove this with my weapons, if our retinue here will judge rightly and these honest men will stand fast in their fairness."

Chapter 50

King Markis listened to his words and then inspected his warriors on all the benches, and he found not a one in his retinue who would dare to demur or to adopt his cause or to save the queen, for everyone knew that this was a savage man and most severe in the use of weapons and in all kinds of situations.

When the king saw that no one wanted to fight the Irishman, he surrendered his wife to this man's authority, as his counselors and knights had decided. He in turn eagerly but graciously took her and led her down to the shore. She was miserable in her misfortune. Crying and bemoaning her troubles, weighed down by anxiety and sighing with sorrow, she cursed the day on which her beloved had left for the hunt, for if he had been present when she was forsaken, he would have redeemed her in bitter battle, doubtless ready to lose his life if unable to get her back. She cried as the Irishman bore her back to his tent. After placing her on the bed, he commanded that the ship be readied, so that they might depart as soon as possible. But the ship was beached on dry sand and though the tide was beginning to rise, it was still far from their vessel.

At this moment Tristram emerged from the woods, and he was told the news that Queen Ísönd had been surrendered and taken away. He summoned his page, took his fiddle, sprang on his warhorse and gallopped down to the tent. When he reached a slope not far from the tent, he dismounted and gave his horse to the page

hesti sínum ok fekk í vald skjaldsveini sínum at gæta ok gekk með gígju sína sem skjótast at tjaldinu, ok sá hann Ísönd liggja í *faðmi[68] hans, þessa lenda manns, en hann huggaði hana sem hann kunni, en hún hafnaði huggan hans, grét ok illa lét.

Sem hinn írski leit gígjarann, er hann var kominn í landtjaldit, þá mælti hann: "Gaurr," kvað hann, "ger oss eina fagra skemtan með gígju þinni, ok skal ek gefa þér möttul ok gott blank, ef þú getr huggat frú mína."

Þá mælti Tristram: "Guð þakki yðr, herra. Ek skal svá mikit at gera, at hún skal ekki á þessu misseri syrgja, ef ek vil hug á leggja at skemta henni."

Nú bjó hann gígju sína ok gerði þeim fagra skemtan með fögrum söngum. Ísönd hlýddi til um náttina ok huggaðiz af tilkomu vinar síns ok ástsemd.

Sem hann lauk skemtan sinni, þá var drómundurinn á floti, ok mælti þá einn *írskr[69] maðr til þess lenda manns: "Herra," kvað hann, "förum braut sem skjótast. Þér dvelið hér alls of lengi. Ef herra Tristram kemr heim af veiðinni, þá er hræðiligt, <at> hann tálmi nokkut ferð vára héðan. Hann er frægr yfir alla þá riddara, er í eru þessu ríki, ok hann er forstjóri allra þeira."

Þá svarar hinn lendi maðr: "Vei sé þeim, sem nokkut óttaz atreiðar hans. Vinr," kvað hann, "ger mér nú aðra skemtan at hugga með Ísönd, frú mína, svá <at> þú komir af henni harmi sínum."

Tristram stilti þá gígju sína ok hóf þeim þá einn gildan slátt ok einkenniligan at heyra, er gerr var af ástarþokka. Ok hlýddi Ísönd til öllum huga. Hann gerði langan leikinn ok lauk svá sem með nokkurum harmi. Ok í því var svá mjök sjórinn flæddr, at ekki mátti komaz á bryggjuna fyrir flæðinu, ok flaut þá bryggjan fram hjá skipinu.

Þá mælti hinn írski: "Hvat skulum vér nú til gera? Hversu skulum vér koma Ísönd," kvað hann, "á skip? Látum nú út falla sjóinn til þess, at hún kemz þurrum fótum á bryggjuna."

Tristram svarar: "Ek á góðan hest í dalnum hjá oss."

"Ger svá vel," segir hinn írski, "haf hingat hestinn."

Tristram kom þegar til hestsins ok hljóp á bak honum ok tók sverð sitt ok kom því næst hleypandi til hin írska lenda manns: "Herra," kvað hann, "fá mér hingat frú Ísönd. Ek *heit[70] þér því, at ek skal fara hæfiliga með hana."

Ok hóf sá hinn írski hana upp í söðulinn ok bað fögrum orðum, at hann færi vel ok hæfiliga með unnustu hans.

Sem Tristram hafði tekit Ísönd, þá mælti hann hárri röddu: "Heyr, þú hinn heimski," kvað hann, "ok hinn gálausi. Þú sóttir Ísönd með þinni hörpu, en nú hefir þú týnt henni sakir einnar gígju. Makliga var þá, er þú léz hana, þvíat með svikum fekktú hana. Far nú sneyptr ok svívirðr heim til Írlands, þinn illi svikari. Þú fekkt hana með svikum af kónginum, en ek með vélum af þér."

Því næst laust hann hestinn sporum ok reið skyndiliga upp at sandinum ok svá í skóginn.

Nú hefir hinn írski at sönnu látit Ísönd, þvíat Tristram hafði í braut unnustu sína. Ok er at kveldi kom, þá váru þau í skóginum ok bjuggu um sik sem bezt váru föng til, ok váru þau þar þá nátt með ynniligri hvíld.

for safe keeping. Quickly he went with his fiddle to the tent, where he saw Ísönd lying in the nobleman's embrace. He was trying to console her as best he could, but she refused his solace, weeping and wailing.

When the Irishman caught sight of the fiddler who had entered the tent, he said: "Peasant, amuse us with your fiddle, and I will give you a coat and a good robe if you are able to cheer up my lady."

Tristram answered: "May God reward you, sir. If I set my mind to entertaining her, I will be so successful that she will not be unhappy this whole winter."

Then he tuned his fiddle and entertained them well with beautiful songs. Ísönd listened throughout the evening and drew comfort from the arrival and affection of her friend.

When he had finished his performance, the ship was already afloat, and one of the Irish spoke to the nobleman: "Lord," he said, "we must leave at once. You have stayed here much too long. If Sir Tristram returns from the hunt, then I'm afraid that he could delay our departure. He is renowned above all the knights in this kingdom, and he is the leader of them all."

Thereupon the nobleman replied: "Woe to those who in any way fear his attacks. Friend," he said, "play me another song to comfort Ísönd, my lady, and lift from her her sorrow."

Tristram tuned his fiddle and began a love song, an esteemed tune especially pleasant to the ear. Ísönd listened intently. He played the song for a long time and finished it with a rather sad ending. In the meantime the tide had risen so much that it was impossible to get to the gangway because of the water, and then the gangway floated past the ship.

Then the Irishman spoke up: "What should we do now? How are we going to get Ísönd onto the ship? Let's wait until the tide recedes, so that she won't get her feet wet getting to the gangway."

Tristram spoke up: "I've got a good horse nearby in the valley."

"Be so kind as to bring it here," replied the Irishman.

Tristram went to the horse, mounted, and grabbed his sword, and then galloped back to the Irishman. "Sir," he said, "give me Lady Ísönd. I promise that I will treat her properly."

And so the Irishman lifted her into the saddle and courteously asked him to treat his beloved with care and propriety.

When Tristram had Ísönd in his possession he spoke in a loud voice: "Listen, you careless fool," he said. "You won Ísönd with your harp, and now you have lost her because of a fiddle. It is fitting that you lose her, for you gained her by deception. Go back to Ireland, disgraced and dishonored, you perfidious lout. You took her from the king by deception, and I from you by cunning."

Then he spurred his horse and quickly rode up the beach and into the woods.

Now the Irishman had truly lost Ísönd, for Tristram had taken his beloved away. The couple was in the woods when evening came. They set up camp as best they could, but had a delightful rest there that night.

En um morguninn, sem dagr kom, þá reið hann heim með hana í kóngsgarð ok
gaf hana upp kónginum ok mælti: "Herra," kvað hann, "þat veit trú mín, at lítit
sómir konu at unna þeim manni, er hana gefr upp fyrir einn hörpuslátt. Nú gætið
hennar í öðru sinni betr, þvíat með mikilli list er hún aptr komin."

Kapituli 51

Tristram unni Ísöndu óskiptiliga ok hún honum jafntryggiliga, hvárttveggja
jafnlistiliga ok virðrkvæmiliga. Svá var mikill kraptr ástar þeirar sem þau hefði
bæði einn hug ok hjarta, allt til þess at orð kom á ok aðrir undruðu. En þó var engi
sá, er þat vissi með sannindum, útan slíkt var talat með grunsemdum.

Tristram átti einn félaga, er hann unni mjök vel með öllum trúnaði ok fögrum
félagskap, ok var hann ræðismaðr ok nærgöngull kóngi, svá <at> hann *réð[71] öllu
með honum, því <er> hann vildi, ok var hann kallaðr at nafni Maríadokk. Þeir
fylgðuz jafnan, Tristram ok hann, ok höfðu báðir eitt herbergi. Ok bar svá til eina
nátt, at þeir sváfu báðir samt, ok er ræðismaðr var í sæng kominn í svefn, þá stalz
Tristram braut frá honum. Ok er hann kom út, þá var snjór fallinn, ok skein tunglit
svá ljóst sem dagr væri. Sem hann kom at skíðgarðinum eplagarðsins, þá kipti
hann ór fjöl einni, þar sem hann var vanr inn at ganga. En Bringvet tók hönd
honum ok leiddi hann til *frú[72] Ísöndar ok tók eskjuhlaup einn ok hválfði fyrir
stafkertin, at ekki skyldi ljós kertanna koma at þeim. Síðan gekk hún í hvílu sína
ok gleymdi at byrgja hurðina, en Tristram lék sér þá við dróttning.

En á meðan dreymdi ræðismann einn draum, at hann þótttiz sjá ór mörkinni
einn hinn mesta *villigölt[73]—gapti munni ok hvatti tennr sínar sem óðr væri ok
svá ógurliga látandi sem hann vildi hvatvetna í sundr höggva—ok stefndi þangat
at kastalanum. Ok sem hann kom þar, þorði engi í allri kóngshirð at verða fyrir
honum né móti at taka eða bíða hans. Ok sá hann, at hann skundaði at kóngs rekkju
ok hjó kónginn milli herðanna, svá at af blóðinu ok froðunni, er fell ór munni
honum, þá saurgaði hann öll rekkjuklæðin. Ok kom þá mikit fólk at hjálpa honum,
ok þorði hann ekki í móti at gera. Ok þá vaknaði Maríadokk af mæði ok angri af
þeim draumi ok hugði fyrst, at satt væri. Ok kom honum þá í hug, at draumr var.
Ok þótti honum þá undarligt, hvat þat mundi vera.

Ok kallaði hann þá á Tristram, félaga sinn, ok vildi segja honum þessi tíðindi.
Þreifaði hann þá ok vildi segja honum drauminn, leitandi hans, ok fann hann þá
hvergi. Reis hann þá upp ok gekk til dyranna ok fann hurðina opna ok íhugandi þá,
at Tristram var genginn at skemta sér á þeiri nátt, ok þótti honum þat undarligt, at
hann komz út svá leyniliga, at engi maðr gat fundit brautgöngu hans ok engum
manni sagði hann, hvert hann vili ganga. Ok sá hann fram fyrir sik í snjóinn fótspor
hans ok lét upp á sik skó sína ok gekk eptir farveg hans, þvíat tunglit gaf honum
yfrit ljós. Ok er hann kom at grasgarðinum, þá fann hann þegar hliðit, þat sem
Tristram hafði inn gengit. En hann undraði, hvar hann væri niðr kominn, því hann

In the morning at daybreak Tristram rode home with Ísönd to the king's court, delivered her to the king and said: "My Lord, he said, "surely there is little honor for a woman to love a man who would surrender her for a performance on a harp. Next time protect her more carefully, for it took great cleverness to get her back."

Chapter 51

Tristram continued to love Ísönd and she him just as truly. They loved each other both with equal discretion and good taste. The power of their love was such that they possessed one heart and one mind—to the point where rumors circulated and people wondered. No one, however, knew for certain, yet people talked about their suspicions.

Tristram had a companion with whom he was very close, having a relationship of complete trust and excellent comradeship. This man was also a counselor to the king and around him a good deal of the time, so he discussed everything that he wanted to with the king, and his name was Maríadokk. He and Tristram were always together and both of them shared one room. It happened one night, after they had gone to bed and the counselor had fallen asleep, that Tristram stole away. When he got outside, snow had fallen, and the moon shone as bright as if it were day. He reached the wooden fence of the orchard and pushed out one of the pickets where he was accustomed to enter. Then Bringvet took him by the hand and led him to Lady Ísönd, where she took a basket made of ash wood, turned it over and placed it over the candlestick, so that they wouldn't be illuminated by the light from the candle. After that she went to bed, forgetting to lock the door, and Tristram made love to the queen.

In the meantime the counselor had a dream in which he saw a huge wild boar emerge from the forest, opening its mouth and gnashing its teeth as if in a rage, and acting so ferociously as if it wanted to tear everything apart. It made for the castle, and when it got there, no one in all of the king's retinue dared to stand in its way or to confront it or even to wait around for it. He saw that it rushed to the king's bed and slashed the king between the shoulders, so that all the bedclothes were soiled by the blood and by the froth that dripped from its mouth. A host of people came to help the king, but no one dared to do anything. Then Maríadokk woke up, exhausted and terrified by the dream, thinking at first that it was real. Then he realized that it had been a dream, and he wondered what it might mean.

Calling out to his companion Tristram, he wished to relate to him what had happened. He groped around looking for him and wanted to tell him the dream, but couldn't find him anywhere. Then he got up, went to the door, and found it open. He thought that Tristram had gone out that night to amuse himself, but it seemed strange that he had left so secretly that no one had been aware of his leaving and that he hadn't told anyone where he intended to go. When he saw Tristram's footprints in the snow, he put on his shoes and followed his trail, for the moon supplied plenty of light. Reaching the garden, he discovered the opening where Tristram had entered. He wondered where he had gone, since he didn't suspect the queen,

hafði engan grun um dróttningu, heldr hugsaði hann at hann væri kær fylgismey dróttningar. Ok helt hann þá fram sinni göngu ok gekk inn leyniliga, sem hann mátti hljóðligast, at njósna, hvat títt var, svá at um síðir heyrði hann ræðu þeira Tristrams ok dróttningar. Ok efaðiz hann þá, hvat hann skyldi at hafaz. Ok var hugr hans allr angraðr, ok illa líkaði honum þat, at þola slíkar kóngs skemmdir ok svívirðing. Ok þorði hann þó ekki upp at segja, fyrir því at hann hræddiz at hrópa þau. Þá sneriz hann aptr á sömu leið á þeiri nátt. Lét hann ekki sem hann vissi þat. Sem Tristram kom aptr, þá lagðiz hann í rekkju hjá honum, ok gat hvárrgi fyrir öðrum.

Þessi varð hinn fyrsti atburðr, er opinberligt varð um ást þeira, en aldri varð maðr varr við fyrr, hvárki nætr né daga. Ok var þat þá svá lengi til þess, at öfundarmenn ok óvinir Tristrams gerðu Markis kóngi kunnugt leyndarmál þeira. Nú varð kónginum at þessu mikill harmr ok hörmulig hugsótt, angr ok óró, ok veit hann ekki, hvat hann skal gera, ok lét þá njósna um atferð þeira.

Kapituli 52

Þá íhugaði kóngr at freista dróttningar ok vill heyra svar hennar ok bar þá hégóma fyrir hana. Eina nátt, er kóngr lá í rekkju sinni hjá henni, þá mælti hann til hennar sem þat væri hörmuligum orðum: "Frú mín," kvað hann, "ek vil vera pílagrímr ok fara útanlands ok sækja helga staði mér til hjálpar. Nú veit ek ekki, hverjum ek skal í hendr fá at varðveita hirð mína. Af því vil ek nú heyra, hvat ráði þú leggr til eða hvat yðr hugnaz bezt eða líkar. Nú segið mér ráð yðvart ok í hvers gæzlu þér vilið vera, ok vil ek yðru ráði fylgja."

Ísönd svarar: "Mér *þykkir[74] kynligt, því þér ifiz, hvat yðr fellr bezt at gera af því, sem þér báruð upp. Hverr skyldi mik varðveita nema herra Tristram? Svá finnz mér bezt sóma, at ek sé í hans gæzlu. Hann má verja ríki yðvart ok varðveita hirð yðra. Hann er systurson yðvarr, ok mun hann allan hug á leggja, at sæmd yðr sé hvarvetna haldin ok hirð með dyggri þjónustu ok hollri gæzlu í öllum friði ok hvers manns fagnaði."

Sem kóngr hafði heyrt orð ok ráðagerð hennar, sem dagrinn var kominn, þá gekk hann til ræðismanns síns, er illt vildi dróttningu, ok segir honum öll orð Ísöndar.

En hann svarar þá: "Svá er at sönnu," kvað hann, "sem ek hefi heyrt sagt. Nú meguð þér berliga finna af orðum hennar, at þar vildi hún vera, sem henni líkar betr, því hún ann honum svá mikit, at hún má ekki leyna. Ok er þat undarligt, at þér vilið slíka svívirðing svá lengi þola ok vilið ekki reka Tristram frá yðr."

En kóngrinn var í mikilli villu ok efaðiz um ok tortryggði, <at> þat mundi satt vera, er honum var sagt af Ísönd ok Tristram.

Ísönd stóð nú upp ór rekkju sinni ok kallaði til sín Bringvet, fylgismey sína, ok mælti: "Hin kærasta vinkona mín," kvað hún, "veiztu ekki, at ek hefi heyrt góð tíðindi ok mér vel líkandi, at kóngrinn vill fara útanlands, ok skal ek vera á meðan í gæzlu unnasta míns, ok skulum við hafa skemtan ok huggan, hverjum sem mislíkar."

thinking rather that Tristram had a fondness for the queen's attendant. And so he continued, entering secretly and as silently as he could, in order to find out what was happening. After a while he heard Tristram and the queen talking, and he was unsure what he should do. His heart sank, and he greatly disliked tolerating the disgrace and dishonor of the king. Nevertheless, he didn't dare to speak up, for he was afraid of slandering the couple. Then he returned by the same way he had come and didn't reveal anything of what he knew. When Tristram returned, he lay down in the bed beside him, but neither spoke to the other about it.

This was the first incident where their love became apparent, for no one had witnessed anything before, neither by night nor by day. It took a long time until envious men and enemies of Tristram made King Markis aware of their secret. At this the king became greatly aggrieved and deeply distressed, desolate and agitated. He didn't know what to do, so he had people investigate their behavior.

Chapter 52

Then the king decided to test the queen, and just to hear her response, he told her a lie. One night, as the king lay in bed next to her, he spoke to her with feigned sadness: "My lady," he said, "I wish to become a pilgrim and travel abroad to visit holy places for the good of my soul, but I don't know whom I should put in charge of my retinue. For that reason I want to hear what advice you would give or what you deem best or prefer. Now tell me your advice and in whose keeping you wish to be, and I will heed your counsel."

Ísönd answered: "It seems strange to me that you are in doubt about what is best to do in this situation that you have brought up. Who could better protect me than Sir Tristram? It seems to me the most honorable for me to be in his keeping. He can protect your kingdom and watch over your retinue. He is your nephew and will conscientiously try to keep your honor everywhere intact and the court faithfully served and loyally protected in peace and to the satisfaction of everyone."

After the king had heard her words and wisdom, he went after daybreak to his counselor, who was no friend of the queen's, and told him Ísönd's words.

Then the counselor responded: "So it is true," he said, "what I have heard. Now you may clearly discern from her words that she wishes to be there where she likes it better, for she loves him so much that she can't conceal it. And it is strange that you are willing to endure such shame without driving Tristram from you."

The king was very confused and unsure, but suspected that what had been said to him about Ísönd and Tristram might be true.

When Ísönd got up from her bed, she called her attendant, Bringvet, to her and said: "My dearest friend," she said, "do you not know the good news I have heard that is just to my liking? The king wants to travel abroad while I am in the care of my beloved, and we will have our amusement and pleasure, no matter whom it displeases."

Þá svarar Bringvet: "Hversu *vituð þér[75] þat? Eða hverr sagði yðr þat?"

Þá segir Ísönd henni þat, sem kóngrinn mælti. En Bringvet fann þegar heimsku hennar ok sagði: "Þér kunnið ekki at leynaz. Kóngr hefir freistat yðvar ok hefir fundit, at þú kant ekki sjálf at leynaz. Ok hefir ræðismaðr þessu valdit, at þú sjálfa þik upp segðir af hégóma þeim, er fyrir þik var borinn ok þú trúnað á lagðir. Nú hafa þeir fundit ok af sjálfrar þinnar orðum sannat."

Ok sýndi hún henni skynsemd ok kendi henni andsvör, at svara kóngi ok koma henni ór villu þeiri, er ræðismaðr telr fyrir henni.

Kapituli 53

Markis kóngr lagði mikinn hug á með andvökum ok áhyggju ok vill vita með fullu sannfræði, hvat honum sómdi sannast af at trúa um ámæli þat, sem á er fallit Ísönd ok Tristram. Á annarri nátt, sem hann lá í rekkju sinni hjá Ísönd, þá leitaði hann enn véla ok vill freista hennar ok lagði hana í fang sér með miklu blíðlæti ok sætum kossum ok með þeim leik, er flestum líkar vel, svá kotungum sem kóngum. En hún fann þegar, at hann vildi freista hennar, sem hann fyrr gert hafði.

En hún um sneri þá lunderni sínu, andvarpaði þá af öllu hjarta ok grét ok bölvaði þeim degi, er hún sá hann, ok hann leiddi hana í sína sæng, ok mælti: "Ek vesöl," kvað hún, "var til harms fædd ok hugsóttar. Svá hefir mér jafnan gengit allt angrsamliga. Ok þat kann mér sízt gefaz, er mér sómir mest. Ok þat, er ek vilda helzt hafa, vill mér sízt unna."

Ok sýndi þá kónginum sút ok sorg, angr ok óró, reiði ok hryggleik með mörgum tárum.

Þá mælti kóngr til hennar: "Mín fríða frú," kvað hann, "hvat er yðr, eða hvat grætr þú?"

Þá svarar Ísönd: "Miklar eru sakir til sorgar minnar ok óbæriliga meina, nema þér leggið umbót til. Ek hugða, at yðr mundi gaman, þat er þér rædduð í fyrri nátt, eða mundi þat vera leikr, at þér létuz vilja fara útanlands, en nú hefi ek allt sannfregnat um ætlan brautferðar yðvarrar. Vesöl er sú kona, sem manni ann of mjök. Engi kona má karlmanni trúa, þat er þér ætlið at fara frá mér ok láta mik hér eptir vera. Með því at þér hafið þetta ráðit, hví leynduð þér mik því? Í dag var mér sagt at sönnu, at þér vilið braut fara. Hvar vilið þér láta mik vera, eða hverir vinir várir skulu varðveita mik? Fyrir yðrar sakir lét ek öll hjálpræði, föður ok móður, frændr ok vini ok miklar sæmdir, sælu ok ríki. Þat er yðr skömm ok svívirðing at láta mik hér vera. Aldri fæ ek huggun nátt né dag, þegar ek missi yðvarrar ástar. Fyrir guðs sakir dveliz heima eða mik harmfulla látið með yðr fara."

Markis kóngr segir: "Mín frú, ekki skal ek þik einsamla eptir láta, þvíat Tristram, systurson minn, skal gæta þín með miklum kærleika ok tignarligri þjónustu. Engi

"How do you know that?" answered Bringvet. "Who told this to you?"

Then Ísönd repeated for her what the king had said, but Bringvet recognized her foolishness and responded: "You two don't know how to keep things secret. The king has tested you and has found out that you can't disguise your feelings. The counselor had a hand in this, getting you to betray yourself because of the trap that was set for you and which you fell for. Now they have found out and proved with your own words."

She explained everything to her and taught her an answer to give to the king, in order to extricate herself from the falsehood that the counselor was spreading about her.

Chapter 53

Through watching and wakefulness King Markis took a great interest in the matter, wanting to be absolutely certain of what was right for him to believe about that reproach falling upon Ísönd and Tristram. The next night, as he lay in his bed beside Ísönd, he tried a trick once more, wanting to test her. He embraced her with great tenderness and sweet kisses and the recreation that most people enjoy, cottagers as well as kings. But she knew immediately that he wanted to put her to the test as he had before.

And so she changed her mood, sighing from the bottom of her heart, crying and cursing the day she first saw him and when he led her to his bed. "Poor me," she said, "born to sorrow and care. Things have always turned out miserably for me. What is most fitting for me finds me last, and what I most desire is bestowed upon me least."

Then she showed the king sadness and sorrow, trouble and turmoil, anger and affliction with a torrent of tears.

Then the king spoke to her. "My beautiful lady," he said, "what is wrong? Why are you crying?"

Ísönd answered: "There are many reasons for my sadness and unbearable torment, unless you would grant relief. I thought you were speaking in jest last night or that it was a joke when you declared that you wanted to travel abroad, but now I have learned the whole truth about your plans to leave. Wretched is the woman who loves a man too much. No woman can trust any man, seeing that you intend to go off and leave me behind. But when you did make this decision, why did you keep it a secret from me? Today I was told for certain that you want to travel abroad. Where will you put me, and which of our friends are supposed to protect me? Because of you I left all of my support, my father and mother, relatives and friends, and great honor, happiness, and power. There is shame and disgrace for you in leaving me behind. I shall never find solace, day or night, when I am without your love. For God's sake, either remain at home or let me, distraught as I am, travel with you."

King Markis replied: "My lady, I will not leave you here alone, for my nephew Tristram will protect you with geat devotion and with honorable service. There is

er sá í mínu ríki, sem ek ann jafnmikit sem hann, einkanliga fyrir þat, <er> hann
þjónar yðr svá kurteisliga."

Ísönd svarar: "At fullu fellr mér ógæfusamliga, er hann skal mik varðveita ok
ek í hans gæzlu vera. Mér er kunnug hans þjónusta, ástsemd ok blíðlæti til mín. Þat
er fals ok hégómi með fagrmæli. Svá lætr hann sem hann sé vinr minn, þvíat hann
drap móðurbróður minn, ok mælir hann því fagrt við mik, at ek skal ekki hefna
honum né hata hann. En þó viti hann þat at sönnu, at ekki blíðlæti hans getr mik
huggat um þann hinn mikla harm, skömm ok skaða, er hann gerði mér ok ætt
minni. Ok ef hann væri ekki systurson yðvarr, minn herra, þá hefða ek fyrir löngu
látit hann kenna minnar reiði ok *hefnt[76] á honum minn harm ok sút. Ok nú vilda
ek aldri sjá hann né við hann ræða. En sakir þess læt ek blítt við hann, at mér er
ámælt með almenniligu hrópi, at ek hata frænda yðvarn ok hinn kærasta vin þinn,
þvíat þat er opinberliga orðkvæði, at ferligt kann verða lunderni kvenna, at konur
unna ekki frændum bænda sinna eða vilja hafa þá nær ræðu sinni eða verkum nætr
sem daga. Nú hefi ek fyrir þessar sakir varaz hróp ok ámæli, þegit blíðlæti hans ok
þjónustu. Aldri skal ek í valdi hans vera né þjónustu þiggja, heldr bið ek yðr, minn
herra, at þér látið mik með yðr fara."

Svá mælti hún margt at því sinni, at kóngrinn fyrirgaf henni alla reiði sína.
Síðan gekk hann til ræðismanns ok segir honum, at engi ást væri með þeim
dróttningu ok Tristram. En ræðismaðr freistaði þess með allri list at kenna kónginum,
hvat hann skyldi ræða til dróttningar ok freista hennar. Ok sem kóngrinn hafði
heyrt orð hans, þá gekk hann til dróttningar ok mælti, at hann vill at vísu svá braut
fara, en hún skal sitja eptir í gæzlu vildustu manna ok vina, er hana skyldu tigna
með alls konar vild ok virðingu—"ok engi vil ek geri þat, <er> yðr mislíkar, eða
neitt þat, <er> yðr sé á móti skapi. En með því <at> yðr hugnar ekki at Tristram
frændi minn sé í þjónustu með yðr, þá skal ek sakir ástsemdar yðvarrar hann nú
firra yðr ok senda hann til annarra landa, þvíat engum kosti skal ek unna honum
móti yðrum vilja ok sæmdum."

Ísönd svarar: "Herra," kvað hún, "aldri skuluð þér svá illa gera, þvíat þá mundu
menn mæla um allt ríki yðvart, at ek hefða komit yðr í slíka ráðagerð ok at ek hata
frænda yðvarn sakir dauða Morholds ok *eggja[77] yðr at hata hann sakir þess, at ek
ræni hann gæzku ríkis yðvars, en hann er skyldastr ok næstr sjálfum yðr at varðveita.
Ok mun ek at slíku verða hrópuð, ok vil ek ekki, at þér hatið frændr yðar sökum
minnar ástsemdar. Yðr sómir ekki at láta hann braut fara fyrir mínar sakir né fyrirláta
ríki yðvart, frið ok gæzku. En ek em kvennmaðr einn, ok ef ófriðr kann geraz, þá
munu óvinir taka ríki yðvart af mér skjótt, þvíat ek hefi ekki afl né mátt at verja.
Ok mun þá mælt vera, at ek koma fyrir því Tristram braut, er hin öflugasta vörn er
ríkis várs, at ek hataða hann svá mjök, at hann mátti ekki vera fyrir mér. Nú ger
annat tveggja, at ek fara með þér skyndiliga eða fáið honum gæzlu ok vernd ríkis
várs."

Kóngrinn hlýddi gjarnsamliga til orða Ísöndar, ok fann hann, at hún hafði
mikinn góðvilja til Tristrams, ok íhugaði hann hina sömu grunsemd, ok hryggðiz
hann þá af harmi ok hugsótt, ok endurnýjaðiz þá reiði hans ok hryggleikr.

no one in my kingdom whom I love so much as him, especially because he serves you so chivalrously."

"My misfortune will be complete," responded Ísönd, "if he should protect me or if I should be in his custody. I am aware of his service, love, and tenderness toward me. It is deceit and falsehood with fair words. He is pretending to be my friend, because he killed my uncle, and he flatters me, so that I won't hate him or seek vengeance. However, he should know for a fact that his fawning will never make me forget the sorrow, the shame, and the hurt that he caused me and my family. If he were not your nephew, my lord, then I would have let him know my anger a long time ago and avenged my sorrow and grief. I would never want to see him nor speak to him, but because people generally criticize me with the slanderous statement that I hate your relatives and your dearest friend, I pretend to be friendly to him. Isn't it a well-known saying that women have a terrible character flaw, disliking their husband's relatives and not wanting to work with them or speak to them day or night. This is the reason that I avoided reproach and slander, enduring his service and his fawning. Never again will I be in his power or accept his service, but rather ask you, my lord, to allow me to travel with you."

She went on this way for a long time, so that the king's anger abated, and he forgave her. Afterwards he went to the counselor and told him that the queen and Tristram did not love each other. But the counselor tried with all his cunning to instruct the king in how to test the queen and what to say to her. After the king had listened to him, he went back to the queen and told her that when he left he would make sure that she would remain under the protection of the finest men and friends, who would honor her with the highest regard and respect—"for I do not want anyone to do anything that displeases you or that is against your will. And since you do not wish to have my nephew Tristram in your service, then out of love for you I will remove him and send him to other countries, for under no circumstances will I show him favor against your wishes and your honor."

Ísönd answered: "Lord," she said, "you should never do anything so malicious, because people throughout your kingdom will say that I influenced your decision and that I hate your nephew due to Morhold's death and am inciting you to hate him, in order to deprive him of the bounty of your kingdom, whereas he is duty bound first and foremost to protect you. I will be blamed for this, and I do not want you to hate your nephew for the sake of my love. It does you no honor to have him leave because of me and relinquish the peace and benefits of your kingdom. I am just a woman, and if hostility breaks out, then your enemies will quickly take your kingdom from me, for I have neither the power nor the strength to defend it. Then it will be said that I compelled Tristram to leave, he who is the mightiest protector of our kingdom, because I hated him so much that I did not want him around. So do one of two things, let me go with you at once or charge him with the protection and guardianship of our kingdom."

The king listened intently to Ísönd's words and found that she harbored a great deal of kindheartedness toward Tristram. He considered again the previous suspicion and became burdened with care and concern, reviving his anger and his distress.

En um morguninn gekk dróttning á einmæli við Bringvet. Ok talði hún hana heimska ok ekki gott kunna, ok kendi hún henni þá góða list, hversu hún skal svara kóngi um þat, er hann vill Tristram braut reka.

Kapituli 54

Hér eptir vill kóngr, at Tristram sé ekki innan hirðar lengr vegna hróps, sem á er fallit Tristram ok dróttningu, ok hefir hann nú vandliga skilit þau, ok býr nú Tristram í bæ nokkurum undir kastalanum. Hann helt sér þar herbergi ok mikinn kostnað. Ok var hann nú jafnan hryggr ok svá Ísönd, at þau máttu ekki finnaz. Nú af því at þau eru nú svá í sundr skilin, þá bliknuðu nú hvárttveggi þeira af sorgum ok sútum, því <at> þau hafa tapat sínu yndi. Ok fann nú öll hirðin sótt þeira. Ok finnr kóngr þetta nú opinberliga, ok íhugaði hann nú eina vél, því hann vissi, at þau vildu gjarna finnaz, en þau báru angr ok harm um atskilnað sinn, ok er þeira nú vandliga gætt.

Einn dag sendi kóngr eptir veiðihundum sínum ok lét búa hesta sína ok sendi út eptir veiðimörkinni at búa laufskála ok setja landtjöld, ok var þangat flutt vín ok vistir, því hann léz vilja dveljaz á veiðum sex vikur eða lengr. Ok tók hann þá leyfi af dróttningu at fara at skemtan sinni, ok fór þá kóngr í mörkina.

Sem Tristram frétti heimanferð kóngs, þá huggaðiz allr hugr hans, ok léz þá vera sjúkr ok dvalðiz heima at freista, ef nokkur sá atburðr kynni at verða, sem hann mætti finna dróttningu. Ok tók hann þá vönd einn ok telgði fagra *lokarspánu[78] svá mikils hagleiks, at engi maðr hafði þess dæmi sét, þvíat þá <er> þeir váru á vatn kastaðir, þá spiltuz þeir ekki ok flutu á vatninu sem froða væri, ok gat engi straumr ónýtt þá. En þeim sinnum, sem Tristram vildi ræða við Ísönd, þá kastaði hann spánunum út á ána, er rann hjá turninum ok fyrir svefnhús dróttningar, ok vissi þegar dróttning ok fann af þessum vélum vilja hans ok vitjan.

Sem Tristram stóð ok telgði vönduna, þá kom dvergr einn gangandi ór kastalanum ok mælti: "Guðs kveðju ok frúr Ísöndar. Hún sendi yðr orð, at hún vill tala við yðr. Nú fyrirlát at engum kosti at koma til hennar, þar sem þú fannt hana seinast, ok væntir mik, at þú munir vita ok muna staðinn. Ok segi ek þér þat einum í leynd. Ok ekki er ráðit, hvat nær svá kann til at bera sem nú er orðit, því öll hirðin er braut farin á veiðar. Ok því sendi hún yðr orð, at þér kæmið í nátt at tala við hana. Nú segið mér þau orð, er þér viljð henni senda, þvíat ek þori ekki lengr hér at dveljaz sakir illmenna þeira, er mik öfunda ok segja þat kóngi, at ek gera illt þat allt, er í milli ykkar er. Ef þeir vissi nú, at ek væra hér, þá mundu þeir rægja mik ok hrópa fyrir kóngi."

Tristram mælti til hans: "Vinr," kvað hann, "guð þakki þér, er þú vildir mér orðsendingar bera, ok gagn skal þér at verða, ef ek má lifa. En nú at sinni, þó lítit sé, þá gef ek þér yfirklæði mitt með hvítum skinnum, ok skal þat annat sinn meira verða. Nú bið ek þik í ástsemd, at ek senda hinni kurteisustu Ísönd guðs kveðju ok mína vináttu, ok seg henni, at ek má ekki koma, þvíat mér er þungt mjök í höfði, ok

On the following morning the queen went to speak alone with Bringvet, who called her foolish and ignorant. Then Bringvet taught her a good trick to use in answering the king about his intention to drive Tristram abroad.

Chapter 54

After this the king didn't want Tristram to be at the court any longer, due to the slander surrounding Tristram and the queen. He carefully separated them, so that Tristram lived in a certain town below the castle. His living quarters were there and very opulent, but he was still always full of sorrow, as was Ísönd, because they could not be together. Since they were now parted in this way, each of them grew pale from their sorrow and grief, for they had lost their happiness. The entire court noticed their distress, and it was obvious to the king. He devised a trick, for he knew that they really wanted to get together, but endured their sorrow and distress over being apart, because they were now closely guarded.

One day the king called for his hunting dogs and had his horses readied and men sent out into the forest to construct blinds and pitch tents. He had wine and provisions sent there, for he said that he wanted to spend six weeks or longer hunting. The king took leave of the queen, in order to attend to this diversion, and then he rode off into the forest.

When Tristram learned of the king's departure, he was greatly comforted, but said that he was ill, staying at home to try to find an occasion where he might meet the queen. He took a twig and whittled beautiful shavings so skillfully that no man had ever seen their equal, for when they were cast upon the water, they didn't sink but rather floated on the water like foam, and no current could destroy them. Every time that Tristram wanted to talk with Ísönd, he flung the shavings out into the river that ran past the tower and below the queen's bedroom. Immediately the queen understood and learned by this ruse of his desire to visit.

As Tristram stood carving the shavings, a dwarf came walking from the castle and addressed him: "God's greeting and Lady Ísönd's. She sends word that she wishes to speak with you. Now, under no circumstances should you fail to meet her where you saw her last, and I assume that you know the place and remember it. I am telling you this alone in strictest confidence. Who knows when a chance like this could happen again, since the entire court has left for the hunt. That is why she is sending you the message that you should go tonight to speak with her. Now tell me the message that you wish to send to her, because I dare not stay here any longer due to the evil men who hold a grudge against me and who will tell the king that I am responsible for all the bad blood between you. If they knew that I was here now, they would slander and defame me to the king."

Tristram answered him: "Friend," he said, "God bless you for wanting to bring me a message, and you will be rewarded if I should survive. But for now, even though it is insignificant, I will give you my coat trimmed with white fur, and there will be more next time. Now I ask you in friendship to take to gracious Ísönd God's greeting and my affection, and tell her that I am unable to come because of

alla þessa nátt var ek mjök sjúkr. En á morgun, ef ek má nokkurum kosti, þá geng ek at sjá hana, ef hún vill mér nokkut, ok má hún þá mæla, hvat hún vill."

Dvergrinn tók þá leyfi ok gekk heim til kastalans, þar sem kóngrinn hafði leynz at sæta þeim, ok segir hann þá kóngi, hvat hann mælti við Tristram ok hverju hann svaraði.

"Kóngr," kvað hann, "Tristram leyniz allr fyrir mér. En at sönnu þessa nátt munuð þér sjá ok finna athæfi þeira, er þau hafa lengi í leynd vaniz at vinna, því ek sá, <at> hann telgði spánuna, er hann var vanr at kasta á ána at lokka ok stefna Ísönd til sín." Ok ræddu þeir þá svá margt, at þeir fundu um síðir þat ráð ok þá list, at kóngr skyldi þar felaz um náttina ok sæta fundi þeira, þar sem þau váru vön at hittaz.

Kapituli 55

Sem kvelda tók, þá bjóz Tristram ok gekk at ánni hjá eplagarðinum, því Ísönd vandiz þangat hvert kveld at sitja nokkura stund hjá ánni í skemtan sinni ok kæra atburði æsku sinnar. Ok er hún kom þar, sá hún spánuna fljótandi, ok fann hún, at Tristram var þegar kominn í grasgarðinn, ok huldi hún sik alla með hvítum skinnum, sem var skikkja hennar, ok gekk hún þá í garðinn með huldu höfðu fram at viðunum, þar sem kóngrinn var fyrir. En Tristram öðrum megin komz um skíðgarðinn ok stefndi at trénu, þar sem þau váru vön at finnaz. En í því rann upp tunglit ok skein fagrt. Sá hann þá skugga kóngsins á jörðunni, ok nam hann þegar staðar, þvíat hann vissi, at kóngr vildi þegar njósna um þau. Angraðiz hann ok hryggðiz mjök um dróttningu, at hún mundi ekki gá skuggans. En því næst sá hún skugga kóngsins, ok varð hún þá mjök hrædd um Tristram. Ok ganga þau bæði í braut. Ok sá þau þá, at þau váru svikin í þessu máli, angrsfull ok mikilla sorga. En kóngrinn sat eptir undir viðinum, ok duldiz hann enn nú mjök um þessi mál, svá <at> hann gaf upp reiðina við bæði þau.

Þá bar svá til einn dag, at þau létu taka sér blóð, kóngr ok dróttning ok Tristram, því kóngr vill enn freista þeira í svefnhúsi sínu leyniliga. Ok gat ekki Tristram fundit vél þeira. En um náttina, er allir váru í svefni, þá lét kóngr engan þar vera nema Tristram einn.

"Frændi," kvað kóngr, "slökk öll stafkerti vár; mér er mein at ljósum."
En því mælti hann svá, at hann hafði lengi íhugat mikla vél ok brögð eptir ráðum hins illa dvergs, er jafnan lagði illt til Ísöndar dróttningar ok Tristrams. Sá hinn illi dvergr stóð þá upp leyniliga ór rekkju sinni ok tók laup þann, er hann hafði hjá rekkju sinni, fullan með hveitiflúr, ok dreifði hveitinu um allt gólfit, at sjá skyldi mega fótspor Tristrams í flúrunum, ef hann gengi til dróttningar. En Bringvet varð þegar vör við, hvat hann gerði, ok undirvísaði þat Tristram.

a terrible headache. All last night I was very ill, but tomorrow if I possibly can, I will go to see her. If she wishes anything from me, she can tell me at that time what she wants."

The dwarf took his leave and went home to the castle, where the king had concealed himself, in order to catch them. He told the king what he had said to Tristram and how Tristram had responded.

"King," he said, "Tristram is keeping everything from me, but tonight for sure you will see and learn about their conduct, which they have secretly practiced for a long time. I have seen that he whittled wood shavings, which he was accustomed to cast into the river, in order to entice Ísönd and summon her to him."

They discussed this matter so long until they finally hit upon that plan, that scheme, in which the king would hide himself during the night, lying in wait at the place where they were accustomed to get together.

Chapter 55

As evening drew near, Tristram got ready and went to the stream next to the orchard, because Ísönd was accustomed each evening to go there and sit for a while next to the stream, both to amuse herself and to lament the events of her childhood. Upon arriving there she saw the wood shavings floating and realized that Tristram had already gone to the orchard. She concealed her identity with a cloak of white fur, as was her custom, and went into the orchard with her head covered and right toward the trees where the king was hiding. From the other side Tristram came around the fence and headed for the tree where they usually met. At that moment the moon came out and shone brightly. He saw the shadow of the king on the ground and stopped in his tracks, because he knew that the king wanted to spy on them. Tristram became distressed and worried about the queen, that she might not see the shadow. But she immediately saw the king's shadow and became very afraid for Tristram. Both of them left, sorrowful and very distressed, realizing that they had been betrayed in this matter. The king, however, remained sitting under the tree, still unconvinced about this matter, and so he gave up being angry against them both.

One day it came to pass that they had themselves bled, the king and queen and Tristram, because the king wanted to put them secretly to the test once again in his bed chamber. Tristram was unable to see through their scheme. During the night, when everyone had gone to bed, the king didn't let anyone else stay there, with the exception of Tristram.

"Nephew," said the king, "put out all of our candles; the light disturbs me."

The reason he said this was because he had long thought about grand schemes and tricks on the advice of the evil dwarf, who still harbored ill will toward Queen Ísönd and Tristram. Stealthily this evil dwarf got up from his bed and took the box full of wheat flour that he had next to his bed and scattered the flour all over the floor, so that Tristram's footprints could be seen in the flour, if he went to the queen. However, Bringvet became aware immediately of what he was doing and told Tristram about it.

Því næst stóð kóngr upp á miðri nátt ok kvez móðr vera af legunni ok vill ganga til óttusöngs ok segir, <at> dvergrinn skyldi fylgja sér. Sem kóngr var braut genginn, en Tristram lá eptir, þá íhugaði hann, hvernig hann kynni at komaz at dróttningu, því hann veit, ef hann gengr til hennar, þá má sjá fótspor hans í flúrunum. Því hljóp hann báðum fótum yfir um flúrin í rekkju dróttningar, ok varð svá erfitt af hlaupinu, at æðar hans vöktuz upp ok blæddu alla náttina. Sem hann stóð upp, þá hljóp hann aptr í sína rekkju.

Ok í því kom kóngrinn ok sá, at blóð var á rekkju hans, ok spurði hann þá Ísönd, hvaðan þat blóð kom. Hún segir, at hönd hennar blæddi. Kóngr gekk þá til rekkju Tristrams ok sá hann blóðgan. Fann hann þá, at Ísönd laug. Varð kóngi þetta opinber grunsemd, ok varð þá kóngr hryggr ok reiðr. Vissi hann ekki, hvat sannast var, nema af blóði því, sem hann þá sá, ok var þat ekki sannleiks sök né skilvís raun. Ok fyrir því er kóngr í efa ok veit ekki, hverju hann skal af trúa, því hann má með engri sannri raun þau afsaka. Ok þó vill hann með engum kosti upp gefa, heldr vill hann þetta upp segja, en ekki vill hann svívirða þau. Ok sendi hann þá eptir öllum sínum lendum mönnum ok ráðgjöfum, ok kærði hann þá harm sinn fyrir þeim sakir Ísöndar ok Tristrams. Ok ræddu þá allir lendir menn um þetta ok vildu gjarna hefna, ef sannar sakir fyndiz.

Kapituli 56

Því næst stefndi kóngr öllum ráðgjöfum sínum til Lundúnarborgar. Ok þar komu allir, er vináttu kóngs vildu hafa, biskupar ok lendir menn ok allir hinir vitrustu menn, er í váru Englandi. Ok er þeir váru þar komnir, þá bað kóngr at leggja heilt ráð fyrir sik, hversu hann skal þessu við þau hætta, Tristram ok Ísönd, er í svá mikit hróp hefir komit honum, svá <at> hann er svívirðr um allt sitt ríki. Þá mæltu ráðgjafar kóngs sumir heimsku, en aðrir skil ok skynsemd.

Því næst stóð upp einn aldraðr biskup ok mælti til kóngs: "Herra," kvað hann, "hlýðið því, er ek vil ræða, ok ef ek mæli þat, <er> rétt er, þá játið mér þat. Sá er hér nú margr í váru landi, er sakir gefr Tristram, er þyrði ekki sanna á hendr honum. Þér leitið, herra kóngr, ráðs; ok sómir öllum at gefa yðr heilt ráð, tryggt ok trúnaðarfullt. Ekki sómir yðr at bera þetta hróp upp, ok ekki meguð þér at slíku svívirða þau, því þér hafið ekki fundit þau í þeim verkum, at þér getið sannat opinberliga sakir þeira. Með hverjum hætti vilið þér þá fyrirdæma systurson yðvarn ok eiginkonu þína, þvíat þit eruð lögliga gipt, ok meguð þit með engum kosti svá buit skiljaz, þar sem henni megu engar opinberligar sakir finnaz um þat, er óvinir ok öfundarmenn finna henni. Ekki sómir yðr at fyrirláta þetta sakir hróps ok brigzla, er alþýða trúir ok með ferr, hvárt sem þat er rétt eða rangt. En opt trúa menn ekki síðr réttu en röngu. En sakir hróps þess, er þér hafið svá lengi þolinmóðliga borit ok dróttning fyrir svívirðing ámælt, þá sómir þat vel, at Ísönd dróttning komi hér á stefnu fyrir þessa höfðingja. Ok heyrið þá ræðu mína ok svör hennar. Ok síðan

Then, in the middle of the night, the king got up and said that he was tired of lying down and wanted to attend matins. He told the dwarf to accompany him, while Tristram remained behind, lying there and thinking about how he could visit the queen. He knew that if he walked over to her, his footprints would be seen in the flour, so he jumped with both feet over the flour and into the queen's bed. The leap, however, was so strenuous that his veins opened and bled the entire night. When he got up, he jumped back into his own bed.

Soon thereafter the king came back and saw that there was blood in his bed, and so he asked Ísönd where the blood had come from. She replied that her hand had been bleeding. Then the king went to Tristram's bed and saw that it was bloody, so he knew then that Ísönd was lying. This was obviously suspicious to the king, and he became aggrieved and angry. He didn't know the complete truth, only about the blood that he had seen, but that wasn't a real charge or clear proof. For that reason the king was in doubt and didn't know what to believe, since he couldn't exonerate them without any more reliable evidence. By no means did he want to give up, however, but rather he wished to bring the matter out in the open without disgracing them. So he summoned his vassals and counselors and disclosed to them his unhappiness because of Ísönd and Tristram. They all discussed this matter and wanted to seek vengeance if there were just cause.

Chapter 56

Shortly after that the king gathered all of his advisors in London. Everyone came who wanted to keep the friendship of the king—bishops, vassals, and all of the wisest men in England. When they were all there the king asked them to give him sound counsel on how to end this affair between Tristram and Ísönd, who had made him the butt of malicious gossip such that he was shamed throughout his whole kingdom. Then the king's counselors offered their opinions. Some talked nonsense, while others spoke with insight and reason.

Then an old bishop stood up and addressed the king: "Lord," he said, "listen to my advice, and if it is just, then give it your sanction. There are many in our country who make accusations against Tristram but who wouldn't dare to prove them. You are seeking advice, Lord King, and it behooves us all to provide sound, reliable, and trustworthy counsel. It is unseemly for you to endure this calumny, but by the same token you cannot slander them, because you have not caught them in the act, in order to publicly prove the charges against them. How could you condemn your nephew and your wife, because you are legally married and cannot divorce her in any event, the way things stand, since there is no clear evidence against her for the accusations made by her enemies and by those who envy her. It brings you no honor for you not to pursue this due to the slander and reproach that the people believe and gossip about, whether rightly or wrongly. People often believe that which is wrong no less than that which is right. Because of the slander that you have patiently endured for so long and because of the dishonor for which

<er> hún hefir svarat, þá skulum vér hafa þat af réttum dómi, <at hún á ekki> í kóngs rekkju at sofa, fyrr en hún hefir þessu hrópi af sér hrundit."

Þá svarar kóngr: "Þessum dómi játa ek gjarna hér fyrir öllum höfðingjum ok lendum mönnum."

Síðan sendu þeir eptir Ísönd, ok kom hún þegar á stefnu þeira í höllina ok settiz niðr.

Þá stóð biskup upp ok mælti til hennar: "Dróttning," kvað hann, "hlýð, þvíat kóngr bauð at tala þér til. Kunnugt er nú öllum mönnum innan hirðar ok útan um hróp nokkurt, er á yðr er komit almenniliga ok betr en tólf mánuði hefir staðit um yðr ok Tristram, frænda kóngs várs. En hvárt sem þat er rétt eða rangt, þá liggr á yðr opinberliga hróp ok ámæli ok kónginum svívirðing. En hann hefir ekki opinberliga sét né fundit annat en gott nema hróp þetta, er menn gera, en ekki af sannri raun tilverka þeira. Nú gef ek þér um sakir fyrir höfðingjum ok lendum mönnum, ok kref ek yðr réttrar undanfærslu, at þú frelsir sjálfa þik ok færir kónginn ór þessari villu, þvíat þér sómir ekki at búa með kónginum opinberliga í sæng, fyrr en þú hefir af hreinsat þetta hróp."

Ísönd var hyggin kona ok hæversk ok hinn fríðasti kvennmaðr ok hinn snjallasti, ok stóð hún þá upp fyrir kónginum ok mælti: "Góði kóngr, vitið at sönnu, at mér er kunnugt hróp þat, er öfundar- ok illgirndarmenn leggja á mik, þvíat þat er fyrir löngu mælt, at engi lifir án ámælis ok saka. Ok þykkir mér þat kynligt, at menn ljúga á mik saklausa. Þeim þykkir þat dælt, þvíat ek em útlenzk ok fjarri frændum mínum ok vinum ok hér í ókunnugu landi einsömul í millum óskyldra manna, svá sem hertekin kona, ok veit ek af því, at engi vill mín vandræði várkynna. Nú bið ek kónginn, herra minn, at hann láti dæma mál mitt fyrir allri hirð sinni með undanfærslu. Aldri verðr mér svá harðr dómr gerr, at ek skuli ekki undir ganga at koma mér undan hallmæli öfundarmanna—þvíat ek em saklaus fyrir þessu hrópi— hvárt sem verðr járnburðr eða önnur undanfærsla. En ef mér misfellr þessi undanfærsla, þá láti kóngr mik í eldi brenna eða með hestum sundr slíta."

Kapituli 57

Kóngrinn hlýddi til orða Ísöndar, at hún vill gjarna undir ganga járnburð eða aðra undanfærslu. Ok sér hann, at honum sómdi ekki framar at krefja. Með því hann hefir enga sanna raun né opinberar sakir fundit með henni, þá verðr hann réttan dóm henni at játa.

Ok mælti hann þá til hennar: "Gakk hingat nú," kvað hann, "ok fest mér undanfærslu fyrir þessum höfðingjum, at þetta haldiz, er nú hefir þú mælt, því vér viljum þat gjarnsamliga játa þér. Ok skaltu fara í Korbinborg. Ok þá stefni ek yðr

you blame the queen, it is certainly fitting that Queen Ísönd should appear here before this body of noblemen. Then, listen to my words and her responses. After she has answered, we will render the proper judgment that she may not sleep in the king's bed until she has cleared herself of this slander."

The king responded: "Here, before all the nobles and vassals, I willingly assent to this judgment."

After that they sent for Ísönd, and she immediately came to their meeting in the hall and took her seat.

Then the bishop stood up and spoke to her: "Queen," he said, "listen to what the king has commanded me to tell you. It is well known to all people, both at the court and outside of it, that a slanderous rumor about you has become common and has lasted more than twelve months, concerning you and Tristram, the nephew of our king. But whether it is right or wrong, widespread slander and reproach surrounding you brings dishonor for the king. He, however, has never actually seen nor learned of anything negative except this slander that people circulate, but without their presenting proper proof. I charge you now, before the noblemen and vassals, and demand of you the proper proof of your innocence, so that you can save yourself and deliver the king from this confusion, for it is not fitting for you to live with the king and share his bed, with everyone aware of it, before you have cleared yourself of this slander."

Ísönd was intelligent and well mannered as well as a most beautiful and eloquent woman. She stood up before the king and said: "Good king, you should know for a fact that I am aware of the slander that envious and spiteful people say about me. It was also said long ago that no one lives without suspicion and accusations. It seems strange to me that people lie about me when I am innocent. To them it seems easy, because I am foreign and far from my friends and relatives, alone here in an unfamiliar country among strangers like a captive woman, and I know that is why no one wants to pity me in my difficult situation. Now I ask the king, my lord, to have my case judged by proof of innocence before his entire court. There can never be a judgment against me so severe that I would not submit to it, in order to free myself from the blame of envious people, whether it be the glowing-hot iron or some other proof of innocence, for I am not guilty of this accusation. But if I should fail this test of innocence, then let the king have me burned to death or torn asunder by horses."

Chapter 57

The king listened to Ísönd's words declaring that she would gladly submit to trial by red-hot iron or other proof of innocence. He realized that it wouldn't be appropriate to demand more. Since he had discovered no hard proof or obvious charges against her, he had to grant her a fair judgment.

"Come here," he said. "If you swear to me before these noblemen that you will undergo the test of innocence that you promised, then we will gladly consent to it. You will travel to Korbinborg, Ísönd, and I am summoning all you noblemen

þangat, öllum höfðingjum, at sjá til sæmda minna ok réttinda. Ok skulum vér þar allir koma á mánaðar fresti."

Þá gekk Ísönd ok festi kónginum undanfærslu, sem hann beiddi sjálfr. Skilduz höfðingjar þá ok hirðin ok fara heim. En Ísönd dvalðiz eptir með angri ok áhyggju, þvíat hún finnr nú á hana sannaz þetta hróp, er hún var fyrir dæmd ok svívirð.

Kapituli 58

Nú sem stefnudagr kom, íhugaði hún eitt ráð ok sendi þá til Tristrams, at hann kæmi í mót henni, þar sem var eitt straumsvað—ok torkenna sik sem hann mætti mest—á þeim degi, er hún eindagaði honum. Hún vill, at hann beri hana af skipi, þá <er> hún er flutt yfir ána, ok vill hún þá segja honum eitt leyndarmál.

Nú gætti hann upp á trúnað sinn, at hann væri þar hjá henni á stefndum degi, allr svá torkynniligr, at engi maðr kendi hann. Andlit hans var allt steint gulum lit, ok hann var í herfiligum vaðmálskyrtli—ok fornan slagning yfir sér. Gekk þá dróttning öðru<m> megin árinnar á bátinn. Bendi hún þegar Tristram, ok því næst lendi hún bátinum. Þá mælti hún til Tristrams hárri röddu: "Vinr," kvað hún, "gakk hingat ok ber mik af bátnum. Þú munt vera góðr skipari."

En Tristram gekk þegar at bátnum ok tók hana í fang sér. Sem hann bar hana, mælti hún lágt til hans, at hann skyldi falla á hana ofan, er hún kæmi á sandinn upp. Ok sem hann var kominn frá bátnum með hana skammt frá ánni, þá hafði hún upp klæði sín, ok fell hann þegar á hana.

Sem menn hennar sjá þat, þá hlaupa þeir þegar af bátnum, sumir með stöfum, sumir með forkum, sumir með árum, ok vildu berja hann í hel. En dróttning mælti, at ekki skyldu þeir mein gera honum, sagði, þat væri ekki hans vili, at hann fell, heldr fyrir því hann var óstyrkr ok þreyttr mjök af göngu, "því hann er pílagrímr, kominn af löngum vegi."

Ok gerðu þeir þá gaman at orðum hennar ok hlógu at, hversu pílagrímrinn fell með henni. Ok segja allir, at hún var hin kurteisasta kona, er hún einnig ekki vildi láta mein gera honum. En engi vissi, hví hún fann upp á þetta ráð. Því næst hljópu þeir á hesta sína ok riðu leið sína ok gerðu sér gabb ok gaman at pílagrímnum, hversu honum tókz hlægiliga til.

"Nú, er þat undr," kvað Ísönd, "þó at pílagrímrinn vildi leika sér ok þreifa um hvítu lær mín? En nú má ek með engum kosti þann eið vinna, at ekki hafi þar annarr legit en kóngrinn."

Síðan riðu þeir at kóngsgarði, ok steig þá dróttning af hesti sínum ok þeir allir, er henni fylgðu.

to that place to look after my honor and my rights. And we will all assemble there in one month's time."

Then Ísönd swore to the king that she would undergo the test of innocence as he himself had proposed. Then the noblemen and the king's retainers parted and traveled to their homes, but Ísönd remained behind, distressed and concerned, realizing now that the slander for which she had been condemned and disgraced would prove to be true.

Chapter 58

As the appointed day approached, Ísönd thought of a plan and sent word for Tristram to meet her at a place where there was a ford across the river—and he was to disguise himself as much as possible on the day that she had designated. She wanted him to carry her from the boat when she is ferried across the river, and then she would tell him a secret.

Tristram took care to keep his word that he would be there near her on the designated day in such a disguise that no one would recognize him. His whole face was stained yellow, and he was dressed in a shabby tunic of homespun wool, and over that he wore an old cloak. On the other side of the river the queen stepped into the boat. She beckoned to Tristram just before the boat landed. Then she spoke to Tristram in a loud voice: "Friend," she said, "come over here and carry me from the boat. You look like a good sailor."

Tristram immediately went to the boat and took her in his arms. As he was carrying her, she whispered to him that he should fall down on top of her when they reached sandy ground. So after he had left the boat and gone a short distance from the river she lifted her dress, and he immediately fell on top of her.

When her men saw that, they immediately sprang from the boat, some armed with sticks, some with poles, and others with oars—and they wanted to beat him to death. But the queen said that they shouldn't harm him, noting that it wasn't his intention to fall—it was because he was weak and weary from a long journey, "since he is a pilgrim who has come a great distance."

They were amused by her words and laughed about the pilgrim falling on top of her. Everyone agreed that she was a most gracious lady, for she alone did not wish him any harm, but no one was aware of why she had devised this plan. After that they mounted their horses and rode off, laughing and mocking the pilgrim for his ridiculous behavior.

"Is it any wonder," Ísönd noted, "that the pilgrim wanted to have some fun and touch my white thighs? Now, however, there is no way that I can swear the oath that no other man besides the king has lain there."

Later on they reached the castle of the king. Ísönd dismounted as did all of those in her entourage.

Kapituli 59

Hirðin var nú fjölmenniliga þangat komin. Kóngrinn var nú harðr ok grimmr, ágjarn
ok kappsamr at hefna sín ok reyna Ísönd í þeim járnburði, er hún skal bera sakir
Tristrams. Ok var þá járnit í eld lagt ok albúit. Þrír biskupar vígðu þat. En Ísönd
heyrði þá messu ok gerði miklar ok mildar ölmusugerðir, svá at hvatvitna þat, er
hún átti í gulli ok silfri, klæðum ok kerum, gaf hún mikinn part fátækum sakir guðs
ástsemda, einnig sjúkum ok sárum, föðrlausum ok fátækum ekkjum. Síðan gekk
hún skólaus í ullklæðum, ok þótti þá hverjum manni hörmuligt um hennar hag.
Grétu þá allir, svá ókunnugir sem kunnugir, útlenzkir sem innlenzkir, ríkir ok fátækir,
ungir ok gamlir. Allir kendu í brjósti um hana. Ok váru fram bornir helgir dómar,
henni eið at vinna til undanfærslu. Ok gekk hún fram grátandi ok lagði hönd á
helga dóma. Heyrði hún þá, at lendir menn þrættu um eiðstaf hennar. Sumir vilja
þrengja henni ok angra hana, en sumir vilja hjálpa henni um eiðstafinn. Flestir
vildu fylgja kónginum at gera eiðstafinn sem frekastan.

Ok mælti þá Ísönd: "Kóngr," kvað hún, "hlýð eið mínum. Aldri var sá karlmaðr
fæddr af kvennmanni, at nær mér *nökkviðri[79] kæmi nema þú, kóngr, ok sá hinn
píndi pílagrímr, er bar mik af bátnum ok fell á mik, öllum yðr ásjáöndum. Svá
hjálpi mér guð í þessari freistni, ok svá skíri hann mik af þessu járni. Ok aldri fekk
ek sakir né syndir af öðrum manni. Þat vátta ek guði ok öllum helgum. Nú ef ek
hefi <ekki> yfrit fyrir skilit í þessum eiði, þá leggið til skjótt, sem þér viljð, ok skal
ek sverja."

Kóngrinn sá Ísönd gráta ok marga aðra sakir hennar, ríka ok fátæka, vegna
hennar harma. Þá hryggðiz mjök hans hjarta, ok mælti hann til Ísöndar: "Heyrt
hefi ek," kvað hann, "ok finnz mér sem ekki þurfi við at auka. Ber nú," kvað hann,
"þetta hit heita járn, ok láti guð þik svá skíra verða, sem þú hefir til gert ok fyrir
skilit."

"Já," kvað hún ok tók hendi sinni undir járnit djarfliga ok bar svá, at engi maðr
fann bleyði né hugleysi á henni. Ok gaf guð henni með sinni fagri miskunn fagra
skírn, sætt ok samþykki við kónginn, herra sinn ok eiginbónda, með fullri ást,
sæmd ok mikilli tign.

Kapituli 60

Því næst, sem Ísönd var skír af járni, þá settiz hún ok kallar kónginn bernskliga
gert hafa, er hann hatar frænda sinn sakir dróttningar. Nú lætr kóngrinn af heimsku
sinni ok iðraz, at hann skyldi nokkut sinn hafa illa grunsemd á frænda sínum, en
harm ok óró margs konar gert sjálfum sér at þarflausu. Ok er hann nú ór öllum efa,
svá at hugr hans er nú at fullu hreinn ok grandlauss fyrir öllum öfundarmönnum.
Hugsaði hann nú, at Ísönd væri ekki sökuð í því hrópi, er á hendr hennar er borit.

Chapter 59

Now the members of the king's court had arrived. The king was stern and austere, keen and eager to avenge himself and to test Ísönd with the red-hot iron that she had to carry because of Tristram. The iron had been placed in the fire and made ready. Three bishops consecrated it. Ísönd listened to Mass and distributed numerous and substantial alms, so that whatever she had possessed of gold and silver, cups and clothing, she largely gave for the sake of God's love to the poor as well as to the sick and the wounded, to the fatherless and to poor widows. After that she walked barefoot, dressed in a woolen garment, and seemed to everyone to be in a pitiful state. Everyone wept, acquaintances and strangers, countrymen and foreigners, rich and poor, young and old. Deep inside themselves everyone felt for her. The holy relics were brought forth on which her oath of innocence would be sworn. She wept as she approached and laid her hand upon the holy relics, listening as the vassals argued about the formulation of her oath. Some wanted to put pressure on her and cause her distress, others wanted to help her with the oath, but most sided with the king to make the formulation of the oath as rigorous as possible.

Then Ísönd spoke up: "King," she said, "listen to my oath. There was never a man born of woman who got next to my naked flesh except you, king, and that poor pilgrim who carried me from the boat and who, in sight of all of you, fell on top of me. May God help me in this trial and clear my name with this iron. I was never guilty of sinning with any other man. This I affirm before God and all the saints. And if I have not stated enough in the formulation of this oath, then add on quickly, and I will swear to it."

The king saw Ísönd crying and, for her sake, many others, rich and poor, because of her distress. Then his heart became saddened, and he spoke to Ísönd: "I have listened," he said, "and I don't think that anything needs to be added. Carry this glowing iron," he said, "and may God show you to be pure in your deeds and in your words."

"Yes," she said, and bravely placed her hand under the glowing iron, carrying it in such a way that no one noticed any sign of faint-heartedness or cowardice. And God in his gentle mercy granted her purification, reconciliation, and harmony with the king, her lord and husband, with an abundance of love, honor, and high esteem.

Chapter 60

As soon as Ísönd had been exonerated by the trial of the red-hot iron, she sat down and said that the king had behaved childishly by hating his nephew because of her. Then the king abandoned his foolishness and regretted that he should ever have harbored dark suspicions against his nephew and caused himself unnecessary pain and suffering. Now he was free of all doubts, so that his thoughts were totally pure and without guile in spite of those still possessed by envy. Now he thought that

Ok var þá kóngrinn hinn blíðasti at hugga hana eptir hryggleik sinn. Allt þat, er hann átti, virði hann enskis hjá hennar ástsemd ok kærleika. Hann unni henni ór hófi, svá at engi önnur guðs skepna var sú, er honum líkaði svá mjök sem hin fríða Ísönd.

Kapituli 61

En er Tristram, hinn vaski ok hinn virðuligi, var farinn í braut af kóngsríki, ok skildu þeir með reiði, kóngr ok hann, ok þjónaði Tristram því næst hertuga einum yfir Pólisríki. Sæmdi hertuginn hann ok tignaði yfir alla sína vini sakir frægðar, ættar ok hreysti, riddaraskapar ok hinna kurteisustu meðferða ok hæverskra hirðsiða ok alls konar drengskapar, er hann var einkendr yfir alla aðra.

Þat gerðiz á einum degi, er Tristram sat áhyggjufullr sem sá, er kominn er í ókunnugt land, ok fyrir því hann er fjarri sinni huggan, ást ok yndi, þá andvarpaði hann opt af öllu hjarta ok íhugaði opt angr sinn ok harm, er hann var svá fjarri því, er hann huggaði. Sem hertuginn fann þat, þá bað hann sveina sína at láta koma til þeira skemtan sína, at hann megi af því hugga hugsótt Tristrams, er hann sá innan hirðar sjúkan vera, þvíat gjarna vildi hann gott gera ok skemta, ef hann mætti hann gleðja.

En því næst komu kertisveinar hertugans með eitt dýrligt pell ok breiddu á gólfit fyrir hertugann. Ok komu þá aðrir, er leiddu honum rakka hans, er honum var sendr ór Álfheimum. Þat var undarliga fagrt kvikendi, svá at aldri var sá maðr fæddr, at skrá kynni né telja hagleik hans né vöxt, því hvern veg, sem maðr leit at hundinum, þá sýndiz hann svá mörgum litum, at engi kunni skynja né geyma. Ef maðr leit framan á hann, þá sýndiz hann hvítr ok svartr ok grænn á þeiri síðu, sem at manni horfði. En ef maðr sá um þveran, þá sýndiz hann blóðrauðr, sem út horfði holdrosinn, en inn hárit, stundum sem hann væri með myrkbrúnum lit ok þegar sem hann sé í ljósrauðum ham. En þeir, er sá hann endilangan, gátu sízt fundit, hversu hann var, því þeim leiz hann engan hafa, svá <at> menn kynni at skynja. Hann kom ór ey þeiri, er Pólin heitir. Ok gaf þenna rakka hertuganum álfkona ein. Aldri varð jafnmikit kvikendi, vildara né fegra ok svá vitugt, blítt ok svá þjónustumjúkt.

Þenna rakka leiddu sveinar hertugans með gullrekindi ór féhirðishúsi hans. Því næst tóku þeir af honum rekindina. Ok sem hann var lauss, þá hristiz hann, ok hringdiz þá bjallan, er fest var um háls honum, svá fögru hljóði, at Tristram týndi öllum sínum harmi ok gleymdi þá unnustu sinni, ok um sneriz allr hugr hans, hjarta ok lunderni, svá at hann kendi varla, hvárt hann var hinn sami eða annarr. Engi var sá lifandi maðr, er heyrði hljóð björunnar, at ekki mundi þegar huggaz af öllu hjarta af sínum harmi ok fyllaz fagnaðar ok gleði ok vilja enga skemtan aðra hafa. Tristram hlýddi vandliga hljóðinu ok hugði gerla at rakkanum, ok þótti honum

Ísönd was innocent of the slanderous charges that had been brought against her. And so the king treated her most tenderly to console her after her great distress. Everything that he owned was worthless to him compared to her love and affection. He loved her boundlessly, so much so that no other of God's creatures could command his affection as could the beautiful Ísönd.

Chapter 61

When Tristram, valiant and famous, had left the kingdom, he and the king had parted in anger, so Tristram entered the service of a duke in Poland. The duke held him in high esteem, honoring him above all his friends because of Tristram's fame, lineage, valor, and knighthood, his chivalrous behavior and courteous conduct, and his manifold manliness that set him above all others.

It happened one day that Tristram was just sitting around, deeply concerned, like someone who has come to a foreign country, and because he was far from his love, his comfort and joy, he frequently sighed from the bottom of his heart, often pondering his sorrow and grief, for he was so far away from the one who gave him comfort. When the duke learned of this, he commanded his servants to bring forth his special entertainment, so that he might comfort Tristram's cares, for he saw him being so downcast in the midst of his court that he truly wanted to do something good for him and entertain him if he could cheer him up that way.

Soon the duke's servants came with a costly velvet cloth and spread it on the floor before the duke. Others brought in his dog, which had been sent to him from Elfland. It was a wondrously beautiful creature, and there wasn't a man alive who could recount or write down its form or its elaborateness, for whichever way one looked at it, it radiated so many colors that no one could make distinctions or identify them. If one looked at it from the front, it seemed to be black and white with green on the side facing the observer. If one looked at it from the side, however, it appeared to be blood-red, as if the flesh side of the skin was on the outside and the hair on the inside, but sometimes it looked to be dark brown in color, and immediately afterward as if it had bright red skin. People who gazed upon the dog from the end, though, couldn't figure out how it looked, because it didn't seem to have any color at all, as far as they could tell. The dog had come from the island called Polin and had been given to the duke by an elf woman. Never before had there been such a large creature so fine, so beautiful, so intelligent, so gentle, or so obedient.

This dog was led on a gold chain by the duke's servants from his treasure house. Then they unleashed the dog, and when it was free it shook itself, ringing the bell around its neck with such a beautiful sound that Tristram was freed of his sorrow and forgot his beloved. His mind, his heart, and his mood were all so transformed that he hardly knew whether he was the same man or someone else. There wasn't a man alive who could hear the sound of the bell and not immediately find consolation for his sorrow to the very bottom of his heart and be filled with happiness and joy, not wishing for any other entertainment. As Tristram listened closely

miklu meiri undr at lit rakkans en at hljóði bjöllunnar. Ok tók hann þá hendi á honum, ok kendi hann, at hann var allr í ull blautri ok mjúkri. Ok hugsaði hann þá, at hann skal ekki <hafa> líf sitt, ef hann sýslaði ekki Ísönd, unnustu sinni, þenna rakka sér til skemtanar. En ekki veit hann, hversu hann skal at honum komaz. Ok ekki lét hann sem hann vildi hafa hann, þvíat hertuginn hafði hann svá kæran, at hann vill aldri, sakir enskis hlutar, láta hann eða af honum sjá.

Kapituli 62

Nú sem oss sannar Tristrams saga, þá var jötunn einn um þá daga ok bjó í fylki á sjóvar ströndu, ok tók hann á hverjum tólf mánuðum skatt af öllu því ríki, hinn tíunda part búfjárins, ok galt hertuginn honum þetta fé á hverju ári, ok var nú jötunninn kominn at heimta féit. Þá vár<u> út blásin gjöld um allt þat ríki at gjalda Urgan jötni þenna skatt. Ok komu lendir menn, kaupmenn ok kotungar, borgarar ok búþegnar, hverr eptir sínum föngum, ok reka nú búféit á móti jötninum, ok var þat hit mesta undr, hversu margt var, ok gerðu þeir mikit hark ok óp, er þeir reka búféit til hans.

Þá spurði Tristram, hvaðan sá mikli gnýr var ok hverr búit átti eða hverr hafa skyldi. En hertuginn segir honum þegar, með hverjum hætti þat var ok hversu hann játaði jötninum skattinn, ok allan atburð ok formála, er gerr var á millum hans ok jötunsins.

Þá mælti Tristram til hertugans: "Ef ek frelsa yðr undan þeim þrældómi, svá <at> aldri þurfið þér optar jötninum skattinn at gjalda, hvat vilið þér gefa mér í ömbun?"

Hertuginn segir: "Þat er þér sjálfum líkar ok þú vill kosit hafa. Mér er engi eign svá kær, at ek vilja ekki gefa þér til ömbunar, ef þú kemr þessari ánauð af oss."

"Ef þú játar mér bænina," kvað Tristram, "þá skal ek frelsa þik ok ríki þitt ok koma af þér jötninum ok skattinum af mönnum þínum ok gera allt landit frjálst, svá at aldri skal þat lengr vera nauðugt."

Þá svarar hertuginn: "Ek játa gjarnsamliga bæn þinni, ok vil ek trúfesta þér þenna formála fyrir hirð minni allri, er hér er nú."

Tristram bjóz þegar skyndiliga, herklæddiz ok steig á hest sinn ok mælti til hertugans: "Lát nokkurn mann fylgja mér þangat á veg, sem jötunninn skal nú fara, ok vil ek frelsa yðr af jötninum ok ríki yðvart. En ef ek get ekki hefnt yðvar á honum, þá kref ek ekki fjár yðvars."

"Guð þakki yðr," kvað hertuginn, ok lét hann þá mann sinn fylgja honum allt til brúarinnar, þar sem jötunninn skyldi yfir um fara at reka búféit. Ok er Tristram var at kominn brúnni, þá hepti hann búféit, at ekki skyldi yfir um ganga brúna.

Sem jötunninn sá atburðinn, at búit nam staðar, þá reiddi hann járnstaf sinn ok hljóp sem hann mátti skjótast, ok sá hann þá Tristram herklæddan sitja á hesti

to the bell he gazed upon the dog, and it seemed to him that the color of the dog was even more wondrous than was the sound of the bell. When he stroked the dog, he felt that it had a silky soft, woolly coat. He felt that he just couldn't go on living, if he weren't able to get this dog for Ísönd's entertainment. He just didn't know how he might obtain it, but he didn't let on that he wished to have it, for the duke loved it so much that he would never under any circumstance give it up or part with it.

Chapter 62

As the story of Tristram attests for us, there was in those days a giant who lived in an area along the seashore, exacting a tribute every twelve months from the entire kingdom, which was one tenth of all the livestock. Each year the duke turned over this tribute, and now the giant had come to collect the livestock. And so it was announced throughout the entire kingdom that the tribute was to be paid to Urgan the giant. Vassals, merchants, cottagers, townsmen, and farmers came, each according to his circumstances, driving livestock to the giant. It was a great wonder to see how much there was, and there was a great deal of shouting and noise as they drove the livestock to him.

Tristram asked where that great noise was coming from, whose livestock it was, and who was supposed to receive it. The duke told him immediately the way matters stood and how he had conceded the tribute to the giant, as well as all the events and the stipulations between him and the giant.

Then Tristram spoke to the duke: "If I would free you from this servitude so that you would never have to pay tribute to the giant again, what would you give me in return?"

The duke replied: "Whatever you like and would want to choose. There is no possession so dear to me that I would not give you as a reward if you should deliver us from this oppression."

"If you will grant me my wish," said Tristram, "then I will save you and your kingdom, delivering you from the giant and your people from the tribute, and freeing the entire land from any further oppression."

Then the duke replied: "I will gladly grant your wish, and I will affirm this pledge to you here and now in front of my entire court."

Immediately thereafter Tristram quickly donned his armor and, mounting his horse, said to the duke: "Have one of your men accompany me to the road that the giant will take, and I will save you and your kingdom from the giant. But if I am unable to avenge you upon him, then I will not demand the reward."

"God bless you," the duke responded, and he had one of his men accompany him as far as the bridge where the giant would cross, in order to drive away the livestock. When Tristram reached the bridge, he prevented the livestock from crossing it.

When the giant saw this happen, that the livestock had stopped moving, he raised his iron club and ran up as quickly as he could. Then he saw Tristram,

sínum, ok æpti hann þá á hann ógurligri röddu: "Hverr ertu, gaurr," kvað hann, "er hamlar búfé mínu at ganga? Ek sver þér við höfuð mitt, at þú skalt þat dýrt kaupa, nema þú biðir mik miskunnar."

Þá reiddiz Tristram ok svarar honum: "Aldri skal ek fela nafn mitt fyrir slíku bölvuðu trölli sem þú ert. Hirðin kallar mik Tristram. Ek hræðumz þik ekki né járnklumbu þína. Þú fekkt með röngu búfé þetta, ok fyrir því skaltu engum kosti lengr hafa. Hvaðan er þér komit þat mikla gjald, nema af því þú gerðir menn hrædda til at gefa þér þenna skatt?"

Þá svarar Urgan jötunn: "Tristram," kvað hann, "þú býðr mér mikinn ofstopa, er þú hamlar mér at reka búfé mitt, ok dragz sem skjótast frá mér af farveg fjárins, þeim sem ek em vanr at fara. Ekki em ek Morhold, er þú drapt af ofrkappi þínu, ok ekki em ek hinn írski, er þú tókt Ísönd af, ok hyggz þú nú gera eins við mik. En þú vit at sönnu, at þú skalt þat dýrt kaupa, at þú tálmar mér yfirferð brúarinnar."

Ok í því reiddi hann járnstafinn ok kastaði með öllu afli ok mikilli reiði. En Tristram hneigðiz undan högginu. En járnstafrinn kom á brjóst hestsins, ok lamðiz hann allr í sundr, ok braut leggi hans, ok fell hestrinn undir honum. Sem Tristram var á fæti staddr, þá skundaði hann at honum sem skjótast at höggva til hans, sem hann mátti helzt ná honum, at hann næði höndum sínum til hans. Sem jötunninn laut niðr at taka járnstafinn, þá vildi Tristram ekki lengr bíða ok hljóp at honum ok hjó af honum hægri höndina, þá er hann vildi upp taka með klumbuna—ok lá þar í grasinu höndin.

En þá <er> jötunninn sá hönd sína á velli liggja, greip hann eptir þat staf sinn með vinstri hendi ok vildi hefna sín á Tristram. Ok er hann laust til hans, þá skaut Tristram skildinum á móti högginu, ok klofnaði skjöldrinn eptir endilöngu sundr í tvá hluti, ok var höggit svá þungt, at Tristram fell á kné, ok fann hann þá, ef hann biði annars höggs, at hann dræpi hann. Færðiz hann þá undan. Þá <er> hann sá jötuninn mjök særðan ok reiðan ok mjök blæða, þá vill hann bíða þess, at blóðrásin mæði hann ok minnki nokkut megn hans. Tók jötunninn þá upp hönd sína ok lét standa allt búféit, ok helt hann þá undan heim til kastala síns.

En Tristram dvalðiz eptir heill ok haldinn mjök miklum fagnaði, þvíat nú er allt búféit laust ok aptr sótt. Ok veit hann nú <at> vísu, at hann muni fá þat, er hann beiðir, nema hertuginn bregði einörð sinni við hann. Ok íhugar hann nú, at honum er ekki aptr fært, því hann hefir ekki þat, <er> hann megi sýna hertuganum, at hann megi sannfróðr verða, at hann hafi við jötuninn átt—nema þat, at hann rak aptr búféit. Ok skundaði hann, sem hann mátti mest, eptir þeim veg, er blætt hafði sár hans. Ok kom hann því næst í kastala jötunsins. Ok sem hann kom inn, sá hann ekki þar nema höndina, ok skundaði aptr sem skjótast til brúarinnar.

Ok kom í því jötunninn aptr til kastalans—því hann var farinn at binda sér gróðrarsmyrsl—ok hugði at hann mundu þar finna hönd sína. Sem hann hafði niðr lagt grösin, fann hann at hönd hans var í braut borin. Þá skundaði hann eptir Tristram. Þá leit Tristram á bak sér aptr, ok sá hann þá ferð hans, ok kom hann þá hlaupandi eptir honum með miklum gný ok hafði á öxl sér járnstafinn. Ok óttaðiz þá Tristram

dressed in armor and sitting on his horse, and he shouted at him in a terrifying voice: "Who are you, lowly peasant," he said, "who hinders my livestock from crossing? I swear to you by my own head that you will pay dearly unless you beg me for mercy."

Then Tristram became angry and answered him: "I would never conceal my name from such a cursed troll like you. At the court I am called Tristram, and I fear neither you nor your iron club. You wrongly obtained this livestock, and for this reason you will no longer keep it under any circumstances. Where did you get this large tribute except from terrifying people into giving you this payment?"

Urgan the giant responded: "Tristram," he said, "you are showing me great arrogance in hindering me from driving my livestock, so get out of my sight at once and off the path of the livestock that I am accustomed to using. I am not Morhold, whom you could kill with persistence, nor am I the Irishman from whom you took Ísönd. Now you think you can do the same to me. But know this for a fact, that you will pay dearly for hindering my crossing the bridge."

At that moment he raised his iron club, and in a great rage he threw it with all his might, but Tristram leaned to the side and avoided the blow. However, the iron club caught the horse on the chest and smashed it, and broke its legs. The horse collapsed under him, and when Tristram got to his feet he rushed at the giant as fast as possible, in order to get as close as he could, within arm's length to deliver a blow. When the giant bent down to pick up his iron club, Tristram saw his chance, ran up to him, and hacked off the giant's right hand just as he was reaching for the staff. The hand lay there on the grass.

When the giant saw his hand lying there on the ground, he picked up the iron club with his left hand and wanted to get revenge. As he struck at Tristram, Tristram swung his shield to ward off the blow, but the club split the shield lengthwise into two parts. The blow was so forceful that Tristram sank to his knees, and he knew that he would be killed if he waited for a second one. So he held back and saw that the giant was badly wounded, enraged, and bleeding profusely. He decided to wait until the loss of blood weakened him and lessened his strength to some degree. But the giant picked up his hand, left all the livestock behind, and headed back to his castle.

Tristram remained there, safe and sound, overjoyed that all the livestock had been saved and reclaimed. He thought for sure that he would receive what he had asked for, unless the duke broke his agreement with him. Then he realized that he couldn't go back yet, since he had nothing that he could show the duke to prove that he had fought the giant, except that he had returned the livestock. So he hurried on as fast as he could, following the trail of blood from the giant's wound. Soon he came to the giant's castle, but found nothing there except the hand, which he took with him and hurried back toward the bridge.

Meanwhile the giant, who had gone to treat his wounds with healing ointment, returned to the castle, thinking that he would find his hand there. After laying down the herbs, he discovered that his hand had been taken away, so he rushed off after Tristram. When Tristram looked back over his shoulder, he caught sight of him, coming after him on the run and making a great noise, and he carried an

risann, svá <at> hann þorði ekki at ganga fyrir hann. Réð þá risinn fyrri til hans ok kastaði járnstafnum at honum af mikilli reiði ok öllu afli. Ok skauz hann undan, svá <at> ekki kom höggvit á hann. Þá skundaði Tristram til ok vildi höggva til hans vinstra megin. Ok er hann sá, at risinn hneigðiz undan högginu, þá gaf hann í móti slag, ok varð honum þat svá þungt, at hann hjó af honum öxlina alla ok steypti honum ofan fyrir brúna ok brotnuðu öll bein í honum.

Því næst gekk Tristram aptr ok tók höndina ok færði hertuganum. En hann var í skóginum ok sá til viðrskiptis þeira. Ok sem hann sá Tristram, reið hann í móti honum ok spurði, hversu gengi. Hann sýndi honum þat, sem hann hafði síðast gert, frjálsat búféit ok drepit risann. Síðan mælti hann til hertugans: "Nú kref ek gjöf mína."

Þá svarar hertuginn: "Þat er rétt," kvað hann, "ekki vil ek synja þér þess. Seg nú, hvat þér líkar bezt at hafa."

"Miklar þakkar geri ek yðr. Ek drap Urgan," kvað hann, "en nú vil ek, at þú gefir mér þann fagra rakka þinn, þvíat mik fýsir mjök til at eiga hann, af því at ek sá aldri fríðara rakka."

Þá segir hertuginn: "Þat veit trú mín, at þú drapt hinn mesta óvin várn. Ok af því vil ek gefa þér hálft ríki mitt ok gipta þér með sæmd systur mína, ef þú vill biðja hennar. En ef þér þykkir betri rakki minn, þá skaltu hann gjarnsamliga hafa."

Þá svarar Tristram: "Guð þakki þér, minn herra. Engi er sá þessa heims fjárhlutr, er mér sé jafnkærr sem rakkinn, svá <at> aldri gef ek hann upp fyrir allt þat, er mér kann bjóðaz."

Þá mælti hertuginn: "Gakk nú hingat ok tak við honum ok ger af þat, er þú vill."

Kapituli 63

Sem hann hafði við tekit rakkanum, þá lét hann ekki af honum, þó honum væri boðit allt þat fé, sem í væri veröldunni. Ok kallaði hann þá til sín einn gígjara, hinn kurteisasta mann, er þar mátti finna í öllu því hertugadæmi, ok mælti í einmæli til hans, hvat hann skyldi gera eða hvert hann skyldi fara ok með hverjum hætti hann skal bera rakkann til Tintajolborgar Ísönd dróttningu.

Ok fór þá gígjarinn þangat ok fann Bringvet, fylgiskonu dróttningar, ok fekk henni rakkann ok bað hana færa dróttningu af Tristrams hendi. Ok tók hún við honum með miklum fagnaði ok mörgum þökkum, þvíat aldri mátti verða fríðari skepna. Um hann var gert hús af brendu gulli með miklum hagleik ok læst vel. Ok var Ísönd þessi sending kærust yfir alla hluti. Ok gaf Ísönd í ömbun ríka gjöf sendimanni Tristrams ok sendi honum þau orð, at kóngi væri vel til hans ok hann komi örugglig heim aptr, þvíat allar grunsemdir, er menn höfðu á honum, eru nú gefnar í sætt ok samþykki. Sem Tristram fréttir þessi tíðindi, þá fór hann heim með miklum fögnuði til hirðar Markis kóngs.

iron club over his shoulder. Tristram feared the giant so much that he didn't dare to attack, but the giant struck first in a terrible rage, throwing his iron club at him with great force. But Tristram sprang to the side and avoided the blow. Then Tristram moved quickly and tried to strike him on the left side. When he saw the giant twist out of the way, he struck at him from the front with such great force that he hacked off his whole shoulder. Then Tristram pushed him off the bridge, so that he broke every bone in the giant's body.

After that Tristram went back and picked up the hand, in order to bring it to the duke, but the duke was in the forest and had watched their encounter. Catching sight of Tristram, he rode up to him and asked him how things had gone. He revealed to him what he had accomplished most recently, saving the livestock and killing the giant. Only then did he say to the duke: "And now I will claim my reward."

Then the duke replied: "That is your right," he said, "and I will not deny it to you. Tell me now what you would most like to have."

"I thank you very much. I killed Urgan," he said, "and now I want you to give me that beautiful dog of yours. I am very eager to own it, for I have never seen a more beautiful dog."

Then the duke responded: "By my faith, you have killed the greatest of our enemies. For that reason I would grant you half my kingdom and an honorable marriage to my sister if you would ask for her hand. But if you prefer my dog, then I will gladly give it to you."

Thereupon Tristram answered: "May God reward you, my lord. No treasure on this earth is as dear to me as the dog, and I will never exchange it for anything that could be offered to me."

Then the duke spoke: "Go now and take the dog and do with it as you wish."

Chapter 63

After taking possession of the dog, Tristram would not part with it, even if he were offered all the money in the world. Then he called to him a fiddler, the most refined man in all the dukedom, and spoke alone with him, telling him what he should do and where he should travel and in what manner he should give the dog to Queen Ísönd in Tintajolborg.

And so the fiddler traveled there and found Bringvet, the queen's attendant, gave her the dog, and asked her to bestow it upon the queen on Tristram's behalf. She accepted it with great joy and many thanks, for there could be no more beautiful creature. A house of pure gold was made for it, crafted with great skill and securely locked. For Ísönd this gift was cherished more than any other thing. In return, Ísönd gave Tristram's courier a magnificent gift, sending with him the message that the king was amicably disposed toward Tristram and that he could come home again in safety, for all the suspicions that men had harbored toward him had been resolved and laid to rest. When Tristram heard this news, he was overjoyed and returned to the court of King Markis.

Nú var með þessum hætti fenginn þessi rakki ok sóttr. Vil ek nú, at þér vitið, at
hundr Tristrams var ekki lengi í hirð Markis kóngs. Síðan vandiz hann í mörkum
úti at veiða villisvín ok rauðdýri, þá er þau váru bæði þar, Tristram ok Ísönd. Þessi
hundr tók hvert dýr, svá <at> honum slapp aldri til, ok svá sporvíss, at hann spurði
upp allar þjóðgötur ok farvega.

Kapituli 64

Ok sem Tristram var kominn til hirðar Markis kóngs með gleði ok fagnaði, ekki
var hann þar lengi, áðr kóngr finnr enn ást þeira mikla *hvárs[80] til annars, Tristrams
ok dróttningar, enn sem fyrr. Ok angraðiz kóngr ok hryggðiz mjök af þessu ok
vildi þeim ekki þat lengr þola, ok lætr þau nú bæði í útlegð. En þeim þótti þat vera
góðr kostr, ok fóru þau þá út í mikla eyðimörk. Ok íhuguðu þau þá lítt, hverr þeim
skyldi fá vín ok vistir, þvíat guð mun vilja gefa þeim nokkura næring, hvar sem
þau váru. Ok líkaði þeim þat vel tveim einum saman at vera. Ok girntuz þau ekki
meira en þau höfðu nú af öllu því, sem í veröldinni var, þvíat nú hafa þau þat, er
hug þeira hugnar, ef þau mætti svá jafnan saklaust saman vera ok sína ást með yndi
hafa.

Ok svá sem þeim líkaði nú þetta frelsi í mörkinni, svá fundu þau leyniligan
stað hjá vatni nokkuru ok í bergi því, er heiðnir menn létu höggva ok búa í fyrnsku
með miklum hagleik ok fagri smíð. Ok var þetta allt *hvelft[81] ok í jörðu til at
ganga, djúpt höggvit. Ok var einn leynistígr langt niðri undir. Jörð var mikil á
húsinu, ok stóð á sá fríðasti viðr á berginu, ok dreifðiz skuggi viðarins ok hlífði
fyrir sólarhita ok bruna. Þar hjá húsinu var ein uppsprettandi á með heilsusömu
vatni, en umhverfis ána váru vaxin hin sætustu grös með fögru blómi, er maðr vildi
kjósa, en straumrinn rann austr frá uppsprettunni. En þá <er> sólin skein á grösin,
þá ilmaði hinum sætasta ilm, ok var þá vatnit allt sem milskat væri af sætleik
grasanna. En hverju sinni, er rigndi ok kuldi var mikill, þá váru þau í húsi sínu
undir berginu. En þá er gott veðr var úti, þá gengu þau til keldunnar at skemta sér
ok þar um skóginn, sem sléttast var ok fegrst at ganga ok dýr at veiða sér til vista,
þvíat Tristram hafði þar með sér hund sinn, er honum var hinn kærasti. Þá vandi
hann rakkann fyrst at taka rauðdýri, ok veiddi hann þau <svá> mörg sem hann
vildi. Ok var þeim þat mikil skemtan ok gleði, þvíat þau höfðu nætr ok daga fögnuð
sinn ok huggun.

Kapituli 65

Því næst gerðiz sá atburðr á einum degi, at kóngr, sem hann var vanr, kom þangat
í mörkina með miklum *fjölda[82] veiðimanna. Ok leystu þeir sporrakkana ok skipuðu

This is the way in which the dog was obtained and acquired, but I want you to know that Tristram's dog did not stay long at the court of King Markis. Afterward he became accustomed to being out in the forest, hunting wild boar and red deer when Tristram and Ísönd both were there. This dog could catch any animal such that nothing ever eluded it, and it had such tracking ability that it could find all trails and pathways.

Chapter 64

After Tristram had joyfully and cheerfully returned to the court of King Markis, it didn't take long for the king to discover the love that Tristram and the queen still felt for one another. The king was saddened and greatly aggrieved by this and, unwilling to endure it any longer, he had both of them banished. But to them this seemed to be a pleasant alternative, and they went out into the expansive wilderness, giving little thought to how they would obtain food and wine, for they felt that God would grant them nourishment enough, wherever they were. Both of them were pleased to be together with no one else around. Of all the possible things in the world, they desired nothing more than what they currently had, for now they had what pleased their hearts, always being together without guilt and taking delight in their love.

As they were enjoying this freedom in the forest, they discovered a secret place near the water in a cliff that heathen men in ancient times had hollowed out and crafted with great skill and fine workmanship. It was high and vaulted, but the entrance was deeply hewn into the ground, with a secret pathway far below. There was a great deal of earth above the chamber, and on top of that grew the most beautiful tree, which cast its shadow and provided protection from the heat and burning of the sun. Next to the structure was a spring with healthful waters, and around the spring grew the sweetest herbs with the most beautiful blossoms that one could choose to have, with a stream running eastward from the spring. When the sun shone on the herbs, they exuded the sweetest fragrance, and the water was pervaded by the sweetness of the herbs. Every time that it rained or when it got very cold, then they retired to their quarters beneath the cliff. But when there was fine weather outside, they went to the spring to amuse themselves or to the woods, where it was the flattest and the most pleasant to walk or to hunt game for food, for Tristram had his dog with him, which he was exceedingly fond of. First he trained the dog to chase down red deer, and he hunted them as much as he wished. All of this gave them great pleasure and joy, for day and night were spent in comfort and contentedness.

Chapter 65

One day it came to pass that the king came to the forest, as was his custom, with a large group of hunters. They unleashed their tracking dogs, constructed blinds,

sátir ok blésu hornum sínum at dirfa hunda sína—ok hljópu alla vega í skóginn,
þar til at þeir fundu mikinn dýra flokk, ok skildu þeir þau ór öll hin stærstu. Ok
tóku þá dýrin at hlaupa ýmsa vega, sum upp at fjöllunum, sum ofan í dalina, þar
sem þau vissu mest harðspyrni fyrir. Ok firraz þá dýrin hundana, en veiðimenn
hleyptu hestum sínum eptir ok blésu hornum sínum. Kóngrinn fór þá frá liði sínu
ok fylgði tveimr hinum beztu<m> rökkum sínum, ok fylgðu honum nokkurir
veiðimenn, er varðveita sporrakka hans. Ok eltu þá einn mikinn hjört ok komu
honum á hlaup ok ráku hann ákafliga. En hann flýði sem hann mátti á ýmsa vega
undan, ok stefndi hann þá ofan at ánni. Ok er hann kom at bökkunum, þá nam hann
staðar ok hlýddiz um, ok heyrði hann þá aptr ferð hundanna ok þó fjarri sér, ok
vissi hann þá atför veiðimanna, at þeir stefndu beint eptir honum. Síðan stefndi
hann aptr annan veg, at ekki skyldu hundarnir verða varir við hann, ok hljóp mikit
hlaup yfir bekk einn ok þegar þaðan út á ána ok svá undan strauminum. Ok af því
töpuðu hundarnir honum ok vissu ekki, hvat hann var kominn. Ok hryggði hann þá
mjök þessi atburðr.

En Kanúest hét höfuðveiðimaðr kóngs, er reið stundum upp, en stundum niðr,
at koma rökkunum í farveginn. En hundarnir leituðu víða ok fundu ekki farveginn.
Ok nam þá Kanúest staðar ok sá upp á berginu. Þar næst sá hann stíg hjá keldunni,
því at Tristram ok Ísönd höfðu gengit þar árla um morguninn at skemta sér. Sem
Kanúest sá stíginn, þá íhugaði hann, at hjörtrinn mundi þá leið farit hafa eða þar
staðit hafa at leita sér hvíldar. Ok því næst steig hann af hesti sínum at verða víss,
hvat þar var títt. Ok gekk hann á stíginn, er lá til bergsins, til þess er hann kom til
dyranna á berginu. Sá hann inn ok leit Tristram sofanda ok öðrum megin í húsinu
Ísönd—ok höfðu niðr lagz at hvíla sik, því at hiti var mikill. Ok sváfu þau því svá
fjarri hvárt öðru, at þau höfðu gengit at skemta sér.

Sem hann sá þau, þá varð hann svá hræddr, at hann skalf allr—því at mikit
sverð lá á millum þeira—ok flýði til kóngsins ok mælti til hans: "Herra," kvað
hann, "ekki fann ek til dýranna."

Ok talði hann kónginum allan þann atburð, er hann hafði sét í húsinu bergsins.
Kvaz hann ekki vita, hvárt at sé himneskr eða jarðneskr hlutr eða álfa kyns.

Kapituli 66

Nú gengr kóngr þangat ok sér Tristram ok kendi Ísönd ok þat sverð, er hann hafði
sjálfr átt. Ekki sverð var egghvassara í heimi en þat, sem lá í milli þessara tveggja
elskanda. Ok sá þá kóngrinn, at hvárt þeira var fjarri öðru. Ok íhugaði hann þá, ef
syndug ást væri þeira í milli, þá myndi þau víst ekki svá fjarri leggjaz hvárt öðru,
heldr munu þau þá hafa eina rekkju. Ok þótti honum hún hin sýniligasta, ok leit
hann þá auglit Ísöndar, ok sýndiz honum hún þá svá fríð, svá at hann þóttiz aldri
sét hafa slíka, því at hún hafði sofnat móð, ok var í roði í kinnum hennar. En í
gegnum boru eina, er á húsinu var, skein sólargeisli inn á kinn hennar, ok þótti

and blew their hunting horns, inciting the hounds to run through the woods in all directions until they found a large herd of deer. They separated out the largest, which bolted in different directions, some up toward the mountains and some down into the valleys, attempting to make following their trail as difficult as possible. In this way the deer outdistanced the dogs, but the hunters followed on horseback and blew their horns. The king had left his group, accompanied by two of his best hounds as well as by several hunters who had charge of the dogs. They flushed a large stag, putting it to flight and chasing it with great fervor. It raced off, changed direction several times, and then headed down to the river. When it got to the banks of the river, it stood still and listened. It heard the sound of the hounds again, although still some distance away, but it knew the hunters were approaching and heading straight toward it. Thereupon it doubled back along a different path, so that the dogs wouldn't know where it was, and then jumped with a mighty leap over a brook and from there out into the river and then out of the current again. This is why the hounds lost the trail and didn't know where the stag had gone. The king became very unhappy at this turn of events.

The king's master huntsman was named Kanuest, and he rode back and forth trying to get the hounds back onto the trail, but the dogs searched far and wide and couldn't find it. Kanuest stopped and looked up at the cliff. Right away he caught sight of a pathway along the spring, where Tristram and Ísönd had walked early in the morning for their amusement. When Kanuest saw the path he figured that the stag might have taken it or might have paused there to rest up. And so he dismounted to ascertain what had happened. He walked along the path, which went along the cliff, until he reached the door in the rocks. Looking in, he saw Tristram sleeping on one side of the chamber and Ísönd on the other. They had lain down to rest because of the heat. And they were sleeping so far apart because they were so tired from their morning walk.

When he saw them, he became so afraid that he trembled all over, for a great sword was lying between them. He hurried to the king and said to him: "Lord," he said, "I did not find the deer."

And then he told the king the whole story of what he had seen in the chamber in the cliff. He added that he didn't know whether he had seen heavenly or earthly creatures or elves.

Chapter 66

Straight-away the king went there and saw Tristram and recognized Ísönd and the sword that he himself had once owned. There was no sword in the world sharper than that one, which was lying between the two lovers. The king noticed that they were lying far apart, and he reasoned that if there were carnal love between them, then they certainly wouldn't be lying so far apart but would rather be in one bed. Ísönd seemed to him very lovely. He looked at her face, and she appeared to be so beautiful that he had never seen her equal, for she had exerted herself before falling asleep, and her cheeks were flushed. Through an opening in the wall a ray of

honum þat mikit, at sólin skein í andlit hennar, ok gekk þá sem hægligast at henni ok lagði glófa sinn á kinn hennar, at hlífa fyrir sólinni. Ok gekk hann þá í braut ok signdi þau guði ok gekk óglaðr ofan frá berginu. Ok mælti þá veiðimenn, at sveinar skyldu skunda hundum, þvíat kóngr vildi heim fara af veiðunum. Ok reið hann þá einn saman, hryggr ok áhyggjufullr, ok fylgði honum þá engi maðr til landtjalds síns.

Sem Ísönd vaknaði, þá fann hún glófann, ok þótti henni kynligt, með hverjum atburð glófi kóngsins var þar kominn. Ok svá þótti Tristram þetta undarligt. Ok vitu þau ekki, hvat þau skyldu at gera, er kóngr vissi nú, hvar þau váru. En þó var þeim mikill fagnaðr ok huggan, er hann fann þau með þeim hætti, er þá sá hann þau gera, ok hann mátti engar sakir þeim finna.

Ok vill Markis kóngr nú með engu móti trúa synd né svívirðing við Tristram ok Ísönd. Ok sendi hann þá eptir öllum lendum mönnum sínum ok sýndi þeim skuld ok skynsemd, at þat <væri> fals ok hégómi, er sýnt var ok kent Tristram, ok þat gerðiz engum manni, at fylgja því né trúa eða fyrir satt at hafa. Ok er þeir heyrðu skynsemd hans sannindi, þá fannz þeim svá sem hann vildi enn heim hafa Ísönd, ok réðu þeir honum, sem þeim sýndiz ok hugnaði bezt ok sjálfs hans vili fell helzt til. Ok sendi hann þá eptir þeim, at þau kæmi heim í friði ok fagnaði, því hann hefir tekit reiði sína af þeim.

Kapituli 67

Tristram má með engum kosti frá halda sinni fýsn ok vilja, ok fyrir því nýtti hann hverju sinni, er hann mátti við komaz. Ok bar þá svá til einn dag, at þau sátu bæði saman í einum eplagarði, ok helt Tristram dróttningu í fangi sér. Ok er þau hugðuz þar óhætt búa, þá fell þeim leyniligr atburðr til, at kóngr kom þar gangandi ok hinn illi dvergr með honum, ok hugðiz hann þá finna þau í syndum bæði, en þau váru sofandi.

Sem kóngr sá þau, þá mælti hann til dvergsins: "Bíð mín, meðan ek geng í kastalann. Ok skal ek leiða þangat mestu menn mína ok sjá, með hverjum atburð er vér höfum fundit þau bæði saman hér, ok skal ek láta þau á báli brenna, er þau verða fundin bæði saman."

Sem kóngrinn mælti þetta, þá vaknaði Tristram ok lét ekki á sér finnaz, stóð upp skjótt ok mælti: "Harmr er nú, Ísönd, unnasta mín. Vakna nú, því vélar eru til okkar gervar ok um okkr legit. Markis kóngr hefir nú hér verit ok sét, hvat við höfum gert, ok gekk hann nú eptir mönnum sínum í höllina. Ok ef hann getr fundit okkr bæði samt, þá mun hann láta brenna okkr <at> köldum kolum. En nú vil ek, hin fríðasta unnasta mín, á braut fara. En þú þarft ekki at þínu lífi óttaz, því þeir megu engum sönnum sökum á þik *koma,[83] ef engi maðr finnz hjá nema þú ein. En ek vil braut fara í annat ríki. Ok sakir þín mun ek bera harm ok hugsótt alla mína daga. Nú er mér svá mikit angr at okkrum skilnaði, at aldri fæ ek huggun í þessu lífi. Hin sætasta unnasta, ek bið þik, at þú gleymir mér aldri, þó ek sé fjarri.

sunlight shone upon her cheek, and it disturbed him that the sun should shine upon her countenance, so he very quietly walked over to her and laid his glove upon her cheek to protect it from the sun. Then he departed, commending them to God, and descended in sadness from the cliff. Then the huntsmen told the attendants to hurry with the dogs, because the king wished to head homeward from the hunt. The king rode back alone, concerned and sorrowful, and no one accompanied him to his tent.

When Ísönd awoke, she discovered the glove, but thought it strange how the king's glove had gotten there. Tristram thought it peculiar as well. They didn't know what they should do, since the king now knew where they were. Nevertheless, they were greatly relieved and comforted that he had found them the way they were at that time, for he could have no reason to reproach them.

King Markis did not at all want to believe Tristram and Ísönd were sinful or dishonorable. So he sent for all his vassals and pointed out the reasons why the imputations and charges against Tristram were unfounded and false. It would simply not do for anyone to believe them to be true or valid or to act accordingly. When they heard his reasoning and his evidence, it seemed to them as if he wished to bring Ísönd home, so they advised him what they thought and felt to be best, in accordance with how he himself felt about it. And so the king sent for Tristram and Ísönd, so that they might return home in peace and joy, for he was no longer angry with them.

Chapter 67

Tristram could no longer control his urges and desires, and for that reason he made the most of every opportunity that presented itself. One day he and Ísönd were sitting together in an orchard, and Tristram was holding the queen in his arms. They thought themselves out of danger, but were caught in a surreptitious circumstance when the king came walking along, accompanied by the evil dwarf. He thought that he had caught them both in sin, but they were asleep.

When the king saw them, he said to the dwarf: "Wait for me while I go to the castle. I will bring my most distinguished men to determine what kind of situation we have discovered them both to be in here. I shall have them burned at the stake if they are found together."

Tristram had awakened while the king was speaking, but didn't let on that he was awake. Then he jumped up and said: "Ísönd, my beloved, something terrible has just happened! Wake up because a trap has been made and set for us. King Markis has been here and seen what we have done. He has gone to the hall for his men, and if he finds us here together, he will have us burned to ashes. Most beautiful beloved, I must leave, but you need not fear for your life, because they won't be able to prove anything against you if you alone are here with no man present. I intend to travel to another kingdom, and without you I will suffer sadness and sorrow. Our parting causes me so much grief that never will I find solace in this life. Sweetest beloved, I implore you never to forget me though I am far away.

Unn þú mér jafnmikit fráverandi, sem þú hefir mér nærverandi. Vit, ekki má ek lengr hér dveljaz, því þeir *er[84] hata okkr, koma hér skjótt. Nú kyss mik í þessum skilnaði, ok gæti okkar guð ok varðveiti okkr."

Dvalðiz Ísönd nú í lengra lagi. Sem hún skildi ræðu Tristrams ok sá hann bera sik illa, þá runnu henni tár, ok andvarpaði af öllu hjarta ok svarar þá harmsfullum orðum: "Minn kærasti unnasti," kvað hún, "at sönnu sómir þér þenna dag at muna, at við skiljum svá hörmuliga. Svá er mér mikil písl at okkrum skilnaði, at aldri vissa ek fyrr svá mjök, hvat harmr eða hugsótt var, angr eða óró. Eigi mun ek huggun fá, frið né fögnuð. Ok aldri kvídda ek svá mínu lífi sem nú okkrum skilnaði. Nú ekki at síðr skaltu þiggja þetta fingrgull, ok varðveit vel fyrir mínar sakir. Þetta skal vera bréf ok innsigli, handsöl ok huggan áminningar ástar okkarrar ok þessa skilnaðar."

Ok skilduz þau með miklum hryggleik ok kysstuz með sætleik.

Kapituli 68

Nú ferr Tristram leiðar sinnar, en Ísönd sat eptir grátandi ok þrungin af miklum harmi. En Tristram gekk braut mjök grátandi, hlaupandi út yfir garðinn. Því næst kom kóngrinn ok gaf henni sakir ok með honum lendir menn hans, ok fundu þá engan mann nema hana eina. Ok fyrir því máttu þeir enga sök gefa henni, ok ekki misgerði hún þá, ok fyrirgaf þá kóngrinn henni reiði sína.

En Tristram, áhyggjufullr, gekk til herbergis síns ok bjóz braut skyndiliga ok allir félagar hans. Svá riðu þeir þá til strandar ok ganga á skip ok sigla ór því ríki. Ok lenda þeir því næst í Normandía ok dvölðuz þar ekki lengi. Ok fór nú Tristram ór öðru ríki í annat at leita sér atburða þeira, er hann megi fremja. Þoldi hann margar vesaldir ok vás, áðr hann fekk sæmdir ok virðingar, hvíld ok yndi. Því næst þjónaði hann Rómaborgar höfðingja ok keisara ok var lengi í hans ríki. Síðan fór hann í Spaníaland ok þaðan í Bretland til arfa Róalds, fóstrföður síns. Ok tóku þeir við honum með miklum fagnaði, tignandi hann ok sæmandi, ok gáfu honum upp mikit ríki ok marga kastala frjálsa undir vald hans, unnandi honum með tryggri ást, ok hjálpuðu honum í öllum þurftum ok gerðu hann kunnugan ókunnugum mönnum ok fylgðu honum í atreiðum, ok frægðu þeir atreið hans ok hreysti.

Kapituli 69

Um þá daga var yfir því ríki einn gamall hertugi, ok gerðu grannar hans honum mikinn óvin ok harðar atreiðir, allir þeir <er> ríkastir váru ok mestir fyrir sér, ok þrengðu honum mjök, svá at þeir settu mikinn hug um hans kastala, er hann sat í.

Þessi hertugi átti þrjá *sonu,[85] vaska menn. Hét hinn elzti Kardín. Hann var fríðr maðr ok kurteiss ok hinn bezti félagi Tristrams. Ok gáfu þeir honum ríkan

Love me just as much in my absence as you have when I am near. You must know that I can't remain here any longer, for those who hate us will soon be here. Kiss me now at our parting, and may God protect us and keep us safe."

Ísönd didn't move for a time. When his words sank in, and she saw him so distressed, her tears ran, and she sighed from the bottom of her heart, answering him with words filled with sadness: "My dearest beloved," she said, "it is truly fitting for you to remember this day when we part so sadly. I feel such suffering that I never really knew what anxiety and grief were, or uneasiness or sorrow. Never will I find solace, peace, or joy. Never did I feel such apprehension for my life as now at our parting. Nonetheless, you shall have this ring; take good care of it for my sake. It shall be the written deed and its seal, the promise and the comfort of the remembrance of our love and of our separation."

They parted with great sorrow and a tender kiss.

Chapter 68

Then Tristram departed, while Ísönd still sat there, crying and racked by a deep sadness. Tristram wept profusely as he left and sprang over the orchard fence. Just then the king and his vassals arrived and made accusations against her, but they could find no man there, just her alone. For that reason they were unable to bring charges against her; she was doing nothing wrong and so the king's anger subsided.

But Tristram was downcast and went to his quarters, quickly making ready to leave with all his companions. Then they rode to the beach, boarded their ship and sailed away from that kingdom. Their first landing was in Normandy, but they didn't remain there long. Tristram then traveled from one country to another, looking for adventures that he might take part in. Before finally garnering honor and esteem, rest and relaxation, he had to endure much misery and toil. He entered the service of the princes and of the emperor of Rome, remaining in his kingdom for a very long time. After that he traveled to Spain and from there to Brittany to the heirs of Róaldr, his foster-father. They received him joyfully, revered and respected him, and bestowed upon him authority over a large kingdom with numerous castles directly under his control. They loved him with true devotion and helped him whatever his needs, introducing him to strangers and accompanying him to tournaments, and they widely proclaimed his jousting ability and his valor.

Chapter 69

In those days this country was ruled by an aged duke, whose neighbors were unfriendly and attacked him savagely. The strongest and most powerful of these people pressed him hard, for they greatly desired the castle where he resided.

This duke had three sons, all valiant men. The eldest was named Kardín, a handsome, courteous man and Tristram's best friend. Because of Tristram's valor

kastala sakir hreysti hans, at hann skyldi þaðan á braut reka óvini þeira. Ok gerði hann svá mikit, at hann tók marga menn fyrir þeim ok sótti af þeim kastala þeira ok eyddi þeira borgir. Ok helt hann svá lengi ófriði á þá með styrk Kardíns, at þeim varð þá ekki annat til ráða en biðja sér miskunnar ok ganga til griða.

Kardín átti eina fríða, kurteisa ok hæverska *systur[86] ok hyggna yfir allar þær konur, er váru í því ríki. Ok kynntiz þá Tristram við hana ok gaf henni ástargjafir. Ok sakir þeirar Ísöndar, er hann bar harm fyrir, þá ræddi hann um ástarþokka við hana ok hún honum. Ok gerði hann þá marga mansöngva með fögrum skáldskap ok snjallri orðaskipan allskonar strengleika, ok nefndi í söngunum optliga at atkvæðum Ísönd. Tristram söng söngva sína fyrir riddurum sínum ok lendum mönnum í höllum ok svefnhúsum, mörgum áheyröndum, Ísodd ok frændum hennar. Ok hugðu allir, at um hana væri kveðit ok at hann ynni engri annarri en Ísodd þessari. Ok fögnuðu mjök því frændr hennar allir ok allra helzt Kardín ok bræðr hans, þvíat hann hugði, at Tristram unni Ísodd systur þeira ok hann mundi þar vilja dveljaz sakir ástar þeirar, þvíat þeir hafa reynt hann svá góðan riddara, at þeir vilja honum unna ok þjóna. Ok lögðu þeir allan hug á at koma honum í vinskap systur þeira, ok leiddu þeir hann í hús meyjarinnar at skemta sér hjá henni ok ræða við hana, þvíat af leik ok viðræðu verðr blíðlæti ok um snýz of lunderni manna. Ok er nú Tristram í mikilli íhugan um sína ráðagerð, ok getr hann enga skynsemi gert sér aðra en þá, at hann vill freista, ef hann mætti nokkut yndi fá móti þeiri ást, er hann hefir svá lengi haft með angri ok óró, harmi ok hugsóttum. Því vill hann freista, ef ný ást ok yndi mætti gefa honum at gleyma Ísönd, þvíat hann hyggr hún muni hann hafa fyrirlátit. Eða sér til gagns ok gamans vildi hann konu eiga. At ekki ásakaði Ísodd hann, því vill hann fá hana sakir nafns, frægðar ok meðferða. Ok biðr hann því Ísoddar hertugasystur, festir hana ok fær at frænda ráði ok vilja. Ok váru allir landsmenn því fegnir.

Kapituli 70

Nú er eindagaðr brúðkaups tími. Ok kom þá Tristram með vinum sínum. Hertuginn var fyrir með hirð sinni, samþykkr til allra mála þeira. Ok söng kapilán hertugans messu ok vígðu þau saman at skipuðum sið. Tristram tók jungfrú Ísoddu. En síðan, er tíðum var lokit, gengu þau til borða ok ríkrar veizlu. Sem þeir eru mettir, þá fór liðit at leika sér, einir til atreiða, aðrir at ryðja skjöldu, hinir þriðju at skjóta gaflokum, sumir at skylmaz með alls konar skemtan at leika, sem hirðmanna siðir eru í öðrum löndum at slíkum samkundum.

En sem dagrinn leið ok náttin kom, þá var mærin leidd í ríka rekkju. Ok kom því næst Tristram ok afklæddiz því hinu dýra blíati, er hann var klæddr, ok sitr

they gave him a strong castle, so that he might drive away their enemies. He succeeded to such an extent that he took many of their enemies captive, attacked their castles, and laid waste their cities. And with Kardín's support he kept up the pressure on them, until they had no choice but to beg for mercy and sue for forgiveness.

Kardín had a beautiful, refined, and well-mannered sister, who was wiser than any other women in the country. Tristram became acquainted with her and gave her tokens of his affection. Due to the pain he was suffering because of Ísönd, he spoke of his affection for her and she for him. It happened that he also composed songs, including many love songs that were beautifully poetic and eloquently worded, and in the songs he often used the name Ísönd. Tristram performed his songs for his knights and vassals in the large halls and in the sleeping chambers, where many people listened in, including Ísodd and her relatives. Everyone thought that he was singing about her and that he loved none other than this very Ísodd. All her relatives were overjoyed, especially Kardín and her other brothers, for they thought that Tristram loved their sister Ísodd and that he would remain there because of their love. They had realized that he was such an excellent knight that they loved him and wished to serve him, so they thought a great deal about how to bring him into a closer relationship with their sister. They took him to her quarters for amusement and to speak with her, since playfulness and conversation can lead to tenderness and a change in people's feelings. Now Tristram thought deeply about his course of action, but couldn't reach any other decision but to try to find some happiness as opposed to the love that for so long had brought him sorrow and restlessness, sadness and concern. He wanted to find out if new love and happiness could make him forget Ísönd, for he assumed that she must have forsaken him. Or perhaps he just wanted to get married for fun and pleasure, but, so as not to be reproached by Ísodd, he wished to marry her because of her bearing, her fame, and her fine family name. And so, with the advice and support of her relatives, he asked for the hand of Ísodd, the sister of the duke, and married her. This made all the inhabitants of the kingdom very happy.

Chapter 70

Now the date was set for the ceremony. Tristram arrived with his friends. The duke, completely in agreement with all of their plans, had already arrived with his entourage. Mass was sung by the duke's chaplain, the couple's union was consecrated in accordance with the established custom, and Tristram took the maiden Ísodd as his wife. Afterward, when the divine service was ended, they sat down to a magnificent banquet. When people had eaten their fill, they went out to amuse themselves, some participated in jousting, others to hack shields to pieces, a third group threw javelins, and still others fenced or played all kinds of games, just like members of the court in other countries are accustomed to do at such gatherings.

As the day passed and night fell, the maiden was led to a magnificent bed. Then Tristram arrived, took off the fine cloak that he was wearing to reveal a tunic

honum nú vel kyrtillinn. Sem þeir drógu af honum kyrtilinn, þá fylgði fingrgull hans erminni, þat sama, er Ísönd dróttning gaf honum, þá er þau skildu í eplagarðinum seinast, er hún bannaði honum at rjúfa ást sína við sik. Sem Tristram leit fingrgullit, þá fell hann í nýja íhugan, svá at hann vissi ekki, hvat hann skyldi at hafaz, ok hugsaði þá vandliga sitt mál, at hann iðraðiz sinna ráðgerða. Ok er honum nú gagnstæðiligt þat, er hann hefir gert, svá at hann vildi nú hafa ógert þat, ok hugsaði hann þá, hvat hann skyldi gera. Þá segir hann með sjálfum sér: "Þessa nátt verð ek hér at sofa svá sem hjá eiginkonu minni. Ek má nú ekki við hana skiljaz, þvíat ek hefi fest hana mörgum váttum áheyröndum. En þó má ek ekki með henni búa, nema ek rjúfa trú mína ok svívirða minn manndóm. Nú ekki at síðr verðr svá at vera sem nú er ætlat."

Nú er Tristram í rekkju kominn, ok fagnar Ísodd honum, hann kyssandi. En hann hallandi sik at henni ok andvarpaði af öllu hjarta, er hann vill sofa hjá henni, en má þó ekki—skynsemd hans heftir lostasemi hans til Ísoddar—ok mælti: "Mín fríða unnasta, kunn mik ekki. Ek vil segja þér eitt leyndarmál. En þess bið ek yðr, at engi maðr sé þess vitandi nema þú ok ek, þvíat þetta segi ek engum manni. Ek hefi eina sótt undir minni síðu hægra megin, er mik hefir lengi kvalit, ok hefir þessi sótt þvingat mik þetta kveld. En af mörgum vásum ok vökum, er ek hefi haft þá sturlar hún nú alla *limu[87] mína, ok þar af þori ek varla at liggja við þik. Ok hverju sinni, er hún tekr mik, þá færir hún á mik ómátt, ok verð ek þá lengi sjúkr eptir. Nú bið ek: Kunn mik ekki at sinni, því vit munum fá gott tóm til, þá mér er léttara ok betr viljat."

Þá svarar mærin: "Meiri harmr er mér at sótt þinni en öllu því öðru, er í er heiminum. Þat er þér mæltuð, at ek skylda leyna, þá má ek vel þarfnaz þat at segja, ok svá vil ek gjarna gera."

Ekki var önnr sótt Tristrams en um aðra Ísönd dróttningu.

Kapituli 71

Sem Ísönd, dróttning Markis kóngs, var einu sinni í svefnhúsi sínu, þá var hún mjök syrgjandi ok andvarpandi sakir Tristrams, er hún unni yfir alla menn, svá at hún íhugaði þat, hvat er vilja hennar mætti hugga ok harm hennar bæta, sem er at unna Tristram. En hún frétti nú ekki til hans, í hverju landi hann mun vera eða hvárt hann er dauðr eða lifandi.

Nú var einn jötunn, digr, mikill ok drambsamr, er fór útan af Afríkalandi at berjaz við kónga ok höfðingja. Fór hann mörg lönd þeira at leita, drap marga ok svívirði ok fló með húðinni skeggit af öllum höfðingjum, er hann drap, ok gerði skinn mikil ok síð, svá at hann dró eptir sér skikkjuna um jörðina.

Þessi jötunn hafði fregit, at Artús kóngr var svá frægr í sínu ríki, at engi var hans jafningi á þeim dögum at hreysti ok riddaraskap, ok barðiz opt við marga höfðingja ok fekk sigr ok sæmd. Sem jötunninn frétti hreysti hans ok drengskap, þá sendi hann mann sinn til hans með þeiri orðsendingu, at hann hefði gert sér

that suited him very well. As the attendants took his tunic, the sleeve pulled off his gold ring, the same one that Queen Ísönd had given him, when they last parted in the orchard and where she had forbidden him to violate his love for her. As Tristram gazed upon the gold ring he began to ponder his situation anew, so much so that he didn't know what he should do. He carefully considered his circumstances and regretted his decision. Now that he was opposed to what he had done, he would have gladly undone it. Then he thought about what he should do, and he said to himself: "On this night I have to sleep next to her as my wedded wife. I cannot part from her, because I married her in front of many witnesses. Nonetheless, I cannot live with her carnally without breaking my word and putting my humanity to shame. In any event, whatever is destined to happen, will come to pass."

When Tristram got into the bed, Ísodd welcomed him and kissed him. He turned toward her and sighed from the bottom of his heart, for he wanted to sleep with her, but he was unable to do so—his reason restrained his desire for Ísodd. "My dear beloved," he said, "do not be displeased with me. I will tell you a secret, but this I ask of you, that no one know of it except you and I, for I would not tell anyone else. On the lower, right side of my body I have an ailment that has plagued me for a long time, and this malady is causing me discomfort tonight. Due to the many hardships and wakeful nights that I have suffered, all of my limbs have been affected. For this reason I scarcely dare to lie with you. Every time the pain comes it makes me lose consciousness, and I feel ill for a long time afterward. I am asking you, please, do not be angry with me this time, for we will have time enough when I'm feeling better and more inclined."

Then the maiden answered: "Your illness saddens me more than could anything else in the world. And when you said that I should keep it a secret: I certainly don't need to talk about it and will gladly keep silent."

Tristram's illness was nothing but the other Queen Ísönd.

Chapter 71

Once when Ísönd, King Markis's queen, was in her sleeping chambers, she was filled with sorrow, sighing because of Tristram, whom she loved above all men. She felt that the only thing able to comfort her desires and alleviate her sorrow would be to make love to Tristram. But she had no news of him, or about what country he was in, or whether he was dead or alive.

At this time there was a giant, big and strong and arrogant, who came from Africa to do battle with kings and rulers. He traveled to many countries to find them, killing and dishonoring many of them, and he cut off the beards along with the skin of all the champions whom he had killed. He made a large cloak out of them, which was so long that it dragged along the ground behind him.

This giant had learned that King Arthur was so famous in his kingdom that no one in those days was his equal in valor or knighthood, doing battle often against many champions and winning victory and honor. When the giant heard of his prowess and courage, he sent his emissary to him with this message, that he had made a

skinn svá síð, at hann drægi eptir sér af skeggjum kónga, hertuga, jarla ok lendra manna. Ok fór hann mörg lönd at leita þeira ok sigraði þá ok drap í einvígi ok bardaga. Ok með því Artús er ríkastr allra þeira, er hann hefir til spurt, bæði at löndum ok sæmdum, þá sendi hann orð fyrir vináttu sakir, at hann láti flá af skegg sitt ok sendi honum fyrir virðingar sakir. Ok skal hann tigna skegg hans svá mjök, at hann skal skipa því hæst yfir öllum kónga skeggjum, af því at hann er hinn frægasti, er hann hefir til spurt.

Sem Artús kóngr fregnar þetta, þá reiddiz hann af öllum hug ok sendi jötninum þau orð, at fyrr skal hann berjaz en upp gefa skegg sitt sem huglauss maðr.

Sem jötunninn frá þessi tíðindi, at kóngr vill berjaz við hann, þá skundaði hann þegar með æði mikilli ok í landamæri ríkis Artús kóngs, at berjaz við hann. Sýndi jötunninn honum skinn þau, er hann hafði gert af kónga skeggjunum. Síðan genguz þeir at með stórum höggum ok harðri atsókn allan dag frá morgni til kvelds. Ok um síðir sigraðiz kóngrinn á honum ok tók af honum höfuðit ok skinnin. Svá sótti kóngrinn hann með vaskleik ok frelsaði fyrir honum kónga ríki ok jarla ok hefndi á honum metnað<ar> hans ok illgirndar.

Nú þó at þetta falli ekki við söguna, þá vil ek þetta vita láta, þvíat sá jötunn, er Tristram drap, var systurson þessa jötuns, er skeggjanna krafði. Ok þjónaði Tristram þá Spaníakóngi. Ok varð Spaníakóngr þá mjök hræddr, er jötunninn krafði skeggs hans, ok kærði kóngr þetta fyrir sínum vinum ok frændum ok öllum riddurum, ok fann hann engan þann, er berjaz þyrði við þenna jötun.

En þá er Tristram heyrði, at engi þorði at verja sæmd kóngsins, þá tók hann einvígit á sik at sæma kónginn. Ok varð þá hit harðasta einvígi hvárratveggju, svá at Tristram fekk þar mörg sár ok mikil, svá at allir hrædduz, <at> hann mundi ekki lífi eða heilsu ná, en þó drap hann jötuninn. Af þeim sárum, er hann fekk þar, fekk Ísönd dróttning engi tíðindi né af honum, því hér bjuggu á milli öfundarmenn hans, ok er þat siðr þeira, er aðra öfunda, at þeir þegja um þat, er gott er, ok leyna frægð ok drengskap atgerða þeira, er þeim er<u> betr menntir, ok gefa saklausum sakir ok fela sína löstu undir annars hrópi.

Því mælti einn hygginn maðr ok kendi syni sínum svá: "Betra er at búa einn án félaga en vera með þeim, er hann öfunda."

En Tristram, þar sem hann er nú, hefir ærna félaga, er honum þjóna ok hann tigna. En þeir félagar hans, er váru í hirð Markis kóngs, er<u> meir fjandmenn hans *en[88] vinir, hrópuðu hann ok rægðu. Ok þat gott, er þeir spurðu til hans, þá leyndu þeir sakir dróttningar, er þeir vissu at honum var unnandi.

cloak out of the beards of kings, dukes, earls, and vassals that was so long that it dragged along the ground behind him. He had traveled to many countries to find these men and conquer them, killing them in duels and pitched battles. And because Arthur was the most powerful of them all, as far as he could tell, in terms of territory and honors, he was sending him word—for the sake of friendship—that he should have his beard along with the skin flayed off, sent to him as a token of esteem. He would hold his beard in such high regard that he would place it higher than the beards of all the other kings, since Arthur was the most famous king that he had heard about.

When King Arthur heard this message he flew into a rage and sent the giant the message that he would rather do battle with him than to surrender his beard like a coward.

When the giant learned of this response, that the king wanted to do battle with him, he became enraged and immediately hurried to the border of King Arthur's realm to do combat with him. The giant showed him the cloak that he had made from the beards of kings, and then they fought with courageous charges and mighty blows from morning until evening. Finally the king gained victory over the giant and took from him both his cloak and his head. The king had fought with great valor, saving the countries of kings and noblemen and taking revenge on the giant for his arrogance and malevolence.

Even though this event is outside the scope of this saga, I wanted to tell about it, because Tristram also killed a giant who was the nephew of this giant who had demanded the beards. At that time Tristram was in the service of the King of Spain, who was terrified because the giant had demanded his beard. The king discussed this with his friends and relatives and all his knights, but he found no one who dared to do battle with this giant.

When Tristram heard that no one dared to defend the honor of the king, he took the duel upon himself, in order to preserve the king's honor. There then took place the fiercest duel between the two of them, with Tristram sustaining many serious wounds such that everyone feared that he wouldn't survive or regain his health, even though he had slain the giant. Queen Ísönd learned nothing about Tristram or the injuries that he had suffered there, because the people jealous of him prevented it. It is customary for those who are envious of others to remain silent about that which is good and to conceal the fame and valor of the deeds of those who are more accomplished. They rather accuse the innocent and hide their own faults by slandering others.

That is why a wise man once instructed his sons in this way: "It is better to live alone and without companions than to be in the company of those who envy you."

But Tristram now found himself among companions aplenty who served him and honored him. However, those companions of his who were at the court of King Markis were more enemies of his than friends. They slandered and defamed him, and anything good that they learned of him they concealed because of the queen, whom they knew to be in love with him.

Kapituli 72

Einn dag sat dróttning í herbergi sínu ok gerði einn strengleik um hörmuliga ást. En í því kom til hennar gangandi Maríadokk, einn ríkr maðr, jarl af stórum köstulum ok ríkum borgum í Englandi, ok var þá kominn til hirðar Markis kóngs at beiðaz ástarþokka dróttningar til at þjóna henni. En Ísönd svarar honum, at hann sýndi í slíkum orðum heimsku ok leitaði sér mikils hégóma. Ok hafði hann opt beðit ástarþokka dróttningar, ok gat hann aldri fengit svá mikit atvik sem vert væri eins glófa, því hún dró hann ekki at sér, hvárki með heitum né fagrmælum. En hann dvalðiz lengi í hirð kóngs at freista, ef hann mætti nokkut mýkja lunderni dróttningar til eptirlætis ástar sinnar. Hann var fríðr riddari, en í öðru grimmr ok metnaðarfullr. Ekki var hann lofsæll af hreysti sinni, nema hann var almæltr kvennabiðill, gabbaði ok dáraði aðra riddara hjá sér.

Sem hann kom eitt sinn, mælti hann til dróttningar: "Frú," kvað hann, "þegar menn heyra uglu syngja, þá sómir mönnum at íhuga dauða sinn, þvíat uglusöngr merkir andlát. Ok sem mér sýniz, at þetta sé harmasöngr ok hugsóttar, munu nokkurir hafa látit líf sitt."

"Ja," kvað Ísönd, "þú segir satt. Ek vil at vísu, <at> þessi söngr merki dauða. Sú er at sönnu vánd ugla, er af sóttum vill annan angra. En þér ber vel at óttaz dauða þinn, er þú hræðiz mína söngva. Ugla flýr æ fyrir illum veðrum, en þú kemr æ með illum tíðindum. Þú ert at sönnu fljúgandi ugla, er illar sögur æ vill segja ok spott ok háð vill fram bera. Ek veit at vísu, at þú kæmir hér ekki, ef þú vildir mér fagnaðartíðindi segja."

Maríadokk svarar: "Reið ertu nú, dróttning. En ekki veit ek, hversu heimskr sá er, sem hræðiz orð þín. Ek má vera ugla, en þú mátt vera ambátt. En hvat sem verðr um minn dauða, þá færi ek þér harmfull tíðindi. Nú hefir þú tapat Tristram, unnasta þínum. Hann hefir fengit sér nú konu á öðru landi. Ok máttu nú um leitaz at fá þér unnasta, þvíat hann hefir svikit þik ok hafnat þinni ást ok fengit fríðari konu með mikilli sæmd, dóttur hertugans yfir Bretlandi."

Þá svarar Ísönd: "Með spotti ok háði hefir þú jafnan úlfr ok ugla verit ok frá Tristram illt sagt. Guð láti mik aldri gott hafa, ef ek læt eptir þínum vilja ok hégóma. En þó at þú segir mér illt frá Tristram, þá skal ek aldri þér unna né þinn vin verða, meðan ek lifi. Ok heldr vilda ek sjálf týna mér en þína ást á mik draga." Ok reiddiz hún nú ákafliga af þessum tíðindum.

Sem Maríadokk skildi þetta, vildi hann ekki lengr angra hana ok gekk í braut, sturlaðr af öllu hjarta, er dróttning vildi honum svá svívirðilig svör gefa.

Nú sem dróttning var í þeim harmi, angri ok reiði, þá spurðiz hún um, hvat satt var um Tristram. Ok svá sem hún vissi sannleik, þá hryggðiz hún af miklum harmi ok hörmuligri sótt. Ok var allr hennar hugr angrs fullr ok sorga, kveinandi

Chapter 72

One day, as the queen sat in her chambers composing a sad love song, she was visited by a powerful man named Maríadokk, an earl with large castles and flourishing towns in England. He had come to the court of King Markis to serve the queen and to seek her love. Ísönd, however, responded that by talking like that he showed himself to be ludicrous and was behaving foolishly. He had often requested the affection of the queen, but never received it, not even so much as the worth of a single glove. She had never encouraged him, either with a promise or with tender words. But he stayed for a long time at the court of the king to try to soften somewhat the queen's feelings toward acquiescence to his love. He was a handsome knight, but otherwise arrogant and savage. Nor was he famous for his valor, but widely talked about as a ladies' man, and he mocked and made fun of other knights around him.

Once, when he visited, he said to the queen: "My lady," he said, "when people hear the hooting of an owl, they should think about dying, because the owl's cry signifies death. And it seems to me that this song of yours is one of sorrow and distress, so some people must have just lost their lives."

"Yes," retorted Ísönd, "what you say is true. I certainly wish that this song would mark someone's death. It is an evil owl indeed who seeks to sadden someone, for they are sad themselves. Seeing that you fear the power of my song, you would do well to dread your own death. The owl always flies before bad weather, and you always arrive with bad news. You are truly the flying owl, ever ready to bring bad news and to spread mockery and malice. I know for a fact that you would not come here if you wanted to bring me good tidings."

Maríadokk answered: "Now you are angry with me, Queen. I do not know how foolish someone would have to be to fear your words. I may be an owl, but you must be its servant. Whatever will happen with regard to my own death, I do bring sad tidings. You have just lost Tristram, your beloved, for he has found himself a wife in another country. Now you are free to look around to find another lover, for he has betrayed you and forsaken your love and married a more beautiful woman of high standing, the daughter of the Duke of Brittany."

Ísönd replied: "With your malice and mockery you have always been the wolf as well as the owl, and always spoken ill of Tristram. May God never grant me anything good, if I should indulge you or your foolishness. Even though you tell me something bad about Tristram, I will never love you nor be your friend as long as I live. I would rather take my own life than love you." But she was very upset at this news.

When Maríadokk realized this, he didn't want to cause her further distress, so he left, deeply disturbed that the queen had chosen to give him such a disparaging reply.

While the queen was still feeling sorrow, grief, and anger, she asked around concerning the truth about Tristram. As soon as she learned the facts, she suffered great sorrow and distress. Her whole being was filled with sadness and grief, and

með þessum orðum: "Engi má nú manni trúa. Aldri sómir nú annars ást at trúa. Nú er hann orðinn nýr falsari, er hann hefir fengit konu í öðru landi."

Svá kærði hún nú harm sinn um skilnað þeira.

Kapituli 73

Tristram sitr nú í sínu angri. En þó léz hann vera blíðr ok kátr ok lét aldri á sér finna, at sér væri nokkut til meins eða angrs. En hann fal angr sitt með þeim hætti, at hann fór at skemta sér á veiðar ok sjálfr hertuginn ok allir hans ríkustu vinir. Þar var ok Kardín, son hertugans, ok tveir aðrir synir hans hinir fríðustu. Þar váru ok hinir ríkustu lendir menn hans. Ok áttu þeir þá at fylgja hundunum ok veiðimönnum ok riðu annan veg skógsins ofan at sjónum ok sáz um, hvat er títt var í landamæri, þvíat þar var landaskipti, ok höfðu þar opt haft harða bardaga ok hörð viðrskipti.

Í þessu landaskipti bjó jötunn einn, undarliga mikill ok hinn vaskasti. En hann hét Moldagog. Hann var vitr ok vélugr. Ok sem þeir váru komnir í landamæri, þá mælti hertuginn: "Tristram," kvað hann, "minn besti vin, hér er nú landaskipti ríkis várs, ok ekki gengr ríki várt lengra í þenna skóg. Öðru\<m\> megin á einn jötunn, ok býr hann þar í bergi nokkuru. Ok vil ek þér kunnugt gera, at þessi jötunn hefir gert mér mikinn ófrið, svá at hann útlægði mik af mínu ríki. En síðan gerðum við sætt okkar í milli með þeim hætti ok formála at hann skal ekki hingat koma í mitt ríki, en ek ekki yfir ána í hans ríki, at nauðsynjalausu. Nú vil ek halda þenna formála okkarn svá lengi sem ek má, þvíat ef ek geng á þessi einkamál, þá á hann vald á váru ríki, ræna ok brenna ok gera hvatvetna illt, er hann má. Ok ef hann finnr mína menn í sínu ríki, þá á hann vald á at drepa þá. Þenna formála sóru allir hinir ríkustu menn mínir. En ef dýr eða hundar várir þangat hlaupa, þá skulum vér þá út leysa, svá at engi skal þá heim sækja ok engan með sér halda. Ek fyrirbýð ok þér, Tristram, at fara yfir þessa á, þvíat þegar verðr þú spiltr, svívirðr ok drepinn."

Tristram svarar: "Guð veit, herra," segir hann, "mik fýsir ekki þangat at fara. Ek veit eigi, hvat ek skylda þar sýsla. Ek gef honum upp þetta fyrir mér frjálst alla mína lífdaga. Ek vil enga þrætu við hann eiga. Mik skortir ekki skóg, meðan ek lifi."

En ekki at síðr leit hann fjarri skóginn ok sá, at hann hafði hinn fríðasta við, *hávan[89] ok réttan ok digran, með alls kyns við, þann er hann hafði sét ok heyrt nefndan. At þessum skóg gekk eins vegar sjór, en annan veg kemz engi at nema um ána, er fellr með óðum straumum, sem þeir gerðu formálann um, hertuginn ok jötunninn, at engi skyldi yfir um ána fara. Ok sneri þá hertuginn aptr ok tók í hönd Tristram, ok riðu báðir saman—þvíat hann er hinn kærasti hertuganum—ok komu því næst heim til kastalans ok tóku vatn ok settuz yfir borð. Ok komu þá heim veiðimenn með mörg dýr.

she lamented with these words: "Never trust a man! It is never a good idea to trust in the love of another. Now he has become one more deceiver by taking a wife in another country."

In this fashion she now lamented her distress over their separation.

Chapter 73

Meanwhile, Tristram was enveloped in his own sorrows, pretending nevertheless to be cheerful and happy. He never let anyone notice that something was causing him suffering or sorrow. He disguised his distress by going hunting for amusement with the duke himself and all of his most powerful friends. Kardín and two others of the duke's handsome sons also went along, as well as the most powerful vassals. They were supposed to follow the hounds and the huntsmen, but they rode along a different path in the woods and then down to the sea to scout out what was happening in the borderland, for this is where another country began and there had often been savage battles and fierce conflicts.

In this border region there lived a giant who was incredibly large and very bold. His name was Moldagog and he was both clever and crafty. When they arrived at the border, the duke spoke up: "Tristram," he said, "my dearest friend, this is the border of our country, and it doesn't extend any farther into this forest. The other side belongs to a giant, who lives there in a cliff. I want to make you aware of the fact that this giant has caused me great difficulty, to the extent that he once drove me from my own country. Since then we have made a treaty containing the condition and the stipulation that he shall not set foot on my lands, and I will not cross the river into his country without a compelling reason. I want to abide by our treaty as long as I can, for if I break this agreement he has the power over our kingdom to pillage and burn and to do whatever evil that he wishes. And if he discovers my men on his land, he has the authority to kill them. This stipulation was sworn to by all of my most powerful men. And if our animals or dogs run over there, then we have to ransom them back, because no one should search for them or take them. I also forbid you, Tristram, to cross this river because you will be harmed, dishonored and killed."

Tristram answered: "God knows, my lord," he said, "I am not eager to go over there. I wouldn't know what I would want to do over there. As far as I'm concerned, he can have it without interference as long as I am alive."

Nevertheless, he looked deep into the woods and saw that it contained the most beautiful trees, tall and straight and stout, with all the kinds of wood that he had ever seen or heard about. On one side of this forest was the sea, and one couldn't gain access from the other side except across the river, which flowed with a ferocious force. This was the same river that the duke and the giant had made the stipulation about, that no one should go across it. Then the duke turned back and, taking Tristram by the hand, they rode back together, for the duke loved him dearly. Soon they returned to the castle, washed, and sat down at the table. By then the hunters had returned home with plenty of game.

Kapituli 74

Kardín ok Tristram váru hinir beztu félagar. Þeir heldu uppi miklum ófrið ok gáfu harða bardaga óvinum sínum, er sátu í ríki þeira, ok tóku af þeim stórar borgir ok sterka kastala, þvíat þeir váru hinir hraustustu riddarar, svá at engi fannz þeim líkr. Ok gengu undir þá ríkir höfðingjar, lendir menn ok riddarar, ok höfðu mikinn styrk í ríki sínu ok tóku Namtersborg ok settu alla kastala, er umhverfis váru þat fylki, með sínum riddar<a>skap, svá at hinir ríkustu menn tóku sér tryggðir af þeim ok unnu þeim eiða ok gáfu þeim gísla ok trúnað öruggs friðar.

En þess á millum var Tristram í miklu angri ok áhyggju at unna Ísönd. Ok þat íhugaði hann þá með öllu glöggsýni um einn þann hlut, er hann ætlar at gera. Ok þykkiz hann nú hafa tómstund þar til, því hans hjarta ok hugr allr var at unna Ísönd ok allt þat, er hann gat, henni til sæmdar at gera.

Kapituli 75

Á einum degi herklæddiz Tristram ok léz vilja ríða á dýraveiði út á skóg ok sendi félaga sína með veiðimönnum frá sér. Hann lét fela hest sinn í einum dal. Ok tók hann þá horn sitt, steig á gangvara sinn ok reið sem skyndiligast þann veg sem vápnhestr hans var ok vápn. Ok sem hann hafði tygjaz sem hann kunni best, steig hann á vápnhest sinn ok reið sem skyndiligast einn saman ok kom því næst at straumvaðinu, sem *skipti ríki hertogans[90] ok land jötunsins. Ok sá hann þá, at vaðit var háskasamligt ok rann með miklum straumi, mjök djúpt, ok hávir bakkar hvárutveggja megin. Ok kaus hann þá harðan kost. Hvárt sem hann kæmiz af eða ekki, þá laust hann hestinn með sporum ok hleypti honum á ána. En vatnit gekk þegar yfir höfuð þeim báðum. Ok kom hann þá svá hart niðr, at aldri hugðiz hann kvikr mundu af komaz. En hann leitaði við allt, er hann mátti. Ok er hann kom upp um síðir öðru<m> megin árinnar, steig hann af bakki hesti sínum ok hvíldiz nokkura stund ok tók af söðulinn ok hristi af vatnit ok af sjálfum sér.

Ok sem hann var vel hvíldr, steig hann á hest sinn ok reið í mörkina ok setti horn á munn sér ok blés sem hann mátti mest ok svá lengi, at jötunninn heyrði hornit. Þá þótti honum undarligt, hvat þat mátti vera, ok skundaði þegar, er hann heyrði þetta, ok hafði mikinn staf í hendi sér af hinum harðasta beinviði.

Sem hann leit Tristram herklæddan á hesti, þá spurði hann í mikilli reiði: "Herra gaurr," kvað hann, "hvat manna ertú, at þú sitr herklæddr á hesti? Hvaðan ertu kominn? Eða hvert viltu fara? Eða hvers leitar þú hér í mínum veiðiskógi?"

Þá svarar Tristram: "Ek heiti Tristram, ok em ek mágr Bretlands hertuga. Ek sá þenna skóg hinn fagra, ok hugsaða ek, at hann er leyniliga kominn ok vel fallinn til húsi einu, er ek vilda gera láta, því ek sé hér hinn fegrsta við alls konar, ok vil ek láta niðr falla hin stærstu tré í þessum hálfum mánuði, átta ok *fjörutigi[91] at tölu."

Chapter 74

Kardín and Tristram were the best of companions, waging war and fighting ferocious battles against their enemies occupying their country. They captured large cities and strong castles, for the two of them were the most valiant of knights, such that their equals were not to be found. Powerful princes, vassals, and knights were subject to them, and they wielded great influence in their realm. They captured Nantes and manned all the castles in that region with their knights, such that the most powerful men made treaties with them, swore oaths, and gave them hostages and security for a reliable peace.

During all of this, however, Tristram was greatly anguished and concerned due to his love for Ísönd. And so he considered with the utmost focus about the one, single thing that he intended to do. He felt that he now had the free time for it, since his heart and mind were devoted to loving Ísönd, and everything that he did was done to honor her.

Chapter 75

One day Tristram donned his armor, saying that he wanted to ride out to hunt in the forest, but he sent his companions on ahead with the huntsmen. He hid his horse in a valley, took his horn, mounted another steed, and raced along the path to where his war horse and weapons were located. When he had donned his armor as best he could without help, he mounted his war horse and rode alone to the ford in the stream that separated the realm of the duke from the land of the giant. He noted that the ford was most perilous, very deep, with a strong current, and high banks on both sides. Then he chose a very difficult option, one that might cost him his life. He dug his spurs into the horse, and they plunged into the river. Immediately the water swirled over their heads, and he hit the bottom of the river bed so hard that he never thought he would get out alive. He strove with every ounce of energy, and when he finally reached the other side of the river he dismounted, resting a while before taking the saddle from the horse and shaking the water from it as well as from himself.

After he was well rested, he mounted his horse and rode into the forest, set the horn to his lips, and blew as loud and as long as he could so that the giant heard the horn. The giant couldn't imagine what that might be and hurried over when he heard it, carrying a huge club made out of the hardest ebony wood.

When he caught sight of Tristram all dressed in armor on his horse, he angrily asked: "Sir peasant," he said, "who are you to be sitting in armor on horseback? Where did you come from and where are you going? And what are you doing here in my hunting forest?"

Tristram answered: "My name is Tristram, and I am the son-in-law of the Duke of Brittany. I saw this beautiful forest, and I thought to myself that it is quite secluded and well suited for the house that I want to have built. There are all kinds of the finest wood here, and in the next half month I would like to have felled the tallest trees, some forty-eight in all."

Kapituli 76

Sem jötunninn heyrði orð hans ok skildi, þá varð hann reiðr ok svaraði: "Svá bjargi mér guð," kvað hann, "ef ekki væri sakir vináttu við hertugann, þá skylda ek drepa þik með þessum staf, því þú ert ærr af metnaði. Far braut sem skjótast ór mörkinni, ok máttu því verða feginn, at ek læt þik svá búit braut fara."

Þá segir Tristram: "Vei sé þeim, sem sér gerir fagnað af þinni miskunn. Ek vil fella hér svá mörg tré sem mér líkar, ok hafi sá okkar, er sigr fær á öðrum, síðan gert."

Þá svarar jötunninn með mikilli reiði: "Þú ert heimskr, gaurr, ok þrútinn metnaðar. En öðrum kosti þá skaltu ekki svá búinn braut fara. Þú skalt gefa mér höfuð þitt í gísling. Þú hyggr, at ek sé Urgan jötunn, er þú drapt. Nei, ekki er svá. Hann var föðurbróðir minn, en sá frændi minn, er þú drapt í Spaníalandi. En nú ertu niðr kominn í Bretlandi at ræna mik skógi mínum. En fyrr skaltu berjaz við mik. Ef þú þolir lítit, skal skjöldr þinn <ekki> hlífa þér, ef ek nái þér." Ok lypti hann þá staf sínum ok kastaði at honum með miklu afli ok reiði.

En Tristram veik sér undan ok skundaði at honum at höggva hann. En jötunninn flýtti sér at komaz at stafnum, ok var þá mikil þræta þeira á millum, ok hleypti þá Tristram fram í milli jötunsins ok stafsins ok vildi höggva hann í höfuðit. En er jötunninn reikaði undan högginu, þá flaug sverðit niðr í legginn á honum með svá þungu höggi, at fjarri kom niðr fótrinn af honum. Ok þegar ætlaði hann honum annat ofan í höfuðit.

En í því æpti jötunninn upp hárri röddu: "Herra," kvað hann, "miskunna lífi mínu. Ek skal geraz þér tryggr ok trúr ok handgenginn. Ok alla mína fésjóðu skal ek gefa þér. Land mitt allt ok gull þat, er ek á, skal vera í þínu valdi ok skipan. Ek hirði ekki af mínu hafa útan lífit eitt. Ok haf mik þangat, sem þú vill ok þér líkar sjálfum, ok ger þat af mér, sem þú vill."

Sem Tristram skildi, at hann bað miskunnar, þá tók hann við handgöngu hans, tryggðum ok orðum ok öruggum handsölum. Ok gerði þá Tristram honum tréfót ok batt undir kné honum. Ok skyldi hann fylgja honum.

Kapituli 77

Jötunninn sýndi Tristram fé sitt, ok virði hann alllítils, þvíat ekki var hugr hans mjök á fjárafla á þeim tímum. Ok mælti hann þá við jötuninn, at hann vill ekki meira hafa af fé hans en hann þarf. Sem jötunninn var honum eiðbundinn, þá lét hann Tristram ráða fé sínu ok hirða í kastala sínum, ok gerðu þá nýjan formála, at jötunninn skal gera hvatvetna þat, sem Tristram vill beiða. Ok váru þeir þá sáttir, ok skal Tristram ráða skóginum ok láta þat ór gera, er hann vill—ok tryggði honum, at hann skal engum segja þetta. Ok gekk jötunninn til árinnar með honum ok segir honum, hvar hann skyldi yfir ríða, ok tók þá leyfi af honum. Ok fór <Tristram> síðan leiðar sinnar ok lét svá um þetta sem hann vissi ekki, hvat títt væri, ok reið

Chapter 76

When the giant heard his words and understood, he became angry and answered: "So help me God," he said, "if it weren't for my friendship with the duke I would kill you with this club, for you are crazed with arrogance. Leave this forest as fast as possible and be happy that I let you leave after this."

Tristram responded: "Woe be to him who is satisfied with your mercy. I want to chop down as many trees as I like, so let that one of us prevail who attains victory over the other."

Enraged, the giant responded: "You are a stupid peasant and puffed up with arrogance. The other possibility is that you won't get to leave at all after what you have said. You will give me your head as ransom. You think that I'm like Urgan the giant, whom you killed, but that isn't so. He was my uncle, and you also killed a relative of mine in Spain. And now you have come to Brittany to rob me of my forest, but before you do you will have to fight with me. If you can't stand up to much, then your shield won't help you when I get you." With that he raised his club and in a rage threw it at him with great force.

Tristram twisted out of the way and rushed over to strike at him as the giant tried to reach his club. They engaged in a great struggle. Then Tristram jumped between the giant and his club and tried to chop at his head. As the giant leaned back to avoid the blow, the sword came down on his leg so violently that the leg flew quite a distance away. Tristram immediately got ready to deal him another blow to the head.

At that moment, however, the giant cried out in a loud voice: "Lord," he said, "spare my life, and I will become your true and loyal follower. All my sacks full of treasure I will give to you. All my land and the gold that I possess will be under your control and at your disposal. I don't care about keeping anything of mine except my life. Take me wherever you want and as you like, and do with me whatever you wish."

When Tristram saw that he was asking for mercy he accepted his submission, his sworn truce, and his solemn pledge. Then Tristram made a wooden leg for him and fastened it below the knee, and the giant had to obey Tristram.

Chapter 77

The giant showed him his treasure, but Tristram didn't pay much attention to it, because his thoughts at that time were not concerned with the acquisition of wealth. He told the giant that he didn't wish to take any more of his wealth than he had need of. Now that the giant was bound by oath to him, Tristram let him keep his treasure and safeguard it in his castle. Then they made a new pact under which the giant would do whatever Tristram requested. They agreed that Tristram had the forest at his disposal and could do with it whatever he wished, and the giant promised that he would never tell anyone about it. The giant accompanied him to the river, told him where he should ride across, and took leave of him. After that Tristram yfir vaðit hjá fjallinu. Ok komz hann svá yfir um, at Kardín varð ekki varr við hann. Ok reið hann sem skjótast til hirðarinnar ok segir, <at> hann hafi villz allan þann dag í mörkinni ok hefði rekit mikinn villigölt, en þó gat hann ekki veitt hann, ok virkti hann mjök í bein af því, at hann fekk enga hvíld þann dag, ok kvez hann vera mjök þurfandi hvíldar.

Sem hann var mettr, fór hann at sofa hjá konu sinni, ok íhugaði hann þá margt ok lá vakandi. Ok undraði Ísodd þat mjök, hvat honum var eða hví hann andvarpar svá af öllu hjarta, ok spyrr hann þá at, hvaða sótt hann hefir, er hann má ekki sofa. Hún bað hann lengi með sætum ok sæmiligum orðum, at hann skuli segja henni.

En Tristram svarar: "Þessi sótt hefir á mér legit frá því í morgun, er ek fór á skóg, ok fann ek þar einn mikinn villigölt, ok særða ek hann tveimr sárum með sverði mínu, ok komz hann í braut ekki at síðr, ok angraði mik þat mjök, ok enn em ek reiðr ok hryggr. Ek reið eptir honum, ok vildi hann aldri nema staðar fyrir mér, ok er ek hafða at gert þat, er ek mátta, þá hvarf hann mér við kveldit í skóginn. Nú bið ek þik, mín sæta unnasta, at þú segir þetta engum manni, at ekki sé mér ámælt eða hrópaðr fyrir félögum mínum né hirðmönnum. Mér er í þessu mikill harmr, ok vil ek í skóg fara, þá <er> dagr er, ok rannsaka skóginn allan. Ek veit þat á drengskap minn, at ek skal aldri létta, fyrr en ek hefi veitt hann."

"Guð veit, unnasti," kvað hún, "at ek skal þessu vel leyna. Sjá þú svá við öðrum."

Ok ræddu þau ekki fleira þar um at sinni.

Kapituli 78

Nú reis Tristram upp, þegar dagaði, ok reið braut leyniliga einn saman ok komz vel yfir ána ok því næst at kastala jötunsins. En hann helt allan formála þeira ok fekk honum smíði ok tól öll ok gerði allt eptir því, er hann sagði fyrir. En þar sem skógrinn var þykkvastr, þá var berg eitt kringlótt ok allt hvelft innan, höggvit ok skorit með hinum mesta hagleik. Ok stóð steinbogi undir miðju hválfinu, skorinn laufum, fuglum ok dýrum. Ok undir hvárumtveggja enda bogans váru svá ókunnugir skurðir, at engi, er þar var, kunni at gera. En hválfit var svá hvelft umbergis, at engan veg komz maðr inn eða út ór húsinu, nema þá er sjórinn tók út at falla, mátti þangat þurrum fæti ganga.

Einn jötunn kom ór Afríkalandi at gera þetta hválf ok bjóðar lengi ok herjaði á þá, er í váru Bretlandi. Hann eyddi nær alla byggð upp til fjallsins Michaelis, er stendr á sjóvarströndu. En þá er Artús fór ór Englandi með her sínum út í Rómaríki móti Íróni keisara, er með röngu heimti skatt af Englandi, en þá er Artús kóngr lendi í Normandía, þá frétti hann, hvat títt var um jötuninn ok at hann gerði margfaldan skaða á mönnum, svá at hann eyddi náliga allt landit, svá at kóngr hafði aldri slík undr fregit. Hann hafði ok tekit dóttur Orsl hertuga ok sótti hana með afli ok hafði hana með sér í braut. Ok hét hún Elena. En hann helt hana með sér í hellinum. En því at hún var hin fríðasta kona, þá girntiz hann líkams losta af

went on his way as if nothing had happened. He forded the river next to the cliff and got across, so that Kardín didn't notice him. He rode as fast as he could to the court and said that he had gotten lost in the woods for the whole day and that he had hunted a large wild boar without catching it. His whole body ached, because he hadn't gotten any rest all day, and he said that he was very much in need of rest.

After he had finished eating, he went to bed with his wife, but lay awake thinking. Ísodd wondered what was wrong with him and why he sighed from the bottom of his heart, so she asked him whether he had some sort of sickness, since he was unable to sleep. She implored him at great length and with sweet and appropriate words to tell her.

So Tristram answered: "What has been bothering me since this morning is that when I rode into the forest I discovered a large, wild boar there. I wounded it twice with my sword, but nevertheless it got away, and that got me so enraged that I am still angry and annoyed. I rode after it, but couldn't get it to stand still, and when I had done everything that I could, towards evening it got away from me into the forest. I ask you, my sweet beloved, to tell no one of this, so that I won't be criticized or reproached by my followers or my companions. I am deeply annoyed by this and want to ride into the woods at daybreak to search the whole forest. If I am a man, then I will not give up before I have hunted it down."

"God knows, dear," she replied, "that I will keep this very secret, but you must beware of others."

And they didn't speak about it again at that time.

Chapter 78

Tristram rose at daybreak and secretly rode off alone, successfully crossing the river and soon arriving at the castle of the giant. The giant had kept their agreement and rounded up craftsmen plus all the tools and did everything according to what he had previously promised. And where the forest was densest there was a round rock, hollowed out with a vaulted ceiling and carved with the greatest skill. Under the center of the vault stood a stone arch, decorated with leaves and birds and animals. At each end of the arch were such strange carvings that no one in that country could have fashioned anything like it. The vault was so constructed on all sides that no one could get in or out of the chamber except at low tide, when one could get there with dry feet.

This vault had been made by a giant who had come from Africa and lived there for a long time, making war on those who were in Brittany at that time. He had destroyed nearly all the inhabited areas up to Mont-Saint-Michel, which stands at the edge of the sea. Around this time King Arthur and his army left England for the Roman empire, in order to go up against Emperor Iron, who was unjustly demanding tribute from England. But when King Arthur landed in Normandy he learned all about the giant and that he had done great harm to the people and laid waste to almost the entire countryside, such that he had never heard of anything like it. The giant had also captured the daughter of Duke Orsl, seizing her by force

henni. En þá er hann gat ekki unnit þat, er hann vildi, sakir mikilleik<s> hans ok þunga, þá kafnaði hún undir honum ok sprakk.

Síðan kom Orsl hertugi til Artús kóngs ok kærði fyrir honum skaða sinn ok vandræði. En kóngr var fullr góðvilja ok harmaði skaða hans ok áfelli. Ok sem kvelda tók, þá herklæddiz kóngrinn leyniliga ok hafði með sér tvá riddara sína, ok fóru þeir þá at leita jötunsins ok fundu um síðir. En kóngrinn einn saman barðiz við jötuninn, ok fekk kóngrinn hinn harðasta bardaga með stórum höggum, áðr en hann fekk jötuninn feldan. En um jötuninn, er kóngrinn drap, þá heyrir ekki til þessari sögu nema þat eitt, at hann gerði þetta hit fagra hválfhús, er Tristram hugnaði vel, sem sjálfr hann kunni at vera æskjandi.

Kapituli 79

Tristram nýtti þar nú vel sæmdar sinnar með miklum hagleik ok alls konar skurðum. Ok leyndiz hann þar svá listuliga, at engi vissi, hvar hann var eða hvat hann at hafðiz. Hann kom þangat jafnan árla, en síðla heim aptr. Ok hefir hann mikit starf ok áhyggju, at fullgera þat, er hann iðjaði. Ok lét hann þilja innan hválfhúsit allt, sem þéttaz mátti, með hinum bezta viði, steina ok gylla alla skurðina með völdum hagleik. En úti fyrir dyrunum lét hann gera þá fríðustu höll af góðum viði, er ekki skorti þar til. Þá lét hann gera öruggan skíðgarð umbergis höllina. Í þessari höll smíða gullsmiðir hans, ok hún var öll í hring gullskorin ok svá ljós innan sem útan.

Þar váru alls kyns hagleiksmenn. En engi þeira, er þar váru, *vissi[92] allar Tristrams ætlanir, hví hann lét þat hús gera, er svá margs konar smiðir vanda. Tristram fór svá leyniliga með sína ætlan, þvíat engi þeira vissi, hvat hann ætlaði eða hvat hann vildi, nema þat eitt, er hann sýndi jötninum, er gull ok silfr fekk honum.

Kapituli 80

Nú lætr Tristram skunda smíðinni, þat er hann má. Ok líkar honum þar vel undir fjallinu. Smíða þar trésmiðir ok gullsmiðir, ok var nú allt kompásat ok búit saman at fella. Tristram lofaði þá smiðunum heim at fara ok fylgði þeim, til þess <er> þeir váru ór eynni komnir—ok síðan heim til síns fóstrlands.

Nú hefir Tristram engan félaga þar hjá sér nema jötuninn, ok báru þeir nú allt starf smiðanna ok feldu saman hválfhúsit, svá sem efnit var áðr af smiðunum til búit, allt steint ok gyllt með hinum bezta hagleik. Ok mátti þá berliga sjá smíðina fullgerva, svá at engi kunni betr æskja.

and taking her away with him. Her name was Elena, and he kept her with him in the cave. Because she was a most beautiful woman, he desired carnal relations with her, but he did not achieve what he craved. Due to his size and weight, she suffocated and burst beneath him.

After that Duke Orsl came to King Arthur, lamenting his loss and his difficulties. The king was full of kindness and felt his suffering and pain. As evening fell, the king secretly donned his armor and, taking two knights with him, rode out in search of the giant. After a while they found him, but the king fought the giant alone, engaging in the fiercest battle with the heaviest of blows before he succeeded in defeating the giant. The story about the giant doesn't belong to this saga except that this was the giant who constructed the beautiful, vaulted chamber that pleased Tristram as much as he himself could have wished.

Chapter 79

Tristram now used his honored position there to obtain fine workmanship and carvings of all kinds. He went there so secretly that no one knew where he was or what he was doing. He went there early in the morning and returned home late. It required a great deal of work and thought to carry out what he had undertaken. He had the entire inside of the vaulted chamber panelled waterproof-tight with the finest woods and had the carvings gilded and colored with great skill. Outside the door he had the most beautiful hall built of fine wood, which was in no short supply there. Then he had a strong picket fence erected around the entire hall. His goldsmiths worked in this hall, and it was decorated all over with gold, so it was as bright inside there as it was outside.

All kinds of artisans were at work there, but none of them knew all of Tristram's intentions or why he was constructing the building on which so many craftsmen were working so painstakingly. Tristram proceeded so secretly with his plan, for none of them should know what he intended or what he wanted except for what he divulged to the giant, who gave him the necessary gold and the silver.

Chapter 80

Tristram was now hurrying the craftsmen along as much as he could. He was satisfied there beneath the mountain; carpenters and goldsmiths were at work, and soon everything was prepared and ready to be assembled. Tristram allowed the craftsmen to return home, and he accompanied them until they left the island, with each eventually reaching his native country.

Except for the giant, Tristram no longer had any companions there with him. Now they did all the work of the craftsmen, putting the vaulted building together according to how the materials had been prepared by the workmen, all painted and gilded with the finest artistry. The perfect craftsmanship was obvious to behold, such that no one could wish for any better.

Undir miðju hválfinu reistu þeir upp líkneskju eina, svá hagliga at líkams vexti ok andliti, at engi ásjáandi maðr kunni annat at ætla en kvikt væri í öllum limunum, ok svá frítt ok vel gert, at í öllum heiminum mátti ekki fegri líkneskju finna. Ok ór munninum stóð svá góðr ilmr, at allt húsit fyllti af, svá sem öll jurtakyn væri þar inn<i>, þau sem dýrust eru. En þessi hinn góði ilmr kom með þeiri list ór líkneskjunni, at Tristram hafði gert undir geirvörtunni jafnsítt hjartanu eina boru á brjóstinu ok setti þar einn *buðk,⁹³ fullan af gullmölnum grösum, þeim sætustum, er í váru öllum heiminum. Ór þessum *buðk⁹⁴ stóðu tveir reyrstafir af brendu gulli. Ok annarr þessara skaut ilm út undan hnakkanum, þar sem mættiz hárit ok holdit, en annarr með sama hætti horfði til munnsins. Þessi líkneskja var at sköpun, atgerð ok mikilleik svá lík Ísönd dróttningu, svá sem hún væri þar sjálf standandi, ok svá kviklig sem lifandi væri. Þessi líkneskja var svá hagliga skorin ok svá tignarliga klædd sem sómdi hinni tignustu dróttningu. Hún hafði á höfði sér kórónu af brendu gulli, gerva með alls konar hagleik, ok sett með hinum dýrustum gimsteinum ok öllum litum. En í því laufinu, sem framan var í enninu, stóð einn stór smaragdus, at aldri bar kóngr eða dróttning jafngóðan. Í hægri hendi líkneskjunnar stóð eirvöndr eða valdsmerki, í hinum efra endanum með flúrum gert, hinnar hagligstu smíðar. Leggr viðarins var allr klæddr af gulli ok settr með fingrgullssteinum. Gulllaufin váru hit bezta Arabíagull. En á hinu efra laufi vandarins var skorinn fugl með fjöðrum ok alls konar litum fjaðranna ok fullgert at vængjum, blakandi, sem hann væri kvikr ok lifandi. Þessi líkneskja var klædd hinum bezta purpura með hvítum skinnum. En þar fyrir var hún klædd purpurapelli, at purpurinn merkir harm, hryggð, válk, ok vesöld, er Ísönd þoldi fyrir ástar sakir við Tristram. Í hægri hendi helt hún fingrgulli sínu, ok þar var á ritat orð þau, er Ísönd dróttning mælti í skilnað þeira: "Tristram," kvað hún, "tak þetta fingrgull í minning ástar okkarrar ok gleym ekki hörmum okkrum, válk<i> ok vesöldum, er þú hefir þolat fyrir mínar sakir ok <ek> fyrir þínar."

Undir fótum hennar var einn fótkistill, steyptr af kopar, í líking þess vánda dvergs, er þau hafði rægt fyrir kónginum ok hrópat. Líkneskjan stóð á brjósti honum, því líkast sem hún skipaði honum undir fætr sér, en hann lá opinn undir fótum hennar, því líkt sem hann væri grátandi. Hjá líkneskjunni var ger af brendu gulli lítil skemtan, rakki hennar, höfuð sitt skakandi ok bjöllu sinni hringjandi, gert með miklum hagleik.

En öðrum megin dvergsins stóð ein líkneskja lítil, eptir Bringvet, fylgismey dróttningar. Hún var vel sköpuð eptir fegrð sinni ok vel skrýdd hinum bezta búnaði, ok helt sér í hendi keri með loki, bjóðandi Ísönd dróttningu með blíðu andliti. Umbergis kerit váru þau orð, er hún mælti: "Ísönd dróttning, tak drykk þenna, er ger var á Írlandi Markis kóngi."

En öðru<m> megin í herberginu, sem inn var gengit, hafði hann gert eina mikla líkneskju í líking jötunsins, svá sem hann stæði þar sjálfr einfættr ok reiddi báðum höndum járnstaf sinn yfir öxl sér at verja líkneskjuna. En hann var klæddr stóru bukkskinni ok loðnu, ok tók kyrtillinn honum skammt ofan, ok var hann nakinn niðr frá nafla ok gnísti tönnum, grimmr í augum, sem hann vildi berja alla þá, er inn gengu.

Directly beneath the center of the arch they set up a figure so well crafted in the face and bodily proportion that no one looking at it could think that any of its limbs were not alive. It was so handsome and well made that there wasn't a more beautiful statue in the whole world. Such a wonderful fragrance emanated from its mouth that it filled the whole house, as if it contained all of the most precious herbs. The ingenuity behind this fine fragrance coming from the statue lay in Tristram's having bored a hole in the nipple of the breast near the heart and placing inside a container full of gold dust mixed with the sweetest herbs to be found in all the world. Two thin tubes of pure gold led from this container. One of them released the fragrance from the back of the neck, where the hair meets the flesh, and the other in a similar fashion led to the mouth. In shape, beauty, and size this statue so resembled Queen Ísönd, it was as if she were standing there herself, so animated as if it were alive. This statue was so painstakingly carved and so elegantly attired that it befitted the most venerated queen. On her head was a crown of pure gold, fashioned with great artistry and set with the most precious gems in every color. Set in a leaf on the front of the crown over the forehead was such a large emerald that no king or queen ever wore its equal. In its right hand the statue held a brass rod or staff, with beautifully crafted flowers adorning the upper end. The staff itself was all clad in gold and set with ring stones. The gold decoration was of the finest Arabian gold. In the upper decoration on the staff there was carved a bird with feathers in all kinds of colors, with wings extended and ready to fly, as if it were alive and full of life. The statue was dressed in the finest purple cloth trimmed with ermine. She was clad in purple because purple signifies sorrow, grief, tribulation, and misery, which Ísönd endured for the sake of her love for Tristram. In her right hand she held her golden ring on which were engraved those words that Queen Ísönd had spoken at their parting. "Tristram," she had said, "take this ring in memory of our love. Never forget our trials and tribulations, which you endured for my sake and I for yours."

Beneath her feet was a chest, cast in copper in the likeness of that evil dwarf who had slandered and defamed them to the king. The statue stood on his breast as if Ísönd were trampling him under foot, and he lay prostrate under her feet as if crying. Next to the statue was an amusing touch, her dog, made of pure gold and with the finest craftsmanship, shaking its head and ringing its bell.

On the other side of the dwarf stood a small statue of Bringvet, the queen's attendant. It emulated her beauty and was covered with the finest garments. In her hand she held a covered vessel, offering it to Queen Ísönd with a kind expression. Around the vessel were those words that she had spoken: "Queen Ísönd, take of this drink, which was prepared in Ireland for King Markis."

Across the chamber, by the entrance, Tristram had carved a huge figure that looked just like the giant, as if he stood there himself with one leg, holding his iron staff over his shoulder with both hands as if protecting the other statue. He wore a big, shaggy goatskin, and his tunic didn't come down very far, so he was naked from the navel down. He gnashed his teeth and had fierce eyes, as if he wanted to kill everyone who entered.

En öðru\<m\> megin dyranna stóð eitt mikit león, steypt af kopar ok svá hagliga gert, at engi hugði annat en lifanda væri, þeir er þat sæi. Þat stóð á fjórum fótum ok barði hala sínum um eina líkneskju, er ger var eptir ræðismanni þeim, er hrópaði ok rægði Tristram fyrir Markis kóngi.

Engi kann at tjá né telja þann hagleik, er þar var á þeim líkneskjum, er Tristram lét þar gera í hválfinu. Ok hefir hann nú allt gert, þat er hann vill at sinni, ok fær nú í vald jötunsins ok bauð honum sem þræli sínum ok þjónustumanni þetta svá vel at varðveita, at ekki skyldi þar nærri koma. En hann sjálfr bar lyklana bæði at hválfhúsinu ok líkneskjunum. En jötunninn hafði allt fé sitt frjálst annat. Ok líkaði þetta Tristram vel, er hann hefir slíku á leið komit.

Kapituli 81

Sem Tristram hafði lokit starfi sínu, þá reið hann heim til kastala síns, sem hann var vanr, etr ok drekkr ok sefr hjá Ísodd konu sinni ok var kærr með félögum sínum. En ekki er honum hugr at eiga líkamslosta við konu sína. En þó fór hann leynt með, því engi maðr mátti ætlan hans né athæfi finna, því allir hugðu, at hann byggði hjónskapliga, sem hann skyldi, með henni. En Ísodd er ok svá lunduð, at hún leyndi fyrir hverjum manni svá tryggiliga, at hún birti hvárki fyrir frændum sínum né vinum. En þá er hann var í brautu ok gerði líkneskjur þessar, þá þótti henni mjök kynligt, hvar hann var eða hvat hann gerði. Svá reið hann heim ok heiman um einn leynistíg, at engi varð varr við hann, ok kom svá til hválfhússins. Ok jafnan sem hann kom inn til líkneskju Ísöndar, þá kyssti hann hana, svá opt sem hann kom, ok lagði hana í fang sér ok hendr um háls, sem hún væri lifandi, ok ræddi til hennar mörgum ástligum orðum um ástarþokka þeira ok harma. Svá gerði hann við líkneskju Bringvetar ok mintiz á öll orð, þau er hann var vanr at mæla við þær. Hann mintiz ok á alla þá huggan, skemtan ok gleði ok yndi, er hann fekk af Ísönd, ok kyssti hvert sinn líkneskit, er hann íhugaði huggan þeira. En þá var hann hryggr ok reiðr, er hann mintiz á harm þeira, vás ok vesaldir, er hann þoldi fyrir sakir þeira, er þau hrópuðu, ok kennir þat nú líkneskju hins vánda ræðismanns.

Kapituli 82

Nú er Tristram var heim kominn til kastala síns, þá bar svá til í því landi, at herra Tristram skyldi fara með félögum sínum ok Kardín til eins heilags staðar at biðjaz fyrir, ok lét Tristram Ísoddu, konu sína, fara með sér.

Nú reið Kardín hjá henni á hægri hlið ok helt á beizli hennar, ok rædduz þau við um alls konar gaman ok gleði. Ok sem þeir riðu lausum hestum, fóru þeir hvert sem vildu, ok skilduz þá hestarnir. Ísodd tók þá beizl sitt ok sló hestinn með sporum. Sem hún lypti fætinum frá síðu hestsins, þá lukuz í sundr lær hennar, en hestrinn

On the other side of the doorway stood a large lion, cast in copper and so skillfully made that no one who saw it could think otherwise than that it was alive. It was standing on all four feet and had its tail wrapped around a figure made to resemble the counselor who had slandered and defamed Tristram to King Markis.

No one can describe or detail the artistry apparent in these figures that Tristram had fashioned there in the vaulted chamber. He had now accomplished everything that he had wanted to for the time being, so he entrusted all of it to the keeping of the giant. He requested of him as his slave and servant to guard it well, so that nothing should get near it, but he himself carried the keys to both the vaulted chamber and to the statues. The giant could keep all the rest of his treasures for himself, and Tristram was very pleased that he had accomplished all of this.

Chapter 81

When Tristram had finished the work, he rode home to his castle as usual, ate and drank and slept next to his wife Ísodd, and was friendly toward his companions. However, he had no desire to have conjugal relations with his wife. He kept quiet about this, so that no one would be able to discover his intent or his plan, since everyone thought that he was living as man and wife with her as he was supposed to. And Ísodd was also inclined to conceal the fact from everyone so steadfastly, that she revealed it neither to her relatives nor to her friends. But when he was away making those statues, she had thought it very strange, where he went or what he was doing. For that reason he rode to and from home along a secret pathway, reaching the vaulted chamber without being detected. As soon as he got to the statue of Ísönd he kissed it, and as often as he came he took it in his arms, embracing it as if it were alive, and speaking many loving words to it about their love and their sorrow. He likewise treated the statue of Bringvet as if it were alive, and he remembered all the words that he used to say to them both. He remembered too all the comfort, pleasure, joy, and delight that Ísönd had given him, and he kissed the statue every time that he thought about their good times together. But he became sad and distressed when he remembered the bad things, the trials and tribulations that he had to endure for the sake of those who had slandered them, and he made that known to the statue of the evil counselor.

Chapter 82

When Tristram had returned to his castle, it came to pass in that country that Sir Tristram was supposed to go with his companions and with Kardín to a certain holy place to pray, and Tristram had his wife Ísodd accompany him.

Kardín was riding to the right of her and holding on to the bridle of her horse. They chatted about all kinds of diversions and distractions. As they rode along with the reins loose, the horses chose their own path and became separated from the other horses. Then Ísodd took the reins and spurred her horse. As she lifted her

skriðnaði í vatnsfall, en í því stökkr vatnit upp í millum læra hennar, ok því næst kvað hún við ok hló sem mest mátti hún ok talaði þá ekki. Ok svá lengi hló hún, at næsta reið hún hálfan fjórðung meðan hlæjandi, ok gat hún þó varla við sét.

Sem Kardín sá hana með þessu móti hlæjandi, þá hugði hann, at hún mundi hlæja at honum ok <at> hún hefði nokkut fregit, er heimska væri í ok illska, um hann, því hann var hinn besti riddari, mildr ok hæverskr, vinsæll ok kurteiss. Ok fyrir því óttaðiz hann, at systir hans mundi hlæja at nokkurri heimsku hans. Honum þótti skömm at hlátri hennar, ok tók hann þá at spyrja hana: "Hvat er þat," kvað hann, "er þú hlótt at áðan af öllu hjarta? En ek veit ekki, hvárt þik hlægði um sjálfa þik eða mik. En ef þú segir mér ekki satt um, þá vit fyrir víst, at ek skal engan trúnað af þér hafa upp frá þessu. Þú mátt ljúga mér, ef þú vill. En ef ek verð ekki víss, þá skal ek ekki unna þér sem eigin systur."

Ísodd skildi þat, er hann mælti, ok veit hún, ef hún leynir hann, at hún muni hatr ok óvináttu í móti hafa af honum, ok mælti hún þá: "Bróðir," kvað hún, "ek hló at heimsku minni ok íhugan ok einum kynligum hlut, er mér bar til handa, at hestr minn hljóp í vatn ákafliga, en ek gáða ekki at mér, ok skvettiz vatnit upp í millum fóta mér miklu hærra en nokkurn tíma karlmanns hönd, ok aldri beiðiz Tristram þess at hönd hans skyldi þar koma. Nú hefi ek sagt yðr, hvat mik hlægði."

En Kardín svarar þegar með skjótum orðum: "Ísodd," kvað hann, "hvat er þat, er þú sagðir? Sofið þit ekki bæði Tristram saman í einni rekkju sem saman vígð hjón? Hvárt gerir hann ok lifir sem munkr, en þú sem nunna? Óhæverskliga býr hann með þér, er hönd hans kemr aldri nær þér í hvílu berri, nema þá er hann leikr við þik."

Ísodd mælti: "Aldri lék hann við mik nema þat eins, <at> hann kyssir mik ok sjaldan þó, nema þá <er> við förum at sofa. Aldri vissa ek heldr karlmanns hjúskap en sú mær, sem hreinligast hefir lifat."

Þá mælti hertuginn: "Ek hygg, at honum *líki⁹⁵ þá önnur lostsemi en meydómr þinn—at hann muni aðra þreyja. Hefða ek þat vitat, skyldi hann aldri í þína sæng komit hafa."

Þá svarar Ísodd: "Engi maðr má honum ámæla um þetta. Ek vænti," segir hún, "at hann gefi aðra sök. Ok með því <at> hann lifir svá, þá vil ek ekki, at þér ásakið hann um þetta."

Kapituli 83

Sem hertuginn var sannfróðr um þetta, at *systir⁹⁶ hans var einn mær, þá angraðiz hann mjök ok íhugaði, ok virðiz honum sem þetta væri sér bæði svívirðing ok allri sinni ætt, at Tristram vildi engan arfa eiga í ætt þeira. Reið hann þá fram í þeim hryggleik ok ræddi þá ekki um at sinni sakir þeira, er fylgja þeim, ok koma því næst til þess helga staðar at biðjaz fyrir. Svá sem þeir höfðu þat gert, svá sem þeim sýndiz, þá sneru þeir aptr til hesta sinna ok riðu heim skemtandi sér.

leg from the side of the horse, her thighs spread apart, at the same moment that her horse slipped in a stream. Just then water splashed up between her thighs. She let out a shriek and laughed as hard as she could so that she couldn't even speak. She laughed so long that she rode for almost a quarter of a mile, still laughing and scarcely able to pay attention to anything else.

When Kardín saw her laughing in this way, he thought that she might be laughing at him. Perhaps she had learned something about him that was foolish or wicked. Because he was an excellent knight, gentle and gracious, well liked and well mannered, he feared that his sister might be laughing at some foolishness of his. He felt dishonored by her laughter, and so he took to asking her: "What is it," he said, "that you were laughing at before so heartily? I'm not sure whether you were laughing at yourself or at me. If you don't tell me the truth about this, then you can be sure that I will never trust in you again from now on. You may lie to me if you wish, but if I am not convinced, then I will not love you as my own sister."

Ísodd understood what he was saying, and if she concealed anything from him, she knew that she would know his hatred and his animosity. So she replied: "Brother," she said, "I laughed at my own foolishness and my thoughts about a strange incident that happened to me. When my horse jumped into the water with such force I wasn't paying attention, and the water squirted up between my legs, higher than ever a man's hand did. Tristram never asks to put his hand there. Now I have told you what made me laugh."

Kardín immediately replied with rash words: "Ísodd, what did you just say? Don't you and Tristram both sleep together in one bed like a couple joined in holy matrimony? Is he living and behaving like a monk and you like a nun? It is ill-mannered of him to live with you and not touch you as you lie in bed, naked, except when he makes love to you."

Ísodd replied: "He never made love to me, although he does kiss me on rare occasions, except when we go to bed. I have never gotten to know more about marriage to a man than the maiden who has lived the purest life."

Then the duke spoke: "I think that he likes diversions other than your virginity. Perhaps he desires another. If I had known that, he would never have gotten into your bed."

Ísodd responded: "No man can reproach him on that account. I expect," she said, "that he would give a different reason. But since he lives in this fashion, I do not want you to rebuke him about this."

Chapter 83

When the duke had learned that his sister was still a virgin, he was greatly disturbed and thought a lot about it, and it seemed to him as if this were a disgrace for both him and all his relatives, that Tristram did not want to produce an heir in their family. He rode on in this sad state and spoke no more about it, due to those who accompanied them. Soon they arrived at the holy place where they would pray. After doing this, as seemed fitting to them, they returned to their horses and rode home, pleasantly passing the time.

Kardín var þá í illu skapi til Tristrams félaga síns, ok þó vildi hann ekki um ræða við hann. Ok þótti Tristram þat undarligt, hverr því mundi valda, at hann sýnir honum svá mikinn hryggleik ok mælir allt fyrir honum bæði fyrir ok eptir. Ok angraðiz þá Tristram allr í hug sínum, ok íhugaði hann þat, hversu hann mætti þessa víss verða ok hvat hann fann til saka.

Ok á einhverjum degi mælti Tristram til hans: "Félagi," kvað hann, "hversu ferr nú? Hefi ek nokkut misgert við yðr? Ek finn nú mikla reiði yðra til mín, ok segið mér berliga þat, sem satt er, svá at þat falli niðr, sem rangt er. Ek finn nú, at þér hallmælið mér bæði afheyranda ok áheyranda, en þat er hvárki dáð né drengskapr at hata mik ok svívirða móti mínum tilverknaði."

En Kardín, reiðr, svarar honum kurteisliga: "Þat segi ek þér," kvað hann, "ef ek hata þik, þá sómir engum manni at ásaka mik ok mína frændr ok vini, at allir skulu vera þínir óvinir, nema þú vilir yfir bæta, þvíat þetta heyrir oss til svívirðingar, bæði innan hirðar ok útan, þessi hin svívirðiliga synd, er þú hefir til mín gert, er þú hafnar meydóm systur minnar. Ok heyrir þetta öllum þeim, sem eru frændr hennar ok vinir, þvíat svá er hún hæversk, at engum kurteisum manni ok velbornum sómir at hafna henni. Því væri þér þat engi brigzli né vanvirðing, at þú ynnir henni sem eiginkonu þinni ok byggir með henni hjónskapliga. En nú erum vér allir þat vitandi, at þú vill ekki eiga lögligan erfingja ór ætt várri. Ok ef ekki væri okkar félagskapr svá öruggr ok staðfestr, þá skyldir þú dýrt kaupa þessa svívirðing, er þú hefir gert minni kærustu frændkona. Í öllu mínu ríki finnz engi hennar maki at fríðleik ok hæversku ok alls konar atgerðum, er kvennmanni sómir at hafa. Eða því vartu svá djarfr, at þú þorðir at fá hennar, með því at þú vildir ekki svá hjónskapliga búa með henni sem bóndi við húsfreyju sína?"

Kapituli 84

Sem Tristram hafði heyrt, at hann ámælti honum, þá svarar hann honum reiðum ok hörðum orðum: "Ek hefi ekki þat gert, er mér sómir ekki at gera. Þú talar margt um fríðleik hennar ok kurteisi ok ættgæði ok alls konar atgerðir. En nú vit þat fyrir víst," segir hann, "at ek á svá fríða unnustu ok svá tignarliga ok hæverska, ríka ok lofsæla, at hún hefir í sinni þjónustu eina mey svá fríða ok kurteisa, ættgóða ok ríka ok svá vel orðna alls konar atgerða, at henni sómir betr at vera dróttning hins ágætasta kóngs en Ísodd systur þinni frú eins kastala. Ok af þessu máttu merkja, at dýrlig ok tignarlig er sú frú, er slíka þjónustumey á sér. En þó tala ek þetta ekki til svívirðingar þér né systur þinni, þvíat ek kalla systur þína fríða ok kurteisa, ættgóða ok ríka at eignum. En ekki má hún þá jafnaz við hina, er yfir er allar þær, er nú lifa. Henni hefi ek gefit allan minn vilja svá vandliga, at ek hefi engan mátt til þessari at unna."

At that time though, Kardín was ill disposed toward his companion Tristram, but he didn't want to speak with him about it. Tristram wondered who might be responsible for Kardín's being so brusque toward him, since he used to discuss everything with him, both beforehand and afterward. Tristram's sadness extended deep within him, and he considered how he might find out for certain what Kardín was holding against him.

One day Tristram spoke to him: "Comrade," he said, "what is wrong? Have I offended you in any way? I can see that you are very angry with me, so tell me out in the open what the matter is, so that we can eliminate the problem. I feel that you are disparaging me both in my presence and behind my back, and it is neither virtuous nor courageous to hate me and dishonor me without cause."

Kardín was very angry, but he answered him courteously: "If I do hate you, it is not fitting for any man to reproach me or my family and friends, for all of them should be your enemies, unless you are willing to make amends. The dishonorable transgression that you have committed against me by spurning the maidenhood of my sister disgraces all of us, both at the court and beyond it. This concerns all those who are her friends and relatives, for she is so gracious that it is unbefitting any high-born, well-mannered man to dishonor her. It would be for you no reproach or disgrace to love her as your wedded wife and to live with her as a married couple. All of us now know that you do not wish to have a legal heir from our family. If our friendship were not so deep and steadfast, then you would dearly pay for this shame that you have brought my beloved sister. In all of my realm there cannot be found her equal in beauty, courtliness, and all kinds of accomplishments that it befits women to have. How could you have been so impudent to dare to marry her without wanting to live with her in a consummated union like a man with his wife?"

Chapter 84

When Tristram heard that Kardín reproached him, he answered him with harsh, angry words: "I have done nothing that is dishonorable for me to do. You have spoken a great deal about her beauty and courtliness, noble birth and all kinds of accomplishments. But you should know for a fact," he said, "that I have a beloved so beautiful, so honorable and well mannered, so wealthy and renowned, that she has in her entourage a maiden so beautiful and of such a good family, so wealthy and so skilled in many different areas, that she is better suited to be queen to the most famous of kings than your sister Ísodd is to be the foremost lady of a castle. From this comparison you can see how noble and glorious the woman is who has an attendant like that. I am telling you this not to disparage you or your sister, for I know your sister to be beautiful and well mannered, of noble lineage and endowed with possessions. But she cannot be compared with one who stands above all the women alive today. To her I have surrendered my desire so completely that I am unable to love Ísodd."

Þá segir Kardín: "Ekki skuluð þér tjá prettir þínir ok lygi, nema þú sýnir mér mey þessa, er þú lofar svá mjök. En ef hún er eigi svá fríð sem þú segir, þá skaltu gera mér rétt, ef guð vill; elligar skal ek sýsla þér dauða, en ef sú er slík, sem þú segir ok lofar svá mjök, þá skaltu vera frjáls fyrir mér ok öllum mínum frændum."

Tristram skildi heit hans ok reiði, ok íhugaði hann þá ok vissi ekki, hvat hann skyldi til gera, því hann unni Kardín meir en nokkrum öðrum vin sínum, ok fyrir því vildi hann með engum kosti angra hann meir. Ok óttaz þó, ef hann segir honum, at hann muni kunnugt gera systur sinni. En ef hann segir ekki, þá er hann týndr ok tapaðr, svikinn ok svívirðr, hvárt <sem> þat verðr með réttu eða röngu, þvíat hann má at vísu sýsla honum dauða með nokkurri undirhyggju.

Ok segir hann þá: "Kardín," kvað hann, "hinn vin minn! Þú gerðir mér þetta ríki kunnugt, ok af þínum ráðum hefi ek fengit margfaldar sæmdir. En ef ek misgerða við þik, þá megi mér mein af þér standa, ef þú vill þik til þess hafa. En at mínum vilja ok at mínu valdi þá skal ekki angr né óró okkar á milli geraz af engum tilverkandi, er ek mega til þjóna, þó at þat sé mjök á móti mínu skapi. Nú með því at þú vill mína ráðgerð vita, ást ok leyndarmál, er engi maðr er með mér vitandi nema ek einn saman, ok ef þú vill sjá hina fríðu mey ok hennar viðrmæli ok umbúnað, frægð ok yfirsýn, þá er þat bæn mín til félagskapar þíns, at þú rjúfir ekki þetta leyndarmál ok einmæli mitt fyrir systur þinni né nokkurum öðrum, því ek vilda at engum kosti yrði hún þess vís ok engi annar."

Þá svaraði Kardín: "Sjá hér trú mína ok einörð, at aldri skal ek rjúfa þat, er þú vill leynt hafa, ok engi þess af mér verða víss, nema þú sjáir ráð fyrir. Ok seg mér síðan."

Nú festir hvárr þeira öðrum trúnað ok tryggleik, at hann skal öllu því leyna, er Tristram vill segja honum.

Kapituli 85

Einn morgun mjök árla þá bjuggu þeir ferð leyniliga. En allir þeir, er eptir váru í borginni, undruðu, hvert þeir mundu fara vilja. En Tristram ok Kardín fóru þegar leiðar sinnar, er dagaði, ok riðu þeir þá um skóga ok eyðimerkr ok komu at straumsvaðinu, ok lét Tristram sem hann vildi yfir ríða ána. Ok er hann var kominn í vaðit, þá æpti Kardín hárri röddu: "Tristram," kvað hann, "hvat hefir þú nú ætlat?"

Tristram svarar: "Ek vil ríða yfir ána ok sýna þér þat er ek hefi heitit þér."

Þá reiddiz Kardín ok mælti: "Þú vilt svíkja mik ok leiða mik í vald jötunsins, hins mesta höfuðfjanda, er drepr hvern, er þar kemr. Fyrir því gerir þú þetta, at þú haldir ekki formála þann, er þú hefir játat mér. Ef við förum yfir ána, aldri munum við kvikir aptr koma."

Sem Tristram heyrði, at hann var hræddr, þá blés hann horni sínu, sem hann mátti mest, fjórum sinnum. Með þeim hætti bendi hann jötninum þangat at koma.

Then Kardín replied: "Your deception and lies will avail you little, unless you can show me this maiden whom you praise so highly. And if she isn't as beautiful as you say, you shall give me my due, God willing, otherwise I will see you dead. But if she, whom you praise so much, is as you say, then you will be safe from me and all my relatives."

Tristram heard his oath and his anger and pondered, but he did not know what he should do, for he loved Kardín above all his friends and wished under no circumstances to cause him further grief. On the other hand, he feared that if he told him his secret, Kardín would reveal it to his sister, but if he didn't tell him, then he was done in and destroyed, deceived and dishonored, whether rightly or wrongly, for Kardín could certainly arrange his death through some sort of trickery.

Then he spoke to him: "Kardín," he said, "my very best friend. You acquainted me with this kingdom and through your wise counsel I have received many honors. If I have transgressed against you, may harm come to me by your hand, if that is the way you want it to be. I neither want nor intend for any action under my control to be responsible for sorrow or trouble between us, for that is very much against my will. But since you now want to know about my intention, my love, and my secret, which no one knows about but me alone, and if you wish to see the beautiful maiden and her attire, hear her speech, and experience her renown and appearance, I appeal to our friendship that you not reveal this secret or our private conversation to your sister or to anyone else, for under no circumstances do I want her or any other to know about this."

Then Kardín answered: "You have my word of honor and my promise not to reveal what you want to remain a secret. No one will learn of this from me unless you agree. Now tell it to me."

Each of them swore faithfulness and fidelity to the other that Kardín would keep secret everything that Tristram would tell him.

Chapter 85

Very early one morning they secretly prepared for their journey. All those remaining behind in the town wondered where they were planning to go. But Tristram and Kardín were on their way as soon as there was daylight, riding through woods and wilderness until they came to a shallow place in a river, and Tristram looked as if he wanted to ride across. As he approached the ford Kardín called out loudly: "Tristram," he said, "what are you up to now?"

Tristram replied: "I want to cross the river and show you what I promised you."

Then Kardín got very angry and said: "You want to deceive me and deliver me into the grasp of the giant, absolutely my biggest enemy, who kills everyone who enters. You are doing this because you do not want to keep the agreement that you made with me. If we cross the river, we will never come back alive."

When Tristram heard that he was afraid, he blew his horn as loudly as he could four times. In this way he gave the giant notice that he should come there.

Ok því næst kom jötunninn öðru\<m\> megin á bergit, svá reiðr sem óðr væri, ok hafði járnstaf sinn reiddan ok kallaði á Tristram ógurligu kalli ok mælti: "Hvat viltu mér, er þú kallar mik svá ákafliga?"

Tristram svarar: "Ek bið þik, at þú lofir þessum riddara at fylgja mér þangat, sem ek vil, ok kasta braut járnstaf þínum." En hann gerði svá þegar.

Þá tók Kardín at huggaz ok reið yfir um ána til Tristrams. Ok segir Tristram honum þá viðskipti þeira, hversu þeir höfðu bariz ok hann hafði höggvit fótinn af jötninum. Riðu þeir síðan leiðar sinnar ok komu þá upp at fjallinu ok stigu þar af hestum sínum ok gengu upp at garðinum. Þá lauk Tristram upp húsinu, ok laust þegar á sá hinn sæti ilmr balsami ok allra hinna sætustu grasa, er þar váru. Sem Kardín leit líkneskju jötunsins við dyrnar sjálfar, þá varð hann svá hræddr, at hann mundi næsta af ganga vitinu, því hann hugði, at Tristram hefði svikit hann ok at jötunninn mundi drepa hann með reiddum staf sínum. En af hræðslu þessari ok af ilm þeim, er fylti húsit, þá varð honum svá undarligt við, at hann fell í óvit.

Tristram reisti hann upp ok mælti við hann: "Göngum hingat," kvað hann. "Hér er mær sú, er þjónar þeiri hinni ríku frú, er ek sagða þér, at ek em mjök unnandi."

En Kardín var allr í ótta ok hræðslu ok var sem hamstola væri í hug sínum ok tapaði skynsemd. Leit hann þá líkneskit ok hugði, \<at\> kvikt væri. En honum stóð svá mikil ógn af jötninum—ok þar váru optast augu hans—ok fyrir því gat hann ekki fundit annat en líkneskjan væri kvik. En Tristram gekk þá at líkneskju Ísöndar, faðmaði hana ok kyssti ok mælti lágt ok hvíslaði í eyra henni ok andvarpaði svá sem sá, er mjök er unnandi.

Því næst mælti Tristram til líkneskjunnar: "Mín fríðasta unnasta," kvað hann, "þín ást gerir mik sjúkan bæði nætr ok daga, þvíat öll mín fýsn ok allr minn vili fellr eptir þínu skapi eða vilja."

Stundum var hann mjök hryggr ok í illu skapi í ræðu sinni, en stundum léz hann vera í blíðu skapi.

Kapituli 86

Þá þótti Kardín mikit at ok mælti: "Tristram, hér sæmdi mér nokkut at fá, sem svá fríðar konur eru. Ek sé þat," kvað hann, "at þú átt hina fríðustu unnustu. Ger mik hluttakara þinnar skemtanar, at ek sé unnasti dróttningar meyjar. En ef þú heldr mér ekki þann formála, er þú hézt mér, þá er við fórum heiman, þá skaltu brigzli af fá."

Því næst tók Tristram í hönd honum ok leiddi hann til líkneskju Bringvetar ok mælti: "Er ekki þessi jungfrú fríðari en Ísodd systir þín? Ok ef svá berr til, at slíks verði getit, þá váttar slíkt sem þú mátt hér sjá."

Soon the giant appeared on the cliff on the opposite side of the river, swinging his iron club. He called to Tristram with a terrifying shout and said: "What do you want of me, you who summon me so vehemently?"

Tristram answered: "I ask you to allow this knight to accompany me over there, wherever I wish. Throw aside your iron club." And immediately he did just that.

Then Kardín took heart and rode across the river to Tristram, who told him about his dealings with the giant, how they had fought, and how he had chopped off his leg. After that they rode along, climbing to the top of the mountain, where they dismounted and walked up to the building. Tristram unlocked the chamber, releasing the sweet scent of balsam and of all the sweetest herbs. When Kardín caught sight of the statue of the giant right at the door, he became so frightened that he nearly lost his wits, for he thought that Tristram had deceived him and that the giant was going to kill him with the club that he brandished. Due to his panic and the fragrance that filled the chamber, he began to feel strange, and then he fainted.

Tristram helped him to his feet and said to him: "Let's go over here," he said. "Here is the maiden who serves the illustrious woman of whom I told you that I love very much."

Kardín, however, was still in a state of shock and fear. It was as if he had lost his wits and ability to reason, and he looked upon the statue and thought that it was alive. He was still so afraid of the giant—and his eyes most often turned in that direction—that he simply didn't realize the statue to be anything but alive. But Tristram walked over to the figure of Ísönd, embraced her and kissed her, speaking softly and whispering in her ear and sighing like someone very much in love.

Then Tristram spoke to the statue: "My most beautiful sweetheart," he said, "my love for you causes me pain both night and day, for all my energy and all my desires follow your moods and your desires."

Sometimes he was very sad and in a bad mood when he spoke, and sometimes he seemed to be in good spirits.

Chapter 86

This made a great impression on Kardín and he spoke: "Tristram, there are such beautiful women here that it would be fitting for me to have one. I can see," he said, "that you have a most beautiful sweetheart. Let me share in your joy by being the lover of the queen's attendant. If you do not keep the promise that you made to me as we left home, then you shall reap reproach for that."

Thereupon Tristram took him by the hand and led him to the statue of Bringvet, saying: "Is not this maiden more beautiful than your sister Ísodd? And if it should come to pass that this is spoken of, then bear witness to what you were able to see here."

Þá svarar Kardín: "Þat sé ek," kvað hann, "at helzt eru þessar fríðar, ok því sómir þér at miðla við mik fríðleik þeira. Svá lengi sem við höfum verit félagar, þá sómir okkr at vera hluttakarar þeira beggja."

"Já," kvað Tristram, "ek kýs dróttningu. En tak þú við. Ek fæ þér meyna."

Þá svarar Kardin: "Guð þakki þér, er þú gerir svá vel til mín. Slíkt er vináttu merki ok félagskapar."

Hann leit á gullkerit í hendi hennar ok hugði, <at> fullt væri af víni, ok vildi taka af henni. En kerit var seymt ok límt at hendi hennar með hagleiks vélum, at hann mátti með engum kosti taka þat. Ok hugði hann þá at vandliga, ok sá hann þá, at þat var líkneskja hvárttveggja, ok mælti til Tristrams: "Listugr maðr ert þú," segir hann, "ok vélafullr, at þú hefir svá mikit svikit mik ok blekkt, öruggan vin þinn ok kæran félaga. En ef þú sýnir mér ekki þær, er þessar eru eptir gervar, þá hefir þú logit at mér allan okkarn formála. En ef þú sýnir mér þær skepnur, sem slíkar eru sem þessar líkneskjur at yfirsýn ok fríðleika, þá ertu sannr at þínum háttum, ok þá má ek trúa þínum orðum, ok þá vil ek, at þú gefir mér meyna, sem þú gaft mér líkneskjuna."

Þá segir Tristram: "Þat skal víst vera, ef þú vill orð þín halda við mik."

Ok bundu þeir þá handsöl sín á milli með nýjum trúnaði ok öruggum drengskap. Þá sýndi Tristram honum allt, er þar var steint ok skorit, gyllt ok greypt með svá margfaldligum hagleik, at aldri sá fyrr nokkurs manns augu þvílíkt. Ok undraði Kardín, með hverjum hætti Tristram gat öllu þessu áleiðis komit. Því næst læsti Tristram aptr húsinu, ok fóru þeir þá heim.

Sem þeir höfðu heima hvílz fá daga, þá bjóz hvárrtveggi þeira til heilagra staða at vitja, ok tóku þeir þá rúmstafi ok skreppur ok höfðu enga menn með sér nema tvá eina frændr *sína,[97] fríða menn, vaska ok vápndjarfa ok at öllum hirðsiðum hæverska. Höfðu þeir þá öll herklæði sín með sér, ok segja þat hirðmönnum sínum ok öllu fólki, at fyrir því höfðu þeir vápn sín með sér, at þeir óttuðuz útlegð ok vánda menn í ókunnu landi. Því næst tóku þeir leyfi af vinum sínum ok fara ferðar sinnar ok stefndu til Englands, ok fýsir hvárntveggja til sinnar unnustu, Tristram at sjá Ísönd, en Kardín Bringvet.

Kapituli 87

Sem Tristram ok Kardín hafa svá framat ferð sinni, at þeir skyldu koma í þeiri borg niðr, er Markis kóngr skyldi í dveljaz þá nátt, ok fyrir því <at> Tristram var þar allt kunnugt, þá riðu þeir báðir móti kóngs liði ok þó ekki at sama veg, heldr at leynistígum. Ok sá þeir því næst kóngs lið ríða á móti sér, mikinn fjölda.

Sem kóngrinn var um riðinn, þá sá þeir dróttningar fylgi. Ok stigu þeir þá af hestum sínum hjá veginum ok fengu hestana skjaldsveinum sínum til geymslu. En þeir báðir gengu at þeiri sömu kerru, sem Ísönd ok hennar þjónustumey Bringvet

Then Kardín answered: "I see indeed," he said, "that these two are exceedingly beautiful, so it would be fitting for you to share their beauty with me. Since we have been companions for so long, it behooves us to partake of them both."

"Yes," said Tristram, "I choose the queen, but will give you the maiden. Take her."

Kardín responded: "May God reward you for treating me so well. This is a token of friendship and comradeship."

He looked at the golden goblet in her hand and thought that it was full of wine. He wanted to take it from her, but the goblet was fastened and glued to her hand so cleverly that he was unable to take it no matter how he tried. Then, after careful consideration, he realized that they were two statues, and he said to Tristram: "You are crafty," he said, "and cunning. You have deluded and deceived me, your faithful friend and close companion. If you do not show me the two models for these statues, then you have lied to me with our entire agreement. But if you show me those creatures who resemble these statues in looks and in beauty, then you have conducted yourself properly, and I will be able to trust your word. And in that case I would want you to give me the maiden as you gave me the statue."

Then Tristram replied: "That will certainly be the case, if you will keep your promise to me."

They strengthened their mutual pledge with renewed trust and undaunted courage. Then Tristram showed him everything that was carved and colored, grooved and gilded with so many kinds of craftsmanship that human eyes had never beheld anything like it. Kardín wondered how Tristram managed to get all this accomplished. After that Tristram locked the chamber again, and they headed for home.

After they had rested at home for a few days, each of them prepared to travel to holy places. So they took their pilgrim's staffs and bags, but had no men with them except two of their relatives, who were handsome men, valiant and bold and well mannered according to all courtly customs. They took all their armor with them, telling the members of the court and all the common people that they were taking their weapons with them because they had to beware of outlaws and evil men in an unfamiliar country. Thereupon they took leave of their friends and went on their way, heading to England. Each of them was anxious to reach his beloved, Tristram to see Ísönd, and Kardín to see Bringvet.

Chapter 87

Tristram and Kardín journeyed so far that they would soon reach the town where King Markis was supposed to go spend the night. Tristram knew all about that, so they both rode toward the king's entourage, although not on the same road but rather along secret paths. Soon they saw the regal entourage, a large crowd of people, riding toward them.

After the king had ridden past, they saw the queen's company of attendants. Along the wayside they dismounted and gave their horses to the care of their pages. They both approached the carriage in which Ísönd and her attendant Bringvet were

sátu í, ok komuz svá nærri vagninum, at þeir kvöddu dróttningu kurteisliga ok hennar þjónustumey. Ok jafnskjótt kendi Ísönd Tristram, ok ógladdiz hún þegar ok mintiz þeirar miklu elsku, sem hún hafði langan tíma haft. En Bringvet var með mikilli elsku til Kardíns sjáandi. En sakir þess riddaraliðs, er fylgði dróttningu með hennar vagni, óttaðiz hún, at Tristram yrði kendr af kóngs mönnum, ef þeira dvöl yrði nokkur. Ok þegar jafnskjótt tók hún þat sama gull, sem jafnan hafði þeira í milli farit með sendiboðum, ok kastaði til Tristrams, svá til hans talandi: "Rið braut héðan, þú ókunni riddari," segir hún, "ok fá þér herbergi ok dvel ekki vára ferð."

En sem Tristram sá gullit, kendi hann ok undirstóð orð dróttningar ok veik sér aptr til sinna skjaldsveina ok báðir þeir Kardín. Ok ríða nú braut frá kóngs hirð ok dróttningu ok hafa þó jafnan vitund af þeira ferð, þangat til kóngr kom til þess kastala, sem hann tók náttstað. Ok sem kóngr ok dróttning váru hirðliga mett ok drykkjuð, gengr fyrst dróttning til þess herbergis, er hún skyldi náðuliga sofa í þá nátt ok hennar þjónustumey Bringvet ok sú þerna, er þeim þjónaði. En kóngr svaf í öðru húsi þá nátt með sínum heimuligum mönnum.

Nú sem kóngr var genginn at sofa ok allr hans skari, var Tristram þar í einum leyniskóg skammt frá kastalanum. Segja þeir sínum þjónustumönnum, at þeir skuli þar bíða ok geyma þeira hesta ok herklæði, þar til þeir aptr kæmi. En þeir gengu í dularklæðum til kastalans ok verða vísir, hvar herbergi dróttningar var, ok ganga þá inn leyniliga ok klappa þar at dyrum. Ísönd dróttning sendir sína þjónustumey at vita, hvárt nokkurr fátækr maðr væri þar kominn, ölmusu at biðja. Ok sem mærin lauk upp dyrunum, laut Tristram henni, með blíðum orðum heilsandi, ok tók þegar gull þat, er Ísönd fekk honum, ok bað hana færa henni. En hún andvarpaði ok kendi þegar, ok leiddi Tristram Kardín í herbergit. Ok tók Tristram þegar Ísönd ok kyssti með mikilli blíðu ok fagnaði. Kardín gekk þá til Bringvetar, hana faðmandi ok elskuliga kyssandi. Sem þau höfðu langan tíma svá látit, var þeim borinn drykkr með allra handa krásum. Síðan fóru þau til svefns, ok á þeiri sömu nátt tók Kardín sína unnustu Bringvet með mikilli elsku í sinn faðm. Hún tekr einn silkikodda, með undarligum hagleik ok vélum *gervan,[98] ok lagði undir hans höfuð. Ok jafnskjótt fellr hann sofandi niðr ok vaknar ekki á þessari nátt. Sváfu þau svá bæði saman, Kardín ok Bringvet, þá nátt.

En Kardín vaknaði ekki fyrr en at morgni, ok séz hann um ok vissi ekki, hvar hann var kominn. En er Kardín varð varr við þat, <at> Bringvet var upp staðin, þá fann hann, at hann var blekktr, af því hann vaknaði svá seint. Ísönd tók at véla sér gaman ok gabb við hann. En hann varð reiðr mjök vegna Bringvetar ok gaf sik þó lítt af því. Ok váru þau þann dag öll saman með mikilli blíðu. En um kveldit eptir fara þau at sofa. Ok svæfði Bringvet hann þá enn með sama hætti sem fyrr. En sem daga tók, vaknaði hann með sama hætti.

Hina þriðju nátt vildi Ísönd ekki vegna Kardíns, at hann væri blekktr lengr, ok var samgangr þeira með góðum fögnuði. Svá lengi váru þau þar öll *saman[99] með miklu yndi, at þau urðu nú fundin at sínum verkum af sínum öfundarmönnum. Ok

seated, getting so close to the carriage that they greeted Queen Ísönd and her atten-
dant. Ísönd immediately recognized Tristram, and she became melancholy when
she remembered the great love that they had shared for such a long time. But
Bringvet was filled with love when she saw Kardín. Because of the troop of knights
that accompanied the queen and her carriage, she feared that Tristram would be
recognized by the king's men if he and Kardín remained any longer. So she quickly
took the ring that had always traveled between them along with the messengers
and threw it to Tristram, saying: "Ride off, strange knight," she said, "find yourself
lodging and stop holding up our journey."

But when Tristram saw the ring, he recognized it and understood her words.
He turned and went with Kardín back to their pages. Then they rode away from the
king's retinue and away from the queen, but they knew their itinerary and the
castle where the king would spend the night. After the king and queen were lav-
ishly wined and dined, the queen went first, along with her attendant Bringvet and
the maid who served them, to the room where she was to sleep peacefully that
night. But the king slept in another building that night along with his most trusted
men.

After the king and all of his group had gone to bed, Tristram and Kardín were
hiding in the woods a short distance from the castle. They told their pages to wait
for them there, taking care of their horses and armor until they returned. They went
in disguise to the castle and found out where the room of the queen was located.
Entering the building stealthily, they knocked at the door, and Queen Ísönd sent
her maidservant to see whether some indigent man had come to ask for alms.
When the girl opened the door, Tristram bowed and greeted her with pleasant
words. Right away he took the ring that Ísönd had given him and asked her to give
it to the queen, who recognized it immediately and sighed. Tristram led Kardín
into the room, and Tristram quickly embraced Ísönd and kissed her with great
tenderness and joy. Kardín then went to Bringvet, embracing her and kissing her
affectionately. They continued for a long time, until drinks and all kinds of tender
morsels were brought in. Afterward they went to bed, and on that same night Kardín
took his beloved Bringvet with great affection in his embrace. She took a silk
pillow made with wondrous craftsmanship and artifice and placed it beneath his
head. Immediately he fell asleep and didn't wake up the whole night. This is the
way that Kardín and Bringvet both slept together that night.

Kardín didn't wake up before morning. He looked around and didn't know
where he was, but when he became aware that Bringvet had gotten up before him
and that he had overslept, he realized that he had been tricked. Ísönd took to hav-
ing fun at his expense and to tease him. He was very angry because of Bringvet,
but didn't let it show very much. All of them spent the day together with great
cheer. In the evening they went to bed. Bringvet put him to sleep in the same
manner as before, and when daylight came, he woke up in the same manner as
before.

On the third night Ísönd took pity on Kardín and did not want him to be tricked
any longer. His union with Bringvet was one of great joy. All of them were happy
there together, until they and their conduct were discovered by their enemies. How-

var þeim þó þat fyrir sagt, ok vöruðuz þau við, ok fóru þeir þá í braut með launungu, ok gátu þeir ekki náit vápnum sínum ok hestum.

Kapituli 88

Maríadokk ræðismaðr varð fyrst varr við hesta þeira. En sveinar Tristrams, er varðveittu hesta þeira, þá verða þeir þó varir við, hvat títt er, fara þegar braut ok höfðu skjöldu þeira ok herklæði, ok heyrðu þeir á bak sér aptr óp ok gný, er eptir fóru. Maríadokk, er næst þeim var, sá sveinana undan flýja ok hugði, at þat væri Tristram ok Kardín, ok *æpti[100] á þá hárri röddu ok mæltu: "At engum kosti skuluð þit undan komaz, þvíat á þessum degi skuluð þit láta líf ykkart ok hér eptir skuluð þit láta líkama ykkra í gísling. Svei verði slíkum riddurum," segir hann, "er svá flýja undan oss. Eigi sómir þat kóngs riddurum at flýja, hvárki fyrir hræðslu sakir né dauða. Komuð þit ekki frá unnustum ykkrum? Menn veit," kvað hann, "þit svívirðið þær miklum svívirðingum."

Þvílík orð mælti ræðismaðr, en sveinarnir létu hestana ganga sem þeir máttu.

En er þeir vildu nú ekki lengr reka þá, snúa þeir aptr at deila við dróttningu ok Bringvet, fylgiskonu hennar. Ok er þeir höfðu lengi svívirt þær í orðum sínum sakir Tristrams ok Kardíns, þá tók Maríadokk at spotta Bringvet, segjandi: "Þessa nátt var hinn ragasti riddari í sæng þinni ok hinn huglausasti, er í hefir heim komit. Vel sómir þér at unna slíkum unnasta, er svá flýr undan riddurum sem héri undan hundum. Ek æpta á hann mörgum sinnum með mörgum orðum ok hárri röddu, at hann skyldi bíða mín ok berjaz við mik, ok þorði hann ekki at sjá á bak sér aptr. Svívirðiliga verr þú ást þinni, er þú gefr slíkum gaur þinn vilja, ok þá hefir þú niðr komit þínum ástarþokka hjá huglausum riddara. Ok svá hefir þú jafnan verit svikin ok villt, at aldri gat ek minn ástarhátt af nokkurum góðvilja þér sýnt."

Kapituli 89

Sem Bringvet hafði heyrt svá mörg orð háðulig, mælti hún af mikilli reiði: "Hvárt sem hann er djarfr eða ódjarfr, þá kýs ek hann heldr til unnasta en fallskliga fegrð þína. Guð gefi, <at> hann eigi þá ekki yfirvald yfir neinum, ef hann er huglausari en þú. En víst sýndi hann þá hugleysi, ef hann flýði undan þér. Ok ekki þarftu at ámæla honum; margir finna fleira at þér sjálfum. En þat er þú telr at við hann um flótta hans, þá má svá til bera, ef guð vill, at þú vitir, hvárt hann vill flýja undan þér eða ekki. Guð veit þat, at ek má ekki því trúa, at hann flýi undan þér, né at þú þorir at sjá hann með reiðum hug ok illum vilja. En Kardín er svá vaskr maðr ok öflugr ok svá góðr riddari, at hann mun aldri undan þér flýja heldr en mjóhundr undan héra eða león undan bukk."

ever, they were informed in time, took precautions, and were able to leave without being detected—but they couldn't get to their weapons or their horses.

Chapter 88

Maríadokk, the counselor, was the first to notice their horses. But Tristram's pages, who were guarding the horses, became aware of what was happening, so they left immediately and took their shields and armor with them, while listening to the shouting and yelling behind them of those who were giving chase. Maríadokk, who was the closest one to them, saw the pages fleeing and thought that they were Tristram and Kardín, so he called out to them in a loud voice, saying: "There is no way that you will escape, for you will lose your lives today and leave your bodies behind as hostages. Shame on such knights," he said, "who run from us. It is not befitting for a king's knights to flee, neither in panic nor in fear of death. Haven't you just come from your lovers? People know," he said, "that you are dishonoring them most shamefully."

The counselor spoke words such as these, but the pages let their horses gallop as fast as they could.

When they no longer wanted to give chase, Maríadokk and his companions turned back to have words with the queen and Bringvet, her attendant. After they had ridiculed them with their words for a long time because of Tristram and Kardín, Maríadokk began to deride Bringvet, saying: "Last night the most faint-hearted knight was in your bed and the most cowardly that ever lived in this world. It suits you well to love a sweetheart like this, who runs from knights like a hare from the hounds. I called to him in a loud voice many times and in many ways that he should wait for me and do combat with me, but he didn't dare to turn and look behind him. You throw your love away dishonorably by giving your affections to such a rascal and debasing your love with a cowardly knight. You have always been so easily misled and deceived, which is why I never could show you any kind of affection or kindness."

Chapter 89

After Bringvet had heard so much derisive talk, she responded very angrily: "Whether he is courageous or not, I prefer him as a beloved rather than you, with your deceptive beauty. God forbid that he would ever rule over anyone if he is more cowardly than you. If he did run from you, then he displayed cowardice, but you need not reproach him, since many people find more to criticize about you. As far as what you are saying about his running away, it may well come to pass, God willing, that you will find out whether or not he will flee from you. God knows, I cannot believe that he would run away from you, nor that you would even dare to look upon him if he were in an angry frame of mind or just in a bad mood. Kardín is such a valiant and powerful man and such an excellent knight that he would

Þá svarar Maríadokk: "Báðir flýðu þeir sem huglausir. Eða hvaðan er þessi
Kardín? Hann hafði skjöld allan nýgylldan ok með laufum dreginn ok hestr hans
eplóttr. Ok ef ek sé hann annan tíma, þá kenni ek bæði spjót hans ok merki."

Bringvet skildi, at hann kendi skjöld hans ok merki, hest ok herklæði, ok angraz
hún þá ok gekk reið frá honum ok fann því næst Ísönd dróttningu, frú sína, er sat
sorgfull sakir Tristrams, ok mælti til hennar í angri ok reiði: "Frú," kvað hún, "dauð
em ek af sorg ok harmi. Ósynju sá ek þann dag, er ek kendumz með yðr ok Tristram,
unnasta þinn. Ek lét fyrir sakir hans ok þín bæði frændr ok vini, fóstrland mitt ok
meydóm sakir þinnar heimsku. Guð veit, <at> ek gerða þat vegna sæmdar þinnar,
en ekki sjálfri mér til skemmdar. En Tristram, hinn vándi eiðrofi, er guð gefi
svívirðing á þessum degi, svá at hann týni sínu lífi! Því sakir hans var ek svívirð í
fyrstu. Mantu ekki, at þú vildir láta drepa mik í skógi sem þjófa? Eigi vartu þess
valdandi, þó <at> þrælar þínir þyrmdi mér. Betra var mér hatr þeira en vinátta þín.
Ok heimsk var ek, er ek vilda optar þér trúa eða nokkura ást á þik leggja upp frá
þeim tíma."

Hún ávitaði dróttningu þá mjök með mörgum orðum ok stórum sökum ok
talði upp fyrir henni um þeira viðskipti ok kærði fyrir henni allt þat, sem henni
hafði móti fallit ok þeim báðum.

Kapituli 90

Sem Ísönd dróttning heyrði hennar hryggleik ok reiði, ok hún segir henni upp sína
vináttu, en hún var svá kær henni þessa heims ok vel trúandi ok hennar sæmdar svá
vel gætandi umfram alla lifandi menn—hennar skemtan var nú í hörmung ok
sorgum, allt hennar gaman var nú fordrifit—illyrðir hún hana mjök ok svívirðir ok
reitti svá angrsamliga, at Ísönd hryggðiz nú svá ákafliga af tvöfaldri hryggð, at hún
gat ekki af sér hrundit með engu því, er hún kunni at gera.

Ok andvarpaði hún þá mjök ok mælti í angri sinna sorga: "Vesöl em ek," kvað
hún, "ok allri skepnu aumari. Hví skylda ek lengi lifa til þess at þola svá marga
harma í ókunnu landi?"
Ok ámælir hún nú mjök Tristram með hörðum orðum ok kennir honum öll sín
misferli ok allt sitt angr ok sorgir, er hún hefir borit hér til, ok um þat, er Bringvet
var henni svá ógurliga reið orðin ok látit hennar vináttu. En þó vildi Bringvet ekki
hrópa hana fyrir kónginum um Tristram, ok stóð þetta enn svá nokkura hríð.

Sem Tristram ok Kardín váru báðir saman í skóginum, þá var Tristram íhugandi,
hvernig hann mætti af fullum vilja vita, hvat títt var með Ísönd dróttningu ok
Bringvet, ok sór þann eið, at hann skyldi ekki aptr koma, fyrr en hann vissi, hvat
títt var um Ísönd. Ok gaf hann þá Kardín félaga sínum góðan dag ok fór svá aptr

never run from you any more than would a hunting dog from a rabbit or a lion from a goat."

Then Maríadokk replied: "Both of them fled like cowards. By the way, where is this Kardín? He carried a shield all newly gilded and decorated with a leaf design, and his horse was dapple-gray. If I see Kardín again I will recognize both his spear and his standard."

Bringvet realized that he knew his shield and standard, his horse and armor. She became distressed and angry and left him, soon finding Queen Ísönd, her lady, who sat, full of sorrow because of Tristram, and said to her in anger and rage: "My lady," she said, "I am dying from sorrow and grief. I regret the day that I met you and Tristram, your beloved. For his sake and yours I lost both family and friends, my country and my maidenhood, all because of your foolishness. God knows that I did it for your honor and not for my own amusement. As for Tristram, that evil oath breaker, may God disgrace him on this day so that he loses his life, for he is the reason I was disgraced to begin with. Don't you remember when you wanted to have me killed in the woods like a thief? You weren't the one responsible for your slaves sparing me. I would have been better off with your hatred than with your friendship. I was a fool for wanting to trust you again or to harbor any feelings of love for you from that time on."

She reproached the queen a great deal with many words and serious accusations, recounting for her what they had been through and complaining of everything that had befallen them both.

Chapter 90

Queen Ísönd heard her sorrow and her anger and how she renounced her friendship to her. Bringvet was so dear to her in this world and had been so trusting and better than anyone alive at protecting her honor, that now her joy had become grief and sorrow, all her pleasure driven out. Bringvet berated her so much, putting her to shame and provoking her so aggressively that Ísönd became uncontrollably distressed with a twofold sorrow that she was unable to rid herself of, no matter what she tried. She sighed deeply and in her torment expressed her despair.

"I am miserable," she said, "and unhappier than all other creatures. Why should I have lived so long, in order to endure so much grief in a foreign land?"

She berated Tristram with harsh words and made him responsible for all her misfortune and all the sorrow and sadness that she had endured to that time. There was also Bringvet's having become so terribly angry at her and renouncing their friendship. Nevertheless Bringvet did not want to malign her in front of the king about Tristram, and that's the way things went for some time.

While Tristram and Kardín were both together in the woods, Tristram was thinking how he might find out all he wanted to about what was happening to Queen Ísönd and Bringvet. He swore this oath, that he would never leave before he knew how Ísönd was faring. So he wished his companion Kardín a good day and

hinn sama veg, þar sem þeir hafa fram riðit. Ok tók hann þá gras eitt ok át, ok þrútnaði hann af því í andliti sem sá, er sjúkr er. Bæði hendr ok fætr sortnuðu, ok rödd hans hæstiz, sem hann væri líkþrár, ok því var hann eigi kendr. Þá tók hann eitt ker, er Ísönd dróttning gaf honum á hinum fyrsta vetri, er hann elskaði hana, ok gekk hann þá í kóngsgarð ok stóð við garðshlið ok hlýddiz um þau tíðindi, er með hirðinni váru, ok bað sér ölmusu.

Kapituli 91

Sem hátíðisdagr nokkur var kominn ok kóngrinn gekk til höfuðkirkju, ok þá gekk dróttning næst. En er Tristram sá þat, þá skundaði hann þegar með kerinu ok skók þat fast, biðjandi sér ölmusu, ok fylgir henni sem næst mátti hann. Ríkir menn, er fylgðu dróttningu, undruðu hann mjök, hrundu honum ok hötuðu. Ok er hann gekk svá nær henni ok hann var svá þrábæninn—en ef hann vildi afl sitt frammi gefa, þá mundi honum skjótt hefna—því hrundu þeir honum ór flokki sínum ok heitaz við at berja hann. En hann bað þeim mun meira, ok vill hann ekki aptr snúa at heldr, hvárki fyrir höggva sakir né heitana. Hann kallaði þráliga á dróttninguna, en hún var mjök harmsfull ok angrs. Því næst sá hún aptr með reiðum augum til hans, ok þótti henni undarligt, hvat manna hann mundi vera. Ok er hún kendi kerit ok sér Tristram, sneriz þegar hugr hennar. Ok tók þegar fingrgull af sér ok vissi ekki, hversu hún skyldi fá honum, ok kastaði gullinu í ker hans.

En Bringvet var þar hjá ok kendi hann at vexti ok mælti svá sem reið til hans: "Þú ert snápr," kvað hún, "ok heimskr gaurr ok illa siðaðr, er þú gengr upp á lenda menn kóngs ok virðir enskis hirð hans."

Ok þá mælti hún til Ísöndar: "Hvat er þér gefit nýliga, er þú gefr svá örliga stórar gjafir þvílíkum mönnum, en þú synjar ríkum at gefa, en þessum manni ertu gull gefandi? Haf ráð mín; gef honum ekki, því hann er falsari ok blekkingamaðr."

Því næst mælti hún við óvini hans, at þeir skyldu braut reka hann af kirkjunni. Ok þeir gerðu at hrinda honum óþyrmiliga, en hann bar þat þó.

Tristram vissi nú, at Bringvet var honum reið ok svá Ísönd dróttning, ok var nú enn svívirðr um marga hluti. Í kóngsgarði var ein steinhöll mjök svá niðr fallin af fyrnsku ok vanrækt. Undir gráðum þessarar hallar var Tristram felandi sik, kærandi sína harma, ok gerðiz þungmegn af vási ok válkum. Ok vildi hann heldr deyja en lengr lifa, þvíat engir vildu nú hjálpa honum.

Ísönd dróttning er nú margt hugsandi, ok bölvaði hún þá öllum þeim tíma, er hún skyldi svá mjök manni unna.

went back along the same path that they had ridden along to the castle. He found an herb and ate it, and his face swelled up like someone who is sick. His hands as well as his feet turned black, and his voice became hoarse, as if he were a leper. Because of this, he couldn't be recognized. Then he took a goblet that Queen Ísönd had given him during the first winter that they were in love, and he went to the king's court and stood next to the gate, listening to the news of the people at the court and begging for alms.

Chapter 91

As a certain holiday arrived, and the king was going to the cathedral, the queen was at his side. When Tristram saw that, he immediately hurried over and shook the goblet vigorously, begging for alms and following her as closely as he could. The high-ranking men who followed the queen were amazed by him, and pushed and threatened him because he walked so close to the queen and was so brash. He could easily have gotten revenge if he had wanted to reveal his strength, for they shoved him from their group and threatened to beat him. But he begged all the more, and neither threats nor blows made him want to turn back. He called out brashly to the queen, but she was preoccupied with her sorrow and grief. Then she glanced back at him, her eyes full of anger, wondering what kind of man this could be. And when she recognized the goblet and looked upon Tristram her mood changed at once. She immediately took off her gold ring, but didn't know how to give it to him, so she threw the ring into his goblet.

But Bringvet was right there nearby and recognized him by his stature. She spoke to him in anger: "You are a fool," she said, "and a ridiculous peasant and ill mannered, imposing on the king's vassals and being disrespectful of his retinue."

And then she spoke to Ísönd: "What has gotten into you lately, lavishly giving large gifts to men like that? You refuse to give to distinguished men, but to this man you give a ring. Take my advice and give him nothing, for he is a fraud and a deceiver."

Then she spoke with his enemies, telling them they should drive him away from the cathedral. They set about shoving him mercilessly, but he just endured it.

Now Tristram knew that Bringvet was angry with him and Queen Ísönd as well. In many ways he was even more dishonored now. In the courtyard of the king there was a stone hall, quite dilapidated with age and neglect. Beneath the steps of this hall Tristram concealed himself, lamenting his distress. Weighed down by his trials and tribulations, he would rather die than live any longer, for there was no one who would help him.

Queen Ísönd now had much to think about, and she cursed the whole time that she was fated to love a man so much.

Kapituli 92

Sem þau höfðu hlýtt tíðum, kóngr ok dróttning, fóru þau til borða ok neyttu matar.
Ok hafði kóngr þann dag skemtan mikla ok gleði. Ísönd sat hrygg ok áhyggjufull.
Því næst bar svá til, at sá er geymdi kóngsgarð ok öll garðhlið, vakti þá nátt lengi,
ok var mikit frost úti, ok var honum mjök kalt. Ok mælti við konu sína, at hún
gerði eld at verma sik. Þá gekk hún út eptir eldiviði þurrum, ok kom hún þar fram,
sem Tristram var undir múrnum, kvalinn af frosti. Ok er hún leitaði viðarins, greip
hún á slagningi hans, öllum vátum af frosti. En hún varð hrædd ok hugði, at nokkut
annat illt væri, því hún vissi þar aldri mann verit hafa. Þá spurði hún, hvaðan hann
var kominn eða hvat manna hann var. Hann segir henni ok trúði bæði til nafns ok
hvaðan hann var ok hvat hann vildi. En bóndi hennar unni honum mikit, þvíat
Tristram hafði gert honum margt gott, þá er hann var í Englandi. Sem
garðgæzlumaðr varð þess víss, at Tristram var kominn, þá gekk hann þegar til hans
ok fylgði honum heim til sín, gerir honum bæði eld ok rekkju ok annat þat, er hann
þurfti.

Kapituli 93

Ísönd dróttning kallaði Bringvet til sín ok mælti til hennar ástsamligum orðum:
"Ek bið þik miskunnar fyrir Tristram, at þú gangir til hans ok huggir hann nokkut
af angri sínu, þvíat hann mun þar ella deyja, ef hann fær enga hjálp, því ek em hann
ætíð elskandi."

Bringvet segir: "Þat skal ek aldri gera héðan í frá at hugga hann nokkut af sínu
angri. Heldr vilda ek dauða hans, ok ekki vil ek lengr vera samþykkjandi synda
ykkar. Hann hefir svívirðiliga svikit mik."

Ísönd svarar: "Ekki sómir þér at tala á móti mér né at deila við mik ok ásaka.
Guð veit þat, at ek hefi jafnan iðraz þess, er ek hefi þér í móti gert, ok því bið ek
þik, at þú hjálpir honum nokkut, þar sem hann liggr."

Svá lengi bað hún hana með fögrum orðum ok góðum, at eigi fekk hún synjat
henni. Stóð hún þá upp ok gekk þangat, sem hún vísaði henni. Ok er hún kom þar,
var hann hryggr ok ósælligr af því, sem verit hafði fyrir margra hluta sakir. Ok
spurði hann, hví hún væri honum reið. En hún segir honum margar ok sannar sakir.
Hann segir henni, at Kardín félagi hans mundi þar koma fljótliga slíks erindis, sem
hann væri af engum ámælis verðr. En hún trúði orðum hans, ok huggaz hún þá
mjök, ok gengu þau bæði saman með trúnaði upp í herbergi dróttningar, ok funduz
þau þar með miklum fagnaði ok kærleik. Þar var hann þá nátt mjök glaðr. Um
morguninn tók Tristram leyfi af dróttningu til brautferðar, ok skildu þá með miklum
hryggleik.

Sem Tristram kom til Kardíns félaga síns, þá biðr Tristram, at þeir færi til
kóngs hirðar nokkura stund ok sjá, ef nokkur hlutr kynni þar at at beraz, ok torkynna
sik sem mest um klæðabúnað.

Chapter 92

After the king and queen had heard Mass, they went to their table to dine. On that day the king was happy and enjoying himself. Ísönd just sat, full of care and concern. Then it came to pass that the man who guarded the royal courtyard and all the gates, held watch for a long time that night. It was freezing outside, and he was very cold, so he said to his wife that she should make a fire to keep him warm. She then went out for dry firewood and came to the place where Tristram was lying beneath the wall, tormented by the cold, and when she was looking for wood, she grabbed his cloak, which was soaking wet from the frost. She was afraid and because she knew that a person had never been there before, she thought that it was something else that was evil. Then she asked who he was and where he had come from. He told her and trusted her with his real name, where he had come from, and what he wanted. It turned out that her husband thought very highly of him, because Tristram had done him many a good turn while he was in England. When the castle guard was certain that Tristram had come, he immediately went to him and brought him to his home, providing both a fire and a bed for him, and anything else that he needed.

Chapter 93

Queen Ísönd called Bringvet to her and addressed her with words of affection: "I ask you to forgive Tristram. Go to him and give him some comfort in his distress, otherwise he will die out there, if he doesn't receive any help, for I will always love him."

Bringvet replied: "From now on I will never comfort him in his distress. I would prefer him dead. No longer will I be in collusion for your sins. He has dishonorably betrayed me."

Ísönd answered: "It is improper for you to talk back to me or to argue with me or to reproach me. God knows that I have always regretted what I did to you, and for that reason I ask you to give him some help out there where he is lying."

She entreated her for such a long time with fine and flattering words that Bringvet could not refuse her. She stood up and went to where she had been directed. When she arrived, she found him sad and full of sorrow for many reasons pertaining to all that had happened. He asked her why she was angry at him, and she gave him many good reasons. He told her that his comrade Kardín would quickly come there to prove that he did not deserve reproach from anyone. She believed his words and was greatly comforted. They both went together in mutual trust to the chamber of the queen, and there was a truly happy and affectionate reunion. He spent a very joyful night there. In the morning Tristram took leave of the queen to set out, and they parted with great sorrow.

When Tristram returned to his comrade Kardín, Tristram asked that they go to the king's court for a time, in order to see if anything could be done there. They changed their clothing and disguised themselves very well.

Því næst helt kóngr eina hátíð, ok var þar mikill fjöldi kominn, ríkir ok óríkir menn. Sem menn váru mettir ok borð váru upp tekin, þá gekk öll hirðin til skemtanar, ok höfðu þeir þá alls kyns leika. Síðan hljópu þeir hlaup þau, er þeir kalla Valeyz. Síðan skutu þeir skotspjótum sínum ok léku slíkt er þeir kunnu. Tristram gekk þar langt yfir allt með sínum frækleik ok atgerðum. Næst honum lofa þeir mest Kardín. Þar var einn félagi Tristrams, er kendi hann í leik þeim, ok gaf honum þegar tvá vápnhesta, er af öllum kónga hestum váru beztir—ok í öllu Englandi váru engir þeim skjótari—ok opt áðr undir vápnum reyndir. Ok hann hræddiz, ef þeir væri kendir, at þeir mundi vera uppi hafðir. Ok því næst fóru þeir í atreið. En Tristram ok Kardín váru vanir vápnum ok léku hart við þá ok hrundu mörgum af hestum sínum ok lögðu sjálfa sik í ábyrgð, því þeir drápu tvá þá, er *ernastir[101] váru í því landi. Þar fell Maríadokk fyrir Kardín, ok hefndi sín á honum, er hann laug á hann, at hann flýði undan honum.

Því næst láta þeir undan, ok ríða þá báðir saman félagar heldr í skjótara lagi til sjóvar strandar. En Kornbretar váru þá albúnir. Ok fyrir því, at þeir sneruz þá af veginum, þá *hurfu[102] þeir þeim, er eptir riðu, ok sneru þá aptr í móti þeim ok drápu marga. Þá vildu þeir ekki eptir þeim ríða. Tristram gengr þá á skip ok Kardín, ok undu segl sitt ok sigldu í haf ok váru glaðir ok kátir, at þeir höfðu svá vel hefnt sín.

Kapituli 94

Því næst lendu þeir í Bretlandi, ok váru þar fyrir vinir þeira ok hirð, ok urðu þeir fegnir. Eptir þat <er> þeir váru heim komnir, fóru þeir opt á veiðar ok í atreiðir. Hvervetna fengu þeir sigr ok frægð yfir alla þá, er fyrir váru í Bretlandi, um hreysti, riddaraskap ok alls konar drengskap. Opt fóru þeir þangat, sem líkneskjurnar váru, at skemta sér ok fyrir sakir þeira, er þeim unnu svá mikit.

Sem þeir skyldu eitt sinn heim ríða ok þeir váru komnir ór skóginum, sá þeir einn riddara skyndiliga ríða á bleikum hesti. Þeir undruðu, hvert hann vildi, er hann reið svá mikit. Hann var ríkuliga herklæddr ok allr tignarliga búinn. Öll váru herklæði hans gylld ok með miklum hagleik ger. Hann var mikill maðr ok vel vaxinn ok hinn fríðasti. Tristram ok Kardín biðu hans ok vildu vita, hvat manna hann væri. Því næst kom hann til þeira. Þá kvaddi hann þá með fögrum orðum ok kurteisum. En þeir þegar virðuliga svöruðu honum ok riddaraliga. Því næst spurðu þeir, hvat manna hann væri eða hvaðan hann var kominn eða hvat hann vildi, er hann reið svá skyndiliga.

Þá segir riddarinn: "Mik fýsir mjök at finna þann mann, er Tristram heitir."

Þá svarar Tristram: "Hvat viltu honum, er þú spyrr svá at honum? Þú ert nú kominn nær honum mjök. Ef þú vill herbergjaz með honum, þá fylg þú okkr heim, ef þú vill skemta þér með oss."

A short time later the king held a festival, and a great number of people came, rich and poor. When everyone had eaten their fill, the tables were cleared away, and all those at the court amused themselves by arranging all kinds of games. After that they ran a race that they call *valeyz*. Then they threw their javelins and took part in similar contests that they knew about. Tristram surpassed all the others by far with his valor and ability. After him people most praised Kardín. During the contests one of Tristram's old companions recognized him and quickly gave him two war horses that were the best of all the king's horses. In all England there was none faster, and they had often been tested in battle. He feared that if Tristram and Kardín were recognized, they would be betrayed. Soon they took part in the jousting. Tristram and Kardín were accustomed to using weapons, and they played rough with their opponents, knocking many from their horses and putting themselves in danger, for they killed the two men who were the most powerful in that country. Maríadokk fell at the hands of Kardín, who took revenge on him for spreading the lie that he had run away from him.

After that they departed, and the two comrades both rode together at a rapid pace toward the coast, where their comrades were waiting to sail. They had been pursued, but got away by turning off the road and then attacking them from behind. They killed many men there and did not wish to pursue the rest. Tristram and Kardín then boarded the ship, hoisted sail and sailed out to sea, satisfied and happy that they had avenged themselves so well.

Chapter 94

Soon they landed in Brittany. Their friends were there and the people from the court, and everyone rejoiced. After returning home they often went hunting and to tournaments. Due to their knightly ability, valor, and nobility they everywhere won victory and fame over all the other knights in Brittany. They frequently went to visit the statues for their own pleasure and for the sake of those whom they loved so much.

As they were riding home one day and had left the woods, they saw a single knight riding swiftly on a fawn-colored horse. They wondered where he was headed, since he was riding in great haste. He was richly attired in armor and eminently equipped. His armor was all gilded and fashioned with great skill. He was a large man, well proportioned, and exceedingly handsome. Tristram and Kardín waited for him, for they wanted to know who he was. Soon he approached and greeted them with friendly and courteous words. They immediately returned his greeting chivalrously and with respect. Then they asked him his identity and where he had come from and what he planned to do, since he was riding so swiftly.

The knight said: "I am most anxious to find that man who is named Tristram."

Then Tristram responded: "What do you want from him, since you are asking for him? You aren't very far from him at all. Should you wish to stay with him, just follow us home and pass the time with us if you would like."

En hann svarar: "Þat vil ek víst. Ek em einn riddari, byggjandi hér í landamæri á Bretlandi, ok em ek kallaðr Tristram dvergr—röngu nafni, þvíat ek em manna mestr—ok var ríkr í einum kastala, ok átta ek fríða frú ok ríka, ok mikit unna ek henni. En í fyrra kveld tapaða ek henni, ok þar fyrir em ek hryggr ok reiðr. En nú veit ek ekki, hvat ek á þar síðan at gera, er mér kemr engi hlutr at haldi. En nú em ek hingat kominn til þín, þvíat þú ert hinn frægasti maðr ok hinn vaskasti, vitr ok vinsæll af þínum vinum, en harðr óvinum. Ok þarf ek, at þú leggir nokkut heilræði fyrir mik ok hjálpir mér nokkut við svá mikla nauðsyn, at þú mættir sækja eptir húsfrú minni. En ek vil vera þér tryggr ok trúr ok þinn eiðsvari."

Tristram svarar: "Ek vil gjarnsamliga hjálpa þér. En þú skalt nú fara heim með oss, ok dvelz þar næstu nátt. En á morgun skal ek víst fara með þér."

Kapituli 95

En þegar dagr kom, þá bjóz Tristram ok þeir félagar ok fóru leiðar sinnar. Ok ríðr sá riddari fyrir, hinn ókunni, ok léttu ekki fyrr ferð sinni en þeir komu þar fram, *sem[103] hinn illi ok hinn drambláti maðr var í kastalanum. Hann átti sér sjau bræðr, alla harða ok illgjarna riddara.

Skammt frá kastalanum stigu þeir Tristram ok hans félagar af hestum sínum ok bíða þar atburða. En at nóni dags riðu tveir bræðrnir út ok vissu, at þeir váru komnir, ok riðu þegar ákafliga at þeim með kappi ok illsku. Ok áttu þeir bardaga, ok lauk svá þeira viðskiptum, at Tristram ok hans félagar drápu þá bræðr báða. Þá varð einn þeira varr við ok æpti þegar heróp. En er þeir, <er> í kastalanum váru, heyrðu þetta, herklædduz þeir sem skjótast ok ríða út at þeim. En þeir, sem fyrir váru, vörðu sik vel ok vaskliga ok áttu harðan bardaga. En Tristram ok félagi hans drápu þá sjau bræðr ok þeira liðsmenn, sem gangandi váru, meir en hundrað. Í þeim bardaga fell Tristram dvergr. En Tristram var gegnum særðr með eitruðu sverði. En hann lét honum þat dýrkeypt, er hann særði, ok drap hann.

Þetta sár var svá háskasamligt, at hann komz nauðuliga heim til kastala síns. Ok var þá gert boð eptir öllum læknum, sem í því landi váru, ok fengu þó ekki bætr á ráðit, fyrir því at þeir kunnu ekki at gera at eitruðu sári né eitrit út at draga sem þurfti.

Kapituli 96

Tristram sýkiz nú dag frá degi, því engi er sá þar, er honum kunni at hjálpa, en eitrit dreifðiz um allan líkama hans ok limu, ok af því spiltiz hann allr. Ok kærði hann nú, ef ekki veittiz honum bráðar hjálpir, at hann mundi brátt deyja.

He answered: "I certainly do. I am a knight and live here on the border of Brittany. They call me Tristram the Dwarf, a misnomer, since I am a very large man. I was powerful and lived in a castle with a beautiful, wealthy lady whom I loved very much. The evening before last, however, I lost her and that is why I am so distressed and angry. So now I just don't know what to do, unless someone lends me support. I have come here to you because you are the most famous and bravest man, wise and beloved by your friends, but hard on your enemies. I need you to give me some good advice to help me somehow in my extreme need, and to try to return my wife to me. Then I will be trustworthy and true and bound to you by oath."

Tristram answered: "I will gladly help you, but now you shall return home with us and spend the night. Tomorrow I will certainly go with you."

Chapter 95

Right at dawn Tristram and his companions made preparations and were on their way. The foreign knight rode in front, and they didn't interrupt their journey until they reached the castle of an evil and arrogant man. He had seven brothers, all cruel and malevolent knights.

A short distance from the castle Tristram and his companions dismounted and waited there for something to happen. At three o'clock in the afternoon two of the brothers rode out. They knew of their arrival and immediately rode furiously toward them with violent and evil intent. A battle ensued, and their meeting ended such that Tristram and his companions killed both those brothers. One of the remaining brothers saw what had happened and yelled out a call to battle. When the people in the castle heard this, they quickly donned their armor and rode toward them. Those in front of the charge defended themselves valiantly and effectively. Tristram and his companions killed those seven brothers and their foot soldiers, over a hundred of them. Tristram the Dwarf fell in this battle. In addition, Tristram was stabbed with a poisonous sword, but he made the man who wounded him pay dearly, and he killed him.

Tristram's wound was so serious that he could barely return home to his castle. Then a call was sent out for all the physicians in that country, but none of them could help him, because they didn't know how to heal poisonous wounds or even to draw out the poison, which was necessary.

Chapter 96

Tristram's sickness worsened from day to day, for no one was there who knew how to help him. The poison spread throughout his whole body and his limbs, devastating every part of him. He stated that if he didn't get help soon, then he would quickly die.

Nú hugleiðir hann, at engi mætti bætr um þat ráða nema Ísönd dróttning, unnasta hans, ef hún kæmi. En hann mátti ekki láta flytja sik þangat til hennar. Þá sendi hann orð Kardín, at hann skyldi einn saman til sín koma.

En Ísodd, kona Tristrams, undraðiz þat mjök, hvaða ráðagerð þat mundi verða, hvárt hann mundi vilja vera kanúkr eða munkr eða klerkr. Ok vill hún vita, hvaða ráðagerð þeir hafa. Ok stóð hún út við vegginn at heyra orðræður þeira gegnt því, er Tristram lá í hvílunni, ok setti menn til at gæta, at engi yrði varr við.

Því næst reistiz hann upp at hægindinu, en Kardín sat hjá honum, ok kærðu þá harma sína ok ræddu margt um ást ok félagskap, er þeir höfðu báðir saman átt lengi, ok mikla hreysti ok atgerð, er þeir höfðu gert. Ok nú sér hvárrtveggi þat, at skilnaðr þeira muni brátt geraz, ok grétu þeir þá báðir í sinni samvist, en nú um skilnað.

Ok segir þá Tristram: "Ef ek væra í mínu landi, þá munda ek fá þar hjálpræði af nokkurum manni, en hér kann engi svá gott í þessu landi. Af því mun ek deyja af hjálpleysi. En ek veit engan þann lifanda mann, er mik kunni at græða eða hjálp veita nema Ísönd dróttning á Englandi. Ok ef hún vissi þetta, þá mundi hún nokkurt ráð til leggja, því hún hefir beztan vilja til ok mesta kunnáttu. En nú veit ek eigi, hversu hún má þessa víss verða. En ef hún vissi þetta, þá mundi hún sannliga koma með nokkur hægindi. Engi maðr í þessum heimi er jafnvel kunnandi í læknisdómi ok allrar kurteisrar listar, er kvennmanni sómir at hafa. Nú vil ek biðja þik, Kardín félagi minn, með ástar bæn, at þú farir til hennar, ok seg henni þenna atburð, því engi er sá, <er> ek trúi jafnvel sem þér, ok engri ann ek jafmikit sem henni, ok engi hefir gert jafmikit fyrir mínar sakir sem hún. Ok því héztu mér með svörnum eiði, er Ísönd dróttning gaf þér Bringvet með mínum bænastað. Nú ger þetta, sem ek bið þik, sem mik væntir. En ek skal, ef ek lifi, umbuna þér, sem ek em maðr til ok verðugt er."

Nú sér Kardín, at hann er mjök hryggr, ok kunni illa um þetta allt saman ok mælti til hans: "Ek vil gjarnsamliga fara til hennar ok gera allan þinn vilja, ef guð vill, at ek koma því fram."

En Tristram þakkaði honum ok sagði, <at> hann skyldi hafa skip hans ok kallaz kaupmaðr, er hann kæmi þar: "Fingrgull mitt skaltu bera til jartegna, ok sýn henni sem fyrst. Ok þá veit hún, hvaðan þú ert kominn, ok mun hún vilja tala við þik einmæli. Ok seg henni þau tíðindi ok tilfelli mín, sem orðin eru, ok at hún geri nokkut ráð gott fyrir ok skjótt, ef hún vill mér nokkut hjálpa."

Nú býr Kardín ferð sína bæði skjótt ok vel, með svá marga menn sem hann vildi. Tristram bað þess lengsta orði, áðr en þeir skildu, at skunda at öllu ok bera Ísönd dróttningu kveðju guðs ok sína margfalda. Síðan mintiz hvárr við annan, ok fær Kardín góðan byr ok siglir í haf.

Nú þóttiz Ísodd, kona Tristrams, vita, at hann unni annarri meir en henni, af því at hún hafði nú heyrt alla viðræðu þeira. En hún lét sem hún vissi þat ekki.

Now he realized that no one knew more about helping him than his beloved, Queen Ísönd, if she could come. Since he was unable to be taken to her, he sent word to Kardín that he should visit him alone.

Tristram's wife, Ísodd, was very curious to know what plan he had in mind, whether he might want to become a priest or a monk or a cleric. Because she wanted to know their plan, she stood just on the other side of the wall from where Tristram lay in bed, in order to hear their conversation. And she posted men to prevent anyone from discovering her.

Then Tristram was raised up on a pillow, and Kardín sat beside him. They grieved over his injury and spoke a great deal about love and the friendship that they had enjoyed together for so long, and about their achievements and the courage that they had demonstrated. But now each of them realized that they soon would have to part, and they both wept together about being separated.

Then Tristram said: "If I were in my country, then I would get help there from someone, but no one here in this country is knowledgeable enough, and so, for lack of help, I must die. I know of no living soul who could cure me or provide relief except for Queen Ísönd in England. If she were aware of this, then she would know what to do, for she has the best motivation and the most expertise. But I don't know how she might learn of this, for if she knew of it, then she would surely come with some relief. There is no one on this earth so knowledgeable about the practice of medicine and all the secrets of the court that befit a woman to possess. I wish to implore you now, Kardín my companion, for the sake of our love, to go to her and tell her what has happened, for there is no one whom I trust as much as you, and no one I love as much as her. No one has done as much on my behalf as has she. As you promised me with a sworn oath when Queen Ísönd gave you Bringvet upon my intercession, now do what I hope for and ask of you. And if I survive, then I will reward you as I am capable of and as is fitting."

Kardín now saw that Tristram was very depressed and that all of this was very difficult for him, so he said to him: "I will gladly go to her and do all that you wish, if God will that I carry this out."

Tristram thanked him and said that he should take his ship and pretend to be a merchant when he arrived there. "Take my gold ring as a token and show it to her right away. Then she will know where you have come from and be willing to speak with you alone. Tell her what has happened and what my circumstances have become, and if she wishes to help me in some way, she should quickly devise a good plan."

Then Kardín prepared for his journey both quickly and thoroughly, with as many men as he wished. Before they parted, Tristram spoke to him for a long time, asking him to hurry and to take to Ísönd God's greeting as well as many greetings from him. After that they embraced, Kardín found a favorable wind, and he sailed out to sea.

Now Tristram's wife Ísodd realized that he loved another more than her, for she had heard their whole conversation. But she made believe that she was unaware of this.

Nú siglir Kardín yfir hafit ok kemr þar at, sem hann vildi í Englandi. Ok kallaz þeir nú kaupmenn ok gerðu bæði at kaupa ok selja—höfðu bæði hauka ok aðra hluti. Kardín tók einn gáshauk í hönd sér ok hit fríðasta pell ok gekk svá til kóngsgarðs. Kardín var maðr snjallr ok kurteiss ok vel siðaðr ok kvaddi kónginn hæverskliga með blíðum orðum ok mælti: "Vér félagar erum kaupmenn ok viljum biðja yðr um höfn ok góðan frið, meðan vér erum hér í landi."

Kóngr játaði honum því þegar ok segir, at þeir skyldu vera velkomnir ok hafa góðan frið. Síðan gaf hann kóngi þrjár fórnir. Eptir þat gekk hann til dróttningar ok heilsaði henni vel ok kurteisliga ok gaf henni eitt gullnisti, þat er fríðast mátti verða. Því næst tók hann tvau fingrgull ok sýnir henni ok bað hana kjósa hvárt hún vildi. En hún sá á fingrgullin ok kennir þegar fingrgull Tristrams, ok skalf hún þegar öll, ok um sneriz hugr hennar, brá lit ok andvarpaði mjök þungliga, því hún þóttiz vita, at hún mundi spyrja nokkur þau tíðindi, er ekki væri henni huggan at. En sakir annarra manna, er hjá váru, þá léz hún vilja kaupa, en ekki þiggja. Því næst fóru þau Kardín á einmæli. En hann berr henni kveðju Tristrams með fögrum orðum ok mikilli ástsemd ok segir, at í hennar valdi sé líf hans ok dauði.

"Hann er tryggr yðvarr unnasti í alla staði."

Hann segir í fám orðum þau tíðindi, er váru með þeim, um hans hagi ok sjúkleika, at honum lá ekki annat fyrir en dauðinn, ef hún kæmi eigi til hans, sem hún mætti því fyrst við koma.

Sem Ísönd skildi þessi tíðindi, písl ok harm beggja þeira, þá var hún full sorga ok vandræða. Því næst kallaði hún til sín Bringvet ok segir henni þat, er hún hefir fregit um Tristram—hversu hann var staddr í dauðasárum ok engi var sá þar í landi, er hann kynni græða—ok spurði hana, hvat til ráðs væri. Hún segir, at hún skyldi búaz sem skjótast, er kvelda tæki, ok fara með Kardín ok hafa þat, sem hún þurfti.

Ok sem náttin var komin ok öll hirðin var í svefni, þá gengu þær út um leynidyr, er þær vissu þar vera, ok þegar var þá Kardín fyrir þeim, ok gengu síðan skyndiliga til sjóvar ok á skip ok undu segl sitt ok sigldu braut af Englandi hinn beinsta byr, sem þau vildu kjósa. Ok váru þeir allir glaðir ok kátir ok hugðu nú til annars en fram kom.

Kapituli 97

Nú er at víkja sögunni til Tristrams, at hann sýkiz nú mjök bæði af verk sársins ok angri, er hann bar um Ísönd dróttningu, at hún kom ekki ok engi kunni honum bót at vinna í því landi. Hann lét menn sína optliga vera við sjó ok vita, ef nokkut færi at landi. Stundum lét hann bera sik til sjóvarstrandar, þegar hann trúði varla öðrum

Meanwhile Kardín sailed over the sea and arrived there in England where he had intended. They pretended to be merchants, both buying and selling goods. They had hawks and other wares. Kardín put a goshawk on his arm, plus the finest cloth, and went in this fashion to the king's castle. Kardín was an eloquent man, courteous and well mannered, and he greeted the king politely and with kind words, saying: "My companions and I are merchants and wish to ask for permission to anchor in the harbor and to have safe conduct for as long as we are here in your country."

The king immediately agreed to this and said that they would be welcome and enjoy safe conduct. Thereupon they presented the king with three gifts. After that they went to the queen and greeted her courteously and appropriately, and gave her a golden brooch as beautiful as it could possibly be. Next he took two gold rings, showed them to her, and asked her to choose whichever she wished. But when she looked at the rings, she immediately recognized Tristram's ring, and she began to shake all over and her heart sank. She turned pale and sighed heavily for she suspected that she would hear news that would not be of comfort to her. Because of the other people who were close by, she said that she would buy the ring but not receive it as a gift. Thereupon she and Kardín went off to speak in private. He delivered Tristram's greeting eloquently and with feeling, and told her that his life or death lay in her hands.

"He is in every respect your faithful beloved."

In a few words he told her what had happened to them, and about Tristram's condition and his sickness, and that he would certainly die, unless she went to him as quickly as she possibly could.

As soon as Ísönd heard about these events and about the torment and grief of them both, she was filled with sorrow and distress. She called Bringvet to her and told her what she had learned about Tristram and how he lay mortally wounded, because there was no one in that country who could cure him. She asked her what should be done, and Bringvet told her that she should prepare immediately to travel with Kardín when evening came and to take with her what she needed.

And so, when night had fallen, and all the people of the court were asleep, Ísönd and Bringvet left through a secret door that they knew about. Kardín was right there waiting for them, and they quickly went to the harbor and boarded the ship. The sail was hoisted and they sailed from England with the most favorable wind that they would want to choose. All of them were happy and cheerful and thought that things would turn out differently than they actually did.

Chapter 97

Now we must turn in our story to Tristram, who was suffering a great deal, both from the pain of the wound and from the sorrow that he bore because Queen Ísönd had not arrived; and there was no one in that country who could find a cure for him. He often had his men go to the shore to see if anything was approaching the

til. Enskis fýsti hann svá í þessari veröldu, hvárki matar né drykkjar né annarra hluta, nema at sjá ok tala við Ísönd dróttningu.

Ok mátti hér nú heyra harðan atburð, at þá er þau Ísönd ok Kardín váru til lands komin, þá kom mikill stormr í móti þeim, ok rak þau undan landi aptr í haf út. Ok váru úti mörg dægr, svá harðliga haldin, at þau væntu varla lífs.

Þá kærði Ísönd dróttning harma sína ok mælti: "Nú vill ekki guð, at ek sjá Tristram lifanda né hans harma huggandi, svá sem ek vilda. Ó hó, minn sæti vin ok unnasti! Ef ek týnumz í þessari ferð, þá er engi sá lifandi maðr í þessum heimi, er þér megi hjálp veita af þínu sári né af þínum dauða þik hugga. Nú vilda ek, at guð vildi sem ek, ok ef ek dæi hér, þá yrði ok þinn dauði okkr saman komandi."

Slíka hluti marga aðra kærði Ísönd. En hennar skipverjar váru mjök hræddir af þeim stormi, at þau mundu týnaz.

Kapituli 98

Ísönd var nú mjök syrgjandi, meir Tristram en sjálfa sik. Í tíu daga válkuðuz þau úti í þessum mikla stormi. Því næst hægðiz stormrinn, ok gerði fagrt veðr, ok rann byrr á. Drógu þeir þá upp segl sitt ok sigldu næsta dag at landi sem fyrr. Ok þá fell af byrrinn, ok rak þá skipit aptr ok fram með landinu, ok var þá engi bátrinn, því hann hafði brotit fyrir þeim. Ok vaxa nú þegar vandræði þeira ok angr, er þau máttu ekki at landi komaz. Svá kunni Ísönd þessu illa, at hún var næsta farin af. En þeir, er á landi váru, sá ekki skipit, ok langaði þá mjök þó eptir þeim, er braut fóru.

Kapituli 99

Svá mikinn harm ok ógleði hefir nú Tristram, at hann er nú allr megnlauss, andvarpandi, en stundum vissi hann ekki til sín, sakir Ísöndar dróttningar, er hann vildi gjarna at kæmi.

Þá kom Ísodd kona hans til hans, sem af illri list hugsaði, ok sagði: "Unnasti," kvað hún, "nú er Kardín kominn. Ek sá at vísu skip hans, ok hefir lítinn byr. Guð láti þat bera góð tíðindi ok þér til huggunar."

Sem Tristram heyrði þat, er hún sagði, þá reistiz hann þegar upp, sem hann væri heill, ok mælti til hennar: "Unnasta," kvað hann, "muntu þá vera sannfróð, at þat er hans skip? Ger mér kunnigt, *ef[104] satt er, með hverju segli hann siglir."

En hún svarar: "Ek kenni þat gerla, ok með svörtu segli sigla þeir ok hafa byr engan, nema rekr aptr ok fram fyrir landinu."

En hún laug at honum, því Kardín sigldi með hvítum ok blám blankandi seglum, stöfuðum, því Tristram hafði svá beðit hann, til merkis, ef Ísönd kæmi með honum.

land. Sometimes, when he could not trust others for this task, he had himself carried down to the seashore. He desired nothing in this world, neither food nor drink nor other things, except to see and speak with Queen Ísönd.

Then he had to hear the tragic news that a large storm had come upon Ísönd and Kardín as they were approaching land and had driven them away from the coast and back out to sea. They were out there for many days in such a deplorable state that they didn't expect to return alive.

Queen Ísönd gave vent to her sorrow and said: "God does not wish for me to see Tristram alive nor to comfort his pain as I had wanted. Oh, my dear friend and beloved! If I should perish on this journey, there is no living soul in this world who would be able to grant you assistance with your wound nor save you from death. I wish now that God would want the same as I, that if I should die here, then your death would unite us again."

Ísönd lamented in this manner and in other ways. Her ship's crew feared this storm very much and that they would all perish.

Chapter 98

Ísönd was now very concerned, but more about Tristram than herself. For ten days they were flung about in that terrible tempest. Then the storm subsided and fair weather returned, along with a favorable wind. They raised their sail and headed toward land as they had done before, but the wind died down, and the ship drifted back and forth along the coast. They didn't have a rowboat because theirs had been broken. Now their distress and despair grew, because they just couldn't reach land. Ísönd took this so badly that it almost did her in, while those on land couldn't see the ship and yearned greatly for those who had sailed away.

Chapter 99

Tristram had suffered so much grief and sorrow that he was moaning and very feeble. At times he fell unconscious, all because of Queen Ísönd, whom he wished so much to see.

Then his wife Ísodd came to him, having devised an evil plan, and said: "Dearest," she said, "Kardín has just arrived. I clearly saw his ship, but there is very little wind. May God let it bring good tidings and comfort to you."

When Tristram heard what she said, he immediately raised himself up as if he were well and spoke to her: "Beloved," he said, "are you absolutely certain that it is his ship? Convince me by telling me what color sail he is using."

She answered: "It is difficult to tell, but they are using a black sail and have no wind, so they are just drifting back and forth off the coast."

But she was lying to him, for Kardín was sailing with gleaming white and blue striped sails, as Tristram had asked him to do as a sign if Ísönd were accom-

En ef Ísönd kæmi ekki með honum, þá skyldi hann sigla með svörtu segli. En Ísodd, kona Tristrams, hafði heyrt allt þetta, þá <er> hún leyndi sér á bak við þilit.

En sem Tristram heyrði þat, þá var hann svá mjök syrgjandi, at aldri beið hann slíkan harm. Ok sneriz hann þegar upp til veggjar ok mælti þá með harmsfullri röddu: "Nú ertu, Ísönd, mik hatandi. Ek em nú syrgjandi, er þú vill ekki til mín koma, en ek sakir þín deyjandi, er þú vildir ekki miskunna sótt minni. Ek em nú syrgjandi sótt mína ok harmandi, er þú vildir ekki koma at hugga mik."

Þrisvar kallaði hann Ísönd unnustu sína ok nefndi á nafn, en hit fjórða sinn gaf hann upp önd sína með lífi sínu.

Kapituli 100

En riddarar ok sveinar, er hjá váru, hörmuðu þetta allir mjök, ok allr borgarlýðr grét hann með miklum harmi. Síðan tóku þeir hann ór rekkju sinni ok lögðu yfir hann ríkuligt pell.

En þá tók byrr at vaxa þeim, <er> á sjónum váru, ok lögðu þegar til hafnar. Sem Ísönd var nú af skipi gengin, þá heyrði hún fólkit allt gráta með miklum harmi, öllum klukkum hringjandi. Hún spurði þá, hví menn léti svá illa eða hvat tíðinda þeir hefði fengit.

Einn gamall maðr svarar henni: "Frú," kvað hann, "vér höfum svá mikinn harm, at aldri kom slíkr til handa oss. Tristram, hinn vaski ok kurteisi, er nú andaðr, liggjandi í rekkju sinni. Aldri var í þessu landi slíkr harmr komandi."

Sem Ísönd heyrði þetta, var hún svá mjök syrgjandi, at hún mátti ekki mæla, ok kastaði yfirklæði sínu af sér. En Bretar undruðu mjök, hvaðan sú hin fríða frú var komin eða ór hverju landi hún mundi vera.

Kapituli 101

Ísönd dróttning gekk nú þangat, sem líkit lá á gólfinu, ok sneriz í austr ok bað bænar sinnar með þessum orðum: "Ek bið þik, guð allsvaldandi, ver þessum manni ok mér miskunnandi, svá sem ek trúi því, at þú hafir verit borinn af mey María í þenna heim, öllu mannkyni til endrlausnar, ok svá sem þú hjálpaðir Maríu Magdalenu ok þoldir dauða fyrir oss synduga menn ok at þú léz negla þik á krossinn ok leggja þik með spjóti í þína hægri síðu ok herjaðir til helvíta ok leystir þaðan alla þína menn í eilífan fögnuð. Þú ert skapari okkar. Eilífr allsvaldandi guð, vertu nú syndum okkrum miskunnsamr, svá sem ek vil öllu þessu trúa. Ok ek vil gjarna öllu þessu trúa, ok ek vil þik gjarna lofa ok dýrka. Ok veit mér þat, <er> ek bið þik, minn skapari, at þú fyrirgefir mér mínar syndir, einn guð, faðir, sonr ok heilagr andi. Amen."

panying him. And if Ísönd were not with him, then he was supposed to sail with a black sail. But Tristram's wife Ísodd had heard all of this, when she hid behind the wooden partition.

When Tristram heard what she said, he was so grief stricken that he had never endured such suffering. He immediately turned toward the wall and spoke in an anguished voice: "Ísönd, you hate me now. My heart aches, because you do not want to come to me, and because of you I will die, for you did not wish to take pity on me in my illness. Now I am suffering from my sickness and grieving, because you do not want to come to comfort me."

Three times he called out to his beloved Ísönd and spoke her name, but the fourth time he surrendered his spirit and died.

Chapter 100

The knights and the attendants who were nearby loudly lamented Tristram's death, and all the townspeople wept bitterly for him. After a time they carried him from his bed and covered him with the finest cloth.

And then the wind picked up for those who were at sea, and they immediately steered toward the harbor. As Ísönd was disembarking she heard the tolling of bells and the whole population weeping with an outpouring of grief. She asked why people were behaving so mournfully, and what the news was that they had received.

An old man answered her: "Dear lady," he said, "we are so full of grief that never before has anything like this happened to us. Valorous and courteous Tristram has passed away, lying in his bed. Such sorrow has never been visited on this country before."

When Ísönd heard this, she grieved so much that she was unable to speak and cast her cloak from her. The Bretons wondered about where the beautiful woman had come from and what her homeland was.

Chapter 101

Queen Ísönd then proceeded to where Tristram's body lay on the floor and, turning to the east, said a prayer with these words: "I beseech Thee, almighty God, show mercy to this man and to me, for I believe that Thou wast born of the Virgin Mary into this world as the Savior of all mankind, that Thou helped Maria Magdalena, suffered death for us sinners, let Thyself be nailed to the cross and pierced on the right side by a spear, harrowed in Hell, and redeemed all Thy people in everlasting joy. Thou art our Creator. Eternal, almighty God, be merciful to us sinners, just as I will believe all these things. I shall willingly believe all of this, and I shall willingly worship Thee and sing Thy praise. Grant me what I ask of Thee, my Creator, to forgive me my sins. One God—Father, Son and Holy Ghost. Amen."

"Tristram," segir hún, "ek unna þér mikit. En nú <er> ek þik dauðan sé, sómir mér nú ekki at lifa lengr, er ek sé, at þú deyðir fyrir mínar sakir. Ok því skal ek ekki lifa eptir þik."

Hún talaði þá mörg orð um ást þeira ok samvist ok um þeira hörmuliga skilnað. Ok því næst lagðiz hún niðr á gólfit ok kyssti hann ok lagði hendr um háls honum. Ok í því lét hún líf sitt.

Af því dó Tristram skjótast, at hann hugði, *at[105] Ísönd dróttning hefði gleymt honum. En Ísönd dó því skjótast, at hún kom of seint til hans.

Síðan váru þau jörðuð. Ok er sagt, at Ísodd, kona Tristrams, hafi látit jarða þau Tristram ok Ísöndu sitt hváru<m> megin kirkjunnar, svá <at> þau skyldu ekki vera nærri hvárt öðru framliðin. En svá bar til, at sín eik eða lundr óx upp af hvárs þeira leiði, svá hátt, at limit kvíslaðiz saman fyrir ofan kirkjubustina. Ok má því sjá, hversu mikil ást þeira á milli verit hefir.

Ok endar svá þessa sögu.

"Tristram," she continued, "I loved you greatly, but now that I see you lifeless, it is not fitting for me to live any longer. I see that you died for my sake, and for that reason I shall not survive you."

She spoke a great deal about their love and life together and about their distressing separation. Then she lay down on the floor and kissed him and placed her hands about his neck. And there she died.

Tristram had died so quickly because he thought that Queen Ísönd had forgotten him, but Ísönd died so quickly because she had arrived too late for him.

Afterward they were buried. It is said that Ísodd, Tristram's wife, had Tristram and Ísönd buried on separate sides of the church so that they couldn't be close to each other in the future. But it came to pass that an oak or other large tree sprouted from each of their graves and grew so tall that their limbs intertwined above the gable of the church. By this we can see how great the love between them had been.

And so ends this story.

Notes

1 *hina] hinu.
2 Bretar] *possibly an error for* Greifar. *When used below for the country of King Mark*, Kornbretaland, *the name is translated as* Cornwall.
3 *ilmöndum] ilmande.
4 *sínum] hinum.
5 *öflgastr] öblugastur.
6 *hefði] hefdu.
7 *hún] hann.
8 *klandi] klandre.
9 *kunnigt] kunnugt.
10 *gerðu] giœrde.
11 *fekk] + nie.
12 *megu] meiga.
13 *ein saman] einsömul.
14 *eina saman] einsamla.
15 *lifanda] lifande.
16 *dræpi] dræpu.
17 *mun] man.
18 *brautför] burtferd.
19 *frú] frur.
20 *krisma—barninu] 567; kristna tru.
21 er *trist*—Tristhum] 567; þijder tristam hriggur, og var nafn hans snued til þessa atkuædis.
22 Fyrr—angraz] 567; Fyrir þuij kaup þu sið þa villdustu.
23 *þá fræddr] 567; frægur.
24 *undruðu] 567; Endu.
25 *skipit] 567; skipenn.
26 *gef] giefe.
27 *hegldi] hegndi.
28 *skipit í] 567; skipenu.
29 *syndguðumz] sindgudustum.
30 *mun] man.
31 *saman] til samans.
32 *tapandi] tapader.
33 *vissi] vissa.
34 *tiguliga] tyduglega.
35 *hversu] hvörs.
36 *sporrakka] sparrhauka.
37 *áheyröndum] aheirande.
38 *systur] syster.
39 *hversu] hvörvetna.
40 *ger] giörd.
41 *gerva] giörda.

42 *grátöndum] gratande.
43 *Róma] Ronia.
44 *feðrna] feðurnar.
45 *ásjáöndum] asiaande.
46 signa hann] *567*; bijfóludu honum.
47 *lifandi] leifande.
48 *mun] man.
49 *konu] kvinnu.
50 *fríðleik] frijdlejka.
51 *kvángumz] kvóngest.
52 *Flandrs] flandren.
53 *frið] ferd.
54 *tjölduðu] tólldu.
55 *áheyröndum] áheirande.
56 *frjálsat] friat.
57 *er] nær.
58 *lýstr] liostar.
59 *leóns] liðs.
60 *Ísodd] Isónd.
61 *Flandr] Flandren.
62 *fregit] freyged.
63 *ætlum] meinumm.
64 *ef] + ad.
65 *þjóna] þiena.
66 *at] ok.
67 *at] þad.
68 *faðmi] fagni.
69 *einn írskr] enn Irske.
70 *heit] heiti.
71 *réð] riede.
72 *frú] frur.
73 *villigölt] villugölt.
74 *þykkir] þyke.
75 *vituð þér] vite þier.
76 *hefnt] hefna.
77 *eggja] egge.
78 *lokarspánu] lokons spönu.
79 *nökkviðri] nockudre.
80 hvárs] hvórt.
81 *hvelft] hvólftt.
82 *fjölda] fiólde.
83 *koma] komed.
84 *er] ed.
85 *sonu] syne.
86 *systur] syster.

87 *limu] lime.
88 *en] og.
89 *hávan] haan.
90 *skipti—hertogans] skiptaryke hertogans var.
91 *fjórutigi] fiðr tijge.
92 *vissi] vissu.
93 *buðk] bauk.
94 *buðk] bauk.
95 *líki] leiki.
96 *systir] systur.
97 *sína] sijnar.
98 *gervan] giðrdan.
99 *saman] sðmun.
100 *æpti] æptu.
101 *ernastir] ærnaster.
102 *hurfu] hvðrftu.
103 *sem] + var.
104 *ef] efter.
105 *at] þad.

TRISTRAMS KVÆÐI

Edited and Translated

by

Robert Cook

INTRODUCTION

Four versions (plus a copy of the first stanza only) of this ballad are printed from seventeenth- and eighteenth-century Icelandic manuscripts in various volumes of Jón Helgason's *Íslenzk fornkvæði*. The date of original composition is uncertain, but Vésteinn Ólason (pp. 213-16) has argued that the ballad pre-dates the younger saga about Tristram, *Saga af Tristram ok Ísodd*, and was thus in circulation before the year 1400. The final chapters (95-101) of the older prose saga, *Tristrams saga ok Ísöndar* are the ultimate source for the ballad.

The version normalized and translated here is taken from Volume One of *Íslenzk fornkvæði*. It consists of thirty stanzas each ending in the refrain "They had no other fate than to be parted." Three of the other versions, including the single first stanza, have the same refrain, but the fourth complete version has a different refrain, "He is happy who sleeps next to her." This is not likely to be the original reading. The detail of Tristram fighting at London Bridge in the first stanza of the version printed here is not found in the other four texts, which assign no location to the battle. Another place where this version stands alone is the "sound of pipes" in stanzas 20-21; the other (and likely original) reading is "sound of bells."

All versions of the ballad have two features which are not in *Tristrams saga ok Ísöndar*: (1) The sails which were to signal Ísönd's arrival were to be blue (stanza 5), whereas in the saga they were to be white and blue (chapter 99); in the younger Icelandic saga of Tristram they are also blue, perhaps under influence from the ballad. (2) The two women are both called Ísodd in the ballad, one referred to as "bright" and the other as "dark," whereas in the saga the beloved is Ísönd and the wife is Ísodd. Here too the younger saga is in accord with the ballad.

In the version printed here the final tragedy of the two lovers is rendered movingly and with an effective use of repetition. There is an evenly spaced two-fold repetition at key points of the narrative, in stanzas 4-5 (Tristram's orders to his messengers), 10-11 (the king's different comments on having Tristram cured), 16-17 (Ísodd the Dark's lie about the sails being black), 20-21 (Ísodd the Bright's approach on a first narrow, then wide path). At the end there is a threefold repetition (stanzas 27-29) depicting the jealous anguish of the dark Ísodd over the joint burial of the two lovers. The word *trú* (loyalty, faith) seems to be important, from the enigmatic opening statement (not in the other versions) that "Ladies and warlike lads kept their loyalty well," to Ísodd the Fair's claim that she must not forget her loyalty to Tristram (stanza 13), to Ísodd the Dark's twice swearing by her faith—in the first case (stanza 16) she goes on to lie about the sails and thus prevents the lovers from meeting again in this life, in the second case (stanza 26) she swears to prevent them from meeting after death. The final stanzas make it clear that in this second attempt she fails.

TRISTRAMS KVÆÐI

1. Frúr ok herligir sveinar
heldu vel sína trú.
Tristram framdi bardagann
við Lundúnabrú.

> Þeim var ekki skapat nema skilja.

2. Tristram framdi bardagann
við heiðinn hund,
margr fekk á þeira fundi
blóðuga und.

> Þeim var ekki skapat nema skilja.

3. Hann var borinn á skildi fram,
sá ungi mann,
margir buðuz læknarar fram
at græða hann.

> Þeim var ekki skapat nema skilja.

4. Tristram bjó til sendimenn
með skeiður þrjár:
Segið henni björtu Ísodd
ek sé sár."

> Þeim var ekki skapat nema skilja.

5. Tristram bjó til sína menn
með stálit bjart:
"Blátt skal merkja jómfrúr ferð
en ekki svart."

> Þeim var ekki skapat nema skilja.

6. Lenda þeir nú skipunum
við fagran sand,
svá ganga þeir allir upp á
þetta land.

> Þeim var ekki skapat nema skilja.

THE BALLAD OF TRISTRAM

1. Ladies and warlike lads
kept their loyalty well.
Tristram fought a battle
at London bridge.

> They had no other fate than to be parted.

2. Tristram fought a battle
against a heathen dog.
Many got a bloody wound
from that encounter.

> They had no other fate than to be parted.

3. He was carried off on his shield,
the young man.
Many physicians offered
to cure him.

> They had no other fate than to be parted.

4. Tristram equipped messengers
with three ships:
"Tell the bright Ísodd
that I am wounded."

> They had no other fate than to be parted.

5. Tristram equipped his men
with bright steel.
"Blue shall mark the lady's voyage
—not black."

> They had no other fate than to be parted.

6. They beached their ships
on the fair sand,
and then they all
went ashore.

> They had no other fate than to be parted.

7. Axla þeir yfir sik
safalaskinn,
svá hæverskliga ganga þeir
í höllina inn.

> Þeim var ekki skapat nema skilja.

8. Fram komu þeir sendimenn
ok sögðu frá:
"Tristram ungi yðar vildi
fundi ná."

> Þeim var ekki skapat nema skilja.

9. Ísodd inn í höllina gengr
fyrir kónginn sinn:
"Viltu láta græða hann Tristram
frænda þinn?"

> Þeim var ekki skapat nema skilja.

10. En svá svaraði kóngrinn,
hann var ódeigr:
"Þú þarft eigi at græða hann Tristram,
hann er feigr."

> Þeim var ekki skapat nema skilja.

11. En svá svaraði kóngrinn
í annat sinn:
"Græða vildi ek láta hann Tristram
frænda minn."

> Þeim var ekki skapat nema skilja.

12. "Græða vildi ek láta hans Tristrams
blóðuga und,
ef vissi ek þat þú kæmir heil
af ykkar fund."

> Þeim var ekki skapat nema skilja.

13. "Guð mun ráða aptrkomu,"
sagði frú,
"ek mun ekki á þessari stundu
gleyma trú."

> Þeim var ekki skapat nema skilja.

7. They put sable fur
over their shoulders,
and then they politely
entered the palace.

> They had no other fate than to be parted.

8. The messengers stepped forth
and declared:
"Young Tristram would like
to see you."

> They had no other fate than to be parted.

9. Ísodd went into the palace
before the king:
"Do you want Tristan, your kinsman,
to be healed?"

> They had no other fate than to be parted.

10. The king answered thus
—he was severe:
"There is no point in your healing Tristram;
he is a doomed man."

> They had no other fate than to be parted.

11. And yet the king answered
a second time:
"I would like Tristram, my kinsman,
to be healed."

> They had no other fate than to be parted.

12. "I would like to have
Tristram's bloody wound healed,
if I knew that you would come back whole
after seeing him."

> They had no other fate than to be parted.

13. "God will decide on my returning,"
said the lady.
"In this hour I must not
neglect my loyalty."

> They had no other fate than to be parted.

14. Síðan hrinda þeir skipunum fram
á saltan geim;
svá sigla þeir til Tristrams
landa heim.

            Þeim var ekki skapat nema skilja.

15. Svá siglir hún bjarta Ísodd
með seglin blá,
allvel henni byrrinn blés
í daga þrjá.

            Þeim var ekki skapat nema skilja.

16. Úti stóð hún svarta Ísodd,
hún sór við trú:
"Svört eru segl á skipunum
þeim ek sé nú."

            Þeim var ekki skapat nema skilja.

17. En svá svaraði svarta Ísodd
í annat sinn:
"Svört eru segl á skipunum
ek sé enn."

            Þeim var ekki skapat nema skilja.

18. Tristram sneriz í sinni sæng,
svá sárt hann stakk,
heyra mátti mílur fimm
hans hjartat sprakk.

            Þeim var ekki skapat nema skilja.

19. Lenda þeir skipunum
við fornan sand;
þar sté frú bjarta Ísodd
fyrst á land.

            Þeim var ekki skapat nema skilja.

20. Ísodd heim frá sjónum gengr,
gatan er þröng;
einatt heyrði hún pípnahljóð
ok fagran söng.

            Þeim var ekki skapat nema skilja.

14. Then they launched their ships
into the salty sea,
and so they sailed
to Tristram's lands.

> They had no other fate than to be parted.

15. And so the bright Ísodd
sailed with blue sails;
for three days a good breeze
blew for her.

> They had no other fate than to be parted.

16. Outside stood the dark Ísodd;
she swore by her faith:
"Black are the sails
on the ships I see now."

> They had no other fate than to be parted.

17. And the dark Ísodd answered
a second time:
"Black are the sails
on the ships I still see."

> They had no other fate than to be parted.

18. Tristram turned in his bed;
he felt such pain
that from five miles away
you could hear his heart burst.

> They had no other fate than to be parted.

19. They beached their ships
on the old sand.
The lady, bright Ísodd,
was the first to step ashore.

> They had no other fate than to be parted.

20. Ísodd walked up from the sea;
the path was narrow.
She constantly heard the sound of pipes
and beautiful voices.

> They had no other fate than to be parted.

21. Ísodd heim frá sjónum gengr,
gatan er breið;
einatt heyrði hún pípnahljóð
á veginum þeim.
                    Þeim var ekki skapat nema skilja.

22. Til orða tók hún bjarta Ísodd
búin með seim:
"Eigi skildi hann Tristram dauðr,
ek kem heim."
                    Þeim var ekki skapat nema skilja.

23. Prestar stóðu á gólfinu
með kertaljós;
dróttning niðr at líki laut
svá rauð sem rós.
                    Þeim var ekki skapat nema skilja.

24. Margr þolir í heiminum
svá sára nauð,
dróttning niðr at líki laut
ok lá þar dauð.
                    Þeim var ekki skapat nema skilja.

25. Prestar stóðu á gólfinu
ok sungu sálm.
Þá var hringt yfir báðum líkum
Rínarmálm.
                    Þeim var ekki skapat nema skilja.

26. Til orða tók hún svarta Ísodd,
hún sór við trú:
"Þit skuluð ekki njótaz dauð
ef ek má <nú> ."
                    Þeim var ekki skapat nema skilja.

27. Þat var henni svörtu Ísodd
angr ok sút;
bæði váru líkin borin
í kirkju út.
                    Þeim var ekki skapat nema skilja.

21. Ísodd walked up from the sea;
the path was broad.
She constantly heard the sound of pipes
along the way.
> They had no other fate than to be parted.

22. The bright Ísodd, richly adorned,
said these words:
"Tristram cannot be dead.
I am coming."
> They had no other fate than to be parted.

23. Priests stood on the floor
with candles.
The queen, as red as a rose,
knelt beside the body.
> They had no other fate than to be parted.

24. Many in this world
endure painful grief;
the queen knelt beside the body
and lay there dead.
> They had no other fate than to be parted.

25. Priests stood on the floor
and sang a hymn;
then bells of Rhine-metal [gold]
rang over both bodies.
> They had no other fate than to be parted.

26. The dark Ísodd
said these words;
she swore by her faith:
"You two shall not enjoy each other in death,
if I have my way."
> They had no other fate than to be parted.

27. There was distress and sorrow
for the dark Ísodd:
both bodies
were carried into the church.
> They had no other fate than to be parted.

28. Þat var henni svörtu Ísodd
angr ok mein;
bæði váru líkin sett
í helgan stein.

>   Þeim var ekki skapat nema skilja.

29. Þat var henni svörtu Ísodd
enginn friðr;
bæði váru líkin sett
í steinþró niðr.

>   Þeim var ekki skapat nema skilja.

30. Uxu upp þeira af leiðunum
lundar tveir;
fyrir ofan miðja kirkju
mættuz þeir.

>   Þeim var ekki skapat nema skilja.

28. There was distress and pain
for the dark Ísodd:
both bodies were placed
in a holy cell.

> They had no other fate than to be parted.

29. There was for the dark Ísodd
no peace:
both bodies were lowered
into stone sepulchres.

> They had no other fate than to be parted.

30. There grew up from their tombs
two trees,
and they joined together
above the middle of the church.

> They had no other fate than to be parted.

SAGA AF TRISTRAM OK ÍSODD

Edited

by

Peter Jorgensen

Translated

by

Joyce M. Hill

INTRODUCTION

At the beginning of this century, Henry Goddard Leach dismissed the *Saga af Tristram ok Ísodd* as a "boorish account of Tristram's noble passion" (*Angevin Britain and Scandinavia*, 1921). The saga, presumably composed in the fourteenth century, is an Icelandic version of the Norwegian *Tristrams saga ok Ísöndar*. Although the essential elements of the Tristan legend, as transmitted in the North by Brother Robert's translation of Thomas's *Tristan*, are still recognizable, the Icelandic version contains so many drastic modifications and additions that it appears to be a rather clumsy reconstruction of the legend. Scholars have recently argued, however, notably Paul Schach, that the saga was intended as a parody of the tragic love story, that the saga can be interpreted as a humorous commentary on Arthurian romance.

The *Saga af Tristram ok Ísodd* is transmitted in five manuscripts, only one of which is medieval, namely AM 489 4to (mid-fifteenth century, Arnamagnæan Institute, Copenhagen). This manuscript is the basis of our edition. Of the other manuscripts, dating from the eighteenth and nineteenth centuries and none of text-critical value, Nks. 1745, 4to (second half of the 18th century, Royal Library, Copenhagen) is a copy of AM 489.

SAGA AF TRISTRAM OK ÍSODD

1. Þá er saga þessi gerðiz, hefir sá kóngr ríkt yfir Englandi, er Philippus hét; hann var bæði vitr ok góðgjarn. Dróttning hans er nefnd Philippía; hún var vel at sér. Þau áttu tvau börn: son þeira hét Mórodd, en Blenziblý dóttir; þau váru bæði efnilig ok atgervismenn hinu mestu ok hinu vinsælstu í uppruna sínum. Þat er sagt at kóngr unni svá mikit dóttur <sinni>, at hann vildi henni ekki í móti gera.

Kóngr átti þann riddara, er Plegrus hét; hann var fyrir kóngi brjóst ok brynja í öllum mannraunum. Kóngr virði hann ok meira en nokkurn mann annan í landinu, þegar leið son hans ok dóttir.

Héri hét maðr; hann var kallaðr Héri hinn hyggni; af því var hann svá kallaðr, at hann var <manna> vitrastr. Var hann ok mikils metinn af kóngi.

Pollornis hét sendimaðr kóngsdóttur; *hún¹ lagði á hann virðing mikla, en hann var hollr ok trúr ok stundaði til hennar vel ok kurteisliga. Nú hefir ríkit svá staðit langan tíma með mikilli sæmd ok virðing, þar til at Philippus kóngr tók sótt ok andaðiz. Var um hans lík búit vel ok virðuliga, sem verðugt var. Þetta þótti mikit öllu landsfólkinu; var þat ok hinn mesti mannskaði, þvíat hann hafði verit ágætr kóngr.

2. Eptir þetta kvaddi Mórodd þings, ok hann var til kóngs tekinn yfir allt England, ok mælti þar engi maðr í mót, þvíat hann var hinn vinsælasti maðr. Blenziblý líkaði þetta stórum illa, þvíat hún þóttiz fyrir engan mun síðr til komin ríkisins en hann. Er þat nú hennar tiltæki, at hún aflar sér liðs ok sez í Skarðaborg at óleyfi Mórodds kóngs. Þá var Plegrus riddari kominn í hina mestu kærleika við kóngsdóttur, ok stýrir hann þá með henni liðinu. Þau Blenziblý draga þá lið saman ok fara í mót kóngi <bæði> nátt ok dag.

Mórodd kóngr leitar nú ráðs við sína menn. Héri stóð þá upp ok talaði bæði langt ok snjallt, kallar þat ókóngligt at hafa langa ráðagerð um slíkt: "Er þat mitt ráð ok allra vár, at þér látit skera upp herör um allt yðvart ríki, ok farit til móts við Plegrus riddara, ok sé þá annathvárt, at þér drepit hann, en tak systur þína til þín, ella leggi hann undir land á yðvart vald."

Þetta ráð hefir kóngr, lætr bjóða at sér liði, ok fær mikinn her. Mórodd kóngr lætr halda njósnum til um her Blenziblý. Njósnarmenn segja kóngi, at þau hafi þaðan skamt í brott reist herbúðir sínar á völlum nokkurum. Þá fór kóngr með her sinn, þar til er hann sér lið þeira; lætr hann þá reisa herbúðir sínar annars vegar við

THE SAGA OF TRISTRAM AND ÍSODD

1. When this story took place, there was a king ruling over England who was called Philippus. He was both wise and benevolent. His queen was named Philippía. She was an accomplished woman. They had two children; their son was Mórodd, and the daughter Blenziblý. In their youth they were both as promising and as accomplished as it was possible to be, and very popular. It is said that the king loved his daughter so much that he was unwilling to do anything to cross her.

The king had a knight who was called Plegrus. He was the king's shield and defender in all adversities and the king honoured him more than any person, except for his son and daughter.

There was a man named Héri. He was called Héri the Clever. He was so called because he was the cleverest of men, and he was highly esteemed by the king.

Pollornis was the name of the princess's page. She treated him with great honour and he was loyal and faithful and cared for her well and courteously. For a long period the kingdom had been in a state of great honour and renown until King Philippus fell ill and died. His body was treated with honour and respect, as was fitting. To all the people of the country it seemed to be an event of great moment. It was indeed a great loss, because he had been an excellent king.

2. After this, Mórodd convened an assembly and he was accepted as king over all England, and no man there spoke against it because he was the most popular of men. Blenziblý disliked this intensely because she thought that she was not in any way less eligible for succession than he. And it was her reaction to gather an army around her, and she took up her position in Skarðaborg without King Mórodd's permission. At that time the knight Plegrus became very friendly with the princess and he commanded the army along with her. He and Blenziblý then assembled an army and travelled day and night to meet the king.

King Mórodd now sought advice from his men. Héri then stood up and spoke eloquently for a long time. He declared that it was not fitting for a king to hold a lengthy conference about such a matter. "It is my advice, and the advice of all of us, that you send out a summons to battle throughout your entire kingdom, and that you go to meet the knight Plegrus, and then one of two things will happen; you will kill him and take your sister back, or he will hand over all the land to you."

The king accepted this advice. He had an army summoned to him and got a large force. King Mórodd ordered a watch to be kept for Blenziblý's forces. The spies told the king that they had pitched their camp in some fields a short way from there. Then the king went with his forces to where he could see their army. Then he

skóginn. Kóngr þykkiz nú sjá, at hann hefir lið miklu minna, ok sér engan sinn kost til bardaga. Er þat þá ráðs tekit, at kóngr sendir menn til Plegrus riddara ok býðr honum, at þeir skulu ríða á brott, ok hafi sá þeira gagn ok sigr, er guð vill. Plegrus riddari víkz vel við orðsending kóngs, ok kvez fúss vera, at eiga leik við kóng.

Nú sofa [þeir af] náttina; en þegar er lýsti, þá bað Mórodd kóngr, at lið hans stæði [upp ok her]klæddiz, ok svá var gert, at menn vápna sik vel ok skjótt. Kóngr er ok [herklæddr ok] stígr á hest þann, er beztr var í hernum öllum. En þá er kom á leikvöllinn, [þá] er Blenziblý þar komin ok Plegrus riddari með her sinn, ok þegar er þeir finnaz, þá [ríðaz] þeir at. Kóngr leggr burtstönginni í skjöld Plegrus riddara svá sterkliga, at hann gekk í sundr. En af því at hann var góðr riddari, fekk hann uppi setit. En spjót Plegrus riddara festi ekki [í] skildi kóngs, ok rendi út af skildinum ok aptr með hestinum, ok var búit við at hann mundi steypaz fram af hestinum, en þó gat hann uppi setit. Nú ríðaz þeir at öðru sinni, ok keyrir hvárrtveggi hest sinn sporum af mikilli reiði. Þá leggr Mórodd kóngr burtstöng sinni framan í söðulboga hinn fremra Plegrus riddara svá hart ok sterkliga, at í sundr gengu báðar söðulgjarðirnar, ok síðan steypti honum ofan, svá at hann kom fjarri niðr.

Nú sjá menn Plegrus riddara óför síns höfðingja. Mórodd kóngr frétti þá, hvárt þeir vildi halda bardaga við hann eða ganga til handa; en þeir kjöru at sættaz við kóng. Nú ganga menn <í milli> hvárratveggju vinir, ok síðan sættaz þau syskin. Hefir Mórodd kóngr þá heim með sér Blenziblý systur sína ok Plegrus riddara. Litlu síðar stefndi Mórodd kóngr at sér öllum höfðingjum fyrir norðan haf at reyna turniment; var hann ok hinn bezti riddari ok hendi mikit gaman at þess konar skemtan.

3. Hlöðvir hefir kóngr heitit; hann var hinn frægasti maðr ok góðr riddari; hann réð fyrir Spanía. Hann kom til þessarar stefnu með mikit lið ok frítt, góða riddara ok vaska drengi. Með honum var einn ágætr riddari, ok var þá við aldr; hann hét Patrócles; hann var stórættaðr ok hin mesti atgervismaðr. Margir komu þangat ríkir höfðingjar ok góðir riddarar.

Patrócles riddari átti sér son, er Kalegras hét. Hann var á ungum <aldri>, en þó hafði [faðir] hans vanit hann við burtreið, ok kom svá með þeim, at Patrócles gat ekki setit í söðli fyrir Kalegras sínum syni. Biring hét fóstri Kalegras; hann var göfugr maðr; hann var með Hlöðvi kóngi.

Þat er nú sagt einnhvern dag, þá er komit var gott veðr ok skín sól í heiði—en þar var þá komit ótal riddara, er þangat höfðu safnaz af ýmsum löndum ok öllum

ordered his camp to be pitched on the far side of the wood. The king now realized that he had a far smaller army and he saw that he would have no possibility of victory. This was then adopted as a plan; the king sent men to the knight Plegrus and suggested that they should joust against each other and that the one of them that God willed should have the triumph and victory. The knight Plegrus responded well to the king's message and declared that he was eager to have a contest with the king.

Then they slept for the night. And as soon as it grew light, King Mórodd commanded his army to get up and arm, and so it was done, that the men armed themselves properly and quickly. The king had also put on his armour and he mounted the horse that was the best in the whole army. And when he came to the tournament Blenziblý had by then arrived there, and the knight Plegrus with their army, and as soon as they met they rode against each other. The king lunged so violently with his tilting-lance at the knight Plegrus's shield that it shattered, but because he was a good knight he managed to remain upright in the saddle. The spear of the knight Plegrus did not stick fast in the knight's shield and it glanced off the shield alongside the horse, and one might have expected him to tumble off, but nevertheless he managed to remain upright in the saddle. Now they rode at one another a second time and each of them put his spurs to his horse in a great rage. Then King Mórodd thrust his tilting-lance forward so hard and violently into the front saddle-bow of the knight Plegrus that both saddlegirths broke and he then fell off so that he landed some distance away.

Now the men of the knight Plegrus saw their commander's mishap. King Mórodd then asked whether they wished to continue the fight against him or surrender, and they chose to reconcile themselves with the king. Now men who were friends of both parties interceded and afterwards brother and sister were reconciled with each other. King Mórodd then took his sister Blezibló and the knight Plegrus home with him. A short while later, King Mórodd summoned all the lords of the land around the northern sea to hold a tournament. And moreover he was the best of knights and got great pleasure from this kind of entertainment.

3. There was a king called Hlöðvir. He was a very famous man and a good knight. He ruled over Spain. He came to this gathering with a large and handsome following made up of good knights and valiant warriors. With them there was an excellent knight who was then advanced in years. He was called Patrócles. He was of noble birth and was a man of the greatest physical accomplishments. Many powerful lords and good knights came there.

The knight Patrócles had a son who was called Kalegras. He was in his youth but, even so, his father had made him practice jousting, and so it came about in consequence that Patrócles could not manage to remain seated in the saddle when faced by his son Kalegras. Kalegras's foster-father was called Biring. He was a noble man and was with King Hlöðvir.

Now it was said that one day, when good weather had come and the sun shone in a clear sky—and there had then arrived there innumerable knights who had

þar nálægum <héruðum>—þenna dag hrósaði Plegrus riddari sér á leikvellinum, ok hugði gott til, ef nokkurr vildi ríða í mót honum. Þetta sér Kalegras, ok biðr föður sinn leyfa sér at ríða at honum, en hann kallar þat óráðligt. Sagði hann góðan riddara, "en þú ert barn at aldri."

Þetta [líkar] Kalegras illa, ok segir fóstra sínum. Eptir þat gengr hann fyrir Patrócles ok biðr hann lofa honum [ríða burt]; en fyrir bæn Birings, þá lofaði hann syni sínum atreiðina.

Nú býr Biring [fóstra sinn] til burtreiðar; hann færir hann í brynju örugga ok setr hjálm gullroðinn á [höfuð honum]. Síðan hengði hann sverð á hlið honum; hann fekk honum góðan skjöld ok skrifaðr á [leó] af gulli. Síðan steig hann á góðan hest ok tók digra burtstöng í hönd. Nú má [sjá lan]ga leið geisla af vápnum hans, er sólskinit var bæði blítt ok fagrt. [Plegrus riddari] býr sik vel bæði at vápnum ok hesti.

En er þeir eru búnir, ríðaz þeir at, ok þegar þeir mættuz, þá gekk í sundr skjöldr Plegrus riddara ok frá boginn söðlinum. Hann studdi sik við burtstöngina, ok gekk hann ekki ofan. Þá ríðaz þeir at annat sinn ok leggr *Kalegras[2] burtstönginni í skjöld Plegrus riddara ok rendi af skildinum í nefbjörgina á hjálmi hans, svá at upp gekk hjálmrinn af höfðinu ok þar með hausfillan. Ok við þetta allt fell Plegrus riddari af baki fyrir Kalegras.

Síðan ferr hann ok finnr kóngsdóttur ok segir óför sína. Þá bindr hún sár hans, ok á skammri stundu var hann heill, þvíat hún var hinn bezti læknir. Kóngsdóttir gaf honum digran gullhring til atreiðar.

Þá riðuz þeir at í þriðja sinn; en sá, er þar væri nærri staddr ok sæi atreið þeira, mundi heyra mikinn gný af rás hestanna ok hátt vápna brak, er þeir keyra hestana með gylltum sporum af miklu afli. Þá kom burtstöng Kalegras í enni Plegrus riddara, svá at inn gekk at heilanum; reið þá Kalegras aptr til sinna manna. Biring fagnaði vel fóstra sínum ok allir hans landsmenn.

Blenziblý kóngsdóttir hafði verit í hinum hæstum turnum borgarinnar ok sá á leik þeira. Henni fannz mikit um atgervi Kalegras ok kurteisi, þvíat hann var allra manna skörulilgastr ok bezt at sér um alla hluti, þá er vaskan dreng fríddi.

Síðan kallaði kóngsdóttir til sín Pollornis sendimann sinn: "Ek hefi sét í dag," sagði hún, "þann mann at ek hefi eigi litit hans jafningja, ok þér satt at segja, þá hefi ek svá mikla ást felt til hans, at ek má fyrir engan mun annat, en nú þegar í stað verð ek at senda þik til fundar við Kalegras, ok bið hann koma til mín, ok seg at ek vil hafa ást hans."

Pollornis svarar: "Frú, þú munt vera drukkin, er þér mælit slíka fólsku, þar sem hann hefir gert yðr svá mikinn skaða, at hann hefir drepit Plegrus riddara, vin yðvarn, er fyrir skömmu settuð þér höfðingja yðvars hers. Líz mér hitt ráðligra, at ek fara ok drepa hann ok færa [ek þér] höfuð hans; er þá vel hefnt várs manns."

assembled together from various lands and from all districts round about—that day the knight Plegrus made his boast on the tournament field and said that he thought it would be a good thing if someone would ride against him. Kalegras saw this and asked his father to allow him to ride against him, but he called it a foolish idea. He said that he was a good knight, "but you are a child in years."

Kalegras was displeased with this and told his foster-father. After that he went before Patrócles and asked him to allow him to ride a tilt, and because of Biring's request he granted his son permission to ride in the tournament.

Then Biring prepared his foster-son for riding a tilt. He put him into a trusty coat of mail and placed a gilded helmet on his head. Then he hung a sword at his side. He got him a good shield on which a lion was engraved in gold. Then he mounted a good horse and took a stout tilting-lance in his hand. Over a great distance light could be seen shining from his weapons because the sunshine was both clear and bright. The knight Plegrus prepared himself well both as regards his weapons and his horse.

And when they were ready they rode at one another and, as soon as they came together, the shield of the knight Plegrus split and the bow sheared off the saddle. He supported himself with his tilting-lance and did not fall down. Then they rode at one another a second time and Kalegras lunged at the shield of the knight Plegrus with his tilting-lance, and it glanced off his shield and onto the nose-guard on his helmet so that the helmet was lifted from his head and the scalp with it, and with all that the knight Plegrus fell from his horse in front of Kalegras.

Then he went and found the princess and told her of his defeat. Then she bound up his wound and in a short time he was healed because she was the best physician. The princess gave him a thick gold ring to try for a further tilt.

Then they rode at one another for a third time, and anyone who was stationed nearby and could see their tilting could hear a great din from the racing of the horses and a loud clash of arms when, with great force, they spurred on the horses with golden spurs. Then Kalegras's lance entered the forehead of the knight Plegrus so that it penetrated as far as the brains. Then Kalegras rode back to his men. Biring congratulated his foster-son warmly, as did all the men of his country.

The princess Blenziblý had been in the highest tower of the city and was a spectator of their sport. She greatly admired Kalegras's accomplishments and courteous behavior because of all men he was the most imposing in appearance and he was outstandingly endowed with all the talents that should grace a valiant warrior.

Then the princess sent for her page Pollornis. "I have seen today," she said, "the man whose equal I have never seen, and to tell you the truth, I then fell deeply in love with him that, as a result, now, at this moment, I can act in no other way than to send you to meet Kalegras. Ask him to come to me, and say that I desire to have his love."

Pollornis replied: "Lady, you must be drunk since you say such foolish things, seeing that he has done you so much harm in that he has killed the knight Plegrus, your friend, whom not long ago you appointed as commander of your army. It seems a better idea to me that I should go and kill him and bring you his head. Then our man will be properly avenged."

Hún svarar: "Ef þú ferr [ekki] eptir því, sem ek mæli fyrir, þá skaltu sporna hinn hæsta gálga, þegar er sól rýðr [á viðu á] morgin, ella skaltu hafa annan hinn versta dauða, þann er finnz á öllu Englandi."

Nú finnr hann at henni er þetta brjóstfast, svá at varla líz honum gerningalaust vera. Þá mælti hann: "Þegar ek veit yðvarn vilja, þá vil ek gjarna fara, hvert er þér vilit mik senda."

Hún kvað hann þá vel gera, "ok þar fyrir skaltu hafa mína hylli, ef þú fær svá gert, at Kalegras komi til mín, er ek ann meira en nokkurum öðrum manni, þeim er ek hefi sét eða fréttir til haft, ok svá bið ek," sagði hún, "guð hjálpa mér, at heldr vildi ek bíða bráðan bana, en okkra ást bæri í sundr."

Síðan býr Pollornis ferð sína, ok lét enga dvöl á vera um ferðina. Þá fór hann þar til, er hann fann Kalegras, ok sagði honum orðsending kóngsdóttur. Hann tjár fyrir honum kurteisi hennar ok fríðleik. Þetta fell Kalegras vel í skap, ok réz til ferðar með Pollornis. Síðan fara þeir til skemmu Blenziblý kóngsdóttur; hún var þar inni. En þegar hún sá Kalegras, stóð hún upp ok lagði báðar hendr um háls honum ok mintiz til hans. Síðan gengu þau bæði í eina rekkju ok sváfu af náttina; en þótt dagr kæmi, þá týndu þau ekki ást sinni né vingan, heldr er hitt satt frá at segja, at hvárt þeira hafði svá mikla ást ok elsku fest við annat, at þau gáðu enskis annars, en hvárt þeira helt um annat. En þótt menn kæmi at finna þau, þá fekkz ekki orð af þeim.

Nú þykkir Patrócles syni sínum dveljaz, ok sendir menn til fundar við hann ok biðr hann koma aptr skjótt, sagði Hlöðvi kóng búinn til heimferðar. Nú finna þeir Kalegras ok segja honum orðsending föður síns. En þótt faðir hans hefði honum orð sent, þá fór hann því síðr, at þeir fengu engi svör af honum. Urðu þeir við svá búit aptr at fara. Koma nú ok segja Patrócles, at Kalegras er heillaðr, "ok hann var svá fanginn fyrir Blenziblý, at hann vildi ekki svara oss."

Þetta líkar Patrócles illa, ok segir Biring til svá búins.

Hann svarar: "Ek mun fara at hitta fóstra minn," segir hann, "en betr mun vera um hans mál, [en yðr] er sagt."

Hann ferr nú þar til er hann kemr til skemmu Blenziblý kóngsdóttur. Þar var Kalegras [í slíkum] kærleikum, sem fyrr var sagt, at hann gáði enskis annars, en at halda um hana miðja, en hún veitti honum slíkt embætti í móti. Ok þar má vel segja, at þau unnuz meira, en þeir er þá hafaz þegar fjándskap við, er skammt líðr frá.

Nú leitar Biring orða við Kalegras, en hann gerði því betr til fóstra síns en annars, at hann leit til hans, en ekki fekk hann meira. Hlaut hann heim at fara ok segir Patrócles, at hann fær ekki orð af Kalegras.

"Legg ek þat til ráðs, at þau njótiz eptir vilja sínum; mun hann ráða vilja athæfi sínu."

She answered: "If you do not act in accordance with what I said before, you shall dance from the highest gallows as soon as the sun reddens the woodlands in the morning, or you shall have another kind of death, the worst that can be experienced in all England."

He now realized that her heart was fixed on it so that it hardly seemed to him to be something that could be left undone. Then he said: "I shall be perfectly willing to go where you wish to send me as soon as I know your will."

She said that he did well, "and for this reason you shall have my favour if you manage things so that Kalegras comes to me, whom I love more than any other man I have seen or heard reports about. And so I ask God to help me," she said, "since I would rather experience sudden death than that our love should be rent asunder."

Pollornis afterwards went on his way and did not allow anything to delay his journey. Then he went on until he met Kalegras, and he told him the princess's message. He reported to him her courtesy and personal beauty. This pleased Kalegras greatly and he set off on the journey with Pollornis. Then they went to princess Blenziblý's bower. She was inside and as soon as she saw Kalegras she stood up and put both her arms around his neck and kissed him. Then they both got into bed and slept the night. And although day came they did not bring their love or friendship to an end; it is true to say rather that each of them had such great love and strong passion for the other that they paid attention to nothing other than that each of them was embracing the other. And although men came to see them, not a word was got out of them.

Then Patrócles thought that his son was staying a long time and he sent men to find him. He asked him to come back quickly and he said that King Hlöðvir was ready for the journey home. They found Kalegras and told him his father's message. But although his father had sent him word, he not only did not go, but they could not even get a reply out of him. And so they had to go back, and they then came and told Patrócles that Kalegras was infatuated, "and he was so consumed with passion for Blenziblý that he would not even give us an answer."

This displeased Patrócles, and he told Biring how the matter stood.

He replied: "I will go and see my foster-son," he said. "His case will be better than what you have been told."

Then he went until he came to Princess Blenziblý's bower. There Kalegras was in a similar state of passion to what has been described earlier, so that he paid no attention to anything except holding her around the waist, and she granted him a like service in return, and it may well be said that they loved one another more than those people who, after a short time, are free of enmity towards each other.

Now Biring tried to speak with Kalegras, and he acted better towards his foster-father than to the first lot of messengers in that he looked towards him, but he got nothing more out of him. He was obliged to go home and tell Patrócles that he had not got a word out of Kalegras.

"My advice is that they enjoy themselves in accordance with their own desires. He will want to decide his own conduct."

Nú ríðr Hlöðvir kóngr í brott með allt lið sitt, en Kalegras var eptir, ok hefir svá sagt verit, at þau væri þar þrjá vetr í skemmunni, svá at þau gengu aldri brott á öllum þeim tíma.

4. Þat gerðiz til tíðinda, þá er Hlöðvir kóngr var brottu, at Elemmie kóngr af Hólmgarði hafði lagit undir sik Spán ok Seran bróðir hans; þeir váru báðir miklir bardagamenn. Varð þeim lítit fyrir at sækja landit, er Hlöðvir kóngr var ekki heima, ok kappar hans höfðu allir með honum farit. Varð af því lítil vörn, at engi var höfðingi, leikz þar jafnan lítt, ef allir eru jafnríkir, þótt lið sé mikit.

Þetta fréttir Hlöðvir kóngr; síðan ferr hann um allt land ok fekk minna lið en þeir bræðr. Ræðr hann til bardaga við þá; kvað hann vera skyldu annathvárt, at hann ynni aptr ríki sitt eða falla ella.

Nú finnz herinn ok tekz þar brátt hin snarpasta orrosta, ganga hvárirtveggju hart fram. Hlöðvir kóngr gekk vel fram ok hafði hvárki hjálm né brynju. Hann gekk í gegnum fylkingar þeira bræðra: þar mátti sjá stór högg, er hann veitti, ok mart höfuð mátti þar sjá af bol stökkva, er hann hjó með snarpeggjuðu sverði, ok því var líkast til at jafna, þar sem hann fór, sem þá er vargr kemr í sauða flokk eða villigaltr í svína lið. En þó hann væri vel hugaðr, þá fekk hann þó ekki við bana sínum gert.

Þá finnaz þeir Hlöðver kóngr ok Elemmie. Þeir eigaz við langan bardaga; þar kunni hvárrtveggi vel at hlífa sér með skildi ok vega með sverði. En þó lauk svá þeira viðskiptum, at Hlöðvir kóngr fell fyrir Elemmie kóngi, ekki af því at hann væri verri riddari, heldr hitt, at guð, himneskr faðir, leyfði honum ekki lengr at lifa.

Nú sá þeir fall Hlöðvis kóngs, er honum höfðu fylgt. En þá sóttu ekki þeira dæmi, er þegar flýja, er höfuðbendan brestr ok hlaupa á merkr eða <skóga>, svá hræddir [sem] þá er geit renn<r> undan fjársauði eða dýr undan hundi, eða lítill titlingr undan snörum hauki, eða mús undan ketti, eða huglaus dunga undan hvötum riddara eða vöskum dreng. Heldr tóku þeir snjallt ráð ok sköruligt bragð eptir fall [síns] höfðingja. Gerðiz þá Patrócles höfðingi yfir her þeim, er Hlöðvir kóngr hafði frá fallit; lét [hann þá] bera þat merki fyrir sér, er átt hafði Hlöðvir kóngr.

Nú taka þeir til bardaga í sinn annat; [er] þá orrosta slíkt eða snarpari ok í fyrra tíma, ok ekki mátti Elemmie kóngr annat á finna, en þeir væri spánnýir. Þat er ok sagt, at Elemmie kóngr barðiz vel ok sköruliga ok svá Seran bróðir hans ok allir þeira menn. Þat er frá sagt, at þessi barda<gi> væri langr ok strangr, ok get ek þat, segir sá, er söguna setti saman, at dungum eða dáðlausum mönnum, ef þeir væri þar staddir, svá at þeir biði eins höggs—ok þat hygg ek, at heldr vildi þeir sökkva sér í sjóvar djúp eða fen illt, ok heldr get ek, sagði hann, at þeir vildi hafa hvern dauða þann annan, er illr væri, ok heldr mundu þeir vilja hengja sik við hit hæsta

Then King Hlöðvir rode away with all his household, but Kalegras remained behind, and it has been said that they were there in the bower for three years and that they never left in all that time.

4. It happened that while King Hlöðvir was away, King Elemmie from Hólmgarðr and his brother Seran had conquered Spain. They were both great warriors. It was not difficult to attack the country because King Hlöðvir was not at home and his champions had all travelled with him. There was little defence because no one was in command. It is always the case that little is done if all are equally powerful, even if the army is large.

King Hlöðvir heard of this. Then he travelled through the whole country and got together an army smaller than that of the brothers. He decided to fight them. He declared it to be his duty either to win back his kingdom or else die.

Now the armies met one another and soon a very violent battle broke out there. Both advanced fiercely. King Hlöðvir went forward bravely and had on neither helmet nor coat of mail. He advanced through the brothers' ranks. One could see there the great blows that he gave, and many a head that he struck with his sharp-edged sword could be seen to fly there from its body, and for this reason, wherever he went, it was as if a wolf had got in among a flock of sheep, or a wild boar among a herd of pigs. But although he was very bold, he could do nothing to prevent his own death.

Then King Hlöðvir and King Elemmie met up with each other. They had a long battle together. Both of them there knew perfectly well how to protect themselves with a shield and how to fight with a sword. But nevertheless the outcome of their hostile encounter was that King Hlöðvir fell at the hands of King Elemmie, not because he was the worse knight, but rather because God, the Heavenly Father, did not permit him to live any longer.

Now all who had followed him witnessed the fall of King Hlöðvir. And they did not follow the example of those who flee as soon as the mainstay breaks and run into marshes or woods, as frightened as when a nanny-goat runs away from a sheep, or an animal from a dog, or a little sparrow from a swift hawk, or a mouse from a cat, or a cowardly fellow from the onslaught of a knight or valiant warrior. But after the fall of their lord they adopted a good plan and took a brave step as a way out of their difficulties. Patrócles was then made commander of their army, since King Hlöðvir had died, and he then had the standard that had belonged to King Hlöðvir carried before him.

Now they entered into battle a second time. Then the battle was just as fierce, or fiercer, than the time before, and as far as King Elemmie could see they were as good as new. It is said that King Elemmie fought well and bravely and so did his brother Seran and all their men. It is related that the battle was long and severe, and I suppose, said the man who composed the saga, that as regards useless fellows and spiritless men, if they were to suffer one such blow—I think that they would rather have sunk themselves into the depths of the sea or filthy bog, or I guess rather, he said, that they would have preferred any other unpleasant death, and that

tré. En Patrócles riddari vildi heldr falla með sæmd, en lifa við skam ok sneypu, en þá þótti honum svá, ef hann lifði við þat, at hann hefndi ekki Hlöðvis kóngs; en svá berr jafnan til, at sá er ekki feigari, þó at hann hætti sér í raun, en hinn er deyr við öll klæk ok ósæmd.

Nú sækir Patrócles riddari vel fram ok margan bol rænti hann höfði ok mörg jungfrú misti síns unnasta fyrir hans sakir. Hann höggr á báðar hendr ok engum mætti hann svá dramblátum, at ekki hlyti at falla eða flýja fyrir honum. Þar kemr at lyktum, at hann mætir Elemmie kóngi, ok sækjaz þeir lengi. Þá höggr Patrócles fyrri til Elemmie kóngs, ok kom þat högg fyrst í hjálminn ok klauf hjálminn ok höfuðit ok búkinn ok brynjuna til beltis staðar. Þá brast þegar flótti í liðinn, er Elemmie kóngr var fallinn. Eptir þat rak Patrócles flóttann ok hans menn drápu hvern mann, er þeir gátu höndum tekit. Þat var þá Seran, bróðir Elemmie kóngs, með öðrum flóttamönnum; hann komz á skip við nokkura menn, ok höfðu þeir hann ekki í þat sinn. En þat er frá Patrócles riddara at segja, at hann hefir bariz af svá mikilli karlmennsku, at hann sprakk af sókn, ok með þeiri hreysti dó hann við mikinn orðstír. En þar sem þá var komit, máttu þeir þann mestan skaða bíða, ok þat er sýnna, at þeir fái ekki annan höfðingja honum samjafnan at allri frægð ok atgervi, nema guð allsvaldandi gefi þeim formann honum skyldan, ok þess er at vænta, at þat veiti hann þeim.

Þessi tíðindi fréttaz nú víða um land, ok þetta kemr til Kalegras, at faðir hans er dauðr ok Hlöðvir kóngr. En þó at hann frétti fall föður síns, þá mátti ekki finna á honum, hvárt honum þótti vel eða illa, en þó breytti hann svá til, at þat mátti sjá, at honum þótti mikit, þvíat þá gekk hann brott ór skemmunni. Þá fekk Blenziblý honum skip eitt ok menn með, svá at þat var vel búit til ferðar.

5. Nú fór hann með litlu liði, þar til er hann kemr í Spán, ok þegar hann *finnr[3] frændr sína ok vini feðr síns, þá verða þeir honum fegnir ok segja honum þau tíðindi, at Seran er aptr kominn ok Desixtus bróðir hans. Biðja þeir at hann skuli geraz höfðingi þeira, segjaz búnir vera at fylgja honum at því ráði, er hann vill upp taka, "hvárt er þú vill heldr <vinna>," segja þeir, "at drepa þá bræðr eða reka þá í brott af landi."

Kalegras var þessa auðbeiddr. Síðan lét hann safna liði ok varð honum þat auðunnit, þvíat hverr sem frétti til hans, þá fór þegar á fund hans. Þóttiz sá hverr betr hafa er með meira lið fór til hans en minna.

Þeir Seran ok Desixtus spyrja þetta. Afla þeir sér liðs ok fá minna lið en Kalegras, ok þegar þeir finnaz, þá slær þar í bardaga, ok snýr brátt mannfallinu í lið þeira bræðra; varð engi mótstaða af þeira hendi. Ekki létti Kalegras fyrr en þeir

they would rather have hanged themselves from the highest tree. But the knight Patrócles preferred to die with honour than to live with shame and disgrace, for such seemed to him to be the case if he were to continue to live without having avenged King Hlöðvir. But it was always the case that he who rushes into danger is not more doomed to die than another who dies with every sort of disgrace and dishonour.

Then the knight Patrócles advanced bravely and robbed many a body of its head, and many a lady lost her sweetheart because of him. He struck out on both sides and he did not meet anyone so proud that he was not destined to fall or flee before him. It finally happened that he met King Elemmie and they fought one another for a long time. Then Patrócles struck out at King Elemmie and the blow first penetrated his helmet and cleft the helmet and the head and the body and the coat of mail right down to the waist. Then, when King Elemmie was slain, the ranks broke into flight right away. After that Patrócles pursued the fleeing troops and his men killed every man that they could lay hands on. Seran, King Elemmie's brother, was then amongst the fugitives. He managed to get onto a ship along with a few men and they did not get him that time. And there is this to tell about the knight Patrócles, that he excelled in valour so much that he died as a result of the fight, and because of his valour he died with a great reputation. And in the circumstances this was the worse loss they could suffer, and it was clear that they would not get another commander equal to him in every way for renown or skill unless Almighty God would give them a leader related to him, and it was to be hoped that He would grant it to them.

This news was now reported far and wide throughout the land and the fact that his father and King Hlöðvir were dead reached Kalegras. But although he heard about the death of his father, one could not discover from the look of him whether he took it well or badly, but yet one could see from the change in his actions that it seemed important to him because he left the bower. Then Blenziblý got a ship for him and men as well, so that everything was well prepared for a journey.

5. Then he travelled with a small company until he arrived in Spain. When he met his relatives and his father's friends, they welcomed him and told him the news that Seran had come back, along with his brother Desixtus. They asked him to become their leader and they declared that they were ready to follow him in the plan that he wanted to adopt, "whichever way you prefer to work," they said, "to kill the brothers, or to drive them away from the land."

Kalegras was easily persuaded over this. Afterwards he ordered his army to assemble, and it was an easy thing for him to accomplish because each person who heard of him went to meet him right away. Everyone thought it better to be with him with a larger than a smaller force.

Seran and Desixtus heard about this. They gathered their army around them and got a smaller army than Kalegras, and as soon as they met each other battle broke out immediately, and in the brothers' army it quickly developed into a slaugh-

fellu báðir bræðr ok mestr hluti liðs þeira, en þat er ekki fell, gekk til handa Kalegras, en hann varð sárr til ólífis.

Valltari hét maðr; hann var einn riddari ok hafði verit eptir með Kalegras á Englandi, þá er Hlöðvir kóngr fór heim á Spán ok Patrócles riddari með honum, sem fyrr var sagt. Síðan sendir Kalegras hann til Englands eptir Blenziblý; þá ferr Valltari. Hann hafði gott skip ok hit bezta föruneyti. Létti hann ekki fyrr en hann kom á fund Blenziblý kóngsdóttur ok sagði sín eyrindi.

En þegar hún frétti orðsending Kalegras, þá hyggr hún á litlar dvalir, ok ekki líðr löng stund, áðr hún ferr til skips með Valltara. En þegar er þau váru til þess búin ok byrr gaf, var tekit til segls. Gaf þeim vel þar til sem þau komu í Spán ok verðr mikill fagnafundr með þeim Kalegras ok Blenziblý kóngsdóttur. Síðan reynir hún sárafar hans ok hyggz henni svá at, sem þau sár þurfi ekki at binda. Fór þat ekki fjarri hugsan hennar, þvíat hann lifði ekki lengr, síðan er hún kom til hans en þrjár nætr, áðr hann andaðiz. Ok svá mikill skaði sem mönnum þótti at falli Hlöðvis kóngs eða Patrócles riddara, þá þótti þó miklu meiri skaði eptir <fall> Kalegras, þvíat hann var bæði örr ok stórgjöfull, hægr ok eptirlátr við sína menn um alla þá hluti, er þá var hvárratveggju sómi meiri en áðr. Þá var lagt lík hans í steinþró, ok ekki fannz svá hraustr riddari, er yfir var grefti hans, at vatni mætti halda.

Ok um várit áðr Blenziblý fór af Englandi, þá hafði hún orðit léttari, en svein<barn> þat var skírt ok var hann kallaðr Tristram. Hann hafði farit með móður sinni í Spán.

Blenziblý fekk svá mikils lát Kalegras, at hún lifði fár nætr áðr hún sprakk af harmi. Síðan var hún lögð í steinþró hjá Kalegras.

Tókz þetta með undarligum hætti, enda lyktiz með því.

Eptir þat tók Biring sveininn Tristram til sín ok fóstraði hann. Hann var snemma mikill vexti ok fríðr sýnum. Biring unni Tristram mikit, svá var hann ok elskr at fóstra sínum, at hann vildi jafnan hjá honum vera.

En þegar er Tristram hafði til þess mátt ok vit, þá aflaði hann sér sveina þeira, er honum þótti helzt við sitt hæfi vera at aldri eða afli. Hann fór á skóg um daga með sveinunum. Þeir fremja þar íþróttir margar, skot ok sund, skylmingar ok burtreiðir ok hverja íþrótt aðra, er fríðum dreng sómir at kunna, með list ok hæversku. En þó var Tristram framarr í hverri íþrótt en tveir aðrir, þeir er bezt léku, en hann lék vel við þá, er minna máttu. Hann setti vel lið sitt at vápnum ok klæðum, en allt þat er hann fekk, gaf hann á tvær hendr. Allir unnu honum hugástum ok þar hugðu þeir gott til, at þar mundu þeir hafa góð inngjöld sinna höfðingja, þeira er fyrr var frá sagt. Svá ferr fram þar til er Tristram var níu vetra. Fannz engi hans jafningi í öllu Spáníalandi, en Biring stýrir landinu, ok líkar þat hverjum manni vel, þvíat hann var hægr ok friðsamr við alla menn.

ter. Kalegras did not leave until both the brothers and most of their army had fallen, and those who did not fall submitted to Kalegras, but he was mortally wounded.

There was a man called Valltari. He was a knight and had remained behind with Kalegras in England when King Hlöðvir and the knight Patrócles went home to Spain, as related earlier. Then Kalegras sent him to England for Blenziblý, and Valltari made the journey. He had a good ship and the best retinue. He did not stop until he met Princess Blenziblý and had delivered his message.

As soon as she heard Kalegras's message, she thought of few things to delay her, and it was not long before she went to the ship with Valltari. As soon as they were ready and a fair wind blew, they set sail. They had a fair wind until they arrived in Spain and there was a very joyful meeting between Kalegras and Princess Blenziblý. Then she examined the state of his wounds and she felt there was no point in binding his wounds. And she was not far wrong, because after she came to him he lived no more than three nights before he died. And however great a loss it seemed to people at the death of King Hlöðvir or the knight Patrócles, it seemed a much greater loss then, following upon the death of Kalegras, because he was both generous and munificent, gentle and indulgent towards his men in all respect, which led to an increase of honour for them both. The body of Kalegras was laid in a stone coffin and among the knights standing over his grave there was none to be found who was brave enough to be able to hold back his tears.

And in the spring, before Blenziblý left England, she had given birth, and the baby boy was baptized and was called Tristram. He had travelled to Spain with his mother.

Blenziblý took the death of Kalegras so badly that she lived only a few nights before she died of grief. She was then laid in a stone coffin beside Kalegras.

The affair both began and ended in a strange fashion.

After that, Biring took the boy Tristram for himself and fostered him. He quickly grew tall and handsome. Biring loved Tristram dearly. He was so fond of his foster-father that he always wanted to be beside him.

As soon as Tristram had enough strength and good sense, he gathered around himself boys who seemed to him to be particularly suited to him from the point of view of age or strength. By day he went into the forest with the boys. They practised many skills there; shooting and swimming, fencing and tilting, and every other skill that it was fitting for a handsome warrior to know, along with great accomplishment and good manners. Yet Tristram was better at every skill than any two of the best players, but still he was good-natured in his play with those who were less able. He set up his company well as regards weapons and clothes and everything that he got he gave away with great generosity. They all loved him with all their hearts and everyone had every hope that in him they had found an excellent substitute for the leaders who have already been mentioned. It went on in this way until Tristram was nine years old. No one was found to equal him in the whole of Spain. Biring ruled the country and everyone was well satisfied because he was kind and gentle to all men.

6. Túrnes hét kóngr, hann réð fyrir Blakamannavöllum; hann var mikilhæfr kóngr ok hinn mesti hervíkingr. Hann safnar liði miklu; síðan ferr hann í Spán ok herjar á landit, brennir allt ok bælir, hvar sem hann kemr, ok eyðir bygðina. Biring safnar liði ok fær fátt manna, því at landsfólkit var sumt drepit eða brent en sumir flýðu til ýmsa landa. Eptir þat funduz þeir; slær þegar í bardaga. En þó at Biring væri gamall, þá hafði hann þó ekki týnt at berjaz vel ok sköruliga. En við þat at hann hafði afla lítinn en hinir váru skarpir í atsókn ok afburðarmenn miklir í frækleika sínum, þá var skammr bardagi, áðr Biring flýði ok allt lið hans, ok komz hann á skóg mjök sárr. En Túrnes kóngr drap hvern, er ekki vildi honum sverja trú sína. Eptir þat leggr Túrnes kóngr undir sik allt landit.

Þat var einn dag, þá er kóngr herjaði á land upp ok hans menn, at þeir komu þar er sveinarnir léku í einu rjóðri; þeir tóku þá ok höfðu með sér til skipa. En þá er ríkir höfðingjar fréttu, at synir þeira váru herteknir, undu þeir illa við sinn kost. Síðan fóru þeir á fund Túrnes kóngs ok beidduz sona sinna, en hann tók því þungliga, nema þeir gæfi honum fé til, slíkt sem hann kveðr á. Þat varð af leiki, at þeir leystu sonu sína með slíku fé, sem kóngr beiddi, en fyrir Tristram buðu þeir ekki svá mikit fé, at kóngr vildi hann lausan láta, því at hann þóttiz vita, at Tristram mundi stórættaðr ok kóngi mundi af honum uppreistar ván, ef hann setti ekki bragð í móti. Kóngr frétti hann at nafni eða hverrar ættar hann væri, en Tristram þagði við ok fekk kóngr ekki eitt orð af honum. Þá vildi kóngr, at hann þjónaði, en þat fekkz ekki af Tristram. Nú leitar kóngr við menn sína, hve með skal fara.

Þá tók til orða ráðgjafi kóngs: "Hér kann ek gott ráð til," segir hann, "þú skalt selja hann til þrælkunar vendismanni nokkrum."

Kóngr sagði þetta hit snjallasta ráð ok skal þetta upp taka.

En í þann tíma er kóngr fann víking þann, er hann fann verstan, þá lét hann Tristram falan, "ok er hann," kóngr sagði, "*hit[4] bezta þrælsefni."

Þá kaupa víkingar Tristram með svá miklu verði, at menn vissu trautt dæmi til, at slíkt fé hafi fyrir einn mann gefit verit. Eptir þat fréttu þeir hann at nafni eða hverrar ættar hann væri, en þó at þeir <hefði keypt> hann við miklu verði, fengu þeir ekki heldr orð af honum en kóngr. Nú vex víkingum at þessu kapp mikit, at þeir fá ekki þrælkat einn lítinn svein. Þeir leita margs við hann: stundum berja þeir hann með hnefum eða limum, en stundum með stöngum, en ekki at heldr fá þeir svá mikit gott af honum, at vert væri eins pennings. Þá ráku þeir af honum hárit ok gerðu honum koll, síðan báru þeir í höfuð honum tjöru, en hann skipaz ekki við, nema hann gerði verr.

Þat var einn dag, at þeir sigldu gott byrleiði fram fyrir England. Þá tók einn þeira til orða ok mælti: "Því skulu vér hafa fjánda þenna, at oss leiðir ekki af nema

6. There was a king called Túrnes who ruled over Blakamannavellir. He was an eminent king and a very great pirate. He assembled a large army and then journeyed to Spain and harried the country, burnt and set fire to everything wherever he went, and laid waste the inhabited land. Biring assembled an army and got few men because some of the people of the country had been killed or burnt to death and some had fled to various lands. After that they met each other and battle was entered upon immediately. And although Biring was old, he had nevertheless at that time not lost the ability to fight well and bravely. But because he had a small force and the others were fierce in their attack and were men greatly distinguished for their feats of valour, there was only a short battle before Biring and all his army fled, and he escaped into the forest severely wounded, but King Túrnes killed every man who would not swear loyalty to him. After that King Túrnes brought all the land under his own control.

It happened one day when the king and his men were laying waste the land that they came to where the boys were playing in a clearing. They captured them and took them with them to the ships. And when the powerful lords found out that their sons were taken prisoner, they were greatly grieved. They then went to see King Túrnes and asked for their sons. He made difficulties about it unless they would give him whatever money he demanded. The outcome of this affair was that they ransomed their sons with such money as the king asked for, but they did not offer enough for Tristram for the king to allow him to go free because he felt sure that Tristram must be very well born and that as king he might expect rebellion from him if he did not take steps against him. The king asked him his name and what family he came from, but Tristram remained silent at this and the king did not get a single word out of him. Then the king wanted him to pay homage but failed to get this out of Tristram. Now the king consulted his men as to what should be done with him.

The king's counsellor began to speak: "I have a good plan for this case," he said. "You must sell him to some miscreant as a slave."

The king said this was a very good idea, "and I shall adopt it."

And when the king found a pirate whom he considered to be the worst kind, he put Tristram up for sale, "and," said the king, "he is the best of persons to be made a slave of."

The pirates bought Tristram at such a high price that men could hardly think of an instance when a similar sum of money had been given for one man. Afterwards they asked him his name and what family he was from, but although they had paid a high price for him, they got no more words out of him than the king had. Then the pirates became greatly exasperated because they were unable to enslave even one small boy. They tried many things against him; sometimes they beat him with their fists or with rods and sometimes with poles, but even so they did not get as much as a pennyworth of good out of him. Then they cut off his hair and gave him a bald pate; then they smeared his head with tar. But he did not change at this except that he became worse.

It happened one day that they were sailing with a favourable wind along the coast of England when one of them began to speak and said: "Why must we keep

illt eitt, ok er þat mitt ráð," sagði hann, "at vér kastim honum utan borðs ok launum honum þrályndi sína."

Þá tók einn maðr til orða: "Þetta er," sagði hann, "hit versta ráð, at myrða sveininn, ok sé ek annat ráð um, þó skulu vér illa við hann skilja; ek sé," sagði hann, "hvar liggr skergarðr mikill, ok sýniz mér ráðligra, at setja hann þar eptir, en vér veitum honum ekki berliga bana."

Nú bera þeir þetta upp fyrir höfðingja sinn. Hann leggr þetta til ráðs, at þeir skyldi kasta honum í skerit, ok svá var gert. En þat var frá landi svá langt, at fáir váru svá sundfærir, at þat gengi í einu sundi, þótt skip væri hjá höft. En við þat er Tristram þóttiz til bana ráðin, þó hann væri í skerinu, þá fleygði hann sér á sund ok lagðiz til lands í einni hríð, svá at hann hvíldiz ekki á sundinu. Eptir þat vindr hann þau hin vándu klæði er hann hafði. En ek hygg, segir sá er söguna setti <saman>, at víkingar hefði svá við hann leikit, at honum væri lítit verk, at vinda hár sitt, þvíat þat var ekki til.

Síðan gekk Tristram til skógar, þar til sem hann finnr hjarðarsvein Mórodds kóngs. Tristram frétti hann at nafni, eða hvar *hann[5] væri *at kominn,[6] eða hverr landi réði; en hann sagði nafn sitt—"ertu kominn á England, kóngr várr heitir Mórodd."

Þeir talaz um stundar sakir, þar til er hjarðarsveinninn var búinn til ferðar, ok skildiz þar við Tristram.

7. Síðan fór Tristram heim til hallar, ok þegar hann kom í höllina, þá gekk hann fyrir Mórodd kóng ok kvaddi hann með mikilli list ok hæversku. Mórodd kóngr sá til hans ok brá við lit, þvíat hann þóttiz kenna á honum yfirbragð Blenziblý systur sinnar. En svá hefir Mórodd sagt síðan, at því hafi hann duliz við Tristram, at hann var svá herfiliga búinn. Mórodd kóngr frétti hann at nafni eða hvers son hann væri.

"Ek heiti Tristram," sagði hann, "son Kalegras, en Blenziblý hét móðir mín," sagði hann, "ok er mér þat helzt til sagt, herra, at hún væri systir yður."

En er Mórodd kóngr heyrði þetta, stóð hann upp í móti honum ok mintiz til hans. Síðan setti Mórodd kóngr Tristram í hásæti hjá sér. Síðan frétti Mórodd kóngr, hverju gegndi um ferð hans, "eða með hverjum hætti komtu hingat til lands?"

Þá sagði Tristram kóngi allt um ferðir sínar. En kóngr harmaði hann mjök ok margir aðrir, þeir er verit höfðu ástvinir móður hans. Þá lét Mórodd kóngr lauga hann ok fá honum dýrlig klæði. Kóngr lagði ást svá mikla við Tristram, at hann mátti ekki betr gera til hans, þó hann væri hans einkabarn.

Tristram hafði hinn sama hátt sem fyrr: hann aflar sér sveina þeira, er við hans hæfi váru. Þeir fóru á skóg um daga ok frömdu íþróttir: skot, sund, burtreiðir ok alls kyns íþróttir, er ríka höfðingja fríða. En þótt Tristram hefði lengi þolat vás ok vandræði, þá hafði hann þó ekki at heldr týnt list þeira ok hæversku, er hann hafði

this devil, seeing that nothing but ill comes from him? This is my plan," he said, "that we should throw him over board and pay him back his obstinacy."

Then a man began to speak: "That," he said, "is a very evil plan, to murder the boy, and I see another possibility, though we should still be parting with him in a cruel fashion. I see," he said, "where there is a large rocky reef, and it seems a better idea to leave him behind there, and we will not be killing him outright."

Then they brought this up before their chief. He adopted this as a plan that they should cast him onto the reef, and so it was done. But it was so far from land that there were few who ever were good enough at swimming to make it in one go, even if there was a ship beside them. But under the circumstances, since Tristram thought he was fated to die even though he was on a reef, he threw himself into the sea and swam to land in one go without a rest in swimming. After that he wrung out the miserable clothes that he had. And I think, said the man who composed the saga, that the pirates had so ill-treated him that it was a small task for him to wring out his hair because there was none there.

Afterwards Tristram went to the wood where he met King Mórodd's shepherd boy. Tristram asked him his name and what country he had come to and who ruled the land. And he gave his name: "You have come to England. Our king is called Mórodd."

They talked to one another for a time until the shepherd boy was ready to move on, and Tristram and he parted.

7. Then Tristram went to the hall, and as soon as he entered the hall he went before King Mórodd and greeted him with great refinement and courtesy. King Mórodd looked at him and changed colour because he thought he recognized in him the outward appearance of his sister Blenziblý. And Mórodd has said since that he felt unwilling to acknowledge Tristram because he was so wretchedly clothed. King Mórodd asked him his name and whose son he was.

"I am called Tristram," he said, "the son of Kalegras, and my mother was called Blenziblý," he said, "and in particular I am told, sire, that she was your sister."

And when King Mórodd heard this, he rose to meet him, and kissed him. Afterwards King Mórodd placed Tristram beside him on the high seat. Then King Mórodd asked what he had met with on his journey, "and in what manner did you come here to the country?"

Then Tristram told the king everything about his travel. King Mórodd lamented greatly, as did many others who had been close friends of his mother. Then King Mórodd ordered him to be bathed and rich clothes to be got for him. The king loved Tristram so dearly that he could not have treated him better even if he had been his own child.

Tristram led the same kind of life as before; he gathered around himself boys who suited him. By day they went into the forest and practised their skills: shooting, swimming, tilting, and all sorts of skills that grace great lords. But although Tristram had for a long time suffered wetness and fatigue at sea and hardship, he

numit af Biring fóstra sínum. Svá kemr sem fyrr, at hann fær ekki þá tvá jafnaldra sína, at við honum mætti um neinar íþróttir.

Mórodd kóngr hendi mikit gaman at burtreið, sem fyrr var sagt. Hann hafði þat jafnan til skemtanar, at riddarar hans frömdu þess kyns íþróttir; en þó var engi sá innan hallar né í öllu Englandi, er setit feng<i> í söðli fyrir Mórodd kóngi.

Tristram Kalegrasson vex nú upp með mikilli sæmd ok virðing, fyrst af kóngi sjálfum ok öllu stórmenni ok þar með af öllu landsfólkinu út í frá. Nú fær Tristram enga viðstöðu at íþróttum, <þar sem> sveinarnir váru. Þá freistar hann at leita at ríða í mót riddurum kóngs, leitar þeira fyrst, er léttastir váru. En þó kom svá því máli, at engi fekkz sá riddari í höll Mórodds kóngs, at uppi fengi setit fyrir honum. En þó hann væri fyrir þeim at allri atgervi, þá óx þeim ekki öfund í því, heldr fögnuðu allir hans giptu, þvíat hann gaf þeim gull ok gersimar.

Þat var einn góðan veðrdag, at Mórodd kóngr lagði at máli við Tristram.
"Nú vil ek reyna, frændi," sagði hann, "hvárt þú ert svá góðr riddari, sem menn halda mikit tal af, eða er þat gyllt meir í hóli, en efni sé til. Mun ek þat fyrir satt hafa," sagði kóngr, "ef þú stingr mik snart ofan, þá muntu óaflèttr verða, hvar sem þú kemr með hinum beztum mönnum."
"Herra," sagði Tristram, "þat er ójafnligt, þvíat þú ert hinn bezti riddari, svá at ekki finnz þinn jafningi í öllu Englandi, ok þótt víðar sé kostat at leita. En fyrir þá sök, herra, at ek veit góðvilja <yðvarn> til mín, þá vænti ek þess, at þér munit heldr vilja kenna mér íþróttir, en gera til *spotts[7] við mik, þó at yðr þykki gaman at stinga slíka ölmusu ofan, sem ek er; þvíat þér vitið, at ek em barn at aldri, ok hefi ek ekki freistat mín, svá at mark sé at. Þótt riddarar yðrir hafi leikit við mik, þá vissa ek, at þeir máttu gera slíkan minn kost, sem þeir vildi; en þó þeir segði yðr, herra, at ek felda þá af baki, þá gerðu þeir þat til þess, at þeir vildu, at *yðr[8] líkaði því betr til *þeira."[9]

Síðan lét Mórodd kóngr búa hest sinn ok svá Tristram, ok fyrir engan mun lét kóngr Tristram hafa verra hest né annan búnað en sjálfan sik. En þá er þeir váru albúnir, sté hvárr á sinn hest, ok þeim váru fengnar sterkar burtstangir. Þar váru sett í framan járn, svá at festa mátti í skjöldunum. Nú ríðaz þeir at, ok má þar sjá margan mjúkleik, er þeir fremja á hestunum allan daginn, en <þó> stökk hvárki þeira ofan fyrir öðrum. Þat máttu þó allir sjá, at Tristram átti alla kosti undir sér at fella kóng af baki; en þó lét Tristram þat ekki á sannaz; þótti þat sín sæmd, at þat væri allt æzt látit, er til kóngs heyrði.

Svá er sagt frá Tristram Kalegrassyni, at hann var hár á vöxt, herðibreiðr, miðmjór, þykkr undir höndina, breiðr í bringunni, digrir handleggirnir ok miklir aflvöðvarnir upp at ö[x]linni en heldr mjóvir fram at hreifunum, ok þó beint í bjór, höndin fögr ok ekki alllítil, lærin digr ok hörð viðkomu, hátt til knésins, kálfinn

had nevertheless, even so, not lost the accomplishment and courtesy that he had learned from Biring. The result was as before, that he could not find two boys of his own age who could rival him in any skill.

King Mórodd took great pleasure in tilting, as was said before. He always had this as his means of entertainment that his knights practised exercises of this kind, and yet there was no one in the hall nor in England who could manage to stay in the saddle when faced with King Mórodd.

Tristram Kalegrasson now grew up with great honour and esteem, first in the eyes of the king himself and all the men of rank and also all the people of the land round about. At that time Tristram found no match for his skills among the boys. Then he tried to get the chance to ride against the king's knights. First of all he tried those who were the lightest, but it nevertheless turned out this way in the affair, that there was no knight to be found in King Mórodd's hall who could keep his seat when faced with him. But even though he was superior to them in all accomplishments, they did not become jealous about it; but all were happy to welcome his good fortune, for he gave them gold and jewels.

One fine day King Mórodd had a conversation with Tristram.

"Now, kinsman, I would like to find out," he said, "whether you are as good a knight as men often say, or whether it is more flattery than there may be substance for. I shall be convinced," said the king, "if you unseat me quickly, that you will not be easily tumbled wherever you go among the best men."

"Sire," said Tristram, "it is an unequal match because you are the best knight so that your equal cannot be found in all England not even if an attempt were made to search more widely. And because, sire, I know your kindness towards me, I hope that you will prefer to teach me skills than to make mock of me, even though it seems sport for you to unseat such an imbecile as I am, because you know that I am a child in years and I have not tried my prowess in any significant way. Even though your knights have sported against me, I know that they were able to do just what they wanted with me; and although they told you, sire, that I made them fall from horseback, they did this because they wanted you to be better pleased with them."

Afterwards King Mórodd had his horse made ready and Tristram did likewise, and the king by no means allowed Tristram to have a worse horse or other equipment than he had himself. And when they were fully prepared, each mounted his horse and strong tilting-lances were fetched for them. There were iron tips on them so that they could stick fast in the shields. Then they rode at one another, and one could see there the great agility that they displayed on horseback all day; and yet neither of them was thrown by the other. Yet all could see that Tristram was well able to tumble the king from his horse, but nevertheless Tristram did not allow himself to prove it, for he thought it an honour for himself that whatever concerned the king should be considered the foremost.

Thus it is said of Tristram Kalegrasson that he was tall of stature, broad-shouldered, slender in the waist, stout and broad across the chest, with thick arms and big muscles up to the shoulder, but rather slim down at the wrists, and yet his arms were well proportioned. His hands were beautiful and not too small, his thighs

furðuliga digr, en fótrinn forkunnliga fagr. Þat er sagt at Tristram hefði þá selt kollinn, ok hafði hann vel um keypt, þvíat nú hafði hann hár mikit; þat var svá fagrt sem á gull sæi, en svá sítt sem bezt sómdi. Hann var *snareygr,[10] ok brýnnar váru jafnt litar sem hárit, meðallagi langleitr; andlit hans var hvítt sem lilja, en roðinn í kinnunum sem rósa. Hann var glaðr ok lítillátr við alla sína menn, en harðr við þjófa ok illræðismenn; hann var örr ok stórgjöfull, svá at hann sparði við engan mann fé. Numit hafði hann allar íþróttir þær, er hann hafði spurn af, at þeir hafði, er frægastir váru í allri heimskringlunni. Nú er þat skjótast at segja af list hans ok hæversku ok allri atgervi, at ekki fannz sá maðr í allri veröldunni, at hans jafningi væri, ok ekki mundi svá vitr maðr finnaz, at hann mætti sik framarr kjósa, en Tristram var um allt.

Í þann tima kom Biring í England sem stafkarl. Tristram varð honum feginn, þvíat hann þóttiz <hafa> fóstra sinn ór helju heimtan ok hvárr þeira annan. Tristram fekk <Biring> góð klæði ok mikit fé ok setti hann sem sjálfan sik. At honum var Tristram hin mesta ráðastoð, þvíat hann var hinn vitrasti maðr.

8. Þá er þetta var tíðinda, hafði sá kóngr ríki yfir *Írlandi,[11] er Engres hét. Móðir hans hét *Flúrent[12] en Ísodd hin fagra hét systir hans. Hún var fríðari hverjum kvennmanni; hún var svá fögr, at menn sá ekki lýti á henni, ok ef þat skyldi þora at segja, þá þótti mönnum geislar skína af augum hennar ok andliti. Hár hennar var svá mikit, at hún mátti hylja sik með, þá er hún leysti þat ór gullböndum, en hár hennar var því fegra en gull, er gull er fegra en járn. Hún var vitr ok vinsæl, ör ok stórgjöful; hún hafði þá list, at hún var meiri læknir en nokkur kona önnur, sú er menn höfðu fréttir af í þann tíma.

Sá maðr var með kóngi, er Kæi hét, hinn kurteisi. Hann var kærr kóngi, en þó lagði hann þar til optarr sín *ráð,[13] er flestum þótti verr, ok þó var hann helzti mikils ráðandi, því kóngr mat hann mikils, þótt því væri illa komit.

Engres kóngr var víkingr ok hinn mesti fullhugi; hann herjaði á England ok hafði óflýjanda her. Þar var með hernum þær Flúrent móðir hans ok Ísodd hin fagra. Þetta fréttir Mórodd kóngr; síðan sagði hann Tristram, við hvern vanda hann var kominn.

Tristram svarar: "Herra, ek skal <fara> í móti Engres kóngi, þvíat mér þætti mál at reyna mik, hvárt ek kynna at vega með sverði eða hlífa mér með skildi, ok vita hvárt ek mætta sjá mína óvini ok þína með spjóti særða."

Síðan lætr Tristram skera upp herör ok fær mikit lið. Engres kóngr ferr herskildi yfir allt landit, brennir allt ok bælir, hvar sem hann kemr, þar til sem þeir Tristram finnaz.

were big and hard to the touch, long to the knee, the calf wonderfully stout, but the foot exceedingly beautiful. It is said that Tristram had then lost his bald pate and that he had made a good exchange, because he now had a fine head of hair which was as fair as gold and just as long as was seemly. He was keen-eyed, and his eyebrows were the same colour as his hair, and his face was of medium length. His countenance was as white as a lily, but his cheeks were as red as the rose. He was cheerful and humble towards all his men but harsh towards thieves and evil doers. He was open-handed and munificent so that he was not sparing of money to any man. He had acquired all the accomplishments that he had heard about that those who were the most famous in the whole world possessed. Now in brief there is to be said on the subject of refinement and courtesy and all accomplishments, that there could not be found a man in all the world who was his equal, and no man could be found wise enough to choose himself to be superior to Tristram in any way at all.

At that time Biring came to England as a beggar. Tristram was very pleased to see him because it seemed as if his foster-father had come back from the dead, and Biring felt the same about him. Tristram gave Biring good clothes and a lot of money and placed him on the same level as himself. Tristram was most helpful in advising him because he was a very wise man.

8. When this happened, there was a king ruling over Ireland who was called Engres. His mother was called Flúrent and his sister was called Ísodd the Fair. She was more beautiful than any other woman. She was so fair that people saw no blemish on her and, if one might dare say so, it seemed to people that rays of light shone from her eyes and face. Her hair was so long that she could cover herself with it when she loosened it from her golden hairbands, and her hair was as much more beautiful than gold as gold is more beautiful than iron. She was wise and well-liked, liberal and munificent, and she had this accomplishment, that she was a better physician than any other woman that men had heard of at that time.

There was a man with the king who was called Kæi the Courteous. He was intimate with the king but more often than not he gave advice that a lot of people thought bad; yet he was very influential, for though it was unfortunate, the king esteemed him highly.

King Engres was a pirate and the most dauntless of men. He raided England and had an overwhelming host. His mother Flúrent and Ísodd the Fair were with the host. King Mórodd heard of this and he then told Tristram what difficult straits he was in.

Tristram replied: "Sire, I shall go to meet King Engres because it would seem to me an opportunity to test myself, whether I know how to fight with a sword or protect myself with a shield, and to know whether I could see my enemies and yours wounded with a spear."

Afterwards Tristram sent out men to summon the levy and he got a large force together. King Engres made raids throughout the whole land and wherever he went burnt everything and set fire to it until he and Tristram met one another.

Nú fylkja hvárirtveggju, ok hefir Engres kóngr miklu meira lið. Tristram eggjar
nú sína menn, biðr þá gefaz vel, segir þá ekki skulu skorta fé, ef þeir hafa sigr. "Ok
með því," sagði hann, "at vér fallim, þá er betra, at eiga þat orð eptir at <vér>
höfum drengiliga dugat."

Nú lýstr saman fylkingum ok tekz þar hin snarpasta orrosta. Engres kóngr
fylgir vel fram merkinu ok hann berz af hinum mesta hvatleik, þvíat hann var hinn
mesti kappi ok framgjarn í öllum mannraunum. En þat er at segja frá Tristram, at
hann ríðr í gegnum fylking Engres kóngs ok drap menn hans á tvær hendr, ok
hvárki mátti lit sjá á honum né á hesti hans, þvíat svá var sem hvárrtveggi væri í
blóði þveginn. Þeir berjaz allan þann dag, en at kveldi setja þeir grið; ok eru bundin
sár manna; hefir heldr leikiz á Tristram, ok unir hann við þat stórilla.

En þegar vígljóst var um morguninn, þá herklæðaz hvárirtveggju, ok tókz þá
bardagi slíkt hit snarpari en fyrra daginn. Skortir þar ekki stór högg ok skothríð
bæði snarpa ok langa. Þar má sjá skotit pálstöfum stórum ok hvössum atgeirum ok
sáreggjuðum flettiskeptum. Engres kóngr gekk vel ok sköruliga fram í orrustunni,
sem hann ætti margra fjör, ok hann vinnr Tristram svá mikinn skaða, at hann fellir
hvern, er spjót hans tekr til. En þar sem Tristram sitr á góðum hesti með gylltum
hjálmi, smeltum skildi, hvössu sverði, en með hörðum hug ok karlmannligu hjarta,
þá sér hann fall sinna manna, ok þat eirir honum illa. Víkr síðan hestinum þangat,
er hann sá Engres kóng fella sína menn, svá sem hann væri í skóg kominn ok hyggi
hvert tré, er fyrir honum varð.

Tristram ríðr nú fram með mikilli reiði. Hann mætir merkismanni kóngs ok
leggr til hans spjóti ok í gegnum hann; síðan fleygir Tristram honum dauðum af
*spjóts[14] oddinum; hann höggr niðr merkit. Eptir þat ríðr Tristram at Engres kóngi;
Tristram leggr spjóti til hans, ok kom í skjöld hans ok spratt ór skildinum ok bar
hjá kóngi, en kóngr missti Tristrams. Þá ríðaz þeir at í annat sinn, ok leggr Tristram
enn til kóngs ok kom í skjöldinn ok spratt af skildinum ok á bringuna ok þar á hol
ok út undir herðarblaðit, en spjót kóngs spratt ór skildi Tristrams, ok varð hann
ekki sárr. Þá gekk spjót Tristrams af skaptinu. Síðan ríðaz þeir at í þriðja sinn, ok
höggr Engres kóngr til Tristrams ok klauf hjálminn, ok varð Tristram sárr í höfðinu
mjök, ok brotnaði skarð í sverði kóngs, en þat er brotnaði, dvalðiz eptir í höfði
Tristrams, ok er þat sýnna, at þat komiz ekki þaðan, nema guð allsvaldandi sendi
honum þann lækni, er beztr er í allri veröldunni. Tristram hjó í móti til kóngs, ok
kom á öxlina hægri ok tók af höndina ok síðuna alla, svá at í mjöðminni nam
staðar, ok fell kóngr dauðr af hesti sínum. Þa æptu menn Tristrams sigróp, en flótti
brast í liði Engres kóngs. Tristram rak flóttann ok hans menn svá harðfengliga, at
þeir drápu hvert mannsbarn, er <þeir> fengu nát; eptir þat snúa þeir heimleiðis.

Now both sides drew up their forces and King Engres had by far the larger army. Then Tristram urged on his men, commanded them to do their best, and told them that they would not be short of money if they won the victory, "and in case we fall," he said, "then it is better to have the reputation afterwards that we conducted ourselves bravely."

Then the armies came to blows and a very fierce battle ensued. King Engres led well in the van with the battle-standard and he displayed very great boldness because he was the greatest champion and was ready to come to the fore in perils. And there is this to say about Tristram, that he rode through the ranks of King Engres's army and killed his men on all sides, and no one could see the colour of him or his horse because they were both so drenched with blood. They fought each other all day, but in the evening they made a truce and the men's wounds were bound up. Tristram had got rather the worst of it and was very dissatisfied as a result.

In the morning, as soon as there was enough daylight for fighting, both sides armed themselves, and then began a battle that was fiercer than the previous day. There was no shortage there of heavy blows and showers of missiles both fierce and long-lasting. There one could see flying large iron-spiked poles, sharp halberds, and keen-pointed throwing spears. King Engres went forward bravely and manfully in the battle as if he had the strength of many men, and caused Tristram very great loss in that he slew every man his spear could reach. And then Tristram, as he sat on his good horse with his golden helmet, enamelled shield, sharp sword, and with strong courage and a manly heart, saw the fall of his men, and it displeased him. So he turned his horse to where he saw King Engres cutting down his men just as if he had gone into a wood and was cutting down every tree that was in his way.

Then Tristram rode forward in great anger. He came upon the king's standard-bearer and thrust at him and through him with his spear. Then Tristram threw him dead from the spear-point and cut down the standard. After that Tristram rode at King Engres. Tristram lunged at him with his spear and penetrated his shield, and it sprang out of the shield and swept past the king, whilst the king missed Tristram. Then they rode at each other a second time and Tristram lunged at the king and struck his shield, and it glanced off the shield onto the chest and it made its way through and below the shoulder-blade. But the king's spear sprang from Tristram's shield and he was not wounded. Then Tristram's spear broke its shaft. Then they rode at each other for a third time and King Engres struck out at Tristram and cleft his helmet, and Tristram was severely wounded in the head, and a piece broke off in the king's sword and what broke off afterwards remained in Tristram's head, and it seemed likely that it would not come out unless Almighty God sent him the best physician in all the world. Tristram struck out against the king and reached his left shoulder and sheared off the arm and all his side right down to the hip and the king fell dead from his horse. Then Tristram's men yelled a shout of victory and King Engres's army broke up in flight. Tristram and his men pursued the fleeing troops so valiantly that they killed every mother's son that they could get hold of. After that they turned homewards.

Mórodd kóngr varð mjök feginn Tristram. Sár hans hafðiz illa, ok var þat at vánum er járnit stóð í höfði honum, þvíat ekki fannz sá læknir, er því kæmi í brott. Tristram varð máttlítill ok banvænn, ok þykkir hann nú öllum ráðinn til bana. Síðan biðr Tristram Mórodd kóng fá sér skip ok menn. Kóngr spyrr, hvat hann vildi.

"Ek vil," sagði hann, "fara brott héðan, ok fá mér skip gott ok á sex tigu manna. Þeim skal svá vera háttat, at sumir skulu vera bræðr eða fóstbræðr eða frændr, en allir skulu þeir vera í nokkrum venzlum saman bundnir."

Kóngr lætr þetta þegar uppi, ok var búit skip ok menn eptir því, sem Tristram sagði fyrir. Ok er hann var búinn, fór hann til skips ok menn hans. Draga þeir segl við húna ok sigla þegar í haf. Þeim gaf vel, þar til er þeir komu mjök svá at Írlandi.

Þá kallar Tristram til sín einn félaga sinna ok mælti til hans. "Vittu," sagði hann, "at hér er einn maðr í skipinu, at heldr er illa til þín."

Hann spyrr, hverr sá er.

Tristram nefnir til einhvern mann þann, er honum sýndiz. "Ek er þess víss orðinn," sagði Tristram, "at hann vill bana þinn, en ek segi þér af því til, at mér er hann falari en þú, at hann fái illt af, ok er þat mitt ráð, at þú þolir honum ekki ósæmd, ok drepir hann."

Nú þykkiz hann ekki mega við dyljaz, at þetta muni svá vera, sem Tristram sagði. Hann leitar sér ráðs, ok þegar honum þykkir helzt færi á, þá höggr hann til þess, er Tristram hafði honum frá sagt, ok klýfr hann í herðar niðr. Þetta sér hans fóstbróðir ok vill hefna síns félaga. Síðan stendr upp hverr at öðrum, ok svá kemr því máli, at þar slær í bardaga, ok fellr þar hvert mannsbarn nema Tristram. En þeir, er honum þóttu lífvænir, þá skreið hann til ok drap þá alla, svá at hann lifði einn eptir. En við þat at honum varð auðit lífstunda lengri ok hitt *annat,[15] at veðr stóð at landi, þá varð skipit landfast undir honum, ok ekki langt frá því, at Flúrent dróttning átti atsetu.

9. Sá maðr var með dróttningu, er Kollr hét. Hann iðnaði þat, er hann var ættborinn til, ok ekki vissi hann þann sinn frænda, er aðra iðn hefði haft. Hann gætti svína ok var þræll fastr á fótum; en svínahúsinu var svá komit, at þat stóð við sæ. Flúrent dróttning hafði svá fyrir mælt, at Kollr skyldi henni fyrst til segja, hvat sem hann sæi í tíðindum.

Svá bar til þann morgin, at Tristram hafði komit við Írland um náttina, at Kollr þræll gekk til sjóvar; hann sá hvar skip var komit við land. Þetta þótti honum tíðindi, þvíat þar var engi höfn, en skipit var rekit flatt upp. Hann sá ekki tjöld á landi ok enga menn á skipinu. Þat verðr honum fyrir, at hann gengr þangat, er skipit var upp rekit. Hann kallar út á skipit ok fréttir, hvárt nokkut sé manna á skipinu; hann fekk engi svör í móti. Þá gengr hann út á skipit; þar sér hann liggja

King Mórodd was very pleased to see Tristram. His wound continued to be painful, and that was to be expected, since the piece of iron stayed fixed in his head because no physician had been found who could remove it. Tristram was faint and mortally sick and it seemed to everyone that he was now doomed to die. Then Tristram asked King Mórodd to get him a ship and men. The king asked him what he wanted to do.

"I want," he said, "to go away from here. Get me a good ship with a crew of sixty. They must be chosen so that some will be brothers or foster-brothers or relatives, but they must all be bound together by some sort of relationship."

The king granted this immediately and a ship and men were prepared in accordance with what Tristram had said. And when he was ready, he and his men went to the ship. They hoisted the sail to the topmast and immediately sailed out to sea. They had a fair wind until they had very nearly reached Ireland.

Then Tristram called one of his companions to him and said: "Do you know," he said, "that there is a man here in the ship who is rather ill-disposed towards you?"

He asked who it was.

Tristram named a certain man whom he thought appropriate. "I have become certain about this," said Tristram, "that he desires your death, and I am telling you this because I should prefer him to get the worst out of it rather than you. And this is my advice, that you suffer no dishonour from him and that you kill him."

He thought that there could be no doubt about this, that it must be as Tristram had said. He devised a plan, and as soon as he saw a good opportunity, he struck at the man whom Tristram had told him about and cleft him down to his shoulders. His foster-brother saw this and wanted to avenge his companion. Then each man stood up against the other and the result was that it came to a fight there and every mother's son fell there, except for Tristram. And he crept up to those who seemed to him to have an expectation of life and killed them all, so that he lived on alone. And because a longer period of life was granted to him, and also because the wind was blowing inshore, the ship then ran aground beneath him, and it was not far from where Queen Flúrent had her royal residence.

9. There was a man with the queen who was called Kollr. He worked at what he was born to and he did not know of any kinsman of his who had had any other work. He looked after the pigs and was a slave, with his feet tied firmly to the soil. The pigsty was so situated that it stood by the sea. Queen Flúrent had given instructions that Kollr should tell her first whatever he saw that was worth mentioning.

So it happened that Kollr the slave went to the sea the very morning that Tristram had run aground on Ireland in the night. He saw where the ship had run aground. This seemed quite an event to him because there was no harbour there, but the ship was driven onto the shore sideways on. He did not see tents on land, nor any men on the ship. He took the step of going to where the ship was beached. He called out to the ship and asked whether there was any man on the ship, but he

mannsbúka um allt skipit. En þegar hann sér þetta, þá hefir hann á rás, ok þótti sá sinn fótr meira góðs verðr, er þaðan komz fyrri á brott. Hann létti ekki fyrr sinni ferð, en hann kom til Flúrent dróttningar. Hann sagði henni, hvat hann hafði sét. Hún biðr hann fá sér eyk ok bera klæði í vagninn. Hann gerir sem hún mælti. Síðan sez hún í vagninn ok Ísodd fagra, dóttir hennar. Kollr leiddi eykinn þar til, sem skipit lá. Þá ganga þær ór vagninum ok á upp skipit. Dróttning frétti eptir, hvárt <nokkut> lifði á skipinu, þat er henni mætti andsvör veita.

Tristram svarar: "Ekki ræðr um þat."

Hún spyrr hann at nafni, en hann sagði til slíkt, er honum sýndiz. Hún spyrr, ef hann er græðandi. Hann kvez þat víst ætla. Hún biðr Ísodd fögru græða hann. Eptir þat bera þau hann í vagninn, ok er hann ekinn til þeirar skemmu, er Ísodd fagra átti.

Eptir þat laugar hún hann ok reynir sárafar hans. Hún finnr járn í höfði honum; þat tók hún í brott ok gekk til kistu sinnar. Hún tók sverð þat, er Engres kóngr hafði haft, þá er hann fell fyrir Tristram. Síðan berr hún járnit við skarðit, er í var sverðinu.

Nú skilr hún af samvizku sinni, at þat *átti[16] vöxt saman, járn þat, er hún tók ór höfði Tristrams, ok skarðit í sverðinu. Hún varð þá æfar reið og brá sverðinu ok ætlaði þá at hefna bróður síns, þótt hún [væri] heldr kona en karlmaðr. Ok í því er hún reiddi upp sverðit, þá tók Flúrent dróttning allt saman [hendr] Ísodd ok meðalkafla á sverðinu ok stöðvaði svá höggit fyrir henni. Flúrent dróttning bað hana græða Tristram, en veita honum ekki skaða, ok við bæn hennar, þá gaf hún ró reiði. Hún fægir þá sárit ok skar ór þat, er dautt var. Síðan bar hún á smyrsl ok heilivág; þá þótti honum þegar taka ór allan sviða sárinu. Hún bjó honum hæga rekkju; eptir þat sofnar hann. Nú færiz brátt gróðr á sárit.

Hún frétti Tristram, hverju gegndi um ferðir hans, en hann sagði henni allan atburð [um] ferð sína, frá því er hann fór heiman ok þar til er hann kom við Írland.

Hún segir: "Þú hefir mikinn skaða gert Mórodd kóngi, frænda þínum, er þú léz menn hans drepaz niðr, en suma draptu, ok vartu þó hálfdauðr."

"Nei, frú," sagði hann, "þeir váru allir til valdir, er sízt var skaði at, þó at engi kæmi aptr."

Þau skilja <nú> tal sitt at sinni. Hún græddi hann, svá at hann varð heill maðr. Henni fannz mikit um vænleik ok atgervi Tristrams, ok þótt hann hefði <drepit> bróður hennar ok unnit henni mikinn skaða annan, þá vildi hún þó heldr eiga Tristram en nokkurn annan, þann er hún hafði fréttir af.

10. Þat er sagt, at dreki einn mikill lá í fjalli því á Írlandi, er Sukstía heitir; hann var hinn mesti spellvirki, bæði var hann skæðr við menn ok fénað. Engres kóngr hafði þess heit strengt, at hann skyldi þeim manni gipta Ísodd hina fögru, systur

got no answer back. Then he went out to the ship. There he saw corpses of slain men lying all over the ship. And as soon as he saw this, he took to his heels, and his feet could not get away fast enough. He did not stop until he reached Queen Flúrent. He told her what he had seen. She asked him to fetch her a carriage-horse and to put clothes in the carriage. He did as she said. Then she and her daughter, Ísodd the Fair, got in the carriage. Kollr led the horse to where the ship lay. Then they got out of the carriage and boarded the ship. The queen asked if there was anyone alive on the ship who could give her an answer.

Tristram answered: "That's rather doubtful."

She asked him his name and he told her just what he thought fit. She asked him if he was able to be healed. He said that he felt sure he was. She asked Ísodd the Fair to heal him. After that they carried him to the carriage and he was driven to the bower that Ísodd the Fair had.

After that she bathed him and examined the state of his wound. She found the piece of iron in his head. She took it away and went to her chest. She took the sword that King Engres had had when he fell before Tristram. Then she put the piece of iron against the notch that was in the sword.

Now she perceived in her own mind that they fitted exactly, the piece of iron that she took out of Tristram's head and the notch in the sword. She then became exceedingly angry and raised the sword and intended to avenge her brother, even though she was a woman rather than a man. And at the moment that she brandished the sword, Queen Flúrent seized Ísodd's hands and the haft of the sword all at once and so stopped her making the blow. Queen Flúrent begged her to heal Tristram and not to do him harm, and in response to her requests she let her anger subside. She cleansed the wound and cut out what was dead. After that she put on ointment and healing balm. It seemed to him to take away immediately all the burning sensation from the wound. She prepared a soft bed for him and after that he slept. Now the wound soon began to heal over.

She asked Tristram what he had met with on his travels and he told her all the whole sequence of events relating to his journey, from the time when he left home until he reached Ireland.

She said: "You have done great harm to your kinsman, King Mórodd, since you allowed his men to slaughter one another, and you killed some yourself, and yet you were half dead."

"No, my lady," he said. "They were all chosen for it because it would cause the least damage, even if no one came back."

So they ended the conversation for a time. She healed him so that he became a healthy man. She admired Tristram's beauty and accomplishments very much, and although he had killed her brother and done her another great harm, she wanted to marry Tristram more than any other man she had heard of.

10. It is said that a great dragon lay on the mountain in Ireland that is called Sukstía. It was the greatest of monsters and was harmful both to men and beasts. King Engres had made this vow, that he would give his sister, Ísodd the Fair, in

sína, er þann spellvirkja fengi af ráðit. Flúrent dróttning bauð vörnuð á því, at engi maðr skyldi svá djarfr vera, at Tristram segði til ormsins, þvíat henni þótti ekki örvænt, við þat at Tristram var framgjarn í mannraunum, at hann mundi á hættu leggja, ef hann fengi af ráðit orminn. Tristram varð þess varr, at hvert kveld var þar fé byrgt í grindum.

Sá maðr var með hirðinni, er Dísus hét, hann var hirðmaðr Flúrent dróttningar. Þat var einn dag, at þeir Tristram ok Dísus váru úti staddir. Þá frétti Tristram, því þat sætti, at þar <er> byrgt fé í grindum, þegar út hallar. "Ek veit ok," sagði hann, "at menn varaz at verða úti staddir, þegar aptnaz."

Dísus svarar: "Ekki er oss leyft, at segja þér, hvat til þess ber."
"Hverr hefir bann fyrir þat lagt?" segir Tristram.
Dísus svarar: "Flúrent dróttning."
Tristram bað hann segja sér.
Dísus gerði svá, at hann sagði Tristram til drekans.
En þegar hinu sömu nátt stóð Tristram upp ok fekk sér hest. Hann setti hjálm á höfuð sér ok gyrti sik sverði, skjöld hengdi hann á hlið sér, ok spjót í hendi. Síðan ríðr hann þar til er Dísus sagði honum, at drekinn lægi í einum helli. Tristram bíðr niðri fyrir hellinum, þar til at drekinn ferr at drekka. Þá steig hann af hestinum; hann lét hestinn vera í milli sín ok hellisins. En í þat mund er ormrinn ætlar at fljúga út af hellinum, þá leggr Tristram spjótinu undir bægslit, svá at í hjartanu nam staðar. Ok í því er hann fekk lagit, þá fell hann ofan í gljúfrit, er fyrir hellinum var, en hestr Tristrams varð undir honum. Ok ef hann hefði setit á baki hestinum, hefði hann aldri <sól> sét síðan, ok þat er líkara, at hann hafi ekki til enskis undan dregit. Þá sæfðiz drekinn svá at spjótit stóð í sárinu; svá hafði ormrinn fast höggvit klónum <í> hestinn, [at] inn hafði gengit milli rifjanna. Þá skerr Tristram sega af tungu ormsins ok kom í púss sinn. Eptir þat ferr hann heim til hallar ok leggz til svefns ok lét sem ekki væri í orðit. Hann svaf af náttina, en um morguninn, er hann vaknaði, þá hafði slegit eitri út um pússinn ok í lær honum.

Kæi hinn kurteisi hafði orðit varr við, at Tristram hafði drekann af ráðit; hann fór til ormsins ok skar af tungunni einn sega. Þá fór hann heim ok sagði, at hann hefði drepit orminn. Flúrent dróttning kvað þat lýgi. Hún sá at Tristram var fölr ok drakk lítit. Þá spurði hún, hvat honum væri til meins; en þá var svá á gang komit, at hann mátti fyrir engan mun dylja lengr. Þá sagði Tristram henni hvat til bar. Hún fór þegar at finna Ísodd ok bað hana græða Tristram. Hún gerði svá ok varð allt at skera, þat er eitrit hafði við komit. Hún létti ekki fyrr við en Tristram var gróinn í annat sinn. Flúrent bað taka <Kæa> hinn kurteisa ok hengja við hit hæsta tré.

Tristram svarar: "Nei, frú," sagði hann, "þat hæfir ekki, þvíat hann hefir lengi þjónat yðr; gerit hitt heldr, at þér látit hann fara brott af Írlandi, en síðan komi hann

marriage to the man who could manage to put this monster to death. Queen Flúrent issued a warning that no man should be so bold as to tell Tristram about the reptile because it seemed to her not unlikely, seeing that Tristram was eager in trials of danger, that he would expose himself to the danger to see if he could manage to put the reptile to death. Tristram noticed that the cattle were shut in the fold there each evening.

There was a man in the royal bodygard who was called Dísus. He was a member of Queen Flúrent's bodyguard. It happened one day that Tristram and Dísus were standing outside when Tristram asked how it came about that the cattle were shut in the fold there as soon as it was growing dark. "I also know," he said, "that men are wary about being out of doors as soon as it becomes evening."

Dísus replied: "We are not allowed to tell you what is the cause of this."

"Who has prohibited it?" said Tristram.

Dísus replied: "Queen Flúrent."

Tristram begged him to tell him.

Dísus did so, and told Tristram about the dragon.

And right away, that same night, Tristram got up, and fetched a horse for himself. He put a helmet on his head and girded on his sword, he hung a shield from his side and took a spear in his hand. Afterwards he rode to the place where Dísus told him that the dragon lay in a cave. Tristram waited below the cave until the dragon went in to drink and then he dismounted from his horse. He put the horse between himself and the cave. And at the moment when the reptile was about to fly out from the rock, Tristram thrust his spear under its shoulder so that it transfixed its heart. And the instant that it received the stab, it fell down into the chasm that was in front of the cave and on top of Tristram's horse. And if he had been sitting on the horse's back, he would never have seen the sun again, and it is more than likely that he would never have escaped alive. Then the dragon expired, with the spear remaining in the wound. The reptile had struck against the horse so hard with its claws that they penetrated between the ribs. Then Tristram cut a piece from the reptile's tongue and put it in his pouch. After that he went home to the hall and lay down to sleep and made as if nothing had happened. He slept through the night and in the morning, when he woke up, the poison had seeped out all around the pouch and onto his thigh.

Kæi the Courteous had become aware that Tristram had done away with the dragon. He went to the reptile and cut a slice from his tongue. Then he went home and said that he had killed the reptile. Queen Flúrent said it was a lie. She saw that Tristram was pale and drank little. She then asked him what was the matter with him. And it had then come to the point that he could not conceal it from anyone any longer. Then Tristram told her what had happened. She went immediately to find Ísodd and asked her to heal Tristram. She did so, and what the poison had touched all had to be cut away. She did not cease in her efforts until Tristram was healed a second time. Flúrent ordered Kæi the Courteous to be seized and hanged from the highest tree.

Tristram answered: "No, my lady," he said, "that is not fitting, because he has been your servant for a long time. Do this instead; rather send him away from

aldri aptr, meðan yðvart ríki er yfir landinu."

Flúrent hefir þetta ráð. Fór þá Kæi í brott ok kom ekki aptr síðan, sem dróttning mælti fyrir. Flúrent dróttning bauð <Tristram> Ísodd fyrir þat hit mikla þrekvirki, er hann hafði drepit orminn.

Tristram svarar. "Ekki vil ek þat," sagði hann, "þvíat ek veit þann manninn, at henni sómir at eiga; en þetta er henni of lágt."

Hún frétti, hverr sá væri.

Tristram svarar: "Mórodd kóngr, frændi minn," sagði hann.

Dróttning svarar: "Dóttir <mín> þarf aldri betra en þik," sagði hún.

En dróttning fekk ekki af honum meira um þetta mál.

Þá bað Tristram Flúrent dróttning fá sér skip ok menn: "Ok vil ek fara heim í England at finna Mórodd kóng, frænda minn."

Hún lætr uppi allt þat sem Tristram beiddi. Hún fær honum sex tigu manna; þeir váru allir vel búnir at vápnum ok klæðum, skipit var ok gott ok allr reiðinn var mjök vandaðr. Flúrent dróttning gaf Tristram mikit fé, gull ok silfr ok marga ágæta gripi, sem verðugt var fyrir þat þrekvirki, er hann drap orminn.

En er Tristram var búinn, létu þeir í haf, ok gaf þeim vel þar til er þeir koma við England. En er Mórodd vissi komu Tristrams frænda síns, þá lét hann beita vögnum í móti þeim. Kóngr settiz ok sjálfr í vagninn ok lét aka sér til sjóvar; en <er> þeir finnaz frændr, varð Mórodd svá feginn, at hann fekk ekki vatni haldit ok þóttiz Tristram hafa ór helju heimtan í annat sinn. Síðan lét Mórodd kóngr búa prýðiliga veizlu ok fagnaði svá Tristram frænda sínum.

Þá frétti Mórodd kóngr Tristram, hvar hann hefði verit. Tristram segir honum allt um ferðir sínar ok svá hvar hann hafði verit ok svá hverr hann haf<ði> grætt. "Ok ek hefi, herra," segir hann, "drepit orm þann, at Flúrent dróttning bauð mér dóttur sína Ísodd hina fögru, en ek skal fara, herra, ok biðja hennar yðr til handa."

Mórodd kóngi fellz þetta vel í skap.

Eptir þetta lét Mórodd kóngr búa ferð Tristrams; hann hafði þrjú skip ok öll vel skipuð ok allgott föruneyti. Kóngr sjálfr leiðir Tristram til skips ok mart annat ríkismanna; skiljaz þeir nú með hinum mestum kærleikum. Síðan ferr Tristram, þegar byr gaf; þeim fórz hit bezta, þar til er hann kemr við Írland. Ok er Flúrent dróttning varð þessa vör, þá sendir hún þegar til móts við hann ok býðr honum heim til veizlu með allt lið sitt. Þetta þekkiz Tristram, ferr heim til hallar með helming liðs, en helming liðs lét hann *gæta[17] skipa. En er hann kom heim til hallar, ok tók Flúrent dróttning báðum höndum við honum ok setr hann í hásæti. En þá er hann hafði þar verit þrjár nætr, þá bar hann upp eyrendi sitt við þær mæðgur. Þetta varð Tristram auðflutt, þvíat þær viku til hans ráða, en gat Ísodd þess, at ekki væri örvænt at gætiz af henni, þótt hann bæði hennar sér til handa; en þat fekkz af honum ekki heldr en fyrr. Kom þá svá þessi máli, at Mórodd kóngi var heitit konunni, ok skyldi Tristram hana flytja heim með sér til Englands.

Ireland, and he may never come back again while you are ruling over the country."

Flúrent took his advice. Then Kæi went away and did not come back again, as the queen ordered. Queen Flúrent offered Ísodd to Tristram in return for his great and daring deed in killing the reptile.

Tristram replied: "I do not want that," he said, "because I know the very man that it is fitting for her to have. But this is too humble for her."

She asked who it was.

Tristram replied: "King Mórodd, my kinsman," he said.

The queen replied: "My daughter needs nothing better than you," she said.

But the queen got nothing more out of him on this subject.

Then Tristram asked Queen Flúrent to get him a ship and men, "and I want to go home to England to see my kinsman, King Mórodd."

She provided everything that Tristram asked. She got him sixty men and they were all well-equipped as regards weapons and clothes. The ship was also good and all the rigging was of the very best. Queen Flúrent gave Tristram great riches, gold and silver and many excellent treasures, as was fitting for the daring deed of killing the reptile.

And when Tristram was ready, they put to sea and had a fair wind until they reached England. And when King Mórodd knew of the arrival of his kinsman Tristram, he ordered carriages to be driven to meet them. The king also got into one of the carriages himself and had himself driven to the sea. And when these kinsmen met each other, Mórodd was so pleased that he could not hold back his tears, and he thought for a second time that he had got Tristram back from the dead. Afterwards King Mórodd had a magnificent banquet prepared, and so welcomed his kinsman Tristram.

Then King Mórodd asked Tristram where he had been. Tristram told him all about his travels and where he had been and who had healed him. "And I have, sire," he said, "killed the reptile, so that Queen Flúrent offered me her daughter, Ísodd the Fair, but I shall go, sire, and ask for her hand for you."

King Mórodd was pleased with this.

After that, King Mórodd had things made ready for Tristram's journey. He had three ships, all in good order, and a very good retinue. The king himself and many other lords escorted Tristram to the ship and they parted from each other with the greatest affection. Then, as soon as he had a wind, Tristram set off. They made very good progress until they reached Ireland. And when Queen Flúrent became aware of this, she sent to meet him right away and invited him home to a banquet with all his retinue. Tristram complied with this. He went to the hall with half his retinue, but half his retinue he made guard the ships. And when he entered the hall, Queen Flúrent received him with open arms and placed him in the high seat. And when he had been there for three nights, he delivered his message to mother and daughter. This was an easy task for Tristram, because they were guided by his advice, but Ísodd remarked that it would not be an unlikely event that she would accept if he were to ask her hand for himself. But this was not forthcoming from him any more than before. The upshot was that the lady was promised to King Mórodd and Tristram was to take her home with him to England.

Bringven hét fóstra Ísoddar; hún var dóttir Cúsens jarls; hún fór með henni til Englands. Flúrent seldi Bringven drykkjarhorn ok bað hana fá Mórodd kóngi ok Ísodd fögru, þá er þau færi til rekkju sinnar.

En í þann tíma er byrr gaf, sigla þau í haf. En þá er þau sigldu einn góðan veðrdag, þá bað Ísodd Bringven gefa sér drekka. Hún tók horn þat, er Flúrent hafði henni selt, áðr hún fór af *Írlandi.[18] Hún drakk af horninu, síðan fekk hún Tristram, hann kneyfði af horninu. En þegar þau höfðu drukkit, tók at seinkaz ferðin, þvíat þá feldi hvárt þeira þegar svá mikla ást til annars, at varla gáðu þau ferða sinna fyrir. Nú varð ferð þeira sein, þvíat þau lágu lengi í sömu höfn. Svá er sagt, at þau hafi þrjá mánaði verit í ferðinni, áðr þau kæmi við England. En er þau komu við land, bað Tristram menn sína leyna Mórodd kóng ferðum þeira. Þeir sögðuz svá gera mundu.

En er Mórodd kóngr vissi komu Tristrams, bað hann söðla marga hesta; svá var gert. Mórodd kóngr fagnar vel Tristram ok Ísodd hinni fögru. Öllum mönnum fannz mikit um fegrð hennar, þvíat hún var hin fríðasta kona, er fædd hefir verit. Mórodd kóngr bauð Tristram at eiga Ísodd ok sagði þat giptusamligra fyrir aldrs sakir, "en ek ann þér allvel konunnar ok ríkisins."

Tristram svarar: "Nei, herra," sagði hann, "ek vil ekki kóngr vera, meðan *yðr[19] er við *kostr."[20]

En ek sver þat, segir sá, er söguna samsetti, at heldr þæga ek Ísodd en allt veraldar gullit.

11. Eigi miklu síðar lét kóngr afla at prýðiligri veizlu: hann sagði svá fyrir, at þar skyldi engi óboðit koma. En þá er at þeiri stundu kemr, at þau skulu ganga í eina sæng, Mórodd kóngr ok Ísodd hin fagra, þá hyggr hún á vél við kóng, þvíat hún vissi sik með litlum drengskap beðit hafa kóngs. Tekr hún þat ráð, at Bringven fóstra hennar skal rekkja hjá kóngi þrjár nætr, en þau Tristram byggðu eina sæng: nú þótt kóngr væri vitr, fekk hann ekki sét þessa vél. En er lokit var veizlunni, gaf kóngr hverjum manni stórmannligar gjafir; Tristram gaf ok stórmikit fé; síðan fara menn hverr til síns heima ok þökkuðu vel kóngi sköruliga veizlu ok sæmiligar gjafir.

En þegar eptir veizluna, þá mælti Ísodd við þræla tvá: "Þit *skuluð[21] færa Bringven til skógar, síðan skulu þit brenna hana á báli."

Þeir gerðu svá, fóru til skógar með Bringven, síðan kynda þeir bálit.

En áðr þeir kastaði henni á bálit, þá fréttu þeir hana hvat hún hefði til saka, at Ísodd stafaði henni svá harðan <dauða>.

Bringven was the name of Ísodd's foster-mother. She was the daughter of Earl Cúsen. She went with her to England. Flúrent gave Bringven a drinking-horn and told her to give it to King Mórodd and Ísodd the Fair when they went to bed together.

And when they had a fair wind, they sailed out to sea. And one fine day, when they were sailing along, Ísodd asked Bringven to give her something to drink. She took the horn that Flúrent had given her before she left Ireland. She drank from the horn. Afterwards she passed it to Tristram and he drank it off in one draught. And as soon as they had drunk their journey began to be delayed because immediately each of them fell so much in love with the other that they scarcely paid any attention to their travels. Now their journey became slow because they lay for a long time in some harbour. So it is said that they had been on the journey for three months before they reached England. And when they reached land Tristram ordered his men to keep their journeyings secret from King Mórodd. They said they would do so.

And when King Mórodd knew of Tristram's arrival, he ordered many horses to be saddled. It was done. Mórodd welcomed Tristram and Ísodd the Fair warmly. Everyone was very pleased with her beauty because she was the most beautiful lady that had ever been born. King Mórodd offered to let Tristram have Ísodd and said that it would be a more auspicious match on account of her age, "and I freely grant you the lady and the kingdom."

Tristram replied: "No, sire," he said, "I do not want to be king while you are able to be."

But I swear, said the man who composed the saga, that I would rather have received Ísodd than all the gold in the world.

11. Not long afterwards, the king ordered the preparation of a magnificent banquet. He declared that no one should come there without being invited. And when it came to the time when King Mórodd and Ísodd the Fair should get into one bed, she thought of deceiving the king because she knew that it was with little fidelity that she had waited for the king. She arranged for her foster-mother Bringven to go to bed beside the king for three nights whilst she and Tristram slept together. Now, although the king was wise he did not manage to see through this deception. And when the banquet was over, the king gave magnificent gifts to everyone. Tristram also gave an immense amount of money. Then each man went to his own home and they thanked the king warmly for the magnificent banquet and honourable gifts.

And immediately after the banquet, Ísodd said to two slaves: "You two are to take Bringven to the wood. Then you must burn her on a bonfire."

They did so. They went into the wood with Bringven and then they lit the fire.

But before they threw her onto the fire they asked her what she had done to make Ísodd ordain such a cruel death for her.

Hún svarar: "Ekki léti hún þetta gera, nema ek hefða ærnar sakir til; en þó sé ek þat helzt til, þá er vit komum hingat til lands, at ek hafða hreinan serk, en hennar var vergaðr."

Þrælarnir svara: "Þetta eru litlar sakir til svá þungrar hegndar; en ekki at síðr hlýtr þetta at gera, en þó er þat hit versta verk."

En þá er þeir ætluðu at kasta henni í eldinn, þá gekk Ísodd dróttning af skóginum ok bað þá ekki vinna hit mesta óhapp. Þeir urðu því fegnir.

Ísodd dróttning gerði þetta til þess, at hún vildi vita hvárt Bringven var henni trú, svá sem hún hugði, en ekki ætlaði hún at láta granda henni heldr en sjálfri sér.

Þau lágu í einni skemmu, Mórodd kóngr ok Ísodd dróttning ok Tristram. Kóngr ann Ísodd dróttningu mikit, ok ekki máttu menn annat á finna, en hún ynni honum mikit.

Þat var einhverju sinni, at Héri hinn hyggni kom at máli við Mórodd kóng ok segir honum at Tristram ferr til rekkju Ísoddar dróttningar um náttum, "ok þér megið vita, herra," segir hann, "at Ísodd stundar hann í hvern stað framarr en yðr."

"Nei," sagði kóngr, "ekki mun þá raun gefa, ok gera þau þat allt ástar sakir við mik, en ekki mun þeim verri hlutr til ganga."

Héri svarar: "Herra," sagði hann, "þér skuluð gera til raun."

"Hverja?" sagði hann.

Héri svarar: "Ek skal sá hveiti um allt skemmu gólfit, ok mun þá sjá spor hans, ef hann ferr til rekkjunnar."

Kóngr bað hann svá gera.

Mórodd kóngr var trúmaðr mikill; hann fór til kirkju hverja nátt ok baz fyrir til guðs.

Nú gerði Héri þessa tilraun, at hann sáði hveitinu á gólfit milli rúmanna. En um morguninn bað Héri kóng ganga ok sjá, hvárt hann hefði villt upp borit. Kóngr gekk til ok sá spor Tristrams í hveitinu.

Þá mælti kóngr: "Ekki ætla ek honum illt til ganga, þótt hann fari til rekkju hennar. Heldr mun hann vilja skemta henni," sagði kóngr, "þá ek em á brottu."

En þó lét kóngr Tristram þaðan af sofa í annarri skemmu síðan. Svá var farit skemmum at glergluggarnir horfðuz <á>; þá lét Tristram koma upp eitt snæri í milli skemmu sinnar ok þeirar, er þau kóngr lágu í. Síðan las Tristram sik upp eptir strengnum um náttum, ok svá fór hann til rekkju Ísoddar dróttningar. Nú ferr svá fram um hríð, þar til at Héri segir kóngi, hver efni í eru. Kóngr kveðr þat engu gegna.

Þat var eina nátt at kóngr fór til kirkju, þá hljóp Tristram á rekkjustokkinn ok stakk niðr hendinni, ok blæddi. Ísodd dróttning stakk saumskærum sínum í hönd sér; síðan blandaði hún saman blóðinu, til þess at kóngr vissi ekki at karlmanns blóð væri. En um morguninn frétti kóngr, því þar væri blóð.

She answered: "She would not have had this done unless I had given suffi-
cient cause for it. And yet I see that it is most likely for this reason, that when we
came here to this country, I had a clean shirt, but hers was soiled."

The slaves answered: "These are poor reasons for such a heavy punishment
but nonetheless this must needs be done, even though it is the worst of tasks."

But when they were about to throw her onto the fire, Queen Ísodd came out of
the wood and told them not to carry out this very great misdeed. They rejoiced at
this.

Queen Ísodd did it for this reason, that she wanted to know whether Bringven
was as loyal to her as she thought, but she did not intend to have her harmed any
more than herself.

King Mórodd, Queen Ísodd and Tristram slept in one bower. The king loved
Ísodd dearly and men could discover nothing other than that she loved him dearly.

It happened at a certain time that Héri the Clever had a conversation with
King Mórodd and told him that Tristram went to Queen Ísodd's bed at night. "And
you must know, sire," he said, "that on every occasion Queen Ísodd attends to him
more eagerly than she does to you."

"No," said the king, "that will not prove to be the case. They do everything out
of love for me and they can have no worse motive."

Héri answered: "Sire," he said, "you must set a test."

"What?" he said.

Héri answered: "I shall sprinkle flour all over the floor of the bower, and then,
if he goes to bed, his footprints will be seen."

The king told him to do so.

King Mórodd was a very devout man who went to church each night and
prayed to God.

Now Héri set this test; he scattered the flour on the floor between the beds.
And in the morning Héri asked the king to go and see whether he had reported it
wrongly. The king went and saw Tristram's footsteps in the flour.

Then the king said: "Even though he goes to her bed, I do not think he has any
evil intention. He wishes rather to keep her amused," said the king, "when I am
absent."

But afterwards nevertheless, from then on, the king made Tristram sleep in
another bower. The bowers were so arranged that they had glass windows facing
each other. Tristram then had a rope of twisted hemp rigged up between his bower
and theirs in which the king slept. Then Tristram hauled himself up the rope at
night and so went to Queen Ísodd's bed. Now it went on in this way for a time until
Héri told the king how matters stood. The king said that it did not matter.

It happened one night, when the king went to church, that Tristram leapt onto
the edge of the bed and jabbed his hand and it bled. Queen Ísodd stabbed her hand
with her scissors. Then she mixed it with his blood so that the king would not
know that it was man's blood. And in the morning the king asked why there was
blood there.

"Því, herra," sagði hún, "at ek skeinda mik í nátt með saumskærum mínum, þá er ek gekk af sæng."

Héri svarar: "Já, frú, þetta er víst yðvart blóð, þó er þar blandit við karlmanns blóði."

Kóngr kvað þat ekki vera; en þó hann mælti mót, þá vissi hann þó hit sanna.

Svá bar til einhvern dag, at Ísodd dróttning var farin til lundar með lérept sín; Tristram var ok farinn með henni. Þar var einn fagr stöðubrunnr, er hún skyldi léreptin þvá. Þau sjá at skugga bar á brunninn; þau kenna at Mórodd kóngr var uppi í limunum yfir þeim.

Þá mælti Tristram: "Ill eigu við þeim manni at vera, er okkr rægir við Mórodd kóng frænda minn."

Hún svarar: "Ek undrumz at þú drepr ekki þat illmenni, at okkr vill rægja við svá góðan mann."

"Nei," sagði hann, "þat veit guð, at ek skal honum þola fyrir sakir frænda míns."

Slíkar váru ræður þeira ok þeim líkar. Nú lætr kóngr enn dyljaz við; ávallt var kóngr af mikilli ást til Tristrams frænda síns.

Þat var einhverja nátt, þá er kóngr kom frá kirkju, at hann fann Tristram í sæng hjá Ísodd dróttningu. Nú þykkiz kóngr varla mega við dyljaz, at ekki muni góð efni í vera. Síðan lætr Mórodd kóngr þau flytja í einn helli.

Þá mælti Ísodd dróttning: "Hvat skulu vit, nema hafa yndi af hellinum?"

"Nei," sagði Tristram, "vit skulum fara síns vegar hvárt okkart út undir hellinn." Þau gerðu svá.

Mórodd kóngr var úti á hellinum ok vildi vita, hvat þau talaði.

Þá mælti Tristram: "Vaki þér, frú," sagði hann.

"Sofit hefi ek til þessa," sagði hún, "en vaki ek nú."

Hann spyrr: "Hvern <veg> þykkir yðr nú komit kostinum?"

"Vel," sagði hún, "þvíat mér þykkir gott at deyja fyrir ranga sök."

Tristram svarar: "Gott þykki mér at deyja, en hitt þykki mér illt, er Mórodd kóngr, frændi minn, skal svá villt fara, at hann gefr okkr sök. En þó at vit deyjum hér bæði, þá bið ek þess allsvaldanda guð, at hann láti sér sóma, með sinni mildi ok miskun, at hann fyrirgefi honum svá sem ek á fyrir guðs sakir, *því[22] at meir gerir hann þetta af fortölum vondra manna en hitt, at honum sé við svá föl til dauða."

Svá er sagt at þau væri viku matlaus í hellinum. Þá gekk Mórodd kóngr í hellin ok fann þau sofa í sínum stað hvárt þeira, ok þótti kóngi at vísu ganga, at logit mundi. Kóngr lét þau fara heim til hallar með sér; hann gerði þá enn vel til þeira.

12. Fúlsus hefir kóngr heitit; hann herjaði á England; hann hafði fjölda liðs ok var heiðinn sem hundr. Mórodd kóngr lét kalla saman her mikinn; síðan ferr Tristram til móts við Fúlsus kóng. En þann tíma er þeir finnaz, slær þar í bardaga; tekz þegar

"Because, sire," she said, "I scratched myself in the night with my scissors when I got out of bed."

Héri answered: "Yes, my lady, this is indeed your blood, but it is mixed with man's blood."

The king said it was not so. But although he spoke against it, yet he knew then that it was the truth.

It happened one day that Queen Ísodd had gone to a grove with her linen. Tristram had also gone with her. There was a beautiful well of still water there where she was in the habit of washing her linen. They saw a shadow fall over the well. They knew that King Mórodd was up in the branches above them.

Then Tristram said: "We should take action against the evil man who slanders us to my kinsman, King Mórodd."

She replied: "I wonder that you do not kill the wretch who is willing to slander us to such a good man."

"No," he said, "God knows that I will put up with him for my kinsman's sake."

Such were their conversations and others similar. The king still shrank from believing it. The king always loved his kinsman Tristram dearly.

It happened on a certain night, when the king came back from church, that he found Tristram in bed beside Queen Ísodd. Then the king thought that he could hardly hide from himself that things were not as they should be. King Mórodd afterwards had them despatched to a cave.

Then Queen Ísodd said: "What shall we do except enjoy ourselves in the cave?"

"No," said Tristram, "in the cave each of us must keep to his own side."

They did so.

King Mórodd was outside the cave and wanted to know what they said.

Then Tristram said: "Are you awake, my lady?" he said.

"I have slept until now," she said, "but now I am awake."

He said: "What do you think of our situation now?"

"Fine," she said, "because it seems to me good to die without just cause."

Tristram replied: "It seems to me good to die, but it seems wrong to me that my kinsman, King Mórodd, should go so far astray as to presume us guilty. And even if we both die here, then I pray to Almighty God that, in His mercy and grace, He will find it proper to forgive him, even as I ought to for God's sake, for he does this more because of the persuasions of wicked men than because he thinks us deserving of death."

It is said that they were in the cave for a week without food. Then King Mórodd went into the cave and found them asleep, each in their own place, and it seemed certain to the king that it had been a lie. The king had them go home to the hall with him. Then he continued to treat them well.

12. There was a king called Fúlsus. He made raids on England. He had a large army and was as heathen as a dog. King Mórodd had a large army called together and then Tristram went to meet King Fúlsus. And when they met each other, fight-

hin snarpasta orrosta; berjaz þeir þann dag allan til nætr. Þá var fallinn allr þorinn liðs Tristrams. Þá þykkir honum sér óvænt horfa. Þá tekr hann þat ráðs, at hann heitir til sigrs á sjálfan guð, þvíat hann skal af láta fiflingum við Ísodd dróttning. En um morguninn eptir, þegar er vígljóst var, þá tóku þeir til bardaga, ok þá gengr Tristram vel ok sköruliga fram. Hann höggr heiðingja á báðar hendr, ok því er líkast til at jafna sem þá er öflugr maðr kemr í þykkva mörk ok höggr hvert tré, er fyrir honum <verðr>.

Þá mæltu heiðingjar: "Þetta er fjándi en ekki maðr, er oss gerir svá mikinn skaða, ok hinn helgi Maúmet verði honum reiðr ok lægi hans dramb, ok þat veit Makon," segja þeir, "at hann höggr miklu stærra en nokkurr maðr annarr, sá er vér höfum við bariz."

Þá heyrir Tristram tal þeira ok svarar: "Já, já," segir hann, "þat geri ek allt fyrir frúinnar sakir."

Ok slík orð eggjuðu hann framgöngu, at hann mætti engum svá dramblátum, at ekki felli hverr þeira um þveran annan.

Þá æpti Fúlsus kóngr hárri röddu: "Svá hjálpi mér Makon," sagði hann, "at ek skal þegar drepa þenna fjánda, er ek nái honum, ok ek skal bera hann dauðan á spjótsoddi mínum til yðar."

Þetta heyrir Tristram, ok vill ekki sýna á sér bleyðimark, heldr ríðr hann með miklum ákafa, þar til er hann mætir Fúlsus kóngi. Þá höggr hvárr til annars, ok kemr sverð kóngs á skjöld Tristrams þveran ok varð ekki höggit. Þá hjó Tristram í móti ok kom í hjálminn, ok af svá miklu afli, at hann klauf búk hans at söðli, ekki síðr þó hann hefði tvær brynjur ok hina sterkustu plátu. Fell þá búkr Fúlsus kóngs tveggja vegna af hestinum, en sálin fór í helvíti. Þá sá heiðingjar fall höfðingja síns, brestr þá þegar flótti í liðinu. Tristram rak flóttann sjau dagleiðir, ok ekki létti hann fyrr en hvert mannsbarn var drepit. Ok er Tristram kemr heim, þá þakkar Mórodd kóngr honum ferðina, ok verðr hann af þessu allfrægr.

Þessu næst bað Mórodd kóngr Ísodd dróttning skíra sik. Hún kvað þat skyldu á hans valdi vera, "en þó vilda ek finna Tristram áðr."

"Nei," sagði kóngr, "þat skal nú ekki, þvíat þit skuluð nú engi svik saman bera."

En þó bar svá til, at þau genguz á móti á einu stræti, áðr þau skyldu til skírslunnar fara. Hildifonsus hét biskup í Vallandi, sá er skírsluna gerði. En um dag einn þá er þau riðu, þá varð fyrir þeim eitt mikit díki, ok lá í díkinu hestr Ísoddar dróttningar. Þá kom þar at einn stafkarl ok kipti henni upp á bakkann, ok bar svá til at hún steig yfir hann. Ok er hún kom í Valland, þá finna þau biskup, ok bað hún sik svá skíra vera, at sá einn stafkarl hefði henni nær komit, annarr en bóndi hennar, er henni kipti yfir díkit. Ok eptir þessi sögu gerði biskup henni skírslu ok verðr hún vel skír. Síðan fór Mórodd kóngr heim.

ing broke out. A very fierce battle was entered upon immediately. They fought together all day until night-time and all the main part of Tristram's army had then fallen. It seemed to him then that matters were turning out to be pretty hopeless for him. Then he adopted this plan; he promised to God Himself that in return for victory he would leave off his dalliance with Queen Ísodd. And the morning after, as soon as it was light enough to fight, they resumed the battle, and then Tristram went forward bravely and courageously. He cut down the heathens on both sides, and it was most like when a powerful man goes into a dense forest and cuts down every tree that is in his way.

Then the heathens said: "This is a devil, and not a man, because he does us so much harm. May the holy Mahomet be angry with him and humble his pride. And Makon knows this," they said, "that he strikes blows much harder than any other man we have fought against."

Then Tristram heard their words and replied: "Indeed," he said, "I do this all for the sake of the lady."

And such words encouraged him to advance so that he could not find anyone who was so brave that they did not all fall one on top of the other.

Then King Fúlsus cried out in a loud voice: "May Makon help me," he said, "so that I kill this devil as soon as I get near him, and I shall carry him to you dead on the point of my spear."

Tristram heard this and did not want to show any sign of cowardice in himself. On the contrary, he rode with great vehemence until he met King Fúlsus. Then each struck at the other and the king's sword struck across Tristram's shield without effect. Then Tristram struck back and pierced the helmet. He did so with such great force that he cleft his trunk right down to the saddle, despite the fact that he had on two coats of mail and the strongest plate armour. Then King Fúlsus's trunk fell from both sides of the horse and his soul went to hell. The heathens then saw their leader fall and immediately the army broke into flight. Tristram pursued the fleeing troops for seven days and he did not stop before every mother's son had been killed. And when Tristram came home, King Mórodd thanked him for his exploit, and he became very famous because of it.

The very next thing was that King Mórodd asked Queen Ísodd to clear herself. She said that she would do as he wished, "but nevertheless I will go to meet Tristram first."

"No," said the king, "that shall not be, because you two are not to play any deception together."

And yet it happened that they met together in a certain street before they had to go to the ordeal. Hildifonsus was the name of the bishop in Valland who was to conduct the ordeal. And one day, as they were riding along, there was a large bog in their way and Queen Ísodd's horse sank down in it. Then a certain beggar came along and pulled her up onto the bank, and this happened in such a way that she stepped over him. And when she came to Valland, they met the bishop, and she asked to be judged innocent, declaring that, other than her husband, only the beggar who had pulled her across the bog had come near her. And, on the basis of this assertion, the bishop subjected her to the test and she was found to be perfectly innocent. Then King Mórodd went home.

Nú byrjar Tristram ferð sína af England ok út á Spán. Þar hafði sá kóngr sez í
ríki, er Beniðsus hét, ok jarlar þeir tveir, er annarr hét Sigurðr, en annarr Hringr.
Þeir efldu her í móti Tristram. Hann átti bardaga við þá, ok var þat hin snarpasta
orrosta, ok ekki löng áðr Beniðsus kóngr fell. En jarlar lögðu undir land við Tristram
ok buðu honum systur sína. Hún hét Ísodd svarta, ok þótti sá kostr beztr á öllu
Spaníalandi. Þá lét Tristram búa prýðiliga veizlu ok býðr til öllu stórmenni, <er> í
var landinu. Þá kvángaðiz Tristram ok þá var honum gefit kóngsnafn yfir öllu
Spaníalandi. En er sleit veizlunni, þá gaf Tristram kóngr öllum mönnum góðar
gjafir, eptir því sem menn váru at metorðum til. Síðan ferr hverr til síns heima, ok
þykkjaz nú hafa fengit góðan höfðingja.

Svá er sagt at Tristram hyggr seint *af[23] Ísodd hinni fögru, ok þykkiz Ísodd
svarta ekki fá ást hans. Þat var einhverju sinni at þau skyldu þiggja veizlu at eins
göfugs manns. En þá er þau fóru frá veizlunni, þá var væta mikil, ok sagði Ísodd
svarta svá, at regnit væri ekki óforvitnara en bóndi hennar. En þá er þau höfðu
saman búit þrjá vetr, ól Ísodd svarta sveinbarn. Þat var vatni ausit ok var sveinn<inn>
kallaðr Kalegras; hann var snemma mikill vexti ok fríðr sýnum ok líkr feðr sínum.

13. Keisari sá réð fyrir Saxlandi, er Donísus hét. Hann var ríkr höfðingi ok ágætr,
en sá kóngr herjaði á hann er Amilías hét. Þá gerði keisari menn á Spán ok beiddi
Tristram liðs. Hann varð vel við ok fór þegar á fund keisara með miklu liði. Tristram
býðr keisara at fara með sínu líði einn í mót Amilías kóngi; hann tók þat með
þökkum. Síðan fór Tristram til móts við kóng, ok er þeir finnaz, hefir Tristram lið
miklu minna. Þá býðr hann honum á hólm. "Ok hafi sá gagn ok sigr, er guð lofar."

"Þat vil ek gjarna," sagði kóngr, "ok þess vænti ek, at þú vildir þetta gjarna
hafa ómælt í þann tíma er vit skiljum, ella lætr ekki at draumum."
"Ger svá vel," sagði Tristram, "at þú trú ekki á drauma þína; en svá fremi
þarftu at hælaz, sem vit erum skildir."
Þá ganga þeir á hólm, ok segir Tristram upp hólmgöngulög. Nú á Amilías
kóngr fyrri at höggva, þvíat á hann var skorat. Þá höggr Amilías kóngr til Tristrams
ok kom höggit ofan í skjöldinn, ok klauf hann skjöldinn niðr í gegnum öðrum
<megin> mundriða, svá at í jörðu nam staðar. <Hugsar> Tristram þat, at hann vildi
at kóngr ætti ekki fleiri at höggva til hans, ok þat veittiz honum. Þá hjó Tristram til
kóngs ok kom í hjálminn ok svaddi ofan með eyranu á öxlina, ok klauf hann frá
síðuna vinstri, svá at í mjöðminni nam staðar. Nú á Tristram, sem jafnan, sigri at
hrósa. En er menn kóngs sjá fall hans, þá flýja þeir á merkr ok skóga. Rekr Tristram
flóttann um hríð ok drepr mart mann<a>. Síðan ferr hann á fund keisara ok sagði
honum slíkt, sem í hafði gerz. Hann þakkar Tristram vel sína framgöngu ok mikit

Then Tristram began his journey from England out to Spain. There the king who was called Beniðsus had established himself in power, along with two earls, of whom one was called Sigurðr, and the other Hringr. They raised an army against Tristram. He fought a battle against them. It was a very fierce battle, and it was not long before King Beniðsus fell and the earls surrendered the land to Tristram and offered him their sister. She was called Ísodd the Dark and was thought to be the best match in all Spain. Then Tristram had a magnificent banquet prepared and invited to it all the powerful men in the land. Then Tristram married and he was granted the title of king over all Spain. And when the banquet ended, Tristram gave all the men precious gifts in accordance with the esteem in which the men were held. Afterwards each of them went to his home and they thought that they had now got a good lord.

It is said that Tristram only gradually gave up thinking about Ísodd the Fair, and it seemed to Ísodd the Dark that she was not in possession of his love. It happened on one occasion that they had to attend a banquet at a prominent man's house. And when they left the banquet it was raining heavily and Ísodd the Dark said that the rain was not less curious than her husband. Nevertheless, when they had been living together for three years, Ísodd the Dark gave birth to a baby son. The boy was sprinkled with water and called Kalegras. He soon grew to be tall and handsome in appearance and like his father.

13. There was an emperor ruling over Saxland who was called Donísus. He was a powerful and renowned leader, but a king called Amilías made raids on him. Then the emperor sent men to Spain and asked Tristram for an army. He responded well and went immediately to meet the emperor with a large army. Tristram offered the emperor to advance against Amilías with his own army alone. He agreed to that thankfully. Then Tristram advanced against the king. And when they met each other, Tristram had by far the smaller army. Then he offered him single combat, "and the one to whom God grants it will have the victory and triumph."

"I readily agree to that," said the king," and I expect that you will indeed have wished this unsaid when it is time for us to part, or one cannot believe in dreams."

"Please do not trust in your dreams," said Tristram. "You need brag about it only when we have parted."

Then they began the duel and Tristram recited the rules of single combat. It was King Amilías's right to strike first because he had been challenged. King Amilías then struck out at Tristram and the blow came down onto the shield, and it cut right down through the shield to one side of the boss so that the sword drove into the ground. Tristram thought that he did not want the king to have the chance to strike any further blows at him and this was granted to him. Tristram struck at the king and hit his helmet, and the sword glanced off down towards the shoulder past his ear and he sheared off his left side right down to the hip. As usual, victory now belonged to Tristram. And when the king's men saw his fall, they fled into the marshes and woods. Tristram pursued the fleeing army for a time and killed a large

hreystiverk, er hann hafði fyrir hans sakir gert. En áðr Tristram ferr af Saxlandi, þá gefr Donísus keisari honum vegligar gjafir, sem verðugt var.

Eptir þat fór Tristram heim á Spán með mikilli virðing. Þá sitr Tristram heima á Spáni um hríð í góðu yfirlæti ok <við> mikinn orðstír. Hann hafði þat jafnan at skemtan at ríða á skóg ok skjóta dýr ok fugla, þvíat hann var hinn mesti bogmaðr, ok hverja íþrótt hafði hann numit er honum sómdi betr at kunna en án at vera.

Þat var einn dag, þá er Tristram fór á dýraveiðar, at hann var svá búinn at hann hafði sverð ok hjálm, skjöld ok spjót í hendi, at hann mætir einum manni á skóginum. Sá nefndiz ok Tristram.

Þá frétti Tristram kóngr: "Hvaðan ertu," sagði hann.

Hinn komni Tristram svarar: "Ek em útan af Jakobslandi," sagði hann, "en ek fór því at finna yðr," sagði hann, "at vér höfum mikla frétt af frækleik yðrum. En ek þykkjumz mjök þurfa yðvars liðsinnis, þvíat sjau bræðr hafa mik rekit af ríki; einn þeira heitir Ayad, annar Albað, þriðí Dormadat. Þeir eru allir miklir hreystimenn, svá at varla fáz þeira jafningjar í öllu ríkinu, ok þætti mér þín líðveizla allgóð, ef þú skalt berjaz við þrjá, en ek við fjóra."

Þá reiddiz Tristram kóngr ok kvað hann um ekki mundu fyrir sér vera. "Ok þat veit guð," sagði hann, "at ek ætla mér betr vinnaz, at berjaz við fimm, en þér við tvá."

Þat vill hinn komni Tristram, at þeir fari þegar.

14. Nú ríða þeir nafnar af Spán ok létta ekki fyrr en þeir koma á Jakobsland ok til þeirar borgar, er þeir bræðr höfðu atsetu. Þá eggjar Tristram þá út af borginni—"ok skulu vit tveir berjaz við yðr sjau, ok ef þér eruð nokkuru nýtir, þá gangi þér út af borginni."

En er þeir heyrðu þetta, þá herklæðaz þeir þegar skjótt ok fimliga; síðan ríða þeir út af borginni. Ok er þeir mættuz, skortir ekki stór högg er hvárir veita öðrum. Tristram kóngr berz við fimm, en nafni hans við tvá. Þeir áttu langan bardaga, þvíat hvárirtveggju váru hinu mestu afburðamenn fyrir hreysti sakir. Veitir Tristram kóngr stór högg þeim bræðrum, ok svá þiggr hann af þeim. En þó er þat frá málalokum at segja, at Tristram kóngr drepr þá fimm, er hann barðiz við, en félagi hans hafði þá fellt annan þann, er hann átti við. Þá drap Tristram kóngr þann er eptir var, ok er þat uggligt, segir sá, er söguna setti saman, at hann drepi þenna mann *síðast,[24] ok sá [maðr] varð at sannri raun, þvíat hann varð sárr til ólífis. Hinn komni Tristram þakkar honum svá mikinn sigr, sem hann hafði unnit honum til handa. Hann bauð Tristram þá landit ok allt þat, er í hans valdi var.

Tristram svarar: "Ekki veit nú brátt, hverir fyrir löndum eiga at ráða."

number of men. Then he went to meet the emperor and told him exactly what had happened. He thanked Tristram warmly for his success and the great deed of prowess that he had performed for his sake. And before Tristram left Saxland the emperor Donísus gave him magnificent gifts, as was fitting.

After that Tristram went home to Spain with great honour. Then Tristram remained at home in Spain for a time, held in great esteem and with great renown. He always amused himself by riding into the forest and shooting animals and birds because he was a first-class archer and he had acquired every skill that was more fitting for him to know than to be without.

It happened one day, when Tristram went out deer-hunting, armed in such a way that he had a sword and helmet, with a shield and spear in his hand, that he met a man in the forest. He said his name was Tristram.

Then King Tristram asked: "Where do you come from?" he said.

Tristram the Stranger replied: "I have come from Jakobsland," he said. "And I travelled to find you," he said, "because we have heard your valour praised, and I think that I am in great need of your help because seven brothers have driven me from my kingdom. One of them is called Ayad, a second Albað, and a third Dormadat. They are all men of great prowess so that their equals can hardly be found in all the kingdom, and it would seem to me that your support would be invaluable if you were to fight against three and I against four."

Then King Tristram was angry and told him that he was not as good as he was in any way. "And God knows," he said, "that I shall get on better fighting against five than you against two."

Tristram the Stranger agreed to their travelling immediately.

14. The namesakes now rode from Spain and did not stop until they came to Jakobsland and to the fortress where the brothers resided. Then Tristram urged them to come out of the fortress, "and we two will fight against you seven, and if there is any good in you, leave the fortress."

And when they heard this, they armed themselves quickly and speedily. Then they rode out of the fortress and when they met each other there was no shortage of the heavy blows that each gave the other. King Tristram fought against five and his namesake against two. They had a long battle because on both sides there were men of the greatest distinction as regards valour. King Tristram dealt hefty blows to the brothers and received the same from them. And yet there is this to say in conclusion, that King Tristram killed the five that he was fighting against and his companion had then cut down one of those that he was up against. Then King Tristram killed the one who was left, and it is to be feared, said the man who composed the saga, that this was the last that he would kill, and he [. . . (that)] proved to be really true because he was fatally wounded. Tristram the Stranger thanked him for the great victory that he had won for him. He then offered Tristram the land and everything that was in his power.

Tristram replied: "In a short time from now it will not be certain who will rule these lands."

Þá sendir Tristram kóngr eptir konu sinni ok mágum. Þá höfðuz sár hans illa, ok komu til allir læknar, þeir er beztir váru í landinu, en við hvers komu spiltiz mikit um. Nú geriz hann máttlítill.

Síðan lét hann kalla til sín jarlana, mága sína, ok mælti: "Sendiför hefi ek yðr hugat."

"Hvert?" segja þeir.

"Þit skuluð fara til Englands ok bíðja Ísodd dróttning koma ok græða mik, þvíat hana veit ek mestan lækni, ok segið henni svá, at ekki fæ ek bót minna meina, ef hún kemr ekki. En þá er sjá má héðan för yðra, er þér farit heimleiðis, þá skal þat mark um yðra ferð, at þér skuluð tjalda svörtu yfir skipunum, ef hún er ekki í ferð, en elligar skulu þér hvítu tjalda."

Þeir búa ferð sína skjótt, ok er þeir váru búnir fara þeir leiðar sinnar, þar til er þeir koma við England. En þegar sem Mórodd kóngr fregnar þetta ok Ísodd dróttning, þá fara þau til fundar við þá ok bjóða þeim veizlu. Jarlarnir þakka þeim, "en þó hentar annat en dvelja við." Síðan bera <þeir> fram sín erendi. En er dróttning heyrði þessi tíðindi, þá býr hún sik með mikilli skyndingu, en þó varð hún hljóð við þessa sögu. Nú verðr engi dvöl á ferð þeira fyrr en þau koma við Jakobsland. Síðan gekk Ísodd svarta í skemmu þá, er Tristram lá í, ok segir honum at sén var ferð jarlanna. Hann frétti, hvárt tjaldat var hvítu eða svörtu yfir skipunum.

"Svörtu er tjaldat," sagði hún.

"Þat mundi mik," sagði hann, "ekki vara, at Mórodd kóngr léti hana ekki fara, ef líf mitt lægi við. Ok ekki veit ek," sagði hann, "hverju þetta sætir."

En er jarlar komu, þá var Tristram andaðr. Þetta þótti allri alþýðu svá mikill skaði, at hvárki mátti vatni halda karl né kona. En þótt öllum fengi mikils, þá fekk Ísodd hinni fögru mest, þvíat hún lifði þrjár nætr þaðan af, síðan sprakk hún af harmi. Síðan váru þau flutt ok grafin at þeiri höfuðkirkju, er mest var í landinu. Ok stóðu menn mjök daprir yfir þeira grefti, fyrir hörmuligt líflát, er þau biðu. En hann var greftr fyrir norðan en hún fyrir sunnan. Þá rann sinn lundr upp af leiði hvárs þeira með hinum fegrsta ávexti, ok þar til óxu viðirnir, at þeir mættuz yfir kirkjuburst. Þá vöfðuz limar<nar> saman, ok svá hátt óxu viðirnir í lopt upp, at varla hafa menn sét hærri tré. Ok standa þar þessir viðir enn, til marks at Tristram fífldi ekki Ísodd hina fögru fyrir illsku sakir við Mórodd kóng, frænda sinn, heldr fyrir þat, at sjálfr guð hafði þeim skipat saman af sinni samvizku. En fyrir þá sök þá Tristram ekki Ísodd hina fögru af Mórodd kóngi, at hann unni honum hins bezta ráðs, ok mátti hann þó fyrir engan mun við sköpunum vinna.

Nú þó at þau mætti ekki njótaz lifandi, sagði sá, er söguna setti <saman>, þá biðjum vér þess guð sjálfan, at þau njótiz nú með ást ok vingan, ok þess er at vænta, sagði hann, at svá sé, þvíat við miskunsaman er um at eiga.

Then Tristram sent for his wife and kinsmen. His wounds did badly and all the best physicians in the land came to him, but with the arrival of each one, things got much worse. He now became weak.

Then he had the earls, his kinsmen, summoned to him and said: "I have thought of an errand for you."

"What?" they said.

"The two of you must go to England and ask Queen Ísodd to come and heal me because I know she is the greatest physician, and tell her this, that I will not be cured of my sickness if she does not come. And when you are on your return journey and your voyage can be seen from here, this shall be the sign of your journey: you shall erect black awnings over the ships if she is not with you, but otherwise you shall erect white awnings."

They prepared for the journey quickly; and when they were ready they travelled until they reached England. And as soon as King Mórodd and Queen Ísodd heard of this, they went to meet them and invited them to a banquet. The earls thanked them, "but the last thing we must do is delay." Afterwards they delivered their message. And when the queen heard this news she got herself ready with great haste, and yet she made no comment on what they had said. There was now no delay in their journey until they reached Jakobsland. Then Ísodd the Dark went into the bower where Tristram lay and told him that the earls' progress had been seen. He asked whether the awnings over the ships were white or black.

"The awnings are black," she said.

"That I would not have expected," he said, "that King Mórodd would not let her go if my life depended on it. And I do not know," he said, "what is the reason for it."

And when the earls arrived, Tristram was dead. This seemed such a great loss to all the people that no-one, neither man nor woman, could hold back their tears. But even though everyone was greatly affected, Ísodd the Fair was affected most because she lived on for three days and then she died of grief. Afterwards they were carried out and buried in the cathedral, which was the greatest in the land, and men stood very sadly over their tombs because of the tragic death they had suffered. He was buried on the north side and she on the south. Then a tree with the most beautiful fruit sprang up from each of their graves and the branches grew until they met above the roof of the church. Their limbs entwined and the branches grew so high that men have scarcely seen higher trees, and these trees are still standing there as a sign that Tristram did not beguile Ísodd the Fair out of malice towards his kinsman Mórodd but rather because God Himself in His wisdom had destined them for each other. And the reason why Tristram did not accept Ísodd the Fair from King Mórodd was because he wanted him to have the best match, and yet he was by no means able to withstand the fates.

Now although they could not enjoy each other while alive, said the man who composed the saga, let us pray to God Himself that they may now enjoy each other's love and friendship, and this, he said, is to be expected, since one has to deal with a merciful God.

16. Nú fara jarlar heim á Spán, ok systir þeira, Ísodd svarta, með hinum mesta harmi, ok kunnu mikil hörmungar tíðindi at segja. En þá er Mórodd kóngr fregnaði þessi tíðindi, varð hann óglaðr ok þótti þetta hinn mesti harmr. En þó bar hann þetta, sem allt annat, með hinum mesta drengskap. Síðan sendi hann menn út á Spán eptir Kalegras Tristramssyni. Ok er hann kom í England, þá kveðr Mórodd kóngr þings, ok á því sama þingi gaf Mórodd kóngr Kalegras Tristramssyni England ok konungdóm. En Mórodd kóngr fór út í Jórsalaheim ok settiz þar í stein, ok beið svá fagrliga þess er allsvaldandi guð lét sér sóma at kalla hann til sín ór þessa heims ánauð.

Kalegras Tristramsson gerðiz hinn bezti riddari ok hinn mesti atgervismaðr fyrir allra hluta sakir. Hann var örr ok stórgjöfull; alla góða menn gerði hann sér holla í ríkinu, en refsaði rán ok illgerðir, sem kóngi sómir.

En er Kalegras hafði kóngr verit um hríð yfir öllu Englandi, fór hann út í Saxland ok biðr dóttur keisarans. Hún hét Lilja; hún var kvenna fríðust, þegar Ísodd fagra leið. Hann gipti honum dóttur sína með mikilli sæmd ok virðing, ok flutti hann hana heim með sér í England. En er þau höfðu ásamt verit um hríð, gátu þau börn: sonu tvá ok eina dóttur. Patrócles hét son þeira, en annarr Mórodd, en dóttir þeira hét Mollína. Þau váru öll hinu gerviligstu. Synir Kalegras urðu hinu efniligstu menn, ok er mikil saga frá þeim.

Nú ræðr Kalegras Englandi, meðan guð lofar, [sá] hinn sami er lifir ok ríkir í veröld veralda. Amen.

16. Now the earls and their sister, Ísodd the Dark, went home to Spain with the greatest sorrow and they had tidings of great grief to relate. And when King Mórodd heard this news he was downcast and thought it the greatest sorrow, and yet he bore this as he did all else, with greatest courage. Afterwards he sent men out to Spain for Kalegras Tristramsson. And when he came to England King Mórodd convened an assembly, and at that same assembly King Mórodd gave England and the kingdom to Kalegras Tristramsson, and King Mórodd went out to Jerusalem and entered a hermit's cell and joyfully waited for the time when it would please the Almighty God to call him to Himself from the bondage of this world.

Kalegras Tristramsson became the best knight and the most accomplished man in all things. He was generous and munificent, he made all good men in the kingdom loyal to him and punished robbery and wicked deeds, as is fitting for a king.

And when Kalegras had been king over England for a time, he went out to Saxland and asked for the emperor's daughter. She was called Lilja, and she was the most beautiful of women, not counting Ísodd the Fair. He gave him his daughter in marriage with great honour and renown and he took her off with him to England. And when they had been together for a time they had children, two sons and a daughter. Their son was called Patrócles and the other Mórodd, and their daughter was called Mollína. They were all very accomplished. The sons of Kalegras became very promising men and there is a great saga about them.

Now Kalegras ruled over England as long as God permitted, the same who lives and reigns, world without end. Amen.

Notes

1 *hún] *written twice.*
2 *Kalegras] kalagus.
3 *finnr] *begun as the following word.*
4 *hit] *the letter* h *also has the horizontal bar that serves to abbreviate* hann.
5 *hann] *written twice.*
6 *at kominn] af komit. *The manuscript reading* af *does not make sense in this context.*
7 *spotts] spozt.
8 *yðr] þeim.
9 *þeira] yðvar.
10 *snareygr] snareygdr.
11 *Írlandi] einglandi.
12 *Flúrent] florent.
13 *ráð] orð.
14 *spjóts] spiozt.
15 *annat] annars.
16 *átti] áttu.
17 *gæta] gæda.
18 *Írlandi] einglandi.
19 *yðr] ydvar.
20 *kostr] kosti.
21 *skuluð] skulut.
22 *því] þeir.
23 *af] *written twice; second* af *underlined.*
24 *síðast] sidarst.

SELECT BIBLIOGRAPHY

General Works

Hallberg, Peter. "Is There a 'Tristram-Group' of the Riddarasögur?" *Scandinavian Studies*, 47 (1975), 1–17.

_____. "Norröna riddarsagor. Några språkdrag," *Arkiv för nordisk filologi*, 86 (1971), 114–38.

Kalinke, Marianne E. *King Arthur, North-by-Northwest. The* matière de Bretagne *in Old Norse-Icelandic Romances*. Bibliotheca Arnamagnæana, 37. Copenhagen: Reitzel, 1981.

_____. "Arthurian Literature in Scandinavia." In *King Arthur Through the Ages*. Ed. Valerie M. Lagorio and Mildred Leake Day. New York & London: Garland Publishing, 1990. Pp. 127–51.

_____ and P. M. Mitchell. *Bibliography of Old Norse-Icelandic Romances*. Islandica XLIV. Ithaca: Cornell University Press, 1985.

Leach, Henry G. *Angevin Britain and Scandinavia*. Cambridge: Harvard University Press, 1921.

Saga af Tristram ok Ísodd

Blaisdell, Foster W., ed. *The Sagas of Ywain and Tristan and Other Tales: AM 489 4to*. Early Icelandic Manuscripts in Facsimile, XII. Copenhagen: Rosenkilde and Bagger, 1980.

Hill, Joyce, tr. "The Icelandic Saga of Tristram and Isolt (Saga af Tristram ok Ísodd)." In *The Tristan Legend. Texts from Northern and Eastern Europe in Modern English Translation*. Ed. Joyce Hill. Leeds Medieval Studies, II. The University of Leeds: Graduate Centre for Medieval Studies, 1977. Pp. 6–28.

Schach, Paul. "The Saga af Tristram ok Ísodd: Summary or Satire?" *Modern Language Quarterly*, 21 (1960), 336–52.

_____. "Tristrams saga ok Ýsoddar as Burlesque." *Scandinavian Studies*, 59 (1987), 86–100.

Vilhjálmsson, Bjarni, ed. "Tristrams saga ok Ísoddar." *Riddarasögur*, VI. Reykjavík: Íslendingasagnaútgáfan, 1951. Pp. 85–145.

Strengleikar (Geitarlauf and *Janual)*

Cook, Robert, and Mattias Tveitane, eds. *Strengleikar: An Old Norse Translation of Twenty-one Old French Lais*. Norrøne Tekster, nr. 3. Oslo: Norsk Historisk Kjeldeskrift-Institutt, 1979. Pp. 196–99; 214–27.

Meissner, Rudolf. *Die Strengleikar: Ein Beitrag zur Geschichte der altnordischen Prosalitteratur.* Halle: Niemeyer, 1902.

Skårup, Povl. "Les Strengleikar et les lais qu'il traduisent." In *Les relations littéraires franco-scandinaves au Moyen Age.* Actes du Colloque de Liège (avril 1972). Bibliothéque de la Faculté de Philosophie et Lettres de l'Université de Liège, fasc. CCVIII. Paris: Société d'Edition "Les Belles Lettres," 1975.

Tristrams kvæði

Helgason, Jón, ed. *Íslenzk fornkvæði. Islandske folkeviser.* Copenhagen: Munksgaard, 1962, 1963, 1965. Vol. I, pp. 137–43; Vol. III, pp. 198–201; Vol. 4, pp. 221–26; Vol. 5, pp. 22–25.

Ólason, Vésteinn. *The Traditional Ballads of Iceland.* Reykjavík: Stofnun Árna Magnússonar, 1982.

Schach, Paul. "Tristan and Isolde in Scandinavian Ballad and Folktale." *Scandinavian Studies*, 36 (1964), 281–97.

Tristrams saga ok Ísöndar

Álfrún Gunnlaugsdóttir. *Tristán en el Norte.* Reykjavík: Stofnun Árna Magnússonar, 1978.

Kjær, Jonna. "Tristrams saga ok Ísöndar—une version christianisée de la branche dite courtoise du 'Tristan.'" In *Courtly Literature: Culture and Context.* Ed. K. Busby and E. Kooper. Amsterdam and Philadelphia: John Benjamins, 1990. Pp. 367–77.

Schach, Paul, ed. "The Reeves Fragment of Tristrams saga ok Ísöndar." In *Einarsbók*. Afmæliskveðja til Einars Ól. Sveinssonar. 12. desember 1969. Eds. Bjarni Guðnason, Halldór Halldórsson, Jónas Kristjánsson. Reykjavík, 1969. Pp. 296–308.

_____. "Some Observations on the Influence of *Tristrams saga ok Ísöndar* on Old Icelandic Literature." In *Old Norse Literature and Mythology: A Symposium.* Ed. Edgar C. Polomé. Austin and London: University of Texas Press, 1969. Pp. 81–129.

_____. "Some Observations on *Tristrams saga.*" *Saga-Book of the Viking Society for Northern Research*, 15 (1957–61), 102–129.

_____, ed. "An Unpublished Leaf of Tristrams Saga: AM 567 Quarto, XXII, 2." *Research Studies* [Washington State University], 32 (1964), 50–62.

Thomas, M. F. "The Briar and the Vine: Tristan Goes North." *Arthurian Literature*, 7 [1983], 53–90.

Vilhjálmsson, Bjarni, ed. "Saga af Tristram og Ísönd." *Riddarasögur*, I. Reykjavík: Íslendingasagnaútgáfan, 1951. Pp. 1–247.

ARTHURIAN ARCHIVES